中川原徳仁著作集

第一巻　帝国主義論・国家論

凡例

・中川原徳仁著作集第一巻には一九六二（昭和37）年から一九七四（昭和49）年の間に発表された論文および報告会での研究発表の内容を活字化したものに加え、二〇一六年九月に執筆された稿を収載した。

・本著作集掲載論文の著者名は中川原　徳仁であるが、旧姓である松隈姓の時代（一九七九年以前）に発表されたものも含む。

・本著作集の編纂にあたり、各論文は原則として発表当時の文章を基本として大幅な改稿は行なわず、一部（数行程度）の改稿・削除、用字・語句などの誤記・誤植の訂正のみとし、必要最小限の加筆補正・修正にとどめた。

・外国語の表記における国名・地名ならびに人名について、発表当時の表記のままとした。

編集部

まえがき

日本人男性の平均寿命は、八十歳を超えた。だとすれば、現在八十五歳の私は、さほどの高齢者ではない。そう思えばまだ知的な作業と遊びに意欲が湧いてくるというものだ。そういうわけで、著作集を出版する決心が漸く固まった。

私の前半生の執筆活動は、二十歳台後半に始まって、五十歳台の後半に中断している。それは一九八九年、ちょうどソ連が崩壊した年に、両眼を負傷し、半ば視力を失ったためであった。ところがそれ以降の世界は一変した。私の研究も変化せざるをえない。だが当時の視力では、膨大な資料を読み解いて大きな論文を書くことは不可能であると自覚せざるをえなかった。歴史研究は過去を対象とするが、国際政治学は現在を対象とし未来を構想する。十数年以前に著作集を考え始めたものの躊躇したのはそのためであった。

私の前半生は、二十世紀後半である。歴史的には戦時期・敗戦期・冷戦期に当たる。私の執筆活動はこの危機の時代を強烈に意識し、直接の対象としている。その意味では、私の作品は、歴史分析・現状分析・理論分析のいずれをとっても二十世紀後期を反映した思想性が強い。これは認めざるをえない。したがって二十一世紀的な世界分析の処方としては有効性は薄いであろう。しかし即効性はないかもしれないが、たとえば帝国主義論にせよ、また国家論にせよ、積み重ねられた議論や実証のうえに発展をとげて行くものである。世界が変化すればなおさら、過去の累積をふり返らなければならない。そのような時期が必ずくり返して訪れるものである。

ところで、著作集を企画してみると、私の諸論考は、帝国主義論、国家論、ドイツ研究、オーストリア研究、国際政治論、政治エッセイの六部に整理することができた。それゆえ当初は六巻構成を考えたが、できれば一年間でこの過去との対面作業を終えることを望んで四巻構成に変更した。政治の学究には、己の内部で常に現在と対決しながら、未来に思いを馳せるという宿命的な性がある。視力と体力の用い方をはかりながら、次の新しいテーマに進みたいとの思いが強い。制度の呪縛から自由な後期高齢者としての生きざまを考えるのである。

著作集の内容については、著作それ自体に語らせること以外にない。しかし、私のような異端の説が、こういう形で遺ることも決して無意味ではないであろう。ところで、この著作集には、論争的論文が多く含まれている。相手は私より年長の方が多く、殆どすでに鬼籍に入られたようで、届くとも思えないが、ぶしつけな言葉の数々を投じてきた失礼をお詫びしたい。

この著作集第一巻は、わが生涯の師であった具島兼三郎先生に捧げる。読み返していて、いくつかの作品に関して、先生の批評の言葉が鮮やかによみがえってくる。刊行に際しては、企画の段階から「禅問答」を楽しませていただいた宮帯出版者の田中佳吾氏にあつく御礼を申し上げる。

中川原 徳仁

二〇一七年八月十五日

目次

中川原徳仁著作集（第一巻）帝国主義論・国家論

目次

《第一部》　帝国主義論

第一章　帝国主義研究への道（二〇一六年）

序

第二次世界大戦における敗戦と占領によって、明治以来築いてきた大日本帝国は八〇年足らずして瓦解した。軍部の解体、財閥解体、旧体制指導層の公職追放、人権改革、農地改革が日本の国家体制を一変させた。だが、冷戦の開始により、日本資本主義の経済面、政治面とも、再建への足どりは速かった。トルーマン・ドクトリンとマーシャル・プラン（欧州復興計画）が発表されたのは一九四七年の前半であったが、一九四八年の一月、ロイヤル米陸軍長官が来日し、日本は共産主義の防壁と表明したことは、対日占領政策の転換を鮮明にした。

これ以降、アメリカの援助をもとに、鉱工業生産、金融、財政の再建整備および独占禁止の緩和が進められ、日本経済の国際資本主義体制への組み込みが図られた。政治面では、労働争議権の抑制、吉田内閣を軸とする「戦後レジーム（保守支配）」の確立が進められる。

一九五〇年の朝鮮戦争勃発は、日本にいわゆる「朝鮮特需」をひき起こし、同年秋には鉱工業生産指数が戦前水準を超えた。さらに一九五一年九月には対日サンフランシスコ講和条約が締結され、併せて日米安全保障条約が調印された。すなわち日本の資本主義は、日米同盟のもとに復興の道を歩き、国家主権を回復したのであった。

この状況をふまえて、五〇年代から六〇年代初めにかけてわが国の革新陣営の内部では、日本資本主義の復活を国家論的、戦略論的にいかに規定するかをめぐって激しい論争が巻き起こった。とりわけ、日本資本主義の現段階は、自立的な独立国家なのか、それとも従属国なのか（自立・従属論争）が、戦略論を決定するだけに中心的なイッシューとなった。

自立論者の立場では、日本経済は復興をとげ、独占資本は再生している。日本独占資本主義は復活したのであり、戦いの主敵は日本の独占資本だということになる。当時のいわゆる「構造改革論」は、この国家的自立と議会制民主主義の評価を背景に生まれたといえる。

これに対し、従属論者は、日本の政治的、経済的な復興の事実は認めながらも、国家論的、戦略論的規定としては、日本は依然として政治的、軍事的、経済的に、米国に従属しており、「従属国」であるとみなした。戦略課題としては、民族解放が主題となる。

帝国主義復活論争は、理論面ではこの自立・従属論争と一体をなすものとして展開されたのであった。

一　政治学を専攻

一九五一年、私が九州大学に入学した頃は、朝鮮戦争のさなかであり、福岡市六本松にあった教養部の裏山には、米軍の高射砲陣地があったし、学生寮の集会には毎週のように警官隊が突入する光景が見られた。一九五三年、福岡市箱崎の学部に進学すると、板付米軍基地から朝鮮半島へ向けて発進し、帰着するジェット機が低空で飛び、教室の講義はそのたびに中断された。当時の私たちの若い感覚では、それは「冷」戦を超えた日常であった。とくに社会科学系の研究へ進もうとする者にとって、危機感は重苦しく内面を支配した。

私は大学の教養部では、法律学専攻へ進むつもりで、歴史学、経済学、基礎法学に重点を置いて学習した。ところが、運命のいたずらか、いくつかの偶然が重なって、政治学専攻へと方向を転換した。

法学部の政治専攻へと進んで、演習や講義の印象は強烈であった。まず、具島兼三郎教授の演習テーマは「戦争論」であり、竹原良文教授のそれは「民主主義論」であった。今中次麿教授の政治学原論の講義では、スターリンの生産力説批判、モルガンの国家起源論批判等に驚きを禁じえず、学問とは何かについて深く考えさせられた。

竹原教授が病気で休職されると、当時教養部の講師であった嶋崎 譲（のち法学部教授、衆議院議員）さんが年度の途中から代講で演習を担当された。その第一時間目に、水崎節文君（のち岐阜大学教授）と私はいきなり戦前日本資本主義論争の中の国家論々争について報告するよう課題を与えられた。いまだ文学青年の域を出なかった私にとつて、これは苛酷な洗礼であった。私の報告は惨憺たるもので、おのれの無知を恥じた私は、その後、戦前論争を殆ど残らず読みあさった。その中に、帝国主義論争ももちろん含まれていた。

二　帝国主義研究へ

九州大学の大学院学生、および研究助手の頃は、最初はドイツのワイマル外交の研究を手がけた。しかし、指導教授の具島先生は、私にアジア研究を強く勧められた。私は方針を変えようとはしなかったが、ワイマル外交について新文献が入手困難だったので、戦後西ドイツの政治研究に重点を移し、日本の戦後復興過程との比較をも意図したのであった。

一九六五年までに行なった九州大学政治研究会での私の報告は、その後の研究方向の模索と迷いを表わしているようである。時系列的に書き出してみよう。

- 「知識人によって提唱されたアムステルダム・プレイエル運動」（一九五七年一二月一四日）
- 「独ソ ラッパロ条約の国際政治的考察」（一九五八年三月八日）
- 「国際政治におけるデモクラシーの成立」（一九五八年一〇月三一日）

・「西ドイツ帝国主義の復活」（一九六二年一月二七日）
・「現代帝国主義の理論」（一九六二年七月七日）
・「帝国主義復活の概念について」（一九六二年一二月二六日）
・「日韓交渉の展望」（一九六四年二月一五日）
・「野呂栄太郎の基本的矛盾論」（一九六五年一月一六日）

これらの研究報告と並行するように執筆し発表した私の二六歳から三二歳までの論文は、以下のとおりである。

・「知識人によって提唱されたアムステルダム・プレイエル運動」（九州大学政治研究室編『政治研究』第六号、一九五八年二月刊）
・「ラッパロ条約前におけるドイツの対ソ接近動向」（九州大学大学院法学研究科雑誌刊行会『九大法学』第3号、一九五八年一〇月）
・「反ファシズム統一戦線論の再検討」（『政治研究』第七号、一九五九年四月）
・「ロカルノ条約―安全保障問題を中心に」（日本国際政治学会編『国際政治』第一〇号特集「集団安全保障の研究」一九五九年一〇月）
・「十九世紀から第一次世界大戦までの国際政治民主化の運動」（九州大学法学会『法政研究』第二六巻第三号、一九六〇年二月）
・「現代の帝国主義理論」（『国際政治』第二〇号特集「国際政治の理論と思想」一九六二年一〇月）
・「帝国主義復活の概念について―批判的考察」（『政治研究』第一〇・一一合併号、一九六三年三月）
・「野呂栄太郎の帝国主義論」（九州近代史研究会編『歴史と現代』第四号、一九六四年四月）
・「野呂栄太郎の基本的矛盾論」（『歴史と現代』第六号、一九六四年一二月）

三　帝国主義復活論争の中へ

いまだ研究の焦点は定まっていなかったが、時代の影響で、当面の大学院博士課程の学位中間論文のテーマは、帝国主義研究に決めたのであった。ところが、以上の諸論考の中の一論文が、不思議な縁で東京へ運ばれ、私の予想もしない事象を引き起こした。

一九六五年秋、『現代の理論』(河出書房)十月号に「特集　日本帝国主義の現段階」が組まれ、その巻頭に「日本帝国主義の新しい性格」(井汲卓一・森田桐郎共同論文)が掲載された。その中で、私が一九六三年三月に九大『政治研究』第一〇・一一合併号で発表した「帝国主義復活の概念について—批判的考察」が取り上げられたのである。私は、自立派、従属派の双方を批判したのであったが、自立派が日本資本主義の国際的地位に関する認識を自己批判的に転換したのであった。

この井汲・森田共同論文の第一章「経済的発展の特質と展望」では、簡潔に第二次世界大戦後における日本資本主義の発展を総括し、今後の展望を述べる。ついで第二章「東南アジア進出の戦略」の第一節「帝国主義支配形態の変化」では、「これまでの日本資本主義はその急速な工業生産力の拡張と輸出の伸張にもかかわらず明確な独自の勢力圏を形成するにいたっていないが、いまや帝国主義国としての独自の勢力圏の確立が焦眉の課題となっている」としてきた従来の自らの立場を認めたうえで、「しかしながらここで考えてみなければならないことは、この独自の勢力圏なるものが現代の状況のもとで、しかも敗戦による崩壊から復活した日本資本主義の立場において、いかなる形態で確立されうるのだろうかという問題である」と述べ、さらに第三章「日本帝国主義復活論の再検討」では、帝国主義復活の概念および帝国主義の概念について、大胆な転回を行なった。

「これまでわれわれのあいだでは、日本帝国主義復活の問題はすでに理論的に解決ずみのものと考えられてきた。佐藤 昇氏および杉田正夫氏の研究がおそらくわれわれの見解を代表するものであった。」「だが、現在の時点からふりかえってみるとき、従来の日本帝国主義復活論には冉検討を要する不正確さがあるように思われる。」

「その第一は、帝国主義＝独占資本主義という単純化された帝国主義概念を基礎に理論が構築されていたことであり、」「第二は現代的条件のもとでの帝国主義の支配形態について十分な注意が払われていなかった点である。」

まず第一の点では、「従来の日本帝国主義復活論は、帝国主義＝独占資本主義という規定の上にたち、したがって帝国主義復活なるものを敗戦によって一たん非帝国主義国となった国が、帝国主義の力量の量的回復・発展の問題として考えられてきた。だが帝国主義を一国社会の性格を規定する概念すなわち独占資本主義との同一概念としてとらえることは明らかに誤っている。」

「帝国主義とはけっして一国社会的概念ではなく、二重の意味で世界的体制の概念であることが明確にされる必要がある。すなわちそれは一方で一国的枠をこえた他国民に対する支配の体系であり、しかも他方においてそれは、たんに個々の帝国の世界支配の体制ではなくて、〈地上人口の圧倒的大多数に対する、一握りの〝先進〟諸国による植民地抑圧と金融的絞殺のための、一つの世界的体制〉である。したがってアメリカ帝国主義あるいは日本帝国主義というように一国帝国主義を問題にしうるのは、……全体としての世界帝国主義の能動的構成要素をなしている限りにおいてであるといえよう。（以上のような帝国主義論の理解はすでにわれわれの見解のうちにあったものであるが、なお松隈德仁氏の労作『帝国主義復活の概念について』九大『政治研究』第一〇・一一合併号、に教えられるところが多かった。）」

「帝国主義の概念を右のように把握するならば、当然帝国主義復活の概念についても佐藤 昇氏その他の人びとの従来の見解は再検討する必要があろう。敗戦帝国主義の帝国主義復活とは量的発展の問題ではなくて質的転化の問題である。すなわち敗戦によって帝国主義の世界支配体制から一たん脱落した国が、再びその能動的構成分子として再登場してくるという問題である。」

「ただかつて敗戦国が非帝国主義国となったと見るよりも、敗戦によって植民地的従属状態に陥った帝国主義国とみる方が」正しいという見解が「われわれのあいだで有力となったのは、日本資本主義の独自の運動法則を無視ないし過小評価する従属論の批判という任務が影響を与えたゆえであると思われる。」

「だが本来帝国主義復活の評価は従属―自立の問題とは次元を異にするものである。」

ところで「世界帝国主義戦線の一翼として独自の支配圏の形成といいつつも、それ自体現代の新しい条件のもとで考えなければならないのである。個々に再検討を要する第二の問題が生じる。」かつての日本帝国主義復活論争の段階では、「現代的条件のもとでの勢力圏の存在形態が、とくに敗戦資本主義によって回復さるべきそれが、まだ十分に考慮されてはいなかったように思われる。」

［脚注1］　誰が、何時、どうして、東京へこの論文を伝えたのか、ながい間不明であった。しかし、凡そ二十年を経たある日、東京経済大学教授で経済地理学が専門であった入江敏夫氏が、大学から中央線の駅へ向かう道路を二人で歩いていた時、二十年以上前のことを語り始めて私を驚かせた。彼によれば、九州大学経済学部に集中講義に行った際、非常勤講師控室に備えられた研究誌類に目を通していて私の論文に注目し、事務室に申し入れて一冊もらいうけたのだそうである。彼は帰京するとすぐに、その冊子を同じ東京経済大学教授の井汲卓一氏に渡したというのであった。

この私の論文「帝国主義復活の概念について―批判的考察」は、戦後論争全体を通して最も混迷の甚だしかった「帝国主義」の概念、および「帝国主義復活」の概念を批判的に検討し、整理することを試みたものであった。

四　論文「帝国主義復活の概念について」

まず論争におけるレーニン説の単純化を論証的に指摘したのち、特に次の諸点を整理的に述べた。

（1）独占体の成立がそのまま直ちに帝国主義の成立でもなければ、独占体が国民経済を支配していれば、直ちに帝国主義というわけでもない。生産と資本の集中・集積に基づく「資本主義的独占」は、なによりも独占体の形成を基本とするものであるけれども、決してそれだけにつきるものではない。

（2）資本主義は「独占」を契機にしてグローバルな支配体系を形成するに至り、金融資本の網の目に世界中のあらゆる国々、あらゆる人びとが組みこまれる。その支配・被支配の全世界的体系が、資本主義の全体なのであり、一つの歴史的時代の総体を形づくっている。そのことによって、「帝国主義」概念は、ある一国の対外支配の政治・経済体制という意味を越えて、資本主義的政治・経済体制の全体を指すもの、そのような体制のグローバルな広がりによって総称される時代概念にまで、拡張されたのであった。

（3）資本主義的帝国主義は、それじたい、本来的に世界体制として概念化されているのであり、包括的な全体にたいする部分の関係において一国社会的概念としての帝国主義なるものは完結的な概念としてはなりたちえない。一国的個別的概念としての帝国主義がすでにナショナルな枠を越えた世界支配体制への参加を不可欠の要素として含意しているのであり、その帝国主義としての「世界的支配の能動的主体性」を可能とし、かつそれに特殊な性格を付与している国内社会的規定性や、また世界帝国主義における地位や性格がその国の社会に及ぼす特殊な規定性などをわれわれは具体的に問題にしうるのである。

したがって「帝国主義国」という場合には、一般的に独占資本主義の経済的基礎を持ち、世界的な収奪と支配の反動体制に、能動的・原動的・主体的に参加している国を指していう概念でなければならない。それが世界帝国主義に対しては個別的構成部分であり、個別的偏差や場合によっては奇形性すら有していることはむしろ普通である。

(4) ピラミッド型をなす世界帝国主義のベゲモニー体系内において、頂上グループを形づくる帝国主義諸国相互間に、支配・従属等の関係があったからとて、何も異とするに足りない。自立と従属は矛盾するとは限らないわけである。

(5) したがって、帝国主義復活を論じる際には、

(a) 一国的範疇でとらえるべきではないこと。

(b)「自立」と「従属」は必ずしも対立概念ではありえないこと。

(c) 一国の帝国主義的復活は、単なる量的転換ではなく、国家体制の質的転換であること。

(d) 帝国主義国へ向かっての復活と帝国主義としての復活は区別すべきこと。

(e) 帝国主義および帝国主義復活を論じる場合、第一次世界大戦後との比較は重要だが、第二次世界大戦後は「後期帝国主義」段階の特殊な条件下で考察すべきこと、が肝要である。

五　上京

一九六五年一月、私は九大大学院・助手時代の友人、依田精一氏（東京経済大学教授、当時助教授、家族法専攻）の誘いで、東京経済大学の教員募集に応じた。まさか私の論文「帝国主義復活の概念について―批判的考察」を前年にとり上げて評価した井汲卓一氏が、この大学の教授であるとは夢想だにしなかった。応募を勧めた依田氏は、私とは専攻分野が遠く、政治的論争など当初は関知しなかったのである。一方、井汲教授は、大学の人事面に予想もしなかった私の名前が現われたのに驚きかつ喜び、周囲に大いに推奨されたそうである。その直後に井汲教授（のち学長）の仲間であった安東仁兵衛氏（『現代の理論』主幹）から執筆の依頼が来た。私は指導教授の具島先生などに相談のうえ、応じることにした。「帝国主義の復活と勢力圏の問題」（『現代の理論』一九六六年三月号）がそれであった。私はこの論文で、井汲・森田共同論文が問題を提起していた第二次世界大戦後における復活帝国主義の勢力圏の特殊性について論じた。

［脚注2］　この論文を完成したとき、九大法学部教授になっておられた嶋崎 譲さんから電話があり、執筆論文を持って自分の家に来るように、と誘われた。嶋崎邸で私が夕食をご馳走になり、お酒をいただいている間、嶋崎さんは私の論文に目を通された。そして数ヵ所の修正を勧められた。私は、原稿用紙一冊をもらって、その夜、福岡市内のホテルに泊まり、徹夜で書き直しをした。実は「帝国主義復活の概念」も、研究会で私の報告を聞いていた嶋崎さんから「それ活字論文にしないか」と勧められたのであった。専門分野も異なり、私の指導教授でもなかった（先生と先輩とが混ざりあった存在）彼が、時折示された好意には、数年前に故人となられた今、あらためて謝意を伝えるすべもない。東京でも、衆議院議員会館に彼を訪ね、お堀端を散歩しながら語り合ったこと

など、懐かしく想い起こされる。時代の過ぎ行くのは速い。

井汲教授との出会いは、全くの奇縁としか言い様がなかったが、私の採用人事が井汲教授の招きであったとの噂があったらしく、私は実に奇妙な人間関係、党派的関係の渦中に巻き込まれることになった。私の報告を聞いた具島先生は笑っておられたが、私にとってはかなり深刻な経験であった。ともあれ、一九六六年六月初め、私は東京経済大学の助教授に就任した。

私の帝国主義に関する研究は、生活環境の変化と同時に一段落するのであるが、西ドイツに関する研究と執筆はなお続く。一九七二年五月、日本評論社から刊行された『戦後帝国主義の政治構造』は、それまでの帝国主義研究の主要部分を一書にまとめたものである。この書の巻頭に収めた「現代における帝国主義論の基本視角」は、一九七一年九月、猪俣（津南雄）研究会に報告を求められた内容を論文体に改めたものである。

［脚注3］　この報告の中で、私がゾンテル（ゾルゲのペンネーム）に触れたことから、出席されていた石堂清倫氏よりゾルゲの命日に墓前でスピーチを、と依頼され、おことわりするのにひと苦労した。私はその任にあらずと考えたのであった。ずっと後になって、石堂氏が具島先生と満鉄で縁があったことを知り、惜しい出会いの機会を逃したとの思いを深くした。

私の批判的論文「帝国主義復活の概念について」は、まさにポレミックな考察であったが、大がかりな論争の一方からは全面的に受容され、執筆の依頼や研究会への誘いがあいついだ。しかし、反論や批判はついにどこからも一度も出現しなかった。

だが、注目すべき学術的な反応が二度現われた。一つは日本歴史学会編「日本史の問題点」（吉川弘文館、一九六五年十月刊）に収載された藤村道生「日本帝国主義の成立」であり、いま一つは歴史研究会・日本史研究会編「講座日本歴史（8）近代2」（東大出版会、一九八五年六月刊）に所収の村上勝彦「日本帝国主義と軍部」であった。

六　藤村道生氏の論文について

藤村道生氏（上智大学教授）は、前記の論文において、「日本帝国主義についての今日までの論争」を、「主として政治学・経済学からする現状把握・特質規定に関する論争」と「歴史学からする成立についての論争」とに分け、「後者は前者に直接に規定されている」とし、戦前、戦後のいわゆる帝国主義論争を、戦前（一九三〇年前後）の「プチ帝国主義」論に端を発する論争、大戦後の天皇制の権力規定を発端とする国家論論争、大戦後の帝国主義復活をめぐる自立・従属論争、の三つに分ける。

そして、包括的に戦前・戦後の諸文献に触れ、諸理論が明治日本の帝国主義成立の解析にどれだけ有効かを検証している。論争の紹介と検証は要するに帝国主義日本の「成立」論へと収斂してゆく。

藤村氏がそこで取り上げた私の論考は、「帝国主義復活の概念について」と「野呂栄太郎の帝国主義論」（『歴史と現代』4号、一九六四年四月）の二篇であった。

藤村論文における私との理論的交錯点は、藤村氏の叙述にしたがえば、次の通りである。

「こうして佐藤（昇）は、日本帝国主義の復活・自立を主張し、上田（耕一郎）の従属論に反対した。だが、松隈徳仁が批判を加えたように、佐藤の概念整理は、レーニンの帝国主義の概念と対比した場合、帝国主義＝独占資本主義という単純化がおこなわれているだけでなく、そこから、帝国主義成立の歴史性に対する考慮も希薄になっているようである。またそれは……帝国主義の一般概念と、一国における帝国主義の概念とを総合的に見ることをせず、機械的に分離している。この点について松隈は〈資本主義的帝国主義は、それ自体、本来的に世界体制として概念せられているのであり、包括的な全体に対する部分の関係において一国的概念としての帝国主義なるものは完結的な概念としてはなりたちえない〉ことを指摘している。

松隈の主張は、国内的な独占資本主義的生産関係は、その国が帝国主義国であるための前提であり、基礎であるけれども、ただ、その支配関係が支配的なものとして存在しているというだけでは、可能性としての帝国主義といいうるに過ぎない。現実に、それが世界的に自己展開しなければ、実現された帝国主義ではないというにあった。

松隈の佐藤への批判は、以上のかぎりではあたっていたが、ここで問題とされたものが、帝国主義の復活であることから、当然、一国における帝国主義の成立において、独占が存在することは自明の前提とされ、佐藤の提起に内包されている、世界帝国主義の権力要素としての自己を展開しながらも、なお国内においては独占の成熟をみないという、松隈が問題にした逆のばあいは、帝国主義なのかどうかという点についての解答は用意されていなかった。」

藤村論文が最も重きを置いたのは、上記引用文の最後の部分、つまり日本帝国主義の成立にかかわるテーマであった。日清戦争の研究に注力していた藤村氏の中心的課題だったのである。

彼は、私の「復活論」の論理が、日本帝国主義の「成立」を解明する論理たりえていないとしたわけであるが、彼が展開した「成立論」の論理は、「逆のばあい」について、それはいまだ資本主義的帝国主義たりえていない、軍事的封建的帝国主義である、というにあった。この論理の背景には、もちろん、天皇制国家を絶対主義国家とみなす講座派的解釈があった。こうした立場から彼は、「逆のばあい」を埋めるものとして、信夫（清三郎）氏の歴史解釈論を支持したのであった。〔註1〕

藤村氏と私との間には、親しい交友関係があったので、上記のテーマをめぐって、直接、議論する機会があった。それは激論といえるものであったかもしれない。私が提起した藤村論文への批判は、次のように要約できよう。

（1）私の帝国主義復活論は、独占資本主義の存在を自明の前提としているわけではない。帝国主義へ向けての復活道程には独占資本主義の復活も含まれるのである。私の批判論文の中では、ただ、独占資本の存在それのみで帝国主義国であると見なすべきではない、と主張しているにすぎない。

（2）「資本主義的」帝国主義と「独占資本主義的」帝国主義とは、厳密には同義語ではない。独占資本主義の段階以前にも資本主義的帝国主義は存在した。

（3）ドイツと日本の帝国主義成立過程を史的にとらえる場合、「金融資本がすでに成立していたか」どうかを一国的視野で公式主義的に考えるべきではない。たとえばプレブス・リーグの「帝国主義発達史論」が十九世紀最後の四半世紀以降における列強の世界分割競争を主テーマとしているように、「なお国内においては独占の成熟をみない」段階において列強は競争的に「世界帝国主義の権力要素として自己を展開」したのであった。それは決して日本だけの特殊条件ではない。むしろ列強は対外的な膨張を契機として資本力を増強していったのである。〔註2〕

（4）天皇制国家を絶対主義国家とみなす講座派史観は果たして正しいのか。ドイツの場合、ビスマルク体制下で資本主義国家への転化は平和的に行なわれたと考えられる。日本の場合は、維新革命を経て明治初期に、急速に資本主義国家への転成が強行されたと見るべきではないか。絶対主義を資本主義国家へ至る必然的国家形態とする西欧モデルを日本に適用するのは、無理がある。西欧モデルを非ヨーロッパ世界に公式的に適用すべきではない。初期資本主義の国家的諸形態を柔軟に発想すべきではないか。

（5）レーニンが用いた〝軍事的封建的帝国主義〟という概念は、〝高利貸的帝国主義〟や〝植民地主義的帝国主義〟と同じく本質規定ではなく、性格を形容する用語であると考える。軍封帝国主義とは、非資本主義的帝国主義を意味するものではない。いかなる国家でも、歴史的な変化、発展の過程で、旧時代の政治的、社会的、心理的要素を濃厚に遺し、制度や政策決定に大きな影響を与えるのである。

以上が私の藤村氏に対する主張の主要点であった。氏は故人であるので、彼の主張したところを私が述べるのは適当ではない。ただし、彼は論文での主張を変えようとはしなかったこと、私の主張した見解については考えてみたいと約したこと、私の「帝国主義復活の概念について」とほぼ同じ時期に発表した学会論文「現代の帝国主義理論」は読んでいないと認めたこと、を付記しておきたい。

七　村上勝彦氏の論文について

私の帝国主義概念を肯定的に取り上げたいま一つの論策は、村上勝彦氏（東京経済大学教授、同学長、理事長）の「日本帝国主義と軍部」であった。前記のように、この論文は、歴史学研究会・日本史研究会編『講座日本歴史（8）近代2』東京大学出版会（一九八五年刊）に掲載されたものである。

論文は、「本章では、日清戦争からほぼ第一次大戦前にかけての形成期日本帝国主義について、日本の対外進出・侵略と被支配側の抵抗・対応およびその相互関係、経済的な帝国主義分業体制の形成、帝国主義軍事体制の形成の三点から考察する」と前書きして、その第一節では「日本の帝国主義転化」と題し、まず分析の方法論が述べられている。

まず問題視角として、次の諸点があげられる。「第一に、近代帝国主義は世界体制概念として捉えるべきだとする立場から、日本帝国主義転化のメルクマールを欧米列強との帝国主義間同盟締結に求めたい。」

そこで村上氏が注目するのは、一八七〇年代以降の帝国主義的な膨張の重点を、商品市場・原料資源・投資市場などの経済的契機に認める経済的帝国主義論と、またとりわけ政治的契機に求める政治的帝国主義論である。これら両論は、一九世紀末から二〇世紀の初めにかけて世界体制としての帝国主義概念が形成される過程で、その一般的特性の異なった側面を強調したのであって、体制概念だとするのはその意味においてにほかならない。

だが、村上氏はとくに、「政治的帝国主義論の中では、ある帝国の膨張が他の帝国の膨張をうながし、相互作用的に帝国主義のらせん的拡張をもたらすとするいわば国際政治の関係論的把握が注目に値しよう」と注意をうながしている。

要するに、「近代帝国主義の特徴の一つは、この膨張が膨張を呼び、世界支配を行なうまでになった諸帝国が世界政治を主導的に展開する点にある。つまり、帝国主義的世界政治の能動的主体になること、その構成員の一員になることが帝国主義たりうることの要件なのだ（松隈徳仁『戦後帝国主義の政治構造』）」と述べて、私の一九七二年刊の著述を肯定的に紹介している。

すなわち相互作用的に帝国主義のらせん的拡大がもたらされ、その中で帝国主義的世界政治の能動的主体になる、という把握が、村上氏が展開する日本帝国主義成立論の第一要件とされているわけである。

この観点から、一九〇二年の日英同盟締結が帝国主義転化の第一期的メルクマールであり、一九〇五〜〇七年にかけての第二次日英同盟、日米覚書、日仏協約、日露協約など多角的な帝国主義間同盟の締結が、第二期的メルクマールとされている。

私の帝国主義概念と村上氏の日本帝国主義成立論との接点は、以上に限定されてよいのであるが、村上氏の論述で特に注目されるのは、方法論に関する次の三論点である。

第一は、「一八七〇年代以降顕著となるヨーロッパ諸帝国の膨張に注目しつつも、その原因をさまざまな要因、とりわけ政治的契機に求める」〝政治的帝国主義〟に注目している点である。この議論では、「近代帝国主義をそれ以前の帝国主義との連続において捉える傾向が強い」としてネーデル／カーティス編『帝国主義と植民地主義』〔註3〕を挙げる。

村上氏は、「政治的帝国主義論の中では、ある帝国の膨張が他の帝国の膨張をうながし、相互作用的に帝国主義のらせん的拡大をもたらすとするいわば国際政治の関係論的把握が注目に値しよう」と延べ、実はレーニンの帝国主義論の方法には、この要素が含まれていたと指摘している。

そうして、定義的に「近代帝国主義の特徴の一つは、この膨張が膨張を呼び世界支配を行なうまでになった諸帝国が、世界政治を主導的に展開する点にある。つまり、帝国主義的世界政治の能動的主体になること、その構成員の一員になることが、帝国主義たりうることの要件なのだ」と述べる。

ここで村上氏が述べる〈ある帝国の膨張が他の帝国の膨張をうながし、相互作用的に帝国主義のらせん的拡大をもたらす〉という、いわゆる〈国際政治の関係論的把握〉は、帝国主義に関する発生論（形成論）においても帝国主義復活論においても、極めて重要であると考える。

前述の藤村論文では、独占資本主義の成立以前の対外膨張は、（近代的）帝国主義ではないという前提に立っていた。その認識方法は、独占資本主義の形成過程と競争的対外膨張過程とを動的一体性の関係において捉えていないという欠点と、一国の帝国主義的変性過程を国際関係的視覚で捉え切っていないという欠点を指摘することができるであろう。独占資本主義成立以前の、あるいは独占資本主義形成期の、競争的対外膨張を世界的な帝国主義的発達のひとコマと見る視点に立った場合、日清戦争は帝国主義戦争ではなく、日露戦争は帝国主義戦争であったという歴史認識が果たしてどこまで通用するであろうか。この通説は、明治国家を封建的な絶対主義国家と規定する通説とともに、本格的に再検討されなければならないと考える。

第二の特徴点は、「帝国主義の原義をなす植民地主義、その内実をなす支配・従属関係それ自体を重視しなければならない」としていることである。「世界政治の能動的主体となること、あるいは国内の経済の独占資本主義化は、支配側に即してのアプローチであり、被支配側からの別のアプローチでもありうる。」「被支配側からすれば、いかに領域が狭く人口が少なかろうと支配体制が存在すればそれが帝国主義であり、帝国主義とは支配体制総体を現すものにほかならない。支配の動因が何であれ、支配・従属関係それ自体が重要なのである。」「日本の場合、恒常的に他民族を抑圧したのは国内少数民族を別とすれば台湾領有がはじめてあり、これが植民地主義の観点からの帝国主義転化のメルクマールとなる。」

第三に、村上論文は、後進的な資本主義日本が、世界政治の能動的主体としての帝国主義国になりえた条件に注意を払うべきだとしている。それは、世界競争場裡における日本の地理的条件、および英露対立など当時の日本に有利に働いた国際情勢をあげなければならないが、また日本をして極東の能動的支配主体たらしめた独特の物質的基盤にも着目しなければならないとする。

「結論的にいえば、一定の内部的経済的発展を条件としたうえでの国家の強力な経済的役割・半封建的生産関係である地主制の資本蓄積機構への組みいれなどが特徴としてあげられるが、対外侵略・植民地支配それ自体も帝国主義化を支える経済的基盤を作りだしてきた。そこで、日本帝国主義の性格規定として、「軍事的半封建的」にさらに「植民地支配的」を付け加えたいと思う。資本主義確立と帝国主義転化の同時性といわれる場合も、……、両者の内的連関とりわけ帝国主義転化が資本主義確立に果たした役割が確認されねばならない。」「むしろ帝国主義化が独占資本形成を早めた側面を重視すべきである。」

以上が村上論文の方法論の注目すべき部分であり、以下、台湾統治に始まり、朝鮮支配、満蒙・中国への進出、帝国主義的軍事体制の成立へと、歴史論的な分析が、方法論の正当性を検証するかたちで論述されている。

むすび

私の帝国主義研究は、一九五〇年代に始まって、およそ二〇年間近く続いた。それは朝鮮戦争とともに始まり、冷戦の激しかった時代を通じて、強い危機意識のなかで続いた研究であった。とくに私のヨーロッパ研究が、ドイツ（のちにオーストリアが加わる）中心であったことも、この時期の私の〝危機国家観〟に影響したと思われる。

しかし、一九七〇年前後には、私の研究の理論面の主要関心は、次第に国家論に向かっていたようである。かえりみれば、この国家論への関心も、すでに一九五〇年代に私の内面に宿っていたとわかる。

一九六九年の春ではなかったかと思うが、『講座マルクス主義』（日本評論社、一九七〇年刊）の第9巻『国家と革命』（勝部 元編）の執筆に参加するよう誘われた。「現代資本主義国家論」という執筆テーマは自分で発案したのであったが、これはとても苦しい仕事であった。

なぜこのようなテーマで書こうとしたのか。いま考えてもはっきりしないところがあるが、おそらくその頃、初期マルクスの文献、『ドイツ・イデオロギー』や『ユダヤ人問題に寄せて』などの新版が整備されて、「国家」の本質について思索する条件がととのっていたことと、二〇世紀的権力現象に関する私の研究が、私の内面で結合したのではなかったか。実際、「現代資本主義国家論」は、一面で私の帝国主義論の要素を多分に含んでいるのである。

私は、この国家論で、近代国家が二〇世紀的な積極国家に転換した契機として、独占化・プロレタリア化・帝国主義（化）の三要素をあげた。帝国主義（化）とは、国家論の視角よりすれば、現代国家の対外的支配の問題にほかならない。現代における国家の国際的機能は、軍事国家的機能と世界福祉的機能との両面性をもつ。ミュルダールの提起した問題の一つは、現代国家の福祉国家化は、世界の後進地域を犠牲にしたナショナリズムであり、先進資本主義諸国は果たして「福祉国家を越えて」進むことができるか、というにあった。〔**註4**〕

たしかに、後進地域への開発援助は、資本輸出、商品輸出の拡大という側面と後進諸国のいわゆる新興国化という側面の両面をもつ。そして実際に後進国の域を脱して先進国の域に迫ろうとする新興国も出現している。それらの新興国には新しい富裕層や中間層が育っているが、反面、貧富の格差が拡大するという資本主義固有の病弊もみられる。

したがって、サミール・アミンが提起した「周辺資本主義構成体論」のような問題、すなわち世界資本主義の「中心部」の成長が果たして「周辺部」の成長でもありうるのか、という問題は、なお生き続けているわけである。〔**註5**〕またこの問題は、欧米諸国が国際干渉の正当根拠としてきた「民主化」で貧困・格差は克服できるのかという問いにも通じる。

カール・カウツキーは、第一次世界大戦に際して、ヨーロッパにおける革命の可能性についてレーニンと鋭く対立した。彼は、戦後列強は妥協と協調に向かうだろうと予想した。それが的中したのはヒトラーの狂気と今一度の大戦を経てからであった。

だが、彼の予見した「超帝国主義」の世界は、「工業地域」から「農業地域」への資本移動のグローバルな拡大であるとともに、資本主義の矛盾のグローバルな拡大でもあった。二〇世紀にアフター・レーニンの光景を見てきた我々は、二一世紀にはアフター・カウツキーの風景を見ることになるのであろうか。

一九七六年、私はオーストリアのウィーンに留学し、足かけ三年滞在した。一九七八年帰国したのち、翌年七月またウィーンに出かけた。残した約束があったからである。私は東西ヨーロッパの十ヵ国以上を歩き、冷戦末期とヨーロッパ統合中期の大衆の意識に触れようと努めた。政治学者だと名のると相手が緊張するので、哲学者だと称した。

東欧圏とロシア（ソ連）に直接触れ、私は社会主義の政治的退廃を痛感した。現存社会主義（reale Sozialismus）と理念社会主義（ideale Sozialismus）との甚だしいかい離がそこにあった。私は日本の友人に出したハガキに書いた。「いまワルシャワに居ます。最も腐敗した社会主義！　民衆はカネ！　カネ！　カネ！しかしもし変革が起こるとすれば最も腐敗したこの国からでしょう。」ハンガリーとポーランドはかなり自由だと感じ取ったが、ひどく貧しかった。東ドイツとチェコは肌で感じる厳しい監視国家であった。

その後、私のヨーロッパ研究は、西ドイツの脱冷戦過程およびオーストリア戦前・戦後史（第一次、第二次共和制）の研究へと大きく転回して行なった。

日本占領の研究者竹前栄治氏（東京経済大学教授）と、私はドイツとオーストリアの占領を比較分析するという約束を交わしていた。また、一九一七〜一八年のドイツ、オーストリア、ロシアの三革命を独自の視点で比較するという課題など、いくつか新たな研究への野心が湧き出していた。ところが一九八九年、突然私は網膜の損傷で横文字を読むことができなくなり、希望をうち砕かれた。多くの文献・資料を目の前にして呆然と立ちすくんだ。

邦語の文献を読むのもスピードが落ち、目を酷使すれば首筋・肩・背中に痛みが襲う。だが幸いにして思索は可能である。最近は、資本主義のグローバルな展開を〝アフター・カウツキー〟とテーマ設定して追究し続けている。

（二〇一六年九月稿）

〔註1〕藤村氏は、信夫清三郎『日本産業史序説』第三版序文（日本評論社、一九四六年）を論文の註であげている。

〔註2〕プレブス・リーグ編『帝国主義発達史論』内田佐久郎訳、改造文庫、一九三一年。

〔註3〕ネーデル／カーティス編『帝国主義と植民地主義』川上 肇訳、お茶の水書房、一九八三年。

〔註4〕グンナー・ミュルダール『福祉国家を越えて』北川一雄監訳、ダイヤモンド社、一九七〇年。

〔註5〕サミール・アミン『周辺資本主義構成体論』（「世界的規模における資本蓄積」第Ⅱ分冊）野口 祐・原田金一郎訳、柘植書房、一九七九年。

〔註6〕カール・カウツキーの『超帝国主義論』は、ドイツ社会民主党の機関誌 Neue Zeit に、一九一四年から一九一七年にかけて書かれた三篇の論文に展開された。波多野 真訳『帝国主義論』創元文庫、一九五三。戦前のカウツキー研究では、まず矢内原忠雄『超帝国主義論について』（『経済学論集』、一九三〇年九月）をあげなければならない。矢内原忠雄『帝国主義研究』（白日書院、一九四八年）所収。

戦後のカウツキー研究は数多いが、特に次の三書から得るところがあった。ゲアリ・P・スティーンソン『カール・カウツキー一八五四―一九三八　古典時代のマルクス主義』時永淑・河野裕康訳、法政大学出版局、一九九〇年。相田慎一『カウツキー研究―民族と分権』昭和堂、一九九三年。山本左門『ドイツ社会民主党とカウツキー』北海道大学図書刊行会、一九八一年。

第二章　帝国主義の理論

——古典と現代——（一九六二年）

序

一　原型の成立――レーニン

二　原型における批判――シュンペーター

三　現代的批判――ストレイチ

四　現代的批判の批判――中ソ論争

序

現代における帝国主義の変貌を理論的に確定しようとする広範囲な作業は、かなり波乱に富んだ論争を含んできたし、現在もなお「現代帝国主義」とは、はげしい論争概念である。二つの世界内で、あるいはわが国でも、これまで展開されてきた議論を通観すると、そこにいくつかの類型がおのずから浮かびでる。レーニンの古典的帝国主義論がほとんど修正を加えずに有効だとする型、それはレーニンの時代には妥当したが現在はもはやまったく有効でないとする型、その基本的法則の拘束力は認めるが、その貫徹形態は発展的に変化しつつあるとする型、以上の三種類に加えて、いっこうにレーニンの呪縛にかかずらわない理論型も、もちろん存在するが、それすらもなんらかの意味でレーニンとの対決は免れないだろう。

本稿のねらいとするところは、現代的条件のもとで、著しい変貌をとげ、なおも変貌しつつある帝国主義の理解を、論争的諸理論の間隙をぬって概観し、再検討することにある。もとより、原型ともいうべき古典的帝国主義の概念が明確なものでなければ、変化の測定そのものが危うくなる。事実、マルクス主義者の間でも、レーニンの理論原型じたいがさまざまに異なった立場から解釈が行なわれている現状である。そこでまず今世紀はじめに成立し、レーニンにおいて結晶化した原型概念の再整理からはじめる。シュンペーターの帝国主義理論は、それが体制無媒介的な帝国主義論にしばしば援用され、かなり活発な政治的機能を示しているように見うけられるところから、非マルクス主義的な帝国主義論の一典型として検討することとした。ついで、今世紀後半、国際的な民主社会主義の運動内で活発な理論活動を行なったストレイチの反マルクス主義的帝国主義論、ならびに、それとは対抗的位置を占め、自己の陣列内にも烈しい論争を含む現代マルクス主義者の帝国主義論を概観するであろう。

一　原型の成立——レーニン

P・M・スウィージーの小論に、G・ハルガルテンの著書を紹介しながら、一八七〇年代以降の帝国主義概念の拡張経過について述べたものがある。〔註1〕それによれば、「帝国主義」という言葉じたいは比較的新しく、最初はイギリスの著述家や行政官たちによって、一八七〇年代の末に用いられはじめたのであって、もとをただせば、「帝国主義」は、一国の政治的主権を他の諸人民、諸領土へ拡張しようとする「植民地主義」と同じであった。その後の三〇年間、この言葉はますます一般に使用されるようになり、当初よりもはるかに広い意味をもつようになった。この言葉の歴史における発展をうながした最大の事情は、イギリスの経済的優位がようやく脅かされるようになり、ついで諸列強による世界分割が進むにつれてあらたな世界再分割への胎動がはじまりつつあった時代の性格であった。この間に、政治的な植民地主義から、市場・原料資源・投資のはけ口のための経済的な浸透と支配へ、重点は移った。これを反映して、帝国主義にかんする新しい著述家たちは、経済力と経済的動機が第一次的であり、政治的形態は第二次的であると考えた（チャールス・コナント、ジョン・ボブソン）。のみならずボブソンは、宗主国と植民地の関係をこえて本国内の社会におよぼす帝国主義の影響まで分析し、先進国民の搾取、先進国民における寄生性の発達を強調した。R・ヒルファーディングは、ある点において、ホブソンより一歩進んで帝国主義の概念を拡げ、それを資本主義制度と不可分の現象として扱った。帝国主義は金融資本から発するものであり、巨大な産業的・金融的独占体が最大の利潤をめざして世界的に闘争することから不可避的に生じたものだと彼は考えた。レーニンは、「帝国主義」という名称を全体としての制度にあたえることにより、帝国主義の概念を最終的に拡張したのであったが、彼にとって、これは独創的でも斬新なものでもなかった。それは第一次大戦までにすでに一般用法となっていたものの単なる理論的内容を明らかにしたにすぎなかった。〔註2〕かくして、レーニンの名著を理論的な頂点とした用語上の発展は、帝国主義という概念がその内容を拡張してゆく過程にほかならなかった。帝国主義という言葉は、特定の政治関係を明らかにすることから、次第に、その関係をも一部分として含んだ全政治・経済制度まで問題とするようになったのであった。

帝国主義概念のレーニンにいたる原型の発達をこのように概括して、スウィージーは、「帝国主義は独占資本主義の競争期に発達した国際的な政治・経済制度である」〔註3〕と一般的定義をあたえる。そしてとくに、帝国主義を、近代資本主義あるいはそれ以前の歴史的社会体制のもとに存在した植民地主義とはっきり区別しなければならないと主張する。帝国主義とは、あくまで歴史的に規定された特殊概念であり、ある特定の社会制度の存続する歴史的期間についてだけ限定的に役にたつものだとみなすのである。

しかし、ここで彼のいう「特殊概念」説には、概念の歴史性への配慮について疑問が提出されうる。彼の場合、〝帝国主義はあくまで歴史的に規定された特殊概念である〟とするその意味は、帝国主義現象は独占資本主義時代の以前には存在しなかったのであり、したがって一九世紀末葉以後の歴史的時代についてだけ「帝国主義」の概念は有効である、というふうに解されよう。だが、レーニン自身は、これに反して、「植民政策と帝国主義は、資本主義の最新の段階以前にも、さらには資本主義以前にも、存在した」〔註4〕と述べており、むしろ、帝国主義現象が個々の経済的社会構成体の特殊規定性に応じて、もしくは同一の経済的社会構成体内の諸発展段階の特殊的規定性に応じて、本質的な差異をもって現われる点を強調している。方法上のこの観点から、彼は、各歴史的時代に帝国主義「現象」の存在したことを認めながら、他方、実践上の諸契機を無に帰せしむるような、時代によって生じる特殊的な本質的差異を無視するような、帝国主義の「一般論」をきびしくしりぞけているのである。こうしたレーニンの特殊性の強調を過度に単純化することは、かえって歴史的現象の継起的発展性をあいまいにすることになりかねない。

スウィージーがその用語論によって説明する「帝国主義」概念は、一八七〇年代以後の条件下でヨーロッパの理論家たちに鋭く意識されるようになった「新帝国主義」の現象を対象化しているにすぎない。矢内原・楊井両氏の著書によれば、〔註5〕imperialism の成語は imperium もしくは empire の用語よりあたらしく、一九世紀後半以来であるといわれるが、これすらもそれ以前における事実としての帝国主義現象の存在を否認させるものと受けとる必要はなく、ただこの時代にはナポレオン三世の海外遠征批判、イギリス議会の膨張政策論議に現われたような政策的契機が強く表面に出た結果、主義や政策を意味する熟語への結晶化が促進されたと理解することができるであろう。その後一九世紀末にかけて資本主義の拡張政策は極点に達するのであるが、そこには、政策的契機を凌駕して、資本じたいの経済的契機論――原料資源・商品市場・海外投資――が著しく表出する。ウルフはこの現象を基礎に近代帝国主義を「経済的帝国主義」と特徴づけたし、〔註6〕シュンペーターはこの変化の基底に「生産の大規模化」をみいだした。それにたいし、レーニンは、ヒルファーディングらの理論的業績をうけついで、生産と資本の集中・集積による独占の一般化を認め、主義や政策の現象がこの基底と不可分一体であるとして体制的な概念把握を行なったのであった。カウツキーは、周知のとおり帝国主義は高度に発展した産業資本主義の産物であるとして、シュンペーターと同様に「生産の大規模化」の質的内容を見ぬけなかったし、また、帝国主義は「対外政策の体制にすぎない」と主張することによって政策的概念の域を出ない狭さを示したのであった。〔註7〕しかし、政策的概念の時代の「植民地主義」=「帝国主義」ですらも産業資本主義の発展の経済的内容とは不可分であり、スウィージーの援用したハルガルテンの「政治的な植民地主義」じたい、事実過程にたいする概念的認識の相対性を示すものであろう。

次に、スウィージーは、帝国主義を独占資本主義の競争期に発達した「国際的な政治・経済体制」であるとみているのであるが、これは検討にたえうるであろうか。

たしかに、帝国主義（言葉の厳密な意味では資本主義的帝国主義）は、独占資本主義の時期に全面的に発展したものであり、スウィージーが「競争期」とよんだのは、ひとにぎりの強国間の、あるいは巨大独占体間の激しいヘゲモニー争いという、その内部矛盾の関係をさしているようで興味ぶかい。だが、たんにその時期に発展した「国際的な」政治・経済「体制」とみるだけでは不十分であろう。帝国主義を「国際体制」とみる点では、包括概念と一国概念との区別もさだかにしない論議よりははるかにまさってはいるが、帝国主義とはもともと国境を越えた対外的支配を含意するのであり、その意味ではいつの時代にも国際的だったのである。独占的資本主義の段階に発展したことの諸属性が概念規定に積極的にもりこまれる必要があろう。

その場合、一九世紀の最後の約三分の一の期間に発展した世界経済的基盤について考慮する必要がある。帝国主義（時代）の基盤をなす世界経済の有機的構造が、資本主義以前の、またはイギリスの一国的世界支配時代の帝国主義と新しい帝国主義とを区別させる基本的な一面なのである。

W・アシュワースは、おもに以下の四つの要因をあげて一八七〇年頃から一九〇〇年にかけておこった諸国民のより強い相互依存関係の発展について述べている。

第一に、「機械技術が世界の生産の大きな部分に影響した」ことによって「国際貿易の巨大な増加が短期間にはたされた。」「一九〇〇年になると、経済活動の組織が世界を通じて著しく変わり、その結果……十分な貨幣をもつものは誰でも、地球のどこにある資源をも支配することができ、また彼の注文が受理され履行されることを当然に期待することができた。それは新しい事態であり、以前の半世紀あるいはもっと最近のあいだの諸変化によって作りだされた事態であった。」

第二に、一八七〇年以後の国際金本位制の採用と多角的な国際決済制度の創出を指摘する。「商業および金融取引のはりめぐらした網の目によって、全世界はひとつの経済単位へと結び合わされた。」

第三に、資本移動の活発化は、地理的拡大と機能的拡大とを示した。地理的には、従来比較的先進地域むけに輸出されていた資本が後進国むけに流れの本流を変更した。機能面では、多くは政府債にむかって国際移動していたものが、時がたつにつれてますます大きな部分が、輸送・農業・鉱工業などのあらゆる種類の生産活動に直接向かうようになった。「国際投資による経済開発の拡張のひとつの結果は、投資じたいのはりめぐらした網を拡げることであった。」

第四に、経済活動の水準・変化の国際的な相互依存性の強まり、換言すれば、景気変動のより大きな斉一性が現われた。「一八七〇年代初頭からは、比較的工業化したすべての国は、一面では自国の活動もその形成に一役買っているような、あれこれの重要な共通の影響力に従いはじめた。」

そうした経済体制は、「多くは一九世紀の後半に樹立され、全体としては、一九一四年までは……全世界を包括しえ、また、じしんの安定性をくつがえすことなく、その活動と世界の実現された富とを拡大することができた。」比較的、自由に、安定して発展した世界経済は、その質的な変化の内容を一九一四年になっていちどにおおやけにするのである。〔註8〕

アシュワースは、これらの諸変化を総合して「国際経済」が出現したと考える。一九世紀の後半、ことに一八七〇年代にはじまって二〇世紀初頭までにそれが形成されたと述べている。そのばあい、「国際」(international)という用語は「国ぐにの間」(between nations)という従来どおりの意味に加えて、「多くの国ぐにに共通の」(common to many nations)という意味にも使用されることをすすめる。〔註9〕しかし、彼の国際関係論的な視点に加えて、それと不可分に発達した国民経済内部におけるこの時代の質的な諸変化を考えあわせ、その相関する二つの経済領域の活動が全世界的な規模で重複構造をつくりあげていく点に着目するならば、アシュワースが述べた諸現象と国内経済上の変動との有機的複合は、かれの用語をもって示される「国際経済」と称するよりは、むしろ「世界経済」と呼ばれるべきであろう。この世界経済の形成過程は、レーニンが帝国主義時代への移行期と呼んだ過渡的な時期にあたっている。ほかならぬこの物質的生産のからみあいのグローバルな拡大、ならびに国内的領域と国際的領域との重複的構成を主要契機とする、「世界経済」的構造を直接の物質的基盤として、帝国主義の「世界搾取の体制」はきずかれたのであった。

レーニンは周知のとおり、世界経済を一般理論的に解説したのではなく、金融資本の世界支配構造――その矛盾内包的構造、を解明する立場で、五つの経済的標識をかかげ、それらのすべてを包含する帝国主義の定義をおこなったのであるが、かの五標識は、その内的論理性において密接不可分の相関関係を示しており、一方における国内的範疇と他方における国際的範疇のからみあいを内示している。そして、それらは全体として、世界体制（word system）としての帝国主義の経済的側面を説明するものなのである。そして、世界体制としての帝国主義の経済的側面には、やはり世界体制としての帝国主義の政治的上部構造が照応する。経済的搾取のための世界体制（下部構造）には、政治的支配の世界体制（上部構造）が照応する。これをスウィージーの一般的定義に即して定義づけるならば、経済的搾取の構造こそ最も基本的な実体であり、それを支える構造物として政治的支配の構造がそびえたつという関連を内包して、（資本主義的）帝国主義は、世界史的発展の独占資本主義段階に照応するひとにぎりの強国による世界的支配の政治・経済体制である、と述べることができる。

ところで、以上のように帝国主義を「世界支配体制」と規定することの積極的意義はどこにあるのか。それは、世界的体系としての帝国主義の形成が資本主義の歴史的産物である生産の社会化の質・量両面における世界的拡大に深く根ざしており、したがって、かかる生産の社会化の高度発展が腐朽化した所有の私的性格との間に必然的にはげしく産みだす矛盾が、やはり世界的な質と量をもって拡大再生産されるというロジックにみいだされなければならない。マルクスは、すでに資本制生産の純理論的な分析のなかで、生産の社会的性質と所有の私的性格との矛盾について述べ、そこから、資本主義は自己を止揚するとみとおした。レーニンは、マルクスがついにみなかった独占資本主義の世界的段階におけるこの基本矛盾の具体的発展、そのダイナミズムについて論理を展開したのである。そこでは、世界経済的基盤そのものは、本来的には社会主義の物質的基礎をなすべきものであると考えられた。しかるに、帝国主義の世界搾取体制は、なによりも世界経済的基盤にたいする資本主義的な、すなわち私有制的な適応であり、資本主義的生産関係の世界版にほかならない。それじしん矛盾の世界的体系である。いかなる矛盾構造が内包されるかは、レーニンの要約した五つの標識の内容からすでに明らかであろう。

以上、一九世紀末から二〇世紀初頭にかけて成立した帝国主義概念のなりたちを、レーニンにいたるまでの系譜において、P・スウィージーの所説にそいながら再考を試みた。精細な規定については、レーニンの「帝国主義論」に述べられているし、ここに再現する必要はない。ここでは、帝国主義が一種の体制概念であり、social system であること、ことに歴史的段階的な世界体制概念であることを強調すれば足りるのである。

しかし、ただ、レーニンの帝国主義概念がその純経済的規定では完全に整理して提示されているのにたいし、その政治的諸規定については体系的なものはみられない。彼の本来の理論的構成からすればその経済外的諸特質にかんする理論も広く発展させられてしかるべきであろったろうが、これは彼につねにつきまとった著述目的の限定性、ならびに著述条件の制限からか、十分に展開された跡はない。ただかれの種々の論稿のなかに、重要な論及が散在しているだけである。それについては、レーニンの諸断章をあつめて理論的に再構築する試みもなされているようであるが、それで十分であるとは思えない。ここでは、「ブルジョア社会改良主義と平和主義の見地に立っているが、しかし帝国主義の基本的な経済的および政治的特質の非常にすぐれた詳しい記述をあたえている」〔註10〕と、レーニンも高く評価し、その欠陥についてはあえて触れようとはしなかったホブソンの「帝国主義論」が、確かに帝国主義の政治的特質を総括する手がかり――あくまで手がかり――をあたえていると思われるので、これを整理してひとまず提示しておこう。

ホブソンの著書の第二編は、詳細な帝国主義の政治的分析に向けられているが、そのなかには、大略、帝国主義の五つの政治的標識が描きだされていると考える。〔註11〕

(1)帝国主義による専制政治の輸出、世界的な拡大。

(2)これには、国内政治において「軍国主義」が実際政治の最前面に押しだされるという現象が対応する。軍事的構造の巨大化。（軍国主義の台頭という点では、専制主義的な大陸諸国と議会制民主主義をとるアングロ・サクソン系諸国との間に実質的差異がなくなりつつある、と指摘している。）

(3)帝国主義と社会改良との対立。（この点ホブソンは過少消費説にもとづいて、帝国主義にたいする唯一の解決策は所得の再分配を基本とする社会改良の実現であると考えていた。もちろんレーニンは、帝国主義と社会革命との対決を問題にする。）

(4)行政権にたいする立法権の従属と専制政府への行政権の集中。「内閣内の内閣」への実権の集中。官僚的機構の発達。

(5)腐敗性と寄生性。（レーニンは、これらの点についてのホブソンの詳しい叙述を大幅にとりいれているが、とりわけ、帝国主義的超過利潤の分け前が労働貴族層の資本がわへの移行を容易にし、ブルジョア支配の新しい政治的諸形態の発達を促した点を鋭く問題とした。）

レーニンによる一般的抽象的な、また時としてはきわめて具体的な、帝国主義の政治的諸特質の規定を通観して認められる着眼点は、概していえば、政治と経済との結合を重視し、「政治における独占主義」は「経済における独占主義」に照応するものであることにある。〔註12〕これは帝国主義の体制概念としての把握から容易に結果するところであろう。政治とは一般的には支配――階級的支配――を意味すると考えられるが、帝国主義における支配とは「金融資本の支配」にほかならない。〔註13〕その支配の特性は「暴力」であり「反動」である。〔註14〕

金融資本の支配への志向――その結果は何か。「あらゆる政治的制度のもとでのあらゆる方面の反動」、政治の領域における「諸矛盾の極端な激化」である。また「民族的抑圧と併合の熱望、すなわち民族的独立の破壊」であり、したがってまた民族的抵抗の激化である。〔註15〕帝国主義の世界支配の体系は、こうして矛盾の体系にほかならない。以上がレーニンの帝国主義の政治論における脈絡であろう。この一般的特性の視点よりするとき、ホブソンの整理は興味ぶかい材料であろう。

二　原型における批判――シュンペーター

J・A・シュンペーターとレーニンとの間には、彼らが同時代の歴史経験のもとに同じ帝国主義の現象を意識しながら、両者がたがいにこの問題について相手を意識しあい、対決を意図した形跡はみとめられない。〔註16〕シュンペーターの著書の英訳版（一九五一年）に編者序説を書いたスウィージーによれば、シュンペーターの「帝国主義」にたいする関心は、まず、彼が新マルクス主義理論とよんだもの――この理論の提唱者、O・バウアーとR・ヒルファーディングを、彼はウィーンで一緒の学生時代から知っていた――によってひきおこされたらしいが、さらに、帝国主義の問題を深く研究するという実際上の刺激は疑いようもなく戦争そのものによってあたえられたという。「だからこの論文の目的は二つあるといえよう。一つはバウアー＝ヒルファーディングの理論にたいする批判をふかめることであり、いま一つはそれに代わる理論的な枠をこしらえて、戦争とそれに先立つ事件とを適切に説明しうるようにすることであった。」〔註17〕しかし一読すれば明らかなとおり、シュンペーターとレーニンの理論内容には、とうてい宥和しがたい対決がある。レーニンが資本主義経済の法則的発展の線上に帝国主義を理論構成したのにたいし、シュンペーターは、彼の資本主義発展の理論がそれじしんとしては帝国主義や戦争の現象を説明しえない、その矛盾の解決点に帝国主義論を構築した。また、両者の関係はたんに理論内容面での対決ということだけではなく、第二次大戦後の今日にいたるまで、現実政治におけるイデオロギー的機能性の面でするどい対立を示している。〔註18〕そこに、ただの理論的興味をこえて、シュンペーターの帝国主義理論をとりあげ批判的に検討することの意義があると考えられる。

　まずシュンペーターは、歴史上の諸国家の攻撃的態度のうち、民衆の実質的・具体的な利益〔註19〕によって直接かつ明瞭に説明されうるのは一部分にすぎない、という事実からわれわれの問題がおこってくる、そうした問題の一つが帝国主義の問題である、と前おきし、帝国主義をもっと簡潔につぎのように定義する。「帝国主義とは、国家の際限なく拡張を強行しようとする無目的な素質（Disposition）である」と。〔註20〕そして、この冒頭で設定された問題枠と定義でもって、太古から近代にいたるまでの諸帝国主義現象が歴史的に分析され分類される。

　〈帝国主義の実践〉として、エジプト、ペルシャ、アッシリア、アラビア、ローマ、古代ゲルマン、フランク、ドイツ封建諸王など、征服現象の態様がそれぞれの動機を元に分類される。〈近代絶対君主制下における帝国主義〉は「とくに興味深い帝国主義の一類型」であり、この時代には「独裁国家が権力と活動力とを十分にもっていたところではどこでも帝国主義的傾向が動き出し」た。「立憲体制のうちで残存したのはただイギリスのそれだけであった。」〔註21〕〈標語としての帝国主義〉としては、一八七〇年代ディズレリーが国内政策のためのキャッチ・フレーズとして「帝国連合」計画をかかげた事例をひく。ディズレリーは実行する機会をもちながら有権者の動向にたいする政治的洞察のゆえに一歩も実行に移さなかったというのである。そしてそのことは、（イギリスの）資本主義発展による合理性の働きが帝国主義の実行を抑制した実例とみなされ、彼の帝国主義理論展開への伏線とされているようである。

(1)なんらはっきりした目標にしばられない無目的的な武力による拡張への傾向――戦争や征服を求める無合理的な性向――が人類の歴史においてきわめて大きな役割を演ずる。

(2)戦争を求める必要性ないし意欲は、たんに衝動や本能にのみよるものではなく、さらに、民衆や階級が生きのこるためには武士にならざるをえなかったような客観的な生活上の要請から生起したものであり、遠い昔、そのような環境でえられた心理素質と社会構造とが、ひとたび自己を確立すると、それ本来の意味と生命保存的機能が失われたはるかのちにおいても、いつまでもその力をもちつづけるものである。

(3)このような性向ないし構造の存続を助長する第二次的諸要因が存在している。第一に、支配階級の国内政治上の利害関係が好戦的性向を助長した。第二に、戦争政策によって経済的あるいは社会的に利益をうける個人の影響力が一つの役割をはたしている――。

シュンペーターはさらに、帝国主義は「現在の生活環境から生まれてくる要素ではなく、過去の生活環境から生まれてくる要素である。……それは社会構造の隔世遺伝であり、感情的反応にかんする個人的・心理

的慣習の隔世遺伝である」と付言する。〔註22〕

それでは帝国主義を資本主義の内的必然とみなすレーニン理論に対比し、シュンペーターは、帝国主義と資本主義との関係をどのように説明するであろうか。この点が彼の論考の終章をなしており、最も力点をさいたところといえるのである。彼の論理を追って要約してみよう。

――社会の進歩は、かつて帝国主義を機能させていた構造をすたらせ、それに存立の余地をあたえないような、またそれの支持権力要素を除去するような他の構造を出現させ、帝国主義じたいを構造的要素からとり除く。純粋に資本主義的な土壌の上には帝国主義的衝動は育ちにくい。なぜなら、資本主義の経済形態のもとでは、その経済的合理性のゆえに、本能的なものはすたれていくからである。帝国主義を生みだした生活上の要請は、すべて永久になくなってしまったのであり、現在見うけられる帝国主義的傾向は、今日の時代が絶対主義時代からうけついだものである。そのことは、もともとブルジョアジーが非資本主義的環境下で形成されたという事情、そして現在もまだ資本主義社会内に、国によっては、根強い資本主義前の要素(権力要素あるいは支持権力要素)が残されているという事情に、直接依存している。

それでは、資本主義の経済的利益ないし商業上の利益は、真に帝国主義の要因たりえないであろうか。まず、自由貿易制度のもとではどうか。そこでは、どの国の人間も商品も自由に国境を出入りできるのであるから、植民事業も海洋支配も、外地権益も、それらの自由な利用が妨げられない以上、国際的利害対立の原因たりえず、どの階級も武力的領土拡張に関心をもたないのである。

ではつぎに、保護関税制度のもとではどうか。確かにそれは、人間や商品の国際的移動を妨害する。だがそれでも、ただ関税障壁があるだけなら、基本的な利益関連はおおよそ自由貿易下のそれと異ならないものである。ただし保護政策はカルテルやトラストの形成を促す。そしてそのことが利害関係の編列をまったく変えてしまう。政治的に有力な社会階級のなかに、保護関税やカルテル、独占価格やダンピング、侵略的な経済政策・対外政策一般や戦争等にたいする強い経済的関心が起こってくる。またひとたびこのような利益関連が生じると、さらに別の動機による拡張への関心が現われる。民心を国内問題からそらす対外政策も必要となってくる。しかしこれは、あくまで近代経済生活の一側面にすぎず、決して過大評価してはならない。諸国民間に存在する共通利益の事実は、決して消え去るものではない。社会の奥深い根底では依然として正常な産業通商の考えが支配する。また輸出独占主義の政策が武力的拡張政策に発展するためには、本来それによって利益をうけない民衆の支持が必要であり、民衆を虚偽意識に慣らすことが必要である。

つぎに、資本主義は生産を大規模化する。しかし一定の組織能力以上に企業結合を推進させるような内在的傾向は自由競争制のもとでは存在しない。重要な点は、トラストやカルテルの発生は自由競争制の自動的な運動によって説明しうるものでは決してない、ということである。この点は、トラストやカルテルが保護関税下でのみ可能だということによって明らかである。加えて、もともと保護関税は、自由競争制から自動的に生まれてくるものではなく、政治的行為の所産なのである。しかもそれは、近代絶対主義下の輸出独占主義からうけついだものであって、漸次おとろえつつ存続していたものが少数の利害関係者によって利用されたのである。

いずれにせよ、帝国主義は資本主義の必然的発展段階の一つであるとか、資本主義が発展して帝国主義に移行するとか考えるのは根本的にまちがっている。資本主義経済下における利害関連は、けっして一義的に帝国主義的方向への発展を示すものではない。——

以上のように、シュンペーターは、一種の心理学主義にもとづく帝国主義の解明を行なっているのであるが、個人的、心理的性向ならびに人間の社会行動を全体として心理的に規制する「型」としての社会構造を構成要素とする国家の攻撃的、拡張的性向を指摘する。社会学的帝国主義論と称されるゆえんである。そして、その理論枠は、冒頭にも示唆したように、資本主義純粋発展（一九世紀イギリスの資本主義が理論モデルに最も近いものと考えられている）の合理性と帝国主義・戦争の不合理性との矛盾を、一般的には経済的基盤から、特殊的には資本主義経済から、帝国主義的性向を切断することによって、説明しようとするものであった。

しかし、この切断は成功しているであろうか。Meridian Books の英訳に紹介を書いたホーゼリッツは、「過剰生産の周期、金融資本の集中、市場もしくは投資のはけ口をめぐる闘争に関連する帝国主義の解明――彼に先行する人びとがやったような――については満足にはほど遠いものがあるが、シュンペーターは帝国主義の基本的に社会的な解明を求めたのであった」とする。「帝国主義とはなにか、とたずねるかわりに、彼は、だれが帝国主義者であるのか、と問うたのである。社会のどのグループが帝国主義政策の槍の穂先をかたちづくっているのか。いかにしてこれらのグループは存在するにいたっているのか。またなにがかれらを消滅させるのか」。〔註23〕

だが、これら二つの命題は、このようにはっきりと分離できるものではない。シュンペーターにあっては、一方の不在証明は他の存在を証明するという不可分の関係で論理は構成されている。そしてなによりも重要なのは、ホーゼリッツも認めるように、シュンペーターの帝国主義概念の論証に決定的な意義をもつ資本主義発展の理解に、すくなからぬ欠陥が見いだされることである。

まず第一に、産業資本主義段階の純粋化、過度の単純化が特徴的である。彼においては、イギリスを主とする産業資本主義の発展過程、自由競争原理が理論モデル的な資本主義の一般型として認識され、帝国主義的性向はこれにたいして外在的なものとみなされるのであるが、ウィーン会議から一八六〇年代にいたる産業資本主義の自由競争段階をとってみても、現実過程はシュンペーターの叙述とは奇妙なコントラストをなしている。いわゆる資本主義の自由な発展のかげには、イギリスの比類のない世界帝国が厳存していたし、この時代を彩る自由主義思想、小英国主義（Little Englandism）――植民地領有熱の低下――にもかかわらず、実際には同期間中に広大な地域があらたにその世界版図に編入された。フランスもロシアもイギリスに随伴して領土を侵略的に拡大した。今日では、この時代における植民地領有のための攻撃的意欲の低下、自由貿易原理（制度）の確立の基底には、イギリスの世界独占が最大要因としてよこたわっていたのだと解釈されている。すなわち、イギリスによる広大な植民地の独占と世界市場における独占的地位が存在し、その地位を脅かす競争者がいまだ存在せず、しかも危険負担、過重な財政負担なしに植民地的膨張をなしうる地球上の余地がまだ十分にあったことが、植民地領有のための競争意識を減退させたのであり、また世界の工場としてのイギリスの独占的地位が自由貿易制度を可能ならしめていたのである。〔註24〕かように、この段階の資本主義じたい、決して帝国主義と無縁ではありえない。しかしシュンペーターによれば、この時代のイギリスの膨張と世界支配は、それが客観的にどのような諸民族の隷属状態を生みだすものであろうと、膨張のための膨張、攻撃のための攻撃に類する無目的な国家の性向は認められないというのであろうか。それとも、これらの膨張と世界支配の背後に産業資本の一般的利益が存していたことが一切否認されるのであろうか。

第二に、総じて資本主義発展における段階的契機が認められず、とくに、独占段階への移行の質的契機が無視されている。生産と資本の集中・集積の経済過程全般にあたえる質的規制は論理の外におかれ、産業資本主義における生産の大規模化という量的契機のみが指摘される。自由競争段階の否定としての独占段階の認識がないため、トラストやカルテルといった企業の結合については論じられながら、それが自由競争それじしんの内部から自己否定として生みだされ、さらに高度な独占間の競争を生みだすこと、ほかならぬこの独占時代の競争が従来の調和的な利益関連を瓦解させ、国際的には保護関税制度を再び必然化することが、まったく見失われる。〔註25〕シュンペーターにあっては、保護関税制度は、資本主義経済の内的発展過程と必然的関連に立つものではなく、絶対主義時代の輸出独占主義からひきつがれた少数利害関係者による政治的行為の所産なのである。それは資本主義の社会内にもちこまれた隔世遺伝であり、かかる保護政策こそが、資本主義にとって本来的でない、外在的な非合理的な利益関連を形成し、対外政策に拡張主義的契機を現出させると説明されるのである。保護貿易主義が重商主義時代とはまったく異なった独占資本主義のもとに、完全に異質の性格をおびていること、それじしんが独占資本主義の産物であること、は承認されない。レーニンが、経済的社会構成体の差異による、ないしは資本主義の各発展段階による事象の根本的相違について注目するという弁証法的史観の方法に依拠するのに対比すれば、シュンペーターのそれは、超歴史的要因の機械論的ないし心理学主義的追究ともいえるであろう。

　それではシュンペーターのかかる理論の機能的帰結はなにか。第一に、資本主義は本来合理的なもので帝国主義を消滅させ永久に不可能にする性質のものであり、帝国主義はこれにたいして外在的な発展論理を有するとみなされるのであるから、資本主義は先天的に帝国主義にかんして免罪される。これは一つの政治的立場ともいえるのであって、たとえば日本資本主義の戦後復興ないし高度成長は、帝国主義復活とは本来なんのゆかりもないものと論ぜられることになろう。〔註26〕第二に、資本主義体制内の非合理的要素は決して近代経済生活の全体を蔽うものではなく、資本主義経済内部には依然として経済の混乱を正常化する合理的な力が支配しているとみなされるがゆえに、帝国主義的性向が世界資本主義を支配しつくすことによって世界戦争の危険をひき起こし資本主義じたいの死滅を不可避にするというような論点はもちろん承認されない。この所説からは、資本主義止揚の、したがって社会主義への移行の客観的基礎ならびに主体的要素の世界史的形成の問題は、もとより析出されえない。シュンペーターの「発展」理論が社会主義へのばくぜんとした期待感に終わっていて、社会主義への歴史的移行の論理がみられない、との批判が行なわれているが、当をえたものであろう。〔**註27**〕第二次大戦後の資本主義の成長局面と結びついてシュンペーター理論が種々形をかえ所をかえて機能している理由がそこにある。

もっとも、シュンペーターの帝国主義論を客観的に検討するならば、ホーゼリッツも指摘するように、資本主義社会内の不純的要素に帝国主義の権力要素および支持権力要素を、つまり帝国主義的性向の存在源を、みいだそうとする問題追及が、エリート・グループスの役割の問題を提起したことは明らかで、それはそれできわめてすぐれた業績にちがいない。だがシュンペーターの場合、帝国主義的エリートおよびその支持要素、という政治的要因からストレートに帝国主義の存在を立証しようとする点に、過誤がひそんでいるといわねばならない。それは、経済的要因のみで帝国主義を説明しようとする立場と同様、過度の単純化に陥っているのである。正しい問題関連のうえにこのエリート・グループス等の問題を設定してこそ、帝国主義研究の新しい領域は開かれるにちがいない。そのほか、もし政治におけるエモーショナルな要素の究明が一個の学問上の課題たりえているとするならば、シュンペーターが帝国主義における非合理的・心理的要素のはたらきに着目した点、ことにここには触れなかったが帝国主義と不可分な軍国主義やナショナリズムの分析には、興味をそそるものがあると考えられる。

三　現代的批判――ストレイチ

――〝一八七〇年前後から、先進資本主義諸国は、相互に激しい競争を展開しつついっせいに世界の併合に進出した。それは何故であったか。ホブソンは、この新しい帝国主義の動機を主要な資本主義諸国が余剰資本を海外に投資する必要にみいだした。レーニンの「投資学説」もまたこれと同じ系列に立っている。しかもかれの投資理論は、マルクスの大衆窮乏化説にしっかりと立脚している。資本主義国内における産業発展と取得の不均等は、一方における巨大な資本の蓄積、他方における民衆の広範な層の窮乏化を生みだす。かくて狭隘化した国内市場にたいする資本の過剰は、必然的に外に向かわざるをえない。低開発国にたいする輸出の重点は、消費財から生産財へ、資本それじたいの輸出へと移行する。国内産業における独占的支配を確立したトラストは、今度はさらに世界諸地域の独占的支配をめざし、植民地領土獲得が新しい重要性をもつ。こうした諸国家ないし諸独占体の世界支配への進出は、不可避的に国際的敵対関係を生ずる。資本主義不均等発展の国際的拡大は、帝国主義の世界再分割戦争を避けがたいものにする。〟――

一九五九年に出版された現代帝国主義にかんする著述〔**註28**〕のなかで、J・ストレイチは、レーニンの古典的な帝国主義論をこのように要約し、ついで、この古典的理論を、現代にいたる資本主義発展の認識に関連させつつ批判する。

――〝それではレーニンの理論は、歴史の経験に照らしてはたして妥当であったか。今世紀はじめごろの「偉大な帝国主義の全盛期」には、この理論はまったく適合したものであった。だが、最近二五年間の経験は、これを無批判にうけいれるわけにはいかないことを明らかにしている。「ことに……主要な資本主義が、レーニンがそのような発展が起こるに相違ないと示唆した破局的な諸結果をこうむることなく、その帝国を、自発的にせよ不本意ながらにせよ、放棄することができるということが明白になったのである。〔註29〕このつまづきの石はどこにあったか。レーニンの理論に含まれた欠陥は、実はマルクスの窮乏化理論の祖述にあった。全面に浸透する民主政治的環境が、産業面と政治面におけるカウンター・プレッシャーの成長をゆるし、その圧力が賃労働者・農民に、彼らじしんの生活水準の押しあげを可能にさせること、つまり政治的民主主義と最終的段階にある資本主義との相互作用、換言すれば民主主義の浸透的な力がもたらす経済的帰結〔註30〕を、レーニンはほとんど完全に無視したのであった。この生活水準の根本的な修正は、海外投資依存にかわる国内投資の拡大を促し、破局面をもたらさないどころか、昔日と比較にならぬ繁栄のうちに、帝国主義の解体を進行させたのである。〃――

ストレイチは、レーニン理論の「現代への不適応」をこのように説いたあと、フェビアン社会主義の伝統的立場から、その政策論を要約的に述べる。

「ホブソンが急進主義を同じ問題にたいする二者択一的な解決策であるとみていたのは正しかった。対外投資とそれに伴う帝国主義は、投資階級の利益に適合した解決策であった。国内投資にもとづく生活水準の向上と社会改良によって遂行される国民所得のある種の再分配は、それ以外の住民の利益に適合する解決策であっただろう。そして、これは現在大規模に起こっているところのものなのである。」〔註31〕

以上のように、ストレイチは、レーニンの理論を「投資学説」と特徴づけ、とくにレーニンの資本輸出にかんする叙述の一節——「もし資本主義が、現在いたるところで工業よりおそろしくおくれている農業を発展させることができるなら、またもし資本主義が、めざましい技術的進歩にもかかわらず、いたるところでなかば飢えた、乞食のような状態にとりのこされている住民大衆の生活水準をひきあげることができるなら、その場合には、もちろん資本の過剰などは問題になりえないであろう。……だが、そのときには、資本主義は資本主義でなくなるであろう」にはじまり、「また、資本輸出の必然性は、少数の国ぐにでは資本主義が〈爛熟〉し、資本にとっては(農業の未発展と大衆の貧困という条件のもとで)〈有利な〉投下の場所がない、ということによってつくりだされる」に終わる一節〔**註32**〕——を引きながら、マルクスの窮乏化説がレーニンの帝国主義論の基礎にすえられているとみたてる。そしてみずからは、古典的なホブソンの「過少消費説」の立場にたって、海外投資への依存が帝国主義の原因だから国内投資の拡大による海外投資依存の抑制が非帝国主義化への道であると考える。すなわち、国内投資にもとづく生活水準の向上、社会改良による国民所得の再配分が、帝国主義を解決すると説いているのである。

レーニンはホブソンの帝国主義分析から多くを学んだと思われるが、レーニンの批判の鉾先が主としてカウツキーに向けられ、ホブソン理論の「平和主義的で改良主義的な」面にほとんど触れられなかったことが、ストレイチをして安易にレーニンとホブソンを「投資学説」として総括させる一因となっているであろう。しかし、両者の「海外投資」にかんする説は、その理論的根底がまったく違ったものなのである。ホブソンは、よく知られているように、所得の悪分配による過剰貯蓄、過少消費こそ遊休資金を海外に溢出させ、帝国主義的利益関連を生みだしている根源だと考え、したがって、所得の再分配を中心とする社会改良の実施によって海外市場依存を脱却できると楽観視（現実との対応では悲観視）したのであった。これにくらべて、レーニンは、資本主義はすでにその創生期である原始的蓄積段階において、所有と非所有の分離、海外市場の収奪を不可欠の条件としてきたのであり、その後の時期における生産も蓄積も、一国市場的、閉鎖的に発展してきたものでも、発展することのできたものでもなかったとみなすマルクス主義の立場に立っていた。所得の不平等は、資本主義の発展にとって生得のもの、不可欠の条件であり、しかも、その不平等、収奪にもとづく蓄積は、世界的関連の下に、それもますます拡大し、資本の支配の網の目に捉えられて行く世界的関連のもとに、展開されていく、——その意味で帝国主義は資本主義発展にとって条件次第のものでなく、避けられないものとみなしたのであった。両者の全理論の根底の相違は、まぎれもないところである。「資本の過剰」とか「資本の必然性」にかんするレーニンの言説も、そのような世界的に関連付けられた再生産理論を背景において理解できるのである。〔註33〕

このホブソンの理論に依拠する方法的観点よりすれば、一方で資本主義は繁栄をおう歌しつつ、他方で帝国主義は急速に解体しつつあるとする歴史認識が結果する。もとより、この論理では、帝国主義は資本主義の内的必然でなく、条件的なものでしかない。この意味では、ストレイチ理論は非マルクス主義的帝国主義論と共通の特徴を示しているのであって、理論内容としてはホブソンの『帝国主義論』（一九〇二年）の現代版にすぎないが、時代背景とのかかわりにおいてみれば、ホブソンの著作が帝国主義への鋭い告発に向けられていたのにたいし、それと正反対に位置する傾向をもつのである。

いま少しストレイチの方法論について批判を具体的に述べれば、マルクスの資本蓄積論＝拡大再生産論に基礎をおき、生産と資本の集中、集積にもとづく独占の成立を本質的契機とみなすレーニンの帝国主義論を「資本輸出」を基軸に再編して「投資学説」と総括することとじたいが、右に述べたように、すでにみのがすことのできないレーニン理論の矮小化であるが、ともあれ、提出された問題枠の内で第一に目だつストレイチの浅見は、まず、彼がマルクスの「窮乏化説」をまったく理解しえていないことであろう。資本主義的蓄積の一般的法則の理解によれば、資本の蓄積には貧困の蓄積が必然的に対応する。資本主義的蓄積下における窮乏、抑圧、隷従、堕落、搾取の増大は、労働者階級の上に落ちかかる避けることのできない歴史的運命である。これが「窮乏化」の法則である。一方、この法則が貫徹するところ、資本主義的生産過程そのものの機構によって、訓練され、結集され、組織される労働者階級の反抗も増大する。これが「窮乏化」の法則に伴ういま一つの法則である。〔註34〕民主主義の拡大、国民所得の再分配すらも、貧困の蓄積にたいする労働者階級の反抗の増大なくして一歩たりとも実現できるものではない。ストレイチが力をこめて批判を集中したレーニンの所説も、レーニンの理論全体のなかに正しく位置づけてみれば明らかなとおり、国民の生活水準は絶対に上昇しないし農業も絶対に生産性を発展させえないことを述べているのではなく、資本主義的蓄積の一般的法則にもとづく資本輸出の必然性について説いているのである。かえってストレイチのがわにマルクス主義の窮乏化説の法則的理解が欠如していると言わねばならない。したがってまた、レーニンが民主主義の可能性を評価しなかったというのも正しくない。もしレーニンがこの論述の部分で本当に労働者、農民の無条件的絶対的窮乏化を信じ、それにたいする主体的反抗の可能性を、言いかえれば民主主義の発展的な力を、信じていなかったとするならば、それは彼の理論全体と調和しがたい不整合をきたすし、彼は革命家でなかったことになるであろう。

R・L・ミークによれば、ストレイチの説明のうちには、重大な批判をうけるべき三つの特徴的な点があるという。すなわち、第一に、マルクスじしんが、彼の資本主義経済のモデルに示された規則性を、「内在的傾向」としてよりむしろ「不可抗的法則」と考えていたという証拠が、ほんとうにあるのであろうか。階級闘争における変転する力関係は、資本主義体制の働きに、かなりの影響をあたえるかもしれないということを、マルクスはけっして否定しなかった。第二に、モデルの「内在的傾向」と若干の国における現実の出来事とのくいちがいを、われわれが「民主主義」とよぶところの、思想および制度の広範な体系全体の作用のためだと考えることは、ほんとうに有益であろうか。現存するその種のくいちがいは、たしかに、主として、組織された労働者階級の闘争の結果である。

第三に、ストレイチは、ある国ぐにおいて「民主主義」がモデルの「内在的傾向」を修正するのに成功したという「事実」は、唯物史観が破綻をきたすことを意味する、という考えをときどきほのめかしているようである。「もし〈民主主義〉が実際になにか自律的なものであって、モデルそのものとはまったく別個に存在するというのであれば、このことはまさにそのとおりかもしれない。しかし、わたくしには、とにかくここで関係のある〈民主主義〉の部分――労働者階級の組織と闘争――は自律的どころか、〈内在的傾向〉それじたいに直接起因するように思われるのである。」〔註35〕

これらは一九五六年に書かれたストレイチの著書『現代の資本主義』によせてのミークの批判であるが、ストレイチの現代帝国主義論についての個々の部分にもあてはまる、的を射た意見であろう。このようにみてくると、ストレイチの「民主主義」概念じたいが疑問を呼ばざるをえないのはもちろん、総じて、ストレイチの「資本輸出」論がきわめて単純皮相であり、とうていレーニン理論全体への批判になりえていないことがわかる。

以下、その方法論にもとづくストレイチの具体論の展開、とくに帝国主義解体論、解体の史的認識、後進国開発論について触れる。

まず、ストレイチは、帝国の解体＝植民地領有制の消滅に深い注意をはらっている。「そのことについてはまったく疑う余地はありえない——過去一六年間に、資本主義的帝国は、彼らの領土のほとんどすべてを放棄するか、ないしは喪失してしまった。資本主義的帝国はもはや存在しないにひとしい。」〔註36〕この定言は、ストレイチの現実認識であるとともに、理論的帰結でもあるとみなければならないのであるが、これは理論的には二つの問題を含んでいる。第一は植民地領有は解消したかという問題であり、第二は、植民地領有の解体は資本主義的帝国主義じたいの消滅を意味するか、という問題である。

ストレイチにおいては、この間の関連は必ずしも明晰ではない。彼は、資本主義的帝国（empire）といって、なぜ、資本主義的帝国主義（imperialism）と言わないのか。これは彼が、一九四五年以後に解体したとする帝国主義の型を植民地主義（colonialism）に限定していることで説明できる。植民地主義とは、彼によれば、植民地の現実的、直接的領有、つまり植民帝国（colonial empire）にほかならない。レーニンが帝国主義の重要な一半として定義した「世界の分割」は、資本輸出による譬喩的分割、独占団体間の経済的分割、列強（国家）による政治的分割というように、資本機能の多面性に応じて立てられていた。基本的な点は、資本の支配は条件さえゆるせば国家権力による領土的支配を必ず志向するということなのである。したがって、帝国主義を海外投資にもとづく他領土の直接的政治的領有に限定することは、概念を不当にせばめ、法的、擬制的概念に閉じこめることでしかない。帝国主義を資本主義の内在的必然とみることを回避し、条件的現象とみようとする心的態度が、資本主義の内的規制にそった本質的現象把握をさせず、擬制的な把握に陥らせているのである。また資本機能の多面性に対応する世界支配形態の多面性ということだけでなく、客観的過程の示したところでは、一九世紀末以来の帝国主義、植民地主義の発展は、直接的領有にいたるまでの政治的、経済的支配＝国家的従属の過渡的諸形態をうみだしてきた。その消滅過程においても過渡的諸形態が存するのはいっそう自然であり、より包括的な概念を踏襲したほうが、歴史の動態的な把握をより正確ならしめるであろう。

さて、ストレイチによれば、

――〝両大戦間の時期は帝国主義の退却に一時期を画したものであった。そこでは三つの新しい要素が出現しつつあった。

(1)植民地の抵抗勢力が世界の舞台に登場したこと。

(2)資本主義帝国内に反帝国主義的、民主主義的な圧力が成長したこと。つまりこの圧力が国民所得分布を修正し、〔註37〕その結果、非帝国主義的政策を可能にしたこと。

(3)大きな非資本主義社会が世界の舞台に登場したこと。そのあと、帝国主義を最後の退却へ追いこんだのは、第二次世界大戦の破局であった。これにひきつづいて、さらに、一九四五年以来のもっとも注目すべき発展が起こったのである。そこでは、帝国主義の核心をなす「植民地主義」が急速に消滅した。そのさい、自発的な解消（イギリス）も、流血の抵抗を経ての解消（フランス、オランダ等）も、その速度においてかわりはなかった。一方アメリカは、史上未曾有の強大な勢力を実現しながら、植民地的帝国にのりださなかった。勢力と帝国とは同一物ではないのである。また、完全な破壊から立ちなおった西ドイツは、帝国的領有地をもたなくとも、安定し繁栄し進歩する経済をつづけることができるということを否定しがたく示している。〟〔註38〕――

やはりストレイチの歴史過程の認識には、その方法論上の難点がつよく影響しているようである。彼の歴史解釈は、国の内外の圧力が帝国主義的政策を抑圧し、民主主義制度も発展させ、国民所得分布をもあるていど修正したとする一元論ではなく、「民主主義」の自律的運動と資本主義の自制的作用を強調し、それに国外からの圧力を並列する点で方法的に多元論である。また、米国および西ドイツの戦後史の理解については、帝国主義の法的擬制的観念が支配していると評するほかない。レーニンは、一九一〇年ごろの各国の資本投下地域分布によって「現代帝国主義の若干の一般的な相互関係をあきらかにする」なかで、イギリスの「植民地帝国主義」、フランスの「高利貸帝国主義」に対比して、「植民地は大きくなく、その国外投下資本は、ヨーロッパとアメリカとにきわめて均等に配分されている」ドイツ帝国主義を「第三の変種」とよんでいる。〔註39〕ドイツ、米国は、当時において、その帝国主義的後進性のゆえに、「植民地をもたない植民地主義」、「植民地をもたない帝国主義」(Kolonialismus ohne Kolonien,Imperialismus ohne Kolonien)だったのである。ストレイチの認識からは、帝国主義の現在の死滅過程において、一般化しつつある「新植民地主義」の問題、ないし帝国主義の「新しい形態」の問題についての理解は期待さるべくもない。

その著作の中心テーマとした後進国開発の問題について、ストレイチの論理はつぎのように展開される。

——〝マルクス主義者のがわから、紙の上に書かれた独立の背後では、ただ形式と方法をかえただけで本質には変化のない帝国主義的搾取関係がつづいているという反論がある。つまり、カイライ政権あるいは衛星政権の方法による帝国主義のことである。確かに、このような方法での住民の支配と搾取は存続している。だが、間接支配、間接搾取は、直接的領有にもとづく植民地主義と決して同じものではない。「ある国が独立したのちでさえ、なお特殊な搾取の行為が継続するという議論は、ある限度において正しい。しかしそれは、新生独立諸国の政府によって処理される問題である。それらの政府は、かような搾取行為を好きなときにやめさせることができるのであって、それに失敗するのは、無能な政府か弱体な政府だけである。」〔註40〕しかし、低開発諸国にたいしては、歴史上はじめて、明日の開発のために巨額の資金が富裕国からあたえられているという事実がある。「コロンボ計画あるいはアメリカのポイント・フォア計画のもとに提供される資金と、私企業による利潤のための伝統的な帝国主義的投資とをまったく区別しないのはつむじ曲りである。」〟〔註41〕――

「古い帝国主義――外国からの利潤を搾取するということ――はわれわれの計画のなかにはみじんもない」と、トルーマン大統領は、そのポイント・フォア宣言をした就任演説で述べた。〔註42〕ストレイチの議論はこのトルーマンの言明へ全幅的な信頼を寄せるものである。だが、これに反してたとえばスウィージーは、「ポイント・フォアは実際のところアメリカ帝国主義をたすけ、そのいっそうの発展への刺激となっている」と述べ、その証明として、ほかならぬトルーマンの一九四九年六月二四日の議会教書をひきあいにだす。「教書においてトルーマンはいくつかの点をはっきりさせた。第一に、〈技術的援助〉の主目的は、〈資本投下がみのり多くなる条件をつくりだすため〉であること。第二に、後進国への投下資本のうちには、輸出入銀行や国際復興開発銀行のごとき公共機関によることもあるが、やはり〈民間の資金が資本要求の大部分を満たしうるよう助長策を講じなくてはいけない〉こと。第三に、この助長策は〈おそらくは〉〈いままでにみかけないような新規の措置〉の形をとらねばならず、それには、(1)アメリカ資本にたいし平等無差別を保障する特別条約と、(2)対外投資にともなう危険からまもる政府保障などが考えられるであろうこと。以上である。」そしてスウィージーはつぎのように結論をくだす。これは「大胆な新計画」かもしれないが、その意図するところはアメリカの対外投資にたいする助長と保護であって、「後進国の調和のとれた発展ではない。」「それとも、今後は民間投資がこの目的に実際に役立つと考えるべきだろうか。ポイント・フォアのもっとも熱心な支持者さえそう考えてはいないだろう、と。〔註43〕――両者のへだたりはあまりにもはなはだしいといわねばならない。

右のように後進国開発に帝国主義的動機を認めないストレイチの立場は、おそらく、彼が先進国と低開発国との現存関係を、たんなる商取引上の利益関係一般に解消してしまったことと無関係ではなかろう。〔註44〕通常の「搾取関係」の存続はある程度認められるが、その民族にたいする「支配」は存在しないというのである。彼が、「間接的帝国主義」(indirect imperialism)ないし「非植民帝国」(non-colonial empire)という概念を用意しながら、むしろそれを非実体的概念として扱う態度をみせているのは、この論理が強くはたらいているためであろう。しかし、それではかえって「目に見えない帝国主義」(invisible imperialism)の危険をアジア、アフリカ、ラテン・アメリカの指導者たちが、戦後を通じてとくに強調してきた問題性を見失わせることになろう。今日までつづき、なお止みそうもない低開発諸国の苦悩の所在、南北問題の所在に目をつむることになるであろう。

ここで、帝国主義的関係の理解に、現存する先進国と低開発国との不平等な経済的関係を含ませないとするストレイチの配慮は、論理的な帰結として、彼の帝国主義概念を極度に狭い政治概念に還帰させる制限的作用をおよぼす。「それゆえ、帝国主義という言葉は、一国の他の一国にたいする、すくなくともかなりの程度政治的な、そして究極の手段としては物理的な、パワーを意味するように使ったほうがよいように思われる」と述べることになる。〔註45〕しかし、現存する先進資本主義諸国と低開発諸国との不平等な経済関係が、たんなる純経済的関係であるといい切れるであろうか。そこには、経済的な力をも一種の政治的な力として包含する濃密な政治的パワーのからみあいが厳存しているとみるべきであろう。これは明らかに、他の個所で、帝国主義概念に「一民族の他民族による搾取」の概念を導入し、かような社会科学的概念が個人心理学の発達によって抵抗をうけている、〔註46〕と述べたストレイチからは一歩後退であろう。

四　現代的批判の批判――中ソ論争

(一)

一九五六年に、P・M・スウィージーとL・ヒューバーマンは、「帝国主義の型が、資本主義のほかの面とおなじように、最近、変わってきている」〔註47〕と書きとめた。それは、いまからみればずいぶんひかえ目な、しかし当時としては相当大胆な発言であった。だが今日では、もはやそのことを否定するマルクス主義者はいないであろう。一九六一年、『コムニスト』誌上で、ソ連のヴェ・チェプラコフは、レーニンの帝国主義理論と資本主義の現段階とを比較対照する考察を行なった。〔註48〕

彼は、まず、資本主義の現段階を、第二次世界大戦前の第一段階および第二次世界大戦後約一〇年の第二段階にひきつづく、全般的危機の第三段階であると特徴づける。その内容は、この新しい段階が世界戦争との関連で現われたのではなく、帝国主義の弱化、二つの世界体制間の力関係が社会主義に有利に決定的に変化したこと、植民地体制の解体、資本主義体制の不安定性、矛盾の激化などの状況のもとで生まれた点に認められる、とする。そして、「帝国主義は二〇世紀の後半に、新しい特殊な歴史的条件のもとで存在している、――もっと正確にいえば、その存在を終えつつある。」〔註49〕これらの条件は、前世紀末や今世紀のはじめ、帝国主義の初期に存在していた条件とは異なっている、と述べ、現存する「後期帝国主義」（チェプラコフ）のいくつかの特殊条件を指摘する。

(1)帝国主義は、もはや完全なすべてを包括する体制ではなく、はなはだしく切りちぢめられた体制である（レーニン時代には、包括的な世界支配体制であった）。一方では、帝国主義の地歩の弱体化する過程がたえまなくつづいており、他方では、社会主義世界体制の優位がいっそうたかまり、社会発展の決定的要因に転化しつつある。

(2)民族解放運動の打撃のもとで植民地体制が粉砕され解体しつつある結果、帝国主義は客観的には反帝国主義的な新しい勢力を敵としてもつに至った。この勢力は、植民地時代とは比較にならぬほど増大しただけでなく、政治的に独立した国家に組織されている。新興国家の経済的、政治的発展は、客観的不可避的に反帝国主義的な性質をもっている。

(3)巨大独占体と全国民との本質的矛盾は激化し、労働と資本の大戦闘がますます大きく広がっている。

(4)独占資本主義は国家独占資本主義に転化した。独占体は国家を従属させ、形式的には社会的経済的活動を、実質的には国民の経済的搾取を、いっそう高度に組織化した。――

チェプラコフは、二〇世紀後半の帝国主義の特殊な存在条件をこのように規定し、その条件規制のもとにおける「後期帝国主義」の具体的形態を解明しようと試みる。そこでは明らかに、ストレイチとくらべて、かなり根本的な前提の相違が認められる。第一に、チェプラコフは、植民地体制の解体が、帝国主義の直接的な経済外的強制手段を、つまり直接的権力的支配と結びついた植民地搾取の形態を失わせたことは認めるが、帝国主義を世界の搾取と支配の政治経済体制とみるレーニンの包括的体制概念を踏襲し、帝国主義は刻々その死へ向かいながら、なおも生きており、せばめられた新しい条件下で、新しい形態に活路を求めていくものと考えている。第二に、チェプラコフは、帝国主義の基本的特徴は、二〇世紀後半の資本主義にも完全に残っているとする。すなわち、「後期帝国主義」にみられる新現象は、本質そのものの変化ではなく、発現形態上の認識について補足、修正を要求するにすぎない、とする見方をとっている。法則が本質的に作用していることはかわりないが、法則の貫徹形態が条件の変化に相応して変わったというのである。

いくたの帝国主義消滅論、変形論の変種にたいし、こうした基本的前提の相違の上に立って展望される現代帝国主義の形態論を、とくにその経済的標識の面に限って、チェプラコフ、E・ヴァルガ〔註50〕等の意見にしたがって整理してみよう。

第一に、独占体と金融寡頭制は格段に強力となった。大きな量的な変化は、質的な構造上の変化をもたらさずにはいない。生産と資本の大きな集積は、先進資本主義国では、企業の銀行にたいする独立性をつよめ、銀行の地位を相対的に低下させただけでなく、新しい技術を生産に急速に導入する可能性をつくりだした。私的独占体の支配は、国有企業と密接に結びつくことによって、非常に大きくなる。帝国主義諸国の今日の経済での国有企業の役割と意義は見のがせない。独占体の強化と国家独占資本主義の発展の結果、過剰生産恐慌の重荷の分担が変化した。大独占体は、恐慌時にも価格を下げず、破産することもない。恐慌の重荷は、労働者、中間層、非独占ブルジョワジー、および低開発国にふりかかる。だが、長期にわたる恐慌局面は、当然のことながら、独占体にとって政治的に危険である。経済恐慌は、過去一五年間にくらべて、今後はるかに深刻なものとなるだろう。

第二に、今日の資本輸出面にも顕著な変化が生じている。資本輸出のほぼ半分は、国家輸出か半国家輸出で占められている（復興銀行の活動、低開発国にたいする国家借款、民間資本輸出にたいする国家保障等）。国家資本輸出は、二つの体制の闘争のもっとも重要な手段となった。民間資本輸出の方向も変わった。いままでは、大部分は独占会社の支社建設のかたちで先進国間で行なわれている。これは資本主義世界市場の細分化と資本水準の格差にもとづくものである。米国、イギリスの民間資本の海外投資からの利潤は、年々の新規資本輸出額を下らない。また、低開発国にたいする国家資本輸出についていえば、政治目的を別としても、それは低開発国にたいして高い価格で、しかも危険負担なしに商品を輸出すること、民間投資に安全な道を用意することを大資本に保証している。

第三に、国際カルテルの発達は、資本と生産の全世界的な蓄積の新しい段階となる。超独占体が創出された。いままでは、資本家団体間の世界分割は、国家協定（ＥＣＳＣ，ＥＦＴＡ，ＥＥＣ等）の形式によって実現されている。

つぎに、帝国主義諸国家は、依然として世界支配の貫徹をめざしており、国家間の闘争も消滅していない。今日の帝国主義集団の特徴は、かつて植民地や従属国であった国ぐにを経済的、政治的に従属させる新しい形態を探求する試み、これら諸国のなかに新しい市場を保持し、あるいは奪取しようとする志望にみられる。

この場合、「勢力圏」は「帝国圏」にほかならない。とくに、今日の新しい植民地主義の主柱は、「目に見えない帝国」の伝統をもつ米国である。その新しい方法、新しい形態とは、旧植民地における旧来の経済的地歩の保持、「援助」による新しい地歩の獲得、新独立国を軍事ブロックにひき入れ、その国に軍事独裁体制を擁立し、軍事基地をつくること、民族ブルジョアジーの買収、カイライ政権の樹立、民族間の反目の利用、などをさしている。〔註51〕また、やはり、新植民地主義の一変種として、「集団的植民地主義」（collective colonialism）の形態がある。これには、帝国主義諸国の共同弾圧（アルジェリア、コンゴ等）、共同搾取（国際会社）、国際組織（国連その他）内での共同行動の三種が含まれる。そのなかでもっとも発展しそうなのは、第二の形式であって、たとえば、「ユーラフリカ」計画（ＥＥＣに所属）、サハラ石油開発計画（仏・米・英・西ドイツの共同出資）等がそれである。〔註52〕――

ソ連マルクス主義者の現代帝国主義、とくにその経済的内容についての理解は、一九六〇年代前半において、概略、右のとおりである。そこでは、レーニンの古典的カテゴリーに従いながら、独占と、世界分割が、はなはだしく狭隘化した資本主義世界内で執ように存続し、実現をたえず求めているさまが述べられている。ストレイチが植民帝国の崩壊をもって帝国主義の終焉とみなしたのにたいし、植民地領有制こそ瓦解したが、他民族搾取・支配の世界的体系は新しい状況適応の諸形態をとって実質的利益を維持しており、なによりも本源的には巨大独占体と金融資本の支配が国家機能を動員して、狭い地歩により高度な資本の支配をなおも強固に保持していることを指弾するのである。

「後期帝国主義」の名称の意味するところは、まず、現代がなおレーニンの理論に語られた帝国主義（と戦争）の時代であるということである。が、単にそれだけではない。「現代は帝国主義の崩壊の時代、革命の時代、資本主義から社会主義への移行の時代、社会主義世界体制の出現、強化、勝利の時代である」〔註53〕とされる。前述の現代帝国主義の形態の「存在条件」がすでにこのことを示している。それでは、かかる現代の内容規定と右に述べてきた帝国主義の形態変化とは、いかなる関係に立つのか。若干の考察を加えておきたい。

重要なことは、現代帝国主義の諸形態変化が、独占資本主義の崩壊過程における「危機に対応する諸形態」であることを首肯するか否かである。ストレイチの立論は、帝国主義は崩壊したが資本主義は繁栄しつつあるというにあった。シュンペーターの論理もまた、帝国主義を資本主義の純正な発展によって生命機能を喪失すべき不合理の要素とするものであった。彼らにたいしてマルクス主義の理論は、帝国主義は資本主義の独占段階であり、二〇世紀後半の現代においては資本主義の衰滅過程に相応して帝国主義も死滅しつつあること、帝国主義崩壊過程の内容はたえざる資本主義の滅びゆく過程であることを強調するのである。国家独占資本主義の全面的発展、帝国主義的軍事同盟の一元的統一化、諸国家の「統合」協定を媒介とする「経済共同化」（共同市場）の出現、帝国主義の世界収奪の継続的努力を意味する新植民地主義の諸形態等は、全般的「危機に対応する諸形態」以外ではないと考えられている。それは、きわめてせばめられた領域、脆弱化した地盤の上に、その外延をひろげるという方式ではなく、いわば内包的発展を志向する諸形態であるとみなされるのである。

国家独占資本主義は、その発生の内在的契機の側面よりすれば、生産と資本の巨大な集中、集積にもとづく超高度な生産の社会化が私的独占の所有形態との間にひきおこす矛盾に対応する、ブルジョア国家機能のあらたな発展を意味する。また資本主義発展の世界史的段階における条件的契機という観点よりすれば、資本主義から社会主義への世界史的な移行の過渡期における、また植民地支配体制の全面的崩壊期における、危機の諸条件によって強制された独占資本主義の適応形態にほかならない。そして、これらの両側面は、密接に、内的に、絡み合って作用している。すなわち、後者は、単なる外的条件ではなく、資本主義の再生産過程における価値実現を、根本的に規定する要因にほかならないからである。したがってそれは、資本主義の全般的危機の開始を画した第一次大戦の戦争局面において出現を指摘され、一九二九年の大恐慌直後ひろく現象化するにいたり、第二次大戦を経て、今日、一般的支配的な独占資本主義の発展形態となった歴史をあとづけることができるのである。かかる意味あいにおいて、独占資本主義（帝国主義）の内的矛盾の激化とその世界史的展開が、国家独占資本主義成立の基本的な理由である。〔註54〕

ヨーロッパ六ヵ国の共同市場（EEC）は、それが経済の成長局面と結合して発展したこともあって、資本主義世界がこれを中心に、その「共同体」の基礎を拡げることによって、あたかも資本主義は起死回生し、無限に生命を延ばすかのように思われがちであった。しかしEECは、前述の如く、資本家団体間の世界分割のための国家的協定であり、諸国民市場のオーバーラップ化によって超独占体の創出を可能にするものであった。〔註55〕第一に、ヨーロッパ先進諸国における資本の相互進出、からみあい、市場の相互開放等は、独占体の体質を強化することによって他経済圏（アメリカ圏、ソ連・東欧圏等）への対抗力を養うものであるとともに、反面では城内諸国民にたいする国際的共同搾取の体制であり、その緊密化した国際経済体制には国際的な「神聖同盟」が照応して、それじたい、帝国主義の世界支配体制の主要な一環を形成するものであった。第二にそれは、六ヵ国の共同体制によって低開発国搾取の立場を圧倒的に優越的にし、もしくはそれらの低開発諸国を準加盟させることによってこれらの諸国の独占的「開発」を策するものであったが、これこそ集団的植民地主義、新植民地主義の一種であった。またそれは、経済的なパワーの国際的結集という利点のみでなく、NATOのような政治的＝軍事的結合体の直接の経済的基礎でもあるという点で、社会主義世界体制に対立する帝国主義陣営の重要な一翼をかたちづくるものであった。EECの限界は、したがってまたその限界の打開の必要は、加盟諸国の経済成長が急に鈍化し、六ヵ国の域外にたいする閉鎖的性格がつよまるにつれて、また、ドル危機の進行に伴う戦後通貨体制の危機が深まるにつれて、ようやく強く意識されはじめているが、もともとそれはヨーロッパ資本主義の、各国独占の思惑や対立をそれぞれ内に秘めた、危機に対応する相対的な解決策にほかならないのである。イギリスのEEC加盟の停滞、米国によって提唱された大西洋共同体構想の難航、国際通貨の困難等は、世界資本主義の延命、帝国主義の必死の危機克服の苦悩を物語る歴史の諸エピソードにほかならない。〔註56〕

現代資本主義の変貌の国内的側面を特徴づけるものが国家独占資本主義だとすれば、その国際的側面を特徴づけるのは、帝国主義の植民地制度の著しい変化であるといわれる。〔註57〕ストレイチは、前節に説明したように、植民帝国解体の三要因をあげたのであったが、植民地の抵抗勢力、帝国主義国内の民主主義的圧力、非資本主義社会の登場の三要素を、科学的に正しい内容把握と相互作用の関連において提起しえなかったために、結局、新植民地主義支配の不在証明をする結果となったのであった。これらの三要素は、みな、資本主義の世界史的発展の途上でその矛盾にみちた胎内から生み落とされた鬼子であるが、そのなかでも、とくにすぐれて力動的な要因は、ストレイチにおいてはもっとも軽視されている社会主義体制の出現であろう。十月革命は地球の六分の一で帝国主義の支配を終焉させた(ストレイチはこれをほとんど無視しているかのようである)。それは同時に、社会主義への世界史的移行の不可抗的過程の端緒でもあった。「民族解放運動の見とおしは、社会主義の発展と強化にかかっており、この運動の発展は帝国主義者の後方——植民地において、かれらに重大な敗北をあたえた」。〔註58〕帝国主義の正面の敵は社会主義であり、帝国主義の最終的な死滅は社会主義の秩序が全世界を蔽うことによってとげられる。植民地解放運動の世界史的意義は、それが帝国主義の経済的後背地であり、その政治的予備軍である境位を断って、世界プロレタリア運動(社会主義運動)の政治的予備軍へ大量に転化してきたこと、とくに現局面では、政治的独立をかちとった新興民族諸国家が広大な面積と膨大な人口を擁する第三世界地域を形成し、世界発展の新しい国際関係を作りだす推進的、圧力的要因となっている点に求められる。新植民地主義は、現実の力関係のまえに、すなわち、しだいに力を増しつつある民主主義的国際秩序への圧力のまえに、帝国主義が自己の搾取・支配の体制を民主主義的に偽装しようとするものである。それは確かに、なにものによっても制約されなかったかつての直接領有制とは別物であり、力も弱い。ストレイチの指摘するとおり、あるいはそれは有能で強力な政府さえあれば払拭できる黒い霧かもしれない。だが、現におしすすめられている政治的独立から経済的独立への進路がどんなにけわしいものであるか、それが帝国主義のどれほど根強い妨害に出合うものであるか、社会主義諸国との提携がたとえ効果的であるとしても、その援助力はいまだ十分とはいえず、それを受けいれるには内外の反対勢力との鋭いまさつをいかほど覚悟しなければならないか、かかる新興諸国の苦境を過小評価することはできない。〔註59〕

帝国主義の現代的変容が危機に対応する形態変化だとすれば、帝国主義の矛盾の世界的展開を意味する諸国間の不均等発展と対立の現代的様相はどのようなものか。帝国主義間矛盾の法則は、戦後しばらくの間は、一種の超帝国主義米国の出現、ヨーロッパ諸国の凋落と米国への一定の従属、米国の資本・軍事力によるヨーロッパ諸国が保有した旧植民地の米国勢力下への吸収等に現われたが、戦後期を通過した最近においては、ドル危機に示された米国の資本主義世界内における地位の相対的低下、西ドイツ、日本の帝国主義的復帰、フランス＝西ドイツ枢軸を中心とするEEC、イギリスを主軸とするEETA、それに米国の三大ブロック間の市場支配と政治的指導権をめぐる闘争、EEC内におけるフランス＝西ドイツ間のヘゲモニー争い、イギリスのEEC加盟をめぐる西ドイツ＝イギリスの接近、西ドイツの独自性強化に警戒するイギリス＝フランスの接近（要するにEC内における英・仏・西ドイツの三つどもえのヘゲモニー争い）、日本と米国の間の競争および不一致の拡大、等にもっとも代表的に現われているとみられる。この種の不均等発展は、過去の帝国主義観では、帝国主義間のはげしい衝突をひきおこし、社会主義陣営および他の平和的な国ぐにや民族にたいして侵略戦争の脅威を増し、はては世界戦争を避けがたくする性質のものであった。第二次世界大戦後の今日でも、矛盾のこの性質は変わっていない。しかしこの矛盾が現実に帝国主義間の熱い戦争を必至にするかどうかについては、現代の全体的性格に照らして検討されるべきことである。

㈡

帝国主義の具体的な現象形態が、今世紀初頭にくらべてのみならず、第二次大戦をさかいとして著しく変化したことを強調し、その意味で「原型」としてのレーニン理論がそのまま現代に適用できないとするソ連などのマルクス主義の見解にたいして、中国を中心とするマルクス主義の主張は、明白な対立点をつくりだしている。

一九六〇年四月、レーニン生誕九〇周年を記念して『紅旗』紙上に掲載された同紙編集部の長大な論文「レーニン主義万歳」は、中国側の現代帝国主義観をほぼ全体的に描き示したものであった。その要点を要約的に述べれば、つぎのとおりである。

〝十月革命から現在までのこの四〇年あまりの間に、世界には新しい大きな変化が生じた。中欧と東欧、および中国大陸における帝国主義の鎖はたち切られた。一群の新しい社会主義国が誕生した。いま社会主義陣営は、すでに独立した世界経済体制を形成し、資本主義の世界経済体制と対立している。社会主義諸国の工業生産総額は、遠からず資本主義諸国の工業生産総額をしのぐことになろう。帝国主義の植民地体制は瓦解し、さらにまたいっそうの瓦解をしめしつつある。第二次大戦後には、資本主義の世界市場は以前よりははるかにせばまった。資本主義社会の生産力と生産関係の矛盾は、さらに先鋭化した。資本主義諸国の発展の不均衡は以前よりもさらにひどくなっている。

このように、四〇余年来の世界の変化は、まさしく、帝国主義は日一日とくさりはて、社会主義は日一日とよくなっているのである。われわれがいま直面しているのは偉大な新しい時代であって、この新しい時代の主な特徴は、社会主義の力が帝国主義の力をしのぎ、世界各国の人民のめざめた力が反動の力をしのいでいることである。〟〔註60〕

以上のような現代世界、ないし現代帝国主義の勢力配置の評価は、まずソ連の評価とくいちがっているとは思えない。また、現代は「帝国主義とプロレタリア革命の時代であり、社会主義、共産主義の勝利の時代である」という表現にも、とくに相違は認められない。ただ、現代資本主義の特筆すべき変化として、ソ連などが国家独占資本主義への全面的移行を大きくとりあげ、資本主義の全部面にその影響がおよんでいるこ

とに注目しているのにたいし、中国側があえてこの現象面に分析的に触れようとしない点に留意しておく必要がある。〔註61〕

さて、ほぼ同様の世界情勢把握をもとにして、レーニン理論の現代的有効性にかんする評価は、かなりのニュアンスの違いをみせる。くりかえすが、チェプラコフらの把握では、レーニンの帝国主義論は、それが説くところの法則性の点では現代でもまったく妥当するが、法則性の具体的な貫徹形態という点では大きな相違が生じているというのであった。だが、中国側は、このような視点からこの問題にアプローチしない。帝国主義とプロレタリア革命とを不可分に結合させる立場から、帝国主義理論をも含む「レーニン主義」が原則的に現代に生きているかどうかを問題にするという姿勢の立て方がみてとれるのである。すなわち、つぎのように述べる。

「現在の世界情勢は、レーニンが世にあった時期にくらべて大きな変化をとげていることは明らかであるが、これらの一切の変化は、レーニン主義がすでに時代おくれになったことを証明するのではなくて、それとはまったく反対に、レーニンの示した真理をいよいよ鮮明に実証しており、レーニンが革命的マルクス主義を防衛し、マルクス主義を発展させる闘争のなかで提起したすべての学説をいよいよ鮮明に実証しているのである」。〔註62〕

もし言葉の表現のままを問題にするのであれば、ソ連側でも、レーニン主義の原則的正しさは全幅的に承認しているのであり、そのソ連的「平和共存」路線の擁護では、レーニン的外交の正統な後継者であることを自称しているくらいである。そうであるならば、両者の相違や対立は、現代帝国主義を説明する個別的、断片的な言葉の表現にあるというよりも、もっと具体的な現代の内容理解、およびそれを前提とする実践の具体的路線の選択にあるとみなければならない。そのように考えるとき、ソ連がレーニン理論の現代への部分的不適応を説くのにたいし、中国がことさらに現代への原則的合致面を強調することの間に横たわる溝は、埋めようもなく深いものであることが理解できるのである。

いわばこの同一のことがらの異なった側面を強調しているにすぎないかにみえる議論が、現代帝国主義の理解に発して、戦争、平和共存、革命等の実践的諸問題におよぶとき、社会主義世界ならびに社会主義運動を包摂した世界的総路線の基本的な相違、対立が浮かびあがる。

一九五〇年代末から六〇年代はじめにかけて、フルシチョフの理論に集約的に表現された考え方は、今日でも、ソ連対外路線の基本的枠組をかたちづくっていると思われるのであるが、彼が「戦争は不可避ではなくなった。」「平和共存はもはや選択の問題でなく現実の事実である。」「革命は平和移行の可能性がますます増大しつつある」と、従来のマルクス主義の教条を大胆に「創造的に」変更したとき、その基本にあった国際情勢の理解には、前述の世界的な力関係の変化のほかに、核およびロケット兵器の恐るべき発達という要因が含まれていた。この要因とても、中国側が無視するところではなかったのであるが、この要因の世界情勢全般への意義づけは、それに伴う路線の選択と関連して相反する結果を示すのである。中国側から「唯武器論」として批判されたこの核兵器の発達という要因の評価の強調が、あるいは諸情勢の評価の関連を決定的な対立へと導いた直接のきっかけであったかもしれない。見ようによっては、中国が人民の革命的な力に世界史の決定要因を一元的に認め、核兵器の発達もこれを強めこそすれ弱めることはないとする原則的立場を貫こうとしたことにたいし、ソ連側は、社会主義・平和愛好勢力の決定的意義のほかに、核兵器の発達（恐怖）といういま一つの決定要因を重ねあわせる二元論に傾斜していたのだと解釈することもできるであろう。

ともあれ、戦争の問題をめぐる論争をあらまし整理することによって、現代帝国主義へのマルクス主義者の対応をうかがい、この章の結びとしよう。

いわゆる「戦争の不可避性」にかんする議論であるが、この問題にかんして、ソ連派と中国派と、双方の見解は簡潔に示せば以下のようである。

まず世界熱核戦争の可避性について、たとえば一九六三年七月一四日付「ソ連共産党中央委員会公開状」からつぎの一節を引くことができる。

「われわれは世界の力関係を現実的に評価し、そこからつぎのような結論をひきだしている。すなわち、帝国主義の本質は変わらないし、戦争勃発の危険性は取り除かれていないとしても、現代の条件のもとでは、強大な社会主義諸国の共同体が主なとりでとなっている平和勢力の努力を結集することによって、新しい世界戦争を回避することができるということである。

われわれはまた、戦争遂行手段の根本的な質的変化、したがってその戦争がもたらすであろう結果を冷静に評価している。今世紀のなかばに作り出された核ロケット兵器は、戦争についての従来の概念をかえてしまった……。共産主義者の歴史的な任務は、世界熱核戦争を回避するため、各国国民の戦いを組織し、その先頭に自分が立つということである。新しい世界大戦を回避することは十分現実的な、遂行しうる任務である。」（傍点筆者）〔註63〕

そしてこの見解にもとづいて、平和共存のための闘争が、社会主義諸国の対外政策の、また世界共産主義運動の、総路線であると規定される。ブルガリア共産党第一書記のT・ジフコフは、「平和共存は、状況による一時的な政策ではなくて、国際関係の発展の総路線であり、世界社会主義への道なのである」〔註64〕と述べているが、これは明瞭に平和共存を世界戦略路線とみなす提言であり、ソ連の立場と一致していた。

しかし、民族解放戦争・国内戦争・人民の蜂起というような種類の戦争については取り扱いが別にされている。同じ「公開状」は、ソ連共産党の路線を代表する見解としてフルシチョフの発言を引用している。「帝国主義が存在するかぎり、植民地主義が存在するかぎり、解放戦争は行なわれるであろう。それは革命戦なのだ。このような戦争は許されるばかりでなく、避けられない。」〔註65〕

また、一九六三年九月二一日付の「ソ連政府声明」では、敵味方をへだてる戦線の標識すらないような一国内での革命戦争では、「核兵器を用いるかどうかの問題はおこらない」〔註66〕とみている。もとよりこの見込みは絶対的なものではありえないであろう。しかも、局地的な解放戦争にいつも米国が介入していることを考えれば、条件いかんで戦術核兵器が投入されたり、世界熱核戦争が触発されたりすることが皆無とはいえない。そこで解放闘争の方法の柔軟性が要求される。「現実においては、諸国民の民族解放は平和的、または非平和的な多種多様な手段方法が複雑にからみあった闘争によって達成されたのである。」〔註67〕ジフコフは、ソ連の立場を支持しながら、平和共存が勝利していく条件下では、「植民地主義者がその軍事的な賭けを行ない、民族解放運動を抑圧し、独立をかちとった民族にたいして『局部戦争』をはじめることがますます困難になる」〔註68〕と指摘する。解放闘争の条件の変化は、その方法・形態にも変化を呼ぶだろうという発想である。すなわち、平和共存は、見解の相違を解決する手段としての戦争を放棄する（させる）ことを意味するほかに、他国の国内問題にたいする不干渉の原則を受けいれる（させる）ことをも意味しているからである。「社会主義諸国の力の成長のおかげで、以前の植民地は、今では苦悩の少ない方法で、戦争を行なわないで独立を達成できる立場に立っている。」〔註69〕またいったん政治的に独立した国にたいしては、その主権を強化し、経済的独立を推進する上で社会主義諸国の援助がきわめて重要な役割をはたしている。「そうだからといっても、もちろん正義の解放戦争が過去のものとなったわけではない。」「共産主義者は、解放戦争が不可避となったときにはいつでもこれを歓迎するのであり、解放のためにたたかう人民をいつでも全力を挙げて支持する準備がある。」〔註70〕

これにたいして、中国側の見解は相当のへだたりがある。まず、――〝世界大戦が避けられるかどうかの問題については、一方では、社会主義諸国の力、民族解放運動の力、世界各国人民の革命運動と平和擁護運動の力が強大化の一途をたどっているとき、これらの諸力が結合されれば、「帝国主義があらたな世界戦争をおこすことを阻止する可能性がある。他方、帝国主義がまだ存在している以上、戦争の根源はまだ存在しているわけであり……したがって帝国主義があらたな世界大戦をおこす危険性もまだ存在していることになる。」「帝国主義がまだ存在しているという条件のもとで永久に戦争を消滅させることができると考えるならば、これは、まったく間違っている。」帝国主義にたいするこのような幻想は、人民をマヒさせ、帝国主義の戦争準備を有利にする。」〟――〔註71〕

このような中国側の見解は、その論理において、一九五二年、スターリンがその最後の論文で、当面の世界戦争防止は可能であるが、戦争の不可避性を消滅させるためには帝国主義を絶滅しなければならないと述べた、その立場と完全に一致するものであろう。〔註72〕

つぎに戦争の性質についてであるが、この点、ソ連がわは世界熱核戦争にかんしては正義、不正義の区別は意味を失ったと考えているのにたいし、中国側は世界戦争から植民地抑圧、人民弾圧の戦争にいたるまで、いずれも熱核兵器の発達によっていささかもその性質を変えるものではないとして、ソ連側をはげしく攻撃し、総じてソ連指導部にとっては核兵器の出現後、世界の階級的矛盾は一つのこらず消えさってしまっている、と非難するのである。〔註73〕

ついで中国の見解でも、帝国主義の抑圧と弾圧に抗する民族解放戦争、人民の革命戦争を別のカテゴリーで扱っている。――〝「こうした性質の戦争は歴史上以前からあったし、第二次世界大戦後も、資本主義世界のなかでは停止したことがない。」「こんごも帝国主義がなお存続しているという条件のもとで、また搾取制度がなお存在している条件のもとでは、こうしたさまざまな性質の戦争が起こることはやはり避けられないのである。」〔註74〕このような闘争の課題をもっている民族や人民にたいして、平和共存、平和移行の誤った路線をおしつけることは、圧迫された人民に武装解除を要求することにひとしく、かれらを永久に奴隷の地位におくるものである。〟――

このような観点から、平和共存を世界的な総路線とする立場は全面的に否定され、逆に、民族解放闘争、諸国人民の革命運動と平和運動の積極的な推進が社会主義諸国の強大化と結合して進むとき、戦争は阻止され、平和の基礎が強化されていくと考えられているのである。

〔以上ざっと眺めた現代帝国主義をめぐる中・ソの論争は、社会主義陣営と資本主義陣営、それに非社会主義的「平和勢力」がかかわるという関係図式にもとづいて組み立てられてきた。しかし、中・ソ対立が持続し、両体制内の情勢が変動を経るうちに、論争の前提であり、基盤でもあった国際関係の構造は、その前提となった仮説に重大な変更を強いるまでに変質しつつある。一九六八年夏のチェコ事件をさかいに、中国はそれまでの「大国主義」という呼称をやめてソ連を公然と「社会帝国主義」と呼ぶようになった。つまり、社会主義体制下においても一種の帝国主義現象が現出しうるとの考え方が打ち出されたことになる。また、対立を通じて中国等の独自性が強化されてきたことによって、社会主義と資本主義の両陣営の対抗は、二極的両体制間関係から多極的両体制間関係へと移行する傾向を明らかにしはじめている。これに伴って、各体制内および第三地域の状況があらたな流動化を示し、国際的ゲームの組合せはいっそう複雑となる。それ

は、現代帝国主義の存在条件に重要な変化が進行しつつあることを意味するであろう。」〔註75〕

（一九六二年五月稿）

〔註1〕Ｐ・Ｍスウィージーは、「帝国主義にかんする一マルクス主義者の見解」（Monthly Review,March 1958）でG.W.F.Hallgarten,Imperialismus vor 1914,München 1951. を援用した。『歴史としての現代』都留重人訳、岩波書店、一九五四年、に所収。ハルガルテンの著書の該当箇所は、Bd.II,S.18-22. またハルガルテン『帝国主義と現代』西川・富永・鹿毛編訳、未来社、一九六七年、一三―一六頁にも同趣旨の叙述がある。

〔註2〕レーニンの「概念」総括者としての役割を単に「用語上」のことに限定し、彼の理論や方法が全体としてもつ創造性を軽視することは当を得ないのであろう。トム・ケンプの次の指摘は正しいと考える。「レーニンは全くの心からの謝辞を、彼の依拠した文献、ことにヒルファーディングとホブソンの著作にたいして、ささげている。しかし、彼の労作が〈非独創的〉であるとする批評が、もし、レーニンは単に他の著述家たちの論点を寄せあつめただけで彼自身ではいかなる独自の貢献もなさなかったのだという考えを示そうとするつもりならば、それは実に見当ちがいである。実際、レーニンの研究方法と目的は、ホブソンやヒルファーディングのそれとは根本的に異なっている。彼は、異なった問題意識で出発し、彼らの資料を自分の展開する理論的立場に関連させたのであった。」（Tom Kenmp,Theories of Imperialism,London 1967,p64.）

〔註3〕スウィージー、同書、一一一頁。

〔註4〕『レーニン全集』大月書店、第二二巻、三〇〇頁。なお、資本主義の独占段階以前に存在した帝国主義現象で資本主義の発展と関連したものとしては、重商主義的帝国主義と自由主義的帝国主義とについて論じることができよう。〈merkantilistische Imperialismus〉については、

Walter LaFeber, Der 〈merkantilistische Imperialismus〉 Alfred T.Mahans;in Hans-Ulrich Wehler（hrsg.）, Imperialismus, Köln 1970, S. 389ff. 〈liberal imperialism〉については、George Lichtheim, Imperialism, New York 1971, pp.61ff. を参照。

しかし産業資本主義の発展を土台とする帝国主義「現象」は、「自由主義的帝国主義」に限定されないであろう。H.U.Wehler の編書や George W.F.Hallgarten, Imperialismus vor 1914. には、一八七〇年代以来のドイツ、ロシア等の帝国主義的膨張が分析されており、また同時期におけるイギリス帝国主義の膨張も、もはや「自由主義的」と形容することは不可能であろう。岩田 弘氏によれば、一八七三年世界恐慌から第一次大戦までの時期は、「古典的帝国主義の時代」と定義される。（『現代国家と革命』現代評論社、一九七一年、一二―一七頁。）ハルガルテンもほぼ同時期を同様に称している。要は、おそらく、重商主義段階、イギリスの一国帝国主義時代、レーニンのいうところの「帝国主義段階への過渡期」、二〇世紀に入って第一次大戦の前と後、第二次大戦以後、という具合に、時期を分けて、それぞれの段階における帝国主義「現象」の特質を解明することであろう。そのような解明のなかにレーニンの理論的業績も位置づけることができよう。

〔註5〕矢内原忠雄・楊井克巳共著『国際経済論』弘文堂、一九五七年（三版）、一四―一八頁。

〔註6〕ウルフの「経済的帝国主義論」（Leonard Sidney Woolf, Economic Imperialism, 1921.）は、川田 侃『帝国主義と権力政治』東京大学出版会、一九六三年、の巻末に訳載されている。なお、同書には川田氏の研究論文「レナード・ウルフの経済的帝国主義論」が収められている。それによれば、ウルフの理論の特色は、「ウルフがこの書で近代帝国主義の原動力は〈人の信念と欲求〉にあると説いていることである。」この点でウルフは、社会心理学的に帝国主義の本質を規定しようとしたシュンペーターに通ずるものをもつ。しかし、ウルフは、この信念と欲求を四種類に、すなわち、道徳的なもの、感情的なもの、軍事的なもの、経済的なもの、に分類し、とくに、経済上の信念と欲求を「帝国主義において最も根本的なものとみなす。」そして、市場（商品および資本の輸出市場）と原料（食糧・原

料の供給地）と利潤を求めて動く経済的利益に根ざす信念と欲求が帝国主義発展にさいして演じた役割の重大性を力説」する。この点では、ウルフは、帝国主義の経済的側面を重視し、帝国主義を資本の政策として捉えたホブソンの立場に接近する（二一一―二一三頁）。

〔註7〕カール・カウツキーの「超帝国主義論」については、レーニンとの対比で否定的に論じられるだけで、本格的な研究は乏しい。矢内原忠雄「超帝国主義論について」（一九三〇年）（同著『帝国主義研究』白日書院、一九四八年、所収）は、今日でもなお最重要な紹介的研究である。

"New Left Review",No.59（Jan.-Feb.1970）は、カウツキーが第一次大戦の前夜に書いた"Der Imperialismus"（"Die Neue Zeit",Sept.11.1914）を英訳収録し、彼の理論が世界大戦の実例によって破綻したようにみえながら、その論拠となった二点――①民族解放運動からの資本主義への脅威が共通の敵に対する帝国主義諸国の結集をよぎなくさせる、②軍備競争の負担が帝国主義諸国の国家予算にとってえがたいものになる――が、（工業諸国の資本蓄積にとっての世界の農業地域の必要性に帝国主義的拡張競争の根困を認めようとしたローザ・ルクセンブルクと共通の誤謬が明白であるにもかかわらず）今日の世界状況下で意外に現代性をもっているとして興味を示している。

〔註8〕W・アシュワース『国際経済史』（W.Ashworth,A Short History of the International Economy:1850―1950.London 1952.）尾上・行沢共訳、一九五五年、一七七―二〇五頁。

〔註9〕同書、原著者序文、一頁。

〔註10〕『レーニン全集』第二二巻、二二四頁。

〔註11〕J・A・ホブソン『帝国主義論』（J.A.Hobson,Imperialism:a Study.London 1902.）矢内原訳、岩波文庫、下巻、七―五三頁。

〔註12〕『レーニン全集』第二三巻、一一四頁。

〔註13〕「〈世界の支配〉は、簡単にいえば、帝国主義的政治の内容であり、帝国主義戦争はこの政治の継続

である。」(『レーニン全集』第二三巻、三〇頁。)

〔註14〕「政治的には、帝国主義は一般には暴力と反動とへの志向」である。(『レーニン全集』第二二巻、三一〇頁。)

〔註15〕『レーニン全集』第二二巻、三四四頁。

〔註16〕ただレーニンは、シュンペーターの『経済発展の原理』(ライプチッヒ、一九一二年)は読んでおり、『帝国主義論ノート』のなかにつぎのように書きとめている。「これまたゼロ。表題は欺瞞的。一覧すると一種の〈社会学的〉駄弁であることが明らか。おそらくこの問題に立ちかえらなければならないであろうが、発展のテーマについてはゼロ。」(『レーニン全集』第三九巻、大月書店、四六―四七頁。)

〔註17〕この英訳版は、J.A.Schumpeter,Imperialism and Social Classes.Augustus M.Kelley,New York 1951.『帝国主義と社会階級』都留訳、岩波書店(一九五六年)の前半はこれの訳書である。本稿の引用文は全部この邦訳書によった。筆者が照合しえた原著ならびに英訳書は、Zur Soziologie der Imperialismen,Mohr,Tubingen 1919.Imperialism and Social Classes,Trans.by H.Norden,Meridian Books,New York 1955.

〔註18〕シュンペーター理論の現実政治面での機能は、主として「アメリカ帝国主義」の不在証明ならびに「赤色帝国主義」の危険の強調にむけられている。米国の政策マンの思想はもちろんそのようなものであるが、一九六〇年安保闘争後あいついで日本を訪れたリベラルな学者・文化人の発想も、深くこの理論に基礎づけられていたように思える。たとえばL・フォイヤー「日本の急進主義者たち」(『エコノミスト』一九六一年三月七日号。わが国では一九六一年末から六二年にかけ、民主社会主義の立場にたつ論者たちによって、ストレイチの理論を歓迎しつつ「アメリカ帝国主義」の弁護論が展開されたが、この人びとの帝国主義にかんする基礎理論はむしろシュンペーターのものであった。その代表的なものは、内海洋一「帝国主義の本質」(『自由』一九六一年一一月号)、加藤寛「資本主義はどこへ行く」(『経済往来』一九六二年三月号)、林健太郎「現代の帝国主義論」(『自由』一九六二年五月号)、加藤寛「日本帝国主

義は復活したか」(『自由』一九六二年六月号)。

〔註19〕「実質的、具体的利益」の概念は、シュンペーターの理論全体のなかで重要なものである。彼はいくつか抽象的な例でこれを説明したのちに、「具体的利益」が指摘されうる場合の三条件をあげる。第一に、当該国民の社会構造・心理状態・境遇などを考慮の上で、観察者が看取しうるような利益が現実に存在すること、第二に、当該国家の行動が予想利益に比べて全体として一定の割合の犠牲と危険を伴うにすぎないことが予想され、結局この利益の実現を推進するのに役立つということ、第三に、それが公然と認められうる利益であるか否かは別として、実際にその国家の行動の背後にある政治的な推進力であるということが証明されうること。以上の三条件がかなえられている場合には、すなわち「国家がそれじしんのための具体的利益を追求している場合、そして国家がその目的を達する否やその攻撃的態度を放棄することが予期されうる場合には、その利益追求がいかに残忍なまた強烈な仕方でおこなわれていようとも、だれもそれを帝国主義とはよばない」という。つまり、「覇権」とか「世界支配」とかよばれるような攻撃そのものを目的とする攻撃的態度だけが、この問題枠によってふるいわけられる(『帝国主義と社会階級』二六―二九頁)。

〔註20〕シュンペーター、同書、三〇頁。

〔註21〕シュンペーターによれば「独裁国の好戦的性格やその戦争政策は、その国の社会構造上の要請や、支配階級の伝来の素質等によって説明できるのであって、征服の結果直接えられるような利益が問題なのではない」(同書、一七〇頁)。すなわち、資本の原始的蓄積段階に照応する重商主義の膨張政策、というような観点はまったく見られない。この論理の帰するところ、イギリスの他に隔絶した重商主義的膨張の攻撃的行為と成果は免罪される。

〔註22〕同書、一一五頁。スウィージーは、編者序説のなかで、このシュンペーターの理論は「その批判者たちが考えているほど一元的なものではない」と批評し、たとえば古代ローマの帝国主義の説明が

古代アッシリアのそれに比べて非常に異なっている、と注意を喚起している(同書、一三—一四頁)。同様のことは、資本主義時代における帝国主義現象の説明で社会心理的要素と経済的要素について述べている箇所でも指摘されよう。

〔註23〕B.Hoselitz.Introduction for J.A.Schumpeter,Imperialism and Social Classes,Trans.by H.Norden,Meridian Books.

〔註24〕矢内原忠雄・楊井克巳共著、前掲書、九—一一頁。また、ストレイチも、むしろ当時のイギリスの世界支配の独占こそが、イギリス国内における反帝国主義的傾向(小康状態)を生んだという論証を行なっている。(J.Strachey,The End of Empire.London 1959,pp.72—78.)とまれシュンペーターにおいては、「イギリス資本主義=自由競争=より純粋な資本主義」のシェーマが貫いており、これによれば、資本主義発展の不均等性にもとづき帝国主義の先進国型と後進国型との対立は、各国社会内の非合理的要素の濃淡に応じて、おそらく非帝国主義と帝国主義との対立におきかえられるであろう。スウィージーはハバラーの指摘として"Zur Soziologie der Imperialismen"はシュンペーターの著作中どれよりも明らかに、かれの第一次大戦を通じての平和主義者的親西欧(とくに親英的)かつ反ドイツ的な態度を表わしている、と述べている(シュンペーター、前掲書、四—五頁)。

トム・ケンプは、ブルジョアジー、ことにそのなかの軍国主義に賛成の部分が、前近代的な伝統的諸勢力と同盟し、「輸出独占主義」が国家や好戦的な世襲的上層階級から支援されている例としてシュンペーターが考慮しているのは、ドイツであると指摘している(T.Kemp.op.cit.,p.103.)。おそらくプロシヤ=ドイツのみでなく、オーストリア、二人のナポレオンを生んだフランスも考慮されているであろう。イギリスを例とする「純粋」資本主義の理論モデルにたいして、暗黙裡にドイツを例とするいま一つの理論モデル(=帝国主義)が設けられていたと考えてよいであろう。

〔註25〕シュンペーターの資本主義発展の理論、ことに独占論にかんして、『経済発展の理論』(一九一二年)や景気循環(一九三九年)の時期と『資本主義・社会主義・民主主義』(一九四二年)の時期とでは相違

がある。すなわち、前期理論は「競争資本主義」をモデルとし、後期理論は「トラスト化資本主義」をモデルとした（吉田昇三『シュムペーターの経済学』法律文化社、一九六四年、二〇八頁以下）。したがって『諸帝国主義の社会学』（一九一九年）で展開された帝国主義理論は、この前期理論を基礎に置いていることになるが、その後彼は帝国主義理論を十分に発展させることはなかった。

〔註26〕たとえば前掲の加藤寛「日本帝国主義は復活したか」（『自由』一九六二年六月号）。この観点の一般性は、たとえば、第二次大戦後の日本と西ドイツの処理において、いわゆる「民主化」と「非軍事化」が、特定の政治的エリート・グループスの排除と経済形態の変化（特定の経済的エリート・グループスの排除をともなう独占の再編成）を基本内容とするにとどめられ、帝国主義の物質的基盤をなす独占資本主義の基本的所有関係に手がつけられなかった事実にみることができよう。

〔註27〕清水嘉治「非マルクス主義帝国論の検討」（『現代帝国主義講座』第五巻、日本評論社、一九六三年、二七〇頁）。シュンペーターは、資本主義を肯定し、その発展を信じながら、同時に、「社会は必ず資本主義をのりこえて進歩するはず」と考えていた。ただし、「それは資本主義の業績それじたいのおかげで資本主義が不必要となるからであって、資本主義の内在的矛盾がその存続を不可能にするからではない」としている。また、「私は、どのような意味においてにせよ、資本主義が理想的なものだなどとは、なおさら考えていない」とも述べている。（シュンペーター『帝国主義と社会階級』一六二頁、註11。）この資本主義の自動崩壊論と社会主義への弱々しい期待は、シュンペーターの前期、後期に一貫したものであろう。（シュンペーター『資本主義・社会主義・民主主義』（第三版）中山・東畑共訳、東洋経済新報社、一九五一年、上巻、二三〇―二八八頁。）

〔註28〕John Strachey, The End of Empire, London 1959. ストレイチは、この序文に、本書は、二〇世紀中葉における世界的問題に対処する民主社会主義の解決法を説明するという構想をもつ研究の第二巻であり、全体として、『現代の資本主義』（Contemporary Capitalism, London 1956.）と題する第一巻

に述べられている経済学に立脚している、と書いている。邦訳書は、『帝国主義の終末』関 嘉彦ほか訳、東洋経済新報社、一九六二年。『現代の資本主義』関 嘉彦・三宅正也共訳、東洋経済新報社、一九五八年。

〔註29〕J.strachey,The End of Empire,p.109.

〔註30〕ストレイチの現代民主主義の理解は、一九五六年の第一著作に詳しい。「現代民主主義の簡単な定義、すくなくともその本質的な特徴を示し、しかも他のいかなる定義にもまさる定義は、つぎのとおりである。――現代民主主義とは、社会のすみずみまでおよぶ権力の分散である。そして権力の分散がますます推し進められると、こんどは権力の排除に向かう。」「参政権の拡張とそのいっそう効果的な利用、労働組合運動の強化、および、われわれの指摘したような他の諸要因は、主要な最後の段階の資本主義諸国をつうじて、程度の差こそあれ顕著に政治権力を分散させている。しかし、同じ数十年間に、経済力は主要寡占体の手に着実に集中されてきた。」「これまでのところ、政治権力の分散は、経済力集中の影響を相殺することにわずかに成功してきた。窮乏が不断に増大するという予言の誤りであることを説明し、そうすることによって経済体制を機能させてきたものは、これである。しかし、いまや、経済力の集中は重大な段階、依然進行している政治権力の分散とあいいれない危険をともなう段階に達している。政治権力が、重大な瞬間において経済力を支配しうるのでないかぎり、経済力は政治権力を蔽いつくす危険をはらんでいる。」(邦訳『現代の資本主義』二二四―二二六頁。)――

〔註31〕J.Strachey,The End of Empire,p.112.

〔註32〕『レーニン全集』第二十二巻、大月書店、二七七―二七八頁。

〔註33〕ホブソンの理論の批判的検討は、トム・ケンプの前掲書、第三章に詳しい。ケンプの批判は、心なしか、いくらかシュンペーターに甘くホブソンに辛いように思われる。

〔註34〕『資本論』第一巻第七編第二三章（岩波文庫版第一巻四分冊）「資本主義的蓄積の一般的法則」参照。窮乏化理論の解釈としては、向坂逸郎編『マルクスの批判と反批判』新潮社、一九五八年に所収の、向坂逸郎「〈窮乏化理論〉の概説」が、マルクス主義者がわの誤りをも批判しえて、当をえている。

〔註35〕ロンルド・L・ミーク『マルクス経済学の展開』山田秀雄・水田洋共訳、紀伊国屋書店、一九五八年、四―五頁。

〔註36〕J.Strachey.The Great Awakening（or:From Imperialism to Freedom）,"Encounter",Pamphlet Series.No.5,1961,p.8.

〔註37〕M・ドッブによれば、一九三〇年代以降、賃金が絶対的にも改善されたのは事実だが、所得革命というほど大げさなものではない、という。M・ドッブ『資本主義――昨日と今日――』（Maurice Dobb.Capitalism:Yesterday and Today.London 1958.）（玉井訳、合同出版社、一九五八年、一二六頁）。また、大阪市立大学経済研究所編『増訂経済学小辞典』岩波書店、一九五六年に「窮乏化法則」につき執筆した井上清氏は、勤労階級の所得が国民総所得額ののなかで占める割合は益々低下した、たとえば第二次大戦の前後において、アメリカは五四％（一九二三年）から四二％（一九五一年）へ、イギリスでは四五％（一九二四年）から四〇％（一九五一年）へと、かえって、相対的窮乏化過程はすすんでいる、と述べている。

〔註38〕戦後約一五年間に、先進資本主義が、その政治的打撃にもかかわらず経済的に後退しなかった理由としては、(1)旧植民地にたいする経済的支配の継続があったということのほかに、(二)アメリカの「援助」下における戦後復興需要、(三)五〇年代ことに朝鮮戦争を契機とする、技術革新と結びついた設備更新・拡張による投資増大、(四)国家独占資本主義の全面的発達による安定作用、(五)とくに西ドイツのばあい、東部の喪失による設備新設、部門新設への投資、等が一般に常識であろう。

〔註39〕『レーニン全集』第二巻、二七九―二八〇頁。

〔註40〕J.Strachey,The Great Awakening,p.122.
〔註41〕J.Strachey,The End of Empire,p.199.
〔註42〕スウィージー『歴史としての現代』一〇五頁。
〔註43〕同書、一〇七―一〇八頁。
〔註44〕「もしわれわれが帝国主義という言葉を普通の適切な意味、すなわち一国の他国にたいする支配―公然あるいは隠然の―の意味にもちいるならば、今日においては共産主義者の主張はほとんどあたらないということをいいうる。……他方において、もし帝国主義という言葉を、現代の共産主義評論家が暗黙に行なっているように、先進国が未開発国にたいしてなしうる商取引上の利益という意味にまで拡大してもちいるならば、それは貧しい国を貧しいままに、富んだ国を富んだままにしておく傾向の一要因であることはまったく正しい。しかし、もし帝国主義という言葉をこのように広義にとるならば、それは明白な意味を失う。」J.Strachey,The End of Empire,p.191.
〔註45〕Ibid.,pp.191―192.
〔註46〕Ibid.,pp.319 ff.
〔註47〕P・M・スウィージー、L・ヒューバーマン「資本主義の変貌」("Monthly Review" Jan. 1951.)『思想』一九五六年四月号。
〔註48〕ヴェ・チェプラコフ「レーニンの帝国主義理論と資本主義の全般的危機の新段階」(『コムニスト』一九六一年二号)日本共産党中央機関紙編集委員会編『世界政治資料』一一九号、日本共産党中央委員会。
〔註49〕同書。
〔註50〕E・ヴァルガ『二〇世紀の資本主義』(国立政治文献出版所、一九六一年)鶴田訳、合同出版社、一九六二年。
〔註51〕「世界に生起したラディカルな諸変化……は、植民地諸国に、術策を弄し、戦術を糊塗すること

をよぎなくさせた」Neo-Colonialismとは「新しく解放された国ぐにを支配し、獲得された独立をたんなる形式に帰せしめその独立を奪うための植民地主義的支配の新しい方法、形態である。」("International Affairs",Moscow,Jan. 1962,Facts and Figures.)

〔註52〕Collective Colonialismについては、V.Bogoslovsky,The Essence of Collective Colonialism("International Affairs",Dec. 1960.).Y.Bogush,U.S. Colonial Policy Today("International Affairs",May 1962).

〔註53〕T・ジブコフ「平和――今日の中心問題」(『平和と社会主義の諸問題』誌、日本共産党機関紙経営局、一九六〇年八月号)、社会主義政治経済研究所編『戦争と平和の諸問題――現代帝国主義の再評価――』合同出版社、一九六三年、一六四頁。

〔註54〕大内 力「国家独占資本主義論ノート」(『経済評論』日本評論社、一九六二年八月号)では、生産力の拡大に伴う生産関係の変化に国家独占資本主義の必然性を見いだすツィーシャンク＝今井理論が批判され、「その基礎には資本主義の一定の世界史的意味における段階がある……。全般的危機という歴史的な背景なしに、国家独占資本主義をただ生産力の拡大、あるいは生産の社会的性格の拡大から直接に規定はできないのである」と指摘される。また、宇高基輔「レーニン〈帝国主義〉の現代的意義」(日本評論社『現代帝国主義講座』第一巻、一九六三年)のなかの「〈帝国主義論〉と現代資本主義」と題する一節では、ツィーシャンク＝今井理論ならびに大内 力氏も批判の対象とされているが、そこでも「国家独占資本主義の実態を、資本主義の全般的危機の進展の諸段階、諸局面が強調されている。E・ヴァルガによれば、「国家独占資本主義の存立と発展とは、資本主義制度がその存立の最後の段階にはいり、資本主義の社会体制全体が崩壊期にはいった資本主義の全般的危機のもとでの、資本主義諸国の経済と政治における独占体の支配的地位に根をもっている。国家独占資本主義の本質は、つぎの二つの目的を達成するために、独占体とブルジョア国家とが力を結合することである。(一)国内の革命運動にたいする闘争と社会主義陣営にたいする闘争で、資本主義制度を維持し、(二)

独占資本のために国家をとおして国民所得を分配すること。」「独占体と国家の力の結合は、まず第一に独占体と国家機関との癒着の形で生ずる。」「重要な経済問題を共同で決定するという形態でも生ずる。」しかし「国家独占資本主義の完全な発展は、主として、経済の国家規制、国有企業、国民所得の大部分の国家による引きあげと再配分のなかにみられる。」(E・ヴァルガ、前掲書、一五〇―一五五頁。)ところで、ヴァルガの遺著『資本主義経済学の諸問題』ソ連科学アカデミー世界経済国際関係研究所、一九六四年、村田陽一・堀江正規共訳、岩波書店、一九六六年、では「独占体とブルジョワ国家の結合」という規定が、その内的諸矛盾の解明という点で前進させられている。また、超国家的な国家独占体の考察についても進展が認められる。(同書、五四頁以下。)なお、ツィーシャンク理論と今井理論はよく同一視されがちだが、仔細に検討すれば明らかに異質である(松隈徳仁「現代資本主義国家論」、日本評論社『講座マルクス主義』第九巻、一九七〇年、参照)。

〔註55〕「超国家的な性格をもつに至った国家独占資本主義の動機と目的は、だいたいにおいて一国の範囲内の国家独占資本主義のそれと同じである。巨大企業における生産の業績がますます進むにつれて、それぞれの国家の国内市場は、独占資本の必要をみたすには窮屈すぎるようになる。ことに、第二次大戦につづいて、世界市場がかってきままに設置されたいくつかの通貨地域に分解し、輸入割当制、資本の輸出入にたいする国家管理、高率関税等々が実施された結果、独占体の活動が妨げられたので、国内市場はいよいよ窮屈になった。超国家的な国家資本主義的措置は、この点で独占体の助けとなるはずであった。超国家的な団体の目的は、一国の範囲内の国家独占資本主義のそれと同じである。資本主義的社会制度を守り、高い独占利潤を保証すること、それがこの目的である。資本主義的社会制度を守る役をしているものに、経済団体のほかに、軍事的＝政治的機構がある。両者の差異は大きなものではない。超国家的な経済団体はみな、同時に政治的性格をも、もっている。」(ヴァルガ『資本主義経済学の諸問題』七七―七八頁。)

〔註56〕「超国家的な国家独占」(ヴァルガ)の諸形態は、危機の圧力が強まれば前進し、圧力が緩和されれば

停滞するという傾向をもっている。ミクロ的にみれば、資本間の競争・対立の激化が、いまにもECの結合をまひさせ、破砕するようにみえるであろう。だが、マクロ的にみれば、その資本主義の競争・対立の激しさが、全般的な危機要因とむすびついて、資本主義的国際統合を、空想から現実へ、一歩、二歩とおし進めてきたインパクトでもあったのでわる。それは、国家独占資本主義段階における超独占の一形態なのであり、したがってまた競争・対立のあらたな段階を開くのである。このように述べることは、資本主義の命脈が永遠のものであることを言おうとするものではない。むしろ、資本主義の自動崩壊論に似た経済決定主義が、帝国主義論の認識領域でも、政治運動の領域でも、根づよく存続していることにたいする警告を意味するであろう。

〔註57〕宇高基輔、前掲書、四〇頁。しかし、国家独占資本主義を資本主義の国内的側面に限定することはできない。植民地主義の変貌も国家独占資本主義と不可分の現象であろう。

〔註58〕ジブコフ、前掲書、一六三頁。

〔註59〕政治的独立を維持、強化しつつ、経済的自立を達成するためには、新興諸国にとっては、⑴国内の政治的分裂を回避し政治的主体の結集をはかること、㈡その政治的基盤の上に外国から効果的な経済援助をひきだすこと、が不可欠である。その場合、西側の経済的しめつけと「援助」の圧力が強力であること、超大国の軍事力と軍事援助は依然として国際政治の決定的要因であること、西側の援助に好意をもつ国内の民族ブルジョアジーの勢力が相対的にかなり強力なこと、および社会主義諸国の援助力(経済力)が新興諸国の必要性をまかなうに十分でないこと、社会主義内部の対立が激化していること等の内外条件は、これら諸国を中立主義へ進むことをよぎなくしている。かかる意味内容において中立主義は、国内統一と国際協調のシンボルたりうるのである。チェプラコフは、前掲論文のなかで、帝国主義的資本主義国と非帝国主義的資本主義とを区別し、経済的自立維持の要求は中立化を必然化するという法則を提起している。

〔註60〕『紅旗』編集部「レーニン主義万歳」(『紅旗』一九六〇年四月一六日付、第八号)社会主義政治経済研究所

編『戦争と平和の諸問題』三三一―三五頁。

〔註61〕ソ連が戦略的に先進資本主義諸国との経済的、軍事的競争を重視しているのに比し、中国が帝国主義に抑圧されている第三地域の革命勢力との提携を戦略的に重視する、という傾向の相違と無関係ではないと思われる。同様の傾向は、東ドイツの帝国主義研究が戦略正面である西ドイツの国家独占資本主義に主として向けられていることについてもいえる。

〔註62〕『紅旗』編集部、同署、三五頁。

〔註63〕「ソ連共産党中央委員会公開状」(一九六三年七月一四日付)、『世界週報』時事通信社、一九六三年八月六日号、五二頁。またフルシチョフは、「ソ連・ハンガリー友好集会での演説」(一九六三年七月一九日)『世界週報』一九六三年八月一三日号、二四頁、三二頁において、「帝国主義諸国の政策をきめるのも同じく人間なのだ。そしてこれらの人びとも脳髄をもっている。」「帝国主義者とて現実、変化した世界の力関係、平和と社会主義をめざす勢力の増大を無視するわけにはいかない。」「共産主義者だけではなく、資本主義諸国のもっとも分別ある政治家も現代の世界熱核戦争がもたらす結末を無視することはできない」と述べ、帝国主義国の指導層内に一定の変化――現実への適応が生じていることを認めている。

〔註64〕ジフコフ、前掲書、一七〇頁。フルシチョフはつぎのように述べている。「国際舞台における現在の力関係のもとでは、また軍事技術が到達した現在の水準のもとでは、もはやたれひとりとして、平和的共存以外には、社会制度を異にする諸国間の関係を発展させるための、他のいかなる方法も、現実を無視することなしに提案することはできない。」「それは、世界の現状から、人類社会の現発展段階から生ずる客観的な必然なのである。現在この地球上に実在する二つの主要な社会体制は、もしもそれを発動させれば、破壊的な結果をもたらすにちがいない軍備をもっている。」(『国際情勢とソ連邦の外交政策について――一九五九年一〇月三一日、ソ連邦最高会議第三会期におけるエヌ・エス・

フルシチョフ首相の報告』ソ連邦大使館広報課、一九五九年、五―六頁。）

〔註65〕「ソ連共産党中央委員会公開状」前掲書、五四頁。

〔註66〕「ソ連政府声明」（一九六三年九月二一日付）『世界週報』、一九六三年一〇月一五日号、五八頁。

〔註67〕同書、五九頁。

〔註68〕ジフコフ、前掲書、一七四頁。

〔註69〕同書、一七四頁。

〔註70〕同書、一七四頁。

〔註71〕劉長勝「戦争と平和の問題」（『人民日報』一九六〇年六月九日号）社会主義政治経済研究所編『戦争と平和の諸問題』八二頁。「レーニン主義万歳」ではつぎのように述べてフルシチョフを激怒させた。「もちろん、帝国主義者がはたして戦争をはじめるか否かはわれわれが決めるのではないのであって、われわれはなんといっても帝国主義者の参謀長ではない。各国人民の自覚が高まり、十分な備えがありさえすれば、社会主義陣営もすでに現代兵器を掌握したという条件のもとで」もし帝国主義者が「いったん原子兵器と熱核兵器を用いて戦争を敢行するならば、その結果は、世界人民の包囲のなかにあるこれらの野獣自身がすみやかに壊滅させられるだけであって、人類の壊滅などということは決してありえない、と断定できる。」「勝利した人民は、帝国主義の死滅した廃墟の上に、きわめて急速な足どりで資本主義制度より幾百幾千倍も高い文明を創造し、自己の真に幸せな将来を創造するであろう。」（前掲書、四七―四八頁。）

〔註72〕『人民日報』編集部・『紅旗』編集部共同執筆「戦争と平和の問題での二つの路線」（『北京週報』日本語版、一九六三年一一月二六日、第一八号）では、スターリンのこの理論をレーニンと一致する正しい理論だと述べ、フルシチョフに対置させている（一五頁）。

〔註73〕同書、一七頁。「レーニン主義万歳」ではつぎのようにいう。「いずれの面からみても、原子力、ロ

ケットなどといったこれらの新しい技術は、すべて現代修正主義者のいうように、レーニンが指摘した帝国主義とプロレタリア革命の時代の基本的特徴を変化させたということはない。」（前掲書、四八頁。）

〔註74〕劉長勝、前掲書、八三頁。

〔註75〕〔　〕の部分は、一九七二年に加筆したものである。

第三章　帝国主義復活の概念（一九六三年）

序

わが国における帝国主義復活論争は、一九五六年以降の政治論争の主要な内容をなすものとして展開された。それは「綱領」論争としては一応の決着をみたようにみなされているけれども、厳密に科学的な意味での理論的昇華を期待する立場からみれば、なお幾多の未解決な点や不正確な点が残されているといわなければならない。それらは、あるいは今後の歴史的現実過程の進展に促されて遅かれ早かれ克服されて行くものであるかもしれない。しかし、長期的に展望する場合、理論の継続的発展が、政治的党派間の抗争への埋没や論争のジャーナリスティックな周期的中断によって妨げられることは、許されないところであろう。ここでは、論争全体を通じてもっとも混迷のはなはだしかった「帝国主義」の概念、ならびに「帝国主義復活」の概念を、批判的に再検討し、整理することを試みたい。それによって、帝国主義復活の発展過程を明らかにしていく方法論上の拠りどころを準備したい。また、この理論的作業は、今後の研究課題である西ドイツと日本の戦後政治過程の比較研究に役立つこととなるであろう。

一　帝国主義の概念

「論争のすぐれた問題点整理であり、日本帝国主義復活論自体の重要な論点にほぼ決着をつけたものと賞賛され、あるいはまた、日本帝国主義復活論争の成果を総合したものと評価をうけている」〔註1〕と評された佐藤 昇氏の論文「日本帝国主義復活論の検討」〔註2〕には、帝国主義の概念について若干の整理が行なわれている。長文になるが重要なので要約的に紹介すると、第一に、「帝国主義は直接には下部構造にかんする規定であるが、同時にそのことによって下部構造と上部構造の統一体としての社会の性質を特徴づける概念でもある。」

第二に、帝国主義と独占資本主義とは同概念である。レーニンの規定のなかで、寄生的資本主義であり、死滅しつつある資本主義であるという帝国主義の側面は、独占資本主義という根本特徴から不可避的に生まれる派生的な特徴である。「したがって帝国主義と独占資本主義とを区別すること——たとえば独占資本主義を下部構造にかんする規定とみなし、帝国主義を上部構造をも含む社会の性格にかんする特徴づけとみなすこと——は根拠がない。〈帝国主義とは資本主義の独占的段階である〉。」

第三に、帝国主義の五つの経済的標識において最も根本的なものは、資本と生産の集積と集中にもとづいて独占が生まれ、その独占が自由競争にとってかわり、その独占が国の経済において決定的な役割を演じることであり、「そのような段階にまで発展した資本主義が帝国主義であり、独占資本主義である。」「他の四つの標識は、この独占の成立と独占体の国民経済支配という基礎のうえに発生し、発展するのであり、したがってそれらのうちいくつかを欠いていたり、あるいはそれらの発展が微弱であっても、そのことは当該帝国主義の特質ないし弱さを示すにすぎず、それが帝国主義でないことの理由とはなりえない。」ゾンテルも指摘するごとく「帝国主義的資本主義への推移の場合、決定的なことは独占への推移ということである。」

第四に、帝国主義国（社会）の上部構造の下部構造に対する相対的独自性、発展不均等、相互矛盾など「こうした上部構造上の特質は、その国が基本的に帝国主義であることを否定する論拠とはなりえない。」「帝国主義的反動政策の強さやその貫徹の度合い、反動的国家機構＝官僚的軍事機構の規模や力」は、国によって、また時期と情勢によって多種多様であるが、その「ひらきはいかに大きくみえても依然として量的な差にすぎず、帝国主義としての基本的な質にかかわるものではない。帝国主義的反動政策は、独占資本主義の生産関係の上に、ブルジョアジーの階級的本質から必然的に生まれてくるのであって、その政策を遂行する力の如何や、その貫徹の度合い如何は、帝国主義の本質にかかわるものではありえない。」

第五に、帝国主義を考察する場合、「独占段階の資本主義という一国社会の質的規定としての側面」と「世界帝国主義体系のなかでその国の占める位置や比重、世界帝国主義の権力要素としての重要性という側面」という二つの側面から見ることができる。「敗戦帝国主義が一時的に戦勝国の支配下におかれる」「場合にも、独占資本主義的生産関係が存続するかぎり前者の意味での帝国主義としての特質まで失われてしまうわけではない。」

以上が佐藤氏による帝国主義概念の整理である。だが、これをレーニンの帝国主義概念と対比した場合、「帝国主義＝独占資本主義」という図式的な単純化が行なわれていないであろうか。まず、この概念整理では、帝国主義生成の歴史性を考慮したあとが見うけられない。つまり、経済的社会構成体の根本的差異にもとづく歴史的規定性、あるいは同一の経済的社会構成体内における発展段階的規定性と帝国主義との関連を見失う結果になりかねない。また、この概念の単純化は、帝国主義の世界体制概念と一国概念との関連を混乱させる結果となっている。

周知のように、レーニンは、「植民政策と帝国主義は、資本主義の最新の段階以前にも、いや資本主義以前にさえも、存在した。奴隷制のうえにうちたてられたローマも、植民政策を遂行し、帝国主義を実現した。しかし、経済的社会構成体の根本的差異を忘れるか、またはこれを後景におしやっているところの、帝国主義にかんする〈一般〉論は、不可避的に、〈大ローマと大ブリテン〉との比較というような空虚な駄弁か駄ぼらに化さずにはおかない。これまでの資本主義の諸段階の資本主義的な植民政策でさえも、金融資本の植民政策とは本質的に相違している」〔**註3**〕と述べているが、明らかにこの叙述には、次の二つの重要な理論的要素が含まれている。

第一の理論的要素は、帝国主義は資本主義に、もしくは独占資本主義に固有のものではないが、「現代」における帝国主義は資本主義（経済的社会構成体）の「最新の」発展段階に照応して存在しているということである。第二の理論的要素は、帝国主義には、本来、一国社会の枠を超えて「世界」へ開かれた体制が含意されているということである。

以下、この二点についての論証を、少し詳しく展開しよう。

レーニンは、（資本主義的）帝国主義論を書くにさいして、「古い帝国主義と新しい帝国主義」と区別することに注意をはらっている。彼は、たとえば、『帝国主義論ノート』のなかで、エドムンド・ウルブリヒトの書をとりあげ、「セント・ヘレナの孤独のうちに、古い帝国主義は墓場に葬られた。ボナパルトとともに帝国主義の古い代表者は死んだ。」その後、一九世紀の民族国家的基盤にもとづいて、「新しい世界政策の可能性が生まれ」「帝国主義という名称が、新しい内容をもって、ふたたび復活している。」「イギリスはすでに一八世紀に」、「ヨーロッパのそとに新しい世界帝国を創立して、帝国主義の基礎をおいた。いまやイギリスに世界の列強がつづいている。経済的必要は、全世界の諸国民を経済競争にかりたてている」という彼の所説を書き留め、古い帝国主義の死滅と新しい帝国主義発生の史的過程に留意している。〔註4〕

重商主義的帝国主義が衰滅したあと、資本主義ないし資本制生産によって基礎づけられた帝国主義は、まずイギリス帝国という一国帝国主義の形態で特殊的に発展した。〔註5〕マルクスとエンゲルスは、一九世紀中葉のイギリスの労働運動にみられた日和見主義的傾向の物質的基礎をこのイギリス帝国主義に求めたのであったが、レーニンはそのことに触れた箇所で、当時のイギリスには、例外的に「帝国主義の少なくとも二つの最大の特徴」が存在していたと述べ、その二大特徴は、⑴広大な植民地の独占と⑵世界市場における独占的地位（にもとづく独占利潤）とであったとしている。「一八四八年から一八六八年にかけては、そして部分的にはそれ以後でも、独占を享受していたのはただイギリス一国であった。」「そのほかには、きわめて豊かな植民地をもつ国も、工業上の独占を享受する国もなかったのである。」すなわち、このイギリス帝国主義は、世界の工場としての工業上の独占と広大な植民地の独占的所有という特殊的例外的な事情から、「世界」の搾取と支配の体系を実現したのであった。それは多分に偶然的要素にたすけられたとはいえ、それが基本的に工場資本ないし産業資本主義に依拠するものであったという点で、資本主義的帝国主義であったが、後年、「地上人口の圧倒的大多数にたいする、一握りの〝先進〟諸国による植民地抑圧と金融的絞殺とのための、一つの世界的体制にまで成長した」資本主義としての帝国主義にたいしては、内在原理を異にしていた。

資本主義的帝国主義が、イギリス一国の対外的膨張という特殊的存在から、複数の強大国による全地上の支配という普遍的存在に転化するためには、資本主義と商品生産一般との基本的特質であった自由競争が、その直接的な対立物である独占にとってかわられなければならなかった。そして、かような資本制生産の基本的特質に決定的変化をひきおこし、資本主義的生活の全領域に「独占」の原理をもちこんだ根本要因は、生産と資本の集中・集積による独占の発生であった。

しかし、独占体の成立がそのまま直ちに帝国主義の成立でもなければ、また独占体が国民経済を支配していれば直ちに帝国主義というわけでもない。生産と資本の集中・集積にもとづく「資本主義的独占」は、なによりも独占体の形成を基本とするのではあるけれども、決してそれだけにつきるものではない。レーニンによれば、独占は「四つの主要な形態」をとって現われる。すなわち、⑴独占はきわめて高度の発展段階にある生産の集積から発生した。それは資本家の独占団体である。⑵独占は最も重要な原料資源の強化をもたらした。⑶独占は銀行から発生した。銀行は金融資本の独占者に転化した。現代ブルジョア社会のすべての経済機関と政治機関の上に従属関係の濃密な網をはりめぐらしている金融寡頭制。「これこそが、この独占の最も顕著な現象形態である。」⑷独占は植民政策から発生した。金融資本は古くからの植民政策の多くの動機に、さらに、原料資源のための、資本輸出のための、勢力範囲のための、最後に、経済的領域一般のための、闘争をつけ加えた。〈レーニンは、他の個所では、⑷をさらに二つに分けて、世界の経済的分割＝国際カルテルと世界の地域的分割＝植民地をあげ、「独占は五つの主要な形態をとって現われる」といっている。〉〔**註6**〕これらは「独占資本主義の四つの主要な現象」であり、「世界史の新時代の主要な歴史的道標」であった。

ここにいう独占の四つ、ないし五つの形態が、レーニンの周知の帝国主義の五標識に対応していることはいうまでもない。重要なことは、レーニンの帝国主義論は、一方で内在的な根本原理を解きあかしながら、他方で、その原理の展開に相当する独占の諸形態を、総体として帝国主義の主要な概念要素とみていることである。内在論理的にみれば、資本主義が「独占」を契機にしてグローバルな支配体系を形成するに至り、金融資本の支配の網の目に世界中のあらゆる国ぐに、あらゆる人びとが組み込まれる。この支配・被支配の全世界的体系が、資本主義の全体なのであり、一つの歴史的時代の総体を形づくっている。

そのことによって、「帝国主義」概念は、ある一国の対外支配の政治・経済体制という意味を超えて、資本主義的政治・経済体制の全体を指すもの、そのような体制のグローバルな広がりによって総称される時代概念にまで、拡張されたのであった。

金融資本は、「全国を蔽い、いっさいの資本と貨幣収入とを集中し分散する数千数万の経営を、単一の全国民的な資本主義経済に、そしてさらには全世界的な資本主義経済に転化しつつある運河の濃密な網の目」を不可抗的につくりだしていく。それに照応して、資本の階級的収奪と支配は、国境を越え、世界的に拡大される。〈もはや個々の強国の世界支配が問題なのではない。〉〔**註7**〕一九世紀的な、単一不可分のイギリスの世界独占にかわって、資本主義的独占が世界体制化する。少数の強力な国際独占体による、また少数の列強による世界の政治的・経済的分割が完了する。資本主義的生産のいっそうの拡大、ならびに列強間の資本主義的発展の不均等性は、激しい世界再分割の闘争の時代を招来する。

パーム・ダットが、世界組織化の経済的前提は資本主義がつくりあげたが、資本主義は深い政治的分裂を克服できない、という場合、こうした資本主義の世界的有機的構造が実現されながらも、資本主義に固有の生産の社会的性格と所有の私的性格との根本矛盾が、競争、対立、闘争の世界拡大を不可避にし、資本主義自体の死滅を必然ならしめるという論理を指摘するのであろう。〔註8〕レーニンが帝国主義を「死滅しつつある資本主義」と特徴づける場合、こうした世界的連関をぬきにするわけにはいかない。また、帝国主義を「腐朽化しつつある寄生的な資本主義」と規定する場合も、資本主義的搾取の世界的体系を前提としなければならない。資本主義の「最新の」段階が創出した、個々の民族国家的な国境を越えた、そしてしかも個々の国内社会の領域をも包摂する、有機的な世界的関連構造を前提としてはじめて段階概念としての（資本主義的）帝国主義概念は可能である。これは、歴史的に「帝国」概念に必有の「世界」性とも一致する。けだし、「世界」概念は、もともと交通体系の一定範囲によって限られた歴史的相対的な一種の有機的全体社会概念であるが、「帝国主義」の全世界的、包括的な体制化は、生産力の高度な発展に促されて、資本主義的生産関係の連鎖が全地表を蔽うことによって、はじめて実現したのである。〔註9〕

かくして（資本主義的）帝国主義は、それじたい、本来的に世界体制として概念化されているのであり、包括的な全体にたいする部分の関係において一国的概念としての帝国主義を考えることはできるとしても、一国社会概念としての帝国主義なるものは完結的な概念としてはなりたちえない。一国的個別的概念としての帝国主義がすでにナショナルな枠をこえた世界支配体制への参与を不可欠の要素として含意しているのであり、その帝国主義としての世界的支配の能動的主体性を可能にし、かつそれに特殊な性格を付与している国内社会的規定性や、また世界帝国主義における地位や性格がその国の社会におよぼす特殊な規定性などをわれわれは具体的に問題にしうるのである。

この意味で、佐藤氏の第五規定は、帝国主義考察の二側面という効果的な発想をせっかく準備していながら、実際には両側面を統一的にみることをせず、機械論に陥っている。これは、いわゆる「世界帝国主義の権力要素としての重要性」を抽象的・付属的意味においてしかとらえず、「一国社会の質的規定としての側面」だけで帝国主義概念がなりたちうると考えたのである。一国社会内的な独占資本主義的生産関係は、その国が帝国主義国であるための前提であり、基礎であるけれども、ただその生産関係が支配的なものとして存在しているというだけでは、可能性としての帝国主義といいうるにすぎない。現実にそれが世界的に能動的な支配主体として自己を展開しなければ、実現された帝国主義ではないのである。

佐藤氏の概念整理の第四点についていえば、ここでも、帝国主義の上部・下部構造を、帝国主義国（社会）の「上部・下部構造と思考したところから救い難い制約がみられる。後述するような上田耕一郎氏が掲げる政治的標識は完全だとはいえないし、またそれを「復活」過程の理解にからませる仕方も正しいとは考えられないが、かといって、国内社会に独占資本主義がなお残されているかぎり、ないしは存在するかぎり、「帝国主義的」上部構造に強弱や奇型性があっても、それは帝国主義の質を損なうものではなく、しょせん量的な問題にすぎない、とする見解では十分でなく、また、正確を期しがたい。

第三の点にかんしても、同様の批判が可能である。五つの標識の相互間に、基本的規定性をもつ要素と、それに基礎づけられて発生し発展する要素とがあることはそのとおりであるが、独占体の成立とその一国内経済支配を除く他の四標識を帝国主義ないし当該帝国主義国の質にかかわらない量的指標とみているのは、

「独占資本主義」のおどろくべき単純化であり、全く新しい帝国主義概念の創造だといわねばなるまい。

第二の佐藤氏の論点に批判的に対応しつつ帝国主義の概念を最も要約的に述べれば、経済的搾取の構造を実態とし、それの外被として政治的支配の構造がそびえたつという関連を内包して、（資本主義的）帝国主義は、経済的社会構成体としての資本主義の独占段階に照応する世界的な政治・経済体制であると、一般的に定義できるであろう。世界体制としての下部構造には世界体制としての上部構造が照応し（たとえば軍事条約機構や政治同盟機構、経済共同体などの帝国主義的国際機構を一国社会的カテゴリーでどう捉えるのであろうか）、それにさらにイデオロギー、政策等の意識諸形態が照応するのである。したがって、「帝国主義国」という場合には、一般的に、独占資本主義の経済的基礎をもち、世界的な収奪と支配の反動体制に能動的・原動的・主体的に参加している国を指していう概念でなければならない。それが世界帝国主義にたいしては個別的構成部分であり、個別的偏差や場合によっては奇型性すら有していることはむしろ普通である。

われわれが帝国主義の特殊性や奇型性についていう場合、それは、上部・下部構造をふくめて、第一に世界帝国主義の基本的な諸規定性にかんする時代的被制約性についていうのであり、また第二に、個別的な帝国主義国における、諸規定性の部分的な不完全性、形態上の特殊性についていうのであるが、いずれも、世界的な収奪と支配の体系への主体的なかかわりあいを離れては、帝国主義の概念はなりたたない。

レーニンは、金融的に従属している（場合によっては政治的・軍事的にさえ従属している）国であってしかも帝国主義国である国の例をいくつかあげているが、この世界支配体系における能動的主体性が問題なのである。ピラミッド型をなす世界帝国主義のヘゲモニー体系内において、頂上グループを形づくる帝国主義諸国相互間に、支配・従属等の関係があったからとて、何ら異とするに足りない。かくして、「復活」論の研究関心としては、何をメルクマールにその主体性を立証するかが問題となる。

二　帝国主義復活の概念

「帝国主義」の概念をどうとらえているかは、帝国主義「復活」の把握の仕方にとって基本的である。佐藤氏の帝国主義概念は、要するに質的規定性と量的規定性とを使い分け、前者が存在していれば後者に欠落や弱さがあっても帝国主義（国）とみるのであるが、この論理の枠組からの論理的帰結は、「復活」過程に質的変化を認めず、一貫した量的把握となる。

「帝国主義復活ということを、いったん非帝国主義国になった国が再び帝国主義に質的に転化するという意味に」「理解すること自体が問題なのである。帝国主義復活という概念は、そのような社会の基本性格の質的規定性にかかわる厳密な概念ではなく、それ自体がいわば量的な規定にかんする概念にすぎないのである。」「帝国主義復活とは、主として敗戦やそれに伴う外国帝国主義の支配のもとで著しく弱化した帝国主義国が次第に強化されて敗戦前の力量や威信を回復してくることであり、具体的にいえば一時低下していた生産や生産力が旧に復し、一時弱まっていた資本の集積・集中がほぼ以前の水準にもどり、それに応じて独占体の政治的支配力も強まり、帝国主義的反動政策を遂行する自由をある程度回復し、その結果、世界帝国主義体制の内部に占めるその国の位置や比重も高まって以前の水準に近づいてゆく過程をいうのであって、帝国主義復活という概念にそれ以上の意味を与えることはむしろ有害であると思われる。」

このように「復活」を質的転化とみないで量的発展過程とみる見解は、佐藤氏だけでなく、小野義彦、杉田正夫氏らにも共通のように見うけられる。〔註10〕この復活論の方法によれば、一九一九―二三年のドイツ、すなわちドーズ化以前の敗戦ドイツは、「独占段階の資本主義という本質規定から」帝国主義としてとらえられ、「その上で、政治、経済の面におけるその特殊な弱さ、世界帝国主義の内部に占める地位や役割の低下をとらえた方が妥当」とみなされている。また、連合国の直接軍事占領下において、ラント段階の行政府しか認められず、国家機構の完全解体はもとより、経済自主権も有せず、内外政策の機能の一切を奪われていた西ドイツについても、独占資本主義の生産関係が基本的なものとして存続していた限り、「下部構造および社会の基本性格としての帝国主義の本質は失われていないとみるべき」であり、「敗戦国が非帝国主義国となったとみるよりも、敗戦によって植民地的従属状態に陥った帝国主義国とみる方が、単に帝国主義の本質規定からみて正しいというだけでなく、その国の諸矛盾とそこから生ずる運動をより的確にとらえうる」と考えられている。さらに日本については、敗戦によって米軍の占領下におかれたとはいえ、間接支配であり、独占ブルジョアジーの独自の国家、独自の権力が存在していたのであり、「下部構造において独占資本主義があり、上部構造においても独占ブルジョアジーが権力を握っている国が帝国主義以外の何ものでもないことは明白ではないであろうか」とされる。「独立を失いはしたものの崩壊はしなかった」「日本帝国主義」は〈潜在的帝国主義〉と呼んでもよいとされる。〔註11〕

これら三氏に代表された、独占資本主義の一国社会的下部構造の存在のみで帝国主義復活を量的にとらえようとする議論に対立して、周知のように上田耕一郎氏の上部構造重視の理論が展開された。〔註12〕上田氏は、ゾンテルの方法に学びながら、まず、レーニンの帝国主義概念を「国際的な段階規定」と解し、「一国帝国主義の発展過程」を概念化する。すなわち、個々の国ぐにの〈帝国主義的性質を証明するには〉レーニンの五つの経済的標識がすべて、〈いわば完全な形態で存在している必要はない。〉〈これら本質的様相は、個別的には〉個々の強弱や欠落やまた特殊な形態をとって現われる。〈帝国主義的資本主義への推移の場合、決定的な点は独占への推移ということである。〉しかし、帝国主義の経済的基盤が存在するということは、〈帝国主義一般に対する前提にすぎない。〉帝国主義は存在しているということを証明するためには、まず帝国主義の経済的基礎が、その国家の政策のうちにいかに実現されているかを示さなくてはならない。かくして、「〈明瞭に姿をあらわしている一つの帝国主義政策〉と、それによって国際帝国主義の一つの〈権力要素〉としての地位をかくとくすること、これこそが帝国主義の経済的基礎の上に、その国をして終局的に帝国主義たらしめるものである。」

つぎに、上田氏は、歴史的に形成される一国帝国主義の発展にたいして崩壊した旧帝国主義国の復活過程がもつ特殊性について、分析上考慮すべき要点として、やはりゾンテルの方法を次のように要約する。

(1)ドイツ帝国主義の崩壊において、政策の瓦解と最重要な経済的前提条件の瓦解とは同時的であった。
(2)経済的基礎の復活——復活過程はまず経済的過程から始まるが、ヴェルサイユ強制下の政治的影響によって、ドイツ帝国主義の経済的基礎は奇型的であり、これがドイツ帝国主義の矛盾を形づくる。
(3)帝国主義的外交政策の復活——それは、まず個々の独占資本の、特殊的な〈帝国主義的傾向〉から、〈帝国主義的性質〉をもった明瞭な〈帝国主義政策〉へ質的に変化し、最後に、「国際的帝国主義における〈決定的な帝国主義的権力要素〉となるための闘争を開始する。」なお残る「外国からの障害と制限・植民地の欠如・攻撃的性質を有する武力の欠如」などの弱点はすべて〈ただ帝国主義的権力要素としてドイツの重要さに関係するにすぎぬものである。〉
(4)帝国主義的国内政策の復活——外交政策に対応して〈帝国主義的性質は特殊の攻撃的・反動的な国内政策のうちにみずからを完成しなくてはならない。〉
(5)新ドイツ帝国主義の特殊性——その経済的・政治的特徴は国際的には〈紛争を生みだし紛争を深刻化させる性質〉と、国内的には社会的紛争を激化させる性質をはらまざるをえない。

このように、上田氏は、ゾンデルの「帝国主義復活の全過程を、二条の規定、経済的復活と政治的復活の二重の過程として把握する方法」に依拠しつつ、「帝国主義の土台の分析だけで一定の結論を下すのではなく、帝国主義の政治的標識による上部構造の分析によってその結論」を補わなければならないとする。政治的標識の強調がこうして登場するのである。では、帝国主義の政治的上部構造の特徴、いわば「帝国主義の政治的標識」とは何か。ここで氏はレーニンに帰り、政治的標識を再構成する。

(1)帝国主義的な官僚＝軍事機構の完成。

(2)世界の経済的分割と政治的分割をめざす反動的帝国主義的対外政策。

(3)国内政策における民主主義の系統的破壊とプロレタリアートにたいする弾圧の強化。そのほかにも副次的なものを二つあげているが、「右にあげた三つが、現在でもそのまま適用することのできる、最も根本的な帝国主義の政治的標識であって、そのうち一つでも全く欠如した帝国主義国はありえないであろう」とみなされる。

以上が上田氏の方法論の概略であるが、これにもとづいて、経済的基礎の復活、官僚＝軍事機構の復活、帝国主義的国際政策の復活、ファッショ的＝反動的国内体制の復活、の各項目について西ドイツと日本とが比較検討される。その結果、日本帝国主義の復活にかんし、一九五九年の時点で下された結論はこうである――「以上のきわめて大ざっぱな比較からも、日本帝国主義が、急速に復活過程をばく進しているとはいえ完全な帝国主義国としての復活を完了したということはできず、依然として〈潜在的帝国主義〉であり、とくにその経済的復活と政治的復活との間には鋭い不均等と奇型性が生まれており、とくに政治的・軍事的復活は西ドイツより一―二段階おくれているということを結論することができる。」〔註13〕

ながながとその方法論を紹介したところからも明らかなように、上田氏の弱点は、もとより第一に、ここではゾンデルの方法を無批判に受けいれ、それに従属していることにあるのであるが、かりにそれを措くとして、第二に、上田氏自身の方法の脈絡に重要な矛盾が指摘できる。復活した帝国主義になお残る「外国からの障害と制限・植民地の欠如・攻撃的性質を有する武力の欠如」などの弱点はすべて〈ただ帝国主義的権力要素としてのドイツの重要さに関係するにすぎぬもの〉と寛容にみながら、転じて、帝国主義の根本的な三つの古典的政治的標識のうち「一つでも全く欠如した帝国主義国はありえない」と断じている点がそれである。〔**註14**〕この矛盾はまた、「帝国主義へむかって復活」しつつあるか（質的転化以前）、それともすでに「帝国主義として復活」しつつあるか（質的転化後の量的発展）という動的な視角を喪失して、いきなり完成型の帝国主義モデルを設定し、「完全な」「終局的」な帝国主義としての復活を完了していないから、依然として「潜在的帝国主義」であるとする機械論に陥っていることと対応するものである（佐藤氏が指摘しているように、経済的基礎における不完全さ以上に政治的標識における不完全さを復活の否定的評価基準として重視しているのは、確かに非論理的であろう。）

欠陥の第三点は、上部構造的要素の完全性に拘泥しすぎるという点を覗いてみれば、経済的基礎のとらえ方は、結局、佐藤、小野、杉田氏らと何ら変わるところがないことである。ここでも三氏とまったく同様に、ゾンテルの「決定的な点は独占への推移ということである」という規定のトリコとなっている。（もっとも、ゾンテルの方法が二元論であり、政治的徴標を復活規定の必須条件としていると理解する点では、上田氏の方が正確であろう。しかし、上田氏はゾンテルにおける不完全性の容認を完全性の要求にまで高めたし、また概して何よりもゾンテルの方法をあまりにも無批判にウノミしている。）

ゾンテル自身は、実際の分析では、五つの経済的標識のうち、単に一国社会内における独占の支配だけでなく、ドイツ独占体の積極的な国際独占体への参加、資本輸出の再開の事実をはっきり認めているのであるが、植民地をもたない（植民地を領有しない植民地主義は世界帝国主義の死滅過程では、むしろ一般化しつつある）という奇型性を説明する方法の貧しさのために、一挙に本質規定にかえって〝本源的な規定性さえあれば〟と解されるような論証に陥っているのである。ゾンテルのこの単純化は、こんどはかえって、量的な差異こそあれ本源的な規定性が現存していたはずの一九一九年─二三年の段階規定を至極あいまいなものにしてしまうという結果になるのである。〔註15〕

もとよりゾンテルの立論や発想には、きわめて貴重なものが認められることは否定しない。彼が帝国主義復活を立証するにさきだって、たとえば冒頭の一九一九─二三年と一九二五─二七年とを区別する諸徴標について一国的個別的状況の世界的な意味把握に意をはらっている箇所にみられるように、あるいはまた帝国主義の対外政策的側面を重視し、その〝世界帝国主義における権力要素としての重要性〟という概念を導入した点にみられるように、そこには一国社会内的・経済的帝国主義規定から脱け出て、世界体制との関連性において、ないしは世界体制への権力的参加を重視して、帝国主義復活現象を考えようとした積極的志向がうかがい知れるのである。しかしなによりも、帝国主義を「世界体制」概念としてとらえる基本的観念が明確に成りたちえなかったために、世界における「帝国主義的権力要素」としての把握が政策的把握に偏する結果を生んでいるのである。

政策に現われた傾向とか性質とかを問題とせずとも、現に、資本輸出は再開され、国際独占体へは主導的に参加する傾向さえ明白に現れており、政治的には、一九二五年のロカルノ体制（内容的には、ドイツがすでに周囲、ことに東欧の新興民族諸国家にとって抑圧的存在として現出していること、および反ソ同盟の一主体となったことをみてとれる）参加、翌年の国際連盟加入と常任理事国への就任というれっきとした徴標があったのである。政策の検討は、帝国主義の復活の事実をむしろ側面から立証するものであろうし、ことに復活帝国主義のすぐれて特殊な諸性格を反帝国主義の主体の側からはっきり問題把握するうえで重要なものではあるだろう。

それでは、われわれは、帝国主義復活をどのように考えたらよいであろうか。一般的にいえば、二〇世紀の世界経済的・世界政治的な構造――資本の論理にもとづく国内社会と国際社会との重複構造化ならびに地域的連鎖の全世界的拡大――が帝国主義を世界史段階的必然たらしめた基盤なのであるが、この基盤の上になりたっている数個の（帝国主義小国を加えればいま少し多数の）帝国主義強国による世界の独占的分割支配の陣列からいったん脱落した資本主義国が、自己の内発主体性を再強化することによって、再び世界の経済的、政治的支配の権力体制へ参加して行く過程が帝国主義復活なのである。これを「復活」の個々のメルクマールは何か、という観点より照明すれば、経済的側面では、レーニンの掲げた五つの基本標識ないし独占の諸形態のすべて、さらにそれに基本的な政治的な政治的諸標識のすべてが検討されなければならない。そして、それらのすべてが例外なくそなわっていることが復活の必須条件だというのではなくて、その国がすでに世界の搾取と支配の体系における能動的主体に転化しているかどうかを、それらのメルクマールの総合的な検討によって明らかにすることこそ肝要なのである。しかし、敗戦によって一時的に非帝国主義化した独占資本主義国には、たとえ弱められたものではあっても帝国主義の物質的基礎は存続しているのが普通であるから、非帝国主義国から帝国主義国への再転化を客観的に立証させる具体的な標識が求められるのは、やはり避けがたい。

その場合、第一の具体的標識は、独占体の存在一般ではなく、とくに資本の対外的膨張を不可避とする資本の国内再蓄積、独占体の経済的主体性の再建がたしかめられることである。またそれに並行して、資本の対外膨張のテコとしての国家主権の再確立、政治的主体性の再強化が確認されることである。第二には、商品市場としての世界市場への主要な競争者としての再登場が明らかとなるにつれて、資本輸出の再開、国際独占体への参加結合、その他世界経済における支配主体としての再起を立証する徴標が具体的にみとめられねばならない。時期的には、それと並行して、世界政治における支配主体としての再起を立証する徴標として、国際的な政治機構、政治同盟への参加(場合によっては軍事同盟への参加)が、日程として進行していくさまが実証されねばならない。

これら第一、第二の標識によって画されうる時期的転換は、圧縮された短期間、もしくはエポック・メイキングなものとしてではなく、数年のはばをもって立ち現われてくるのが普通であると思われる。その特徴としては、転換の初期には、換言すれば帝国主義復活の初期には、その世界支配への参加がどちらかといえば非軍事的・経済的形態をとるということであろう。もちろんそのことは、その国のもつ国内的な資本蓄積の力量、階級闘争の推移に示される独占資本の国内政治支配力、外的には、インタナショナルな反帝勢力との力関係および帝国主義間の相互関係等の具体的内容によって規制され、結果するものと考えられる。

こうした復活の初期段階につづいて、よりいっそうの完成段階が現われる。経済的側面では敗戦国としての遺制をつぎつぎととり払って行く過程、世界的に帝国主義的支配と収奪の土台を拡張して行く過程であるが、それは自己の独占的「勢力圏」の再興を要求するようになるのが過去の合法則性であった。(第一次大戦後ではナチス・ドイツの侵略に発展する政策であるが、第二次大戦後では、この法則の貫徹は現実には阻害され、集団的植民地主義の同盟の内部で競争・対立の法則がつらぬかれている。)この世界の政治的＝地域的再分割要求の台頭と一致して、軍事的機構・侵略的手段の再拡張、その攻撃的侵略的性格の露呈がすすむ。国内的に反動体制は強化され、世界反革命の拠点としての相貌をあらわにしてくる。この復活の初期段階からいっそうの完成段階への過程は、それぞれの具体的発展に応じてまたいくつかの小段階に分けられるであろう。

このように、帝国主義復活の過程は、(1)経済的過程と政治的過程との分離においてではなく、前者を基本とする統一においてみること、(2)金融資本の主体性にもとづく(抑圧民族としての)世界支配(金融的支配、政治的支配、軍事的支配）への再進出としてみること、⑶段階的発展性においてとらえ、第一、第二の具体的標識は、非帝国主義国から帝国主義への質的転換期を形成する一時期の内容を同時的にみたすものとしてみること、が重要であると考えられる。〔註16〕復活帝国主義の特殊に困難な内外情勢からして、その国の帝国主義としての下部構造、上部構造が不均等に発展し、そのおのおのが奇型性や跛行性を内包することは避けられないが、法則性の示すところは照応関係の貫徹であり、それが現実に阻害されるところに、帝国主義の、また世界帝国主義の腐朽性、衰滅性がいっそうあらわになるのである。

ゾンテルが重要視した「政策」研究は、前述したとおり、きわめて重要ではあるがあくまで機能的側面の検証として重きをなすものと考えるべきであろう。またいうまでもないことであるが、第二次大戦後の現段階――後期帝国主義時代――の特性として、帝国主義の一般法則、ならびに帝国主義復活の一般法則の貫徹が、歴史的に資本主義の胎内から発生し資本主義に対立するようになった一連の諸要因による制限をいっそうきびしく受けるようになっている点を、具体的分析の際に決して見落とすべきではない。その意味では、帝国主義復活研究の一般的方法からさらに一歩すすんで、後期帝国主義条件下における帝国主義復活研究の方法が理論的に整備されなければならない。国家独占資本主義の諸契機も、当然この問題に包含されるべき最も重要なものである。

むすび

ここでのもともと限定的な問題の枠に関連して、まだ重要な論点が残されている。そのいくつかを総合的に検討することによって、この論考の結論がもっとはっきりするであろう。帝国主義復活と自立・従属問題、帝国主義復活と不均等発展法則、潜在的帝国主義の各問題に触れつつ、「復活」概念をさらに具体化するることができよう。

第一の問題であるが、これにかんしては、一九五六年以降の政治論争の一つの不幸は、独占資本主義国としての日本の対米関係――国家的な自立・従属関係の検証が、直接的に日本の帝国主義国としての復活の完・未完を結論づけるものとして取り扱われた点にあった。間もなく中途で、ある程度この不幸は自覚されたが、この錯誤が論争にあたえた悪いしこりははたして払拭されているといえるであろうか。結論的にいえば、敗戦国に加えられた国際強制の遺制はかなり後まで尾をひくものであり、この従属性は、その国の資本主義が戦勝資本主義の影響下にいったん組みこまれたことによって補強されるのである。しかし、高度な資本蓄積能力、技術的水準、その他の産業的基礎をそなえている「敗戦帝国主義」の特性を考慮するとき、この従属を低開発国の場合のように固定的・永続的に考えることはもとより正しくない。

レーニンは、レーテ崩壊後のドイツで独占の支配が再建されていく情勢をみて、一九二〇年には、はやくも戦勝国とドイツとの矛盾を一種の帝国主義間矛盾として利用する方向を長期的展望の下にうちだしているのであるが、「敗戦帝国主義国」の帝国主義としての復活可能性をむしろきわめて確実性のあるものとして重視しなければならないという点に、実は、運動主体にとってつとに復活論の重要性がひそんでいるのである。現実には、根づよい、一定の従属関係を保存しながら、ワイマール・ドイツも西ドイツも復活したのであり、日本もその範にもれるものではない。しかも、これらの歴史的経験に共通な点は、あたかもワイマール・ドイツがアメリカの資本導入によって、一時「ますます」金融的従属をふかめることによって、復興をとげたように、戦勝諸国（とくに米国）への金融的依存を復活のテコに利用していることであろう。第二次大戦後の場合には、これに加えて、「集団安全保障」方式による軍事負担の補充、植民地主義的進出における集団的「協力」までが一般現象化している。

対米従属と帝国主義復活は一概に対立概念ではなく、むしろ一定の条件内で相補う関係にさえあるのであり、現在の日本は、対米関係でも、帝国主義の世界支配体系内でも、漸次自立性を高めつつある従属的帝国主義国であると規定できる。この従属的帝国主義国は、一九五一―五六年にかけて復活の初期段階を経過したと考える。西ドイツの場合は一九四八―五〇年を過渡期とする一九五一―五五年の時期にこの初期段階を通過したとみてよいであろう。両国の帝国主義的「復活」と「自立化」のテンポと形態はともに異なるが、その相違のもっとも規定的な根本要因は、経済的基盤の強弱である。しかし、もとより、政治的、国際的諸要因が強く作用していて、一義的な比較は単純にすぎるであろう。

第二に、帝国主義復活と不均等発展法則の問題に触れておきたい。わが国の帝国主義的復活を否定する見解が対米従属性の強調と固く結びついていて論争のみのりを割引きした責任は大きいが、またその一半の責任は、「復活」論者の多くが同時に「自立」論者であり、資本主義の国際的不均等発展性にもとづく帝国主義間矛盾の作用で説明する自立論を復活論の基礎にすえていたことにもある。

たとえば勝部 元氏はこう述べている。「ところで一時〈植民地的従属〉下にあったドイツを再び〈帝国主義強国〉として自立させたものはなんであったか。」「資本主義の絶対的法則である発展不均等法則、それにもとづく帝国主義対立がそれである。」〔註17〕資本主義の不均等発展法則下にあっては、戦勝国帝国主義間の統一戦線は長期にわたっては不可能であり、帝国主義諸国の対立をぬって、また両体制間の対立をぬって、「植民地ドイツ」は「帝国主義ドイツ」として復活する。――勝部氏のかような見解は、さらに補強され、「独占資本主義が独占資本主義である以上、〈深部の力〉として、帝国主義対立の法則は第一義的絶対的なものとして貫かれていく。私は、米ソ対立を主要なものとし、帝国主義対立を永久に副次的なものとする見解、あるいは強大な敵対的社会主義世界体制に直面して、資本主義諸国間には、対米同盟（または従属）関係が絶対的な、主要な側面となり、もはや主要な側面としての対立（または自立）はおこらない、という「見解には与することはできない」とまで極論される。〔註18〕

この見解の欠点は、第一に、ドイツ帝国主義を復活させた内的要因と外的条件との関係が必ずしも明晰に語られないことである。ドイツを帝国主義として復活させた根本的要因は、ドイツ資本主義の高い資本蓄積能力である。そして、ドイツ資本主義の再生過程じたいが、資本主義世界の内的な不均等発展過程の主要な局面を形成しているのであり、しかも、そのドイツ資本主義は同時に、資本主義全体の不均等発展過程を客観的に利用できるわけである。〔註19〕欠点の第二は、この資本主義世界内の不均等発展過程におよぼす両体制間矛盾の影響が正しくつかまれていないようにみえることである。現代において両体制間矛盾が主要な矛盾になり、帝国主義間矛盾が副次的な矛盾になったというのは、勝部氏がとらえているように偶然的、一時的意味においてではないであろう。十月革命以来、両体制間矛盾が基本矛盾であっても主要矛盾になりえなかった理由は、この両体制間矛盾の主要な側面が旧世界の側にあったからであった。だから資本主義世界内の帝国主義間矛盾が時代の性格を決定する主要な矛盾たりえたのであり、また帝国主義間戦争が不可避であったのもこの理由による。だが、戦後約一〇年の対峙段階を経て、情勢は大きく変わった。主要側面は社会主義と解放勢力の側に転化した。このことによって、両体制間矛盾は現代世界の性格を決定する主要矛盾となった。主要矛盾の副次的側面をなす資本主義世界は、その内部の帝国主義間矛盾を主要矛盾にまで高めることはできない。〔註20〕相互の対立・抗争が戦争にまで突入するとすれば、それはかえって資本主義全体の衰滅をはやめるだけである。帝国主義間の世界再分割のための戦争は、不可避ではなくなった。社会主義の勢力は増大し、民族独立運動の勢力配置も変化し、各国内の民主勢力の影響力も大きく前進した。帝国主義の対社会主義戦争も、民族抑圧戦争も、抑止し、制限することがいちじるしく可能になったのである。勝部氏は、この論理を正しく表現されていないようである。帝国主義間対立が今後も波立ちを生ずることは当然あるとしても、それがながく世界の主要矛盾になることは、もはやありそうにも思えない。しかしだからといって、対米従属同盟が絶対的であるわけでもなければ、不均等発展、則、同盟の破産でもない。日米の不均等発展は進行し、対立要因も拡大するであろうが、後期帝国主義の危機的状況の中で、両者の同盟は改定され、再組織され、その内部で日本帝国主義の自立性がたかまっていくであろう。たえまない帝国主義間の競争、対立は、最終的な日米決裂（戦争）まで発展せずとも、資本主義体制を全体として弱めていく条件となるであろう。

つぎに、第三の問題、「潜在的帝国主義」についてであるが、これを独占資本主義の生産関係は存在するが、世界支配の主体たりえていない国という意味に理解したい。だがそれだけではなお抽象的であろう。潜在的帝国主義と称しても一様ではなく、各種、各段階がありうる。レーテ・ドイツ（一九一八―一九年）、分割占領下のドイツ（一九四五―四九年）、初期ワイマール共和国（一九一九―二三年）、占領下日本（一九四五―五一年）は、それぞれ態様の異なった「潜在的帝国主義」性をもっている。しかし、それらはいずれも実現された帝国主義ではない。一九二一年、コミンテルン第三回大会の「戦術にかんするテーゼ」は、「もし党がドイツ政府に対する力強いかつ容赦なき闘争によって、党は破産したドイツ帝国主義を救おうとしているのではなくてドイツ帝国主義の廃墟の掃除をしているのだということを実証するなら、その時こそ統一ドイツ共産党はフランス・プロレタリア大衆のうちにフランス帝国主義と戦おうとする意志を強めることができるだろう」（傍点筆者）〔**註21**〕と述べているし、またレーニンは、一九二〇年に書いた『左翼小児病』のなかで、ドイツの独立社会民主党員が、シャイデマン一派がまだ政府にすわっていたとき、ヴェルサイユ講和の署名を拒否してソヴェト・ハンガリー、ウィーンのソヴェト革命と同盟を結ぶよう要求しなかったのは正しくなかった、と述べている。そのことは、社会民主党多数派（右派）に指導権をにぎられたレーテ政府であっても、なお、とくに、それが労働者評議会（レーテ）を母体としているかぎりは、帝国主義国政府とみなしていなかったことを示していよう。そうでなければ、「帝国主義国」の政府にソヴェト革命との階級的同盟を要求するということになるであろう。

〔**註1**〕高内俊一『現代日本資本主義論争』三一書房、一九六一年、二二九—二三〇頁。
〔**註2**〕佐藤 昇『現代帝国主義と構造改革』青木書店、一九六一年、所収。
〔**註3**〕レーニン「資本主義の最高の段階としての帝国主義」、堀江邑一訳『帝国主義論』国民文庫、青木書店、一九五二年、所収。以下特に註符号をつけないレーニンからの引用はすべてこれによる。
〔**註4**〕レーニン「帝国主義論ノート」、『レーニン全集』、大月書店、第三九巻、五七五頁。
〔**註5**〕資本主義の独占的段階に先行する、そして資本主義の発展と関連する帝国主義「現象」として、重商主義的帝国主義と自由主義的帝国主義をあげることができよう。第二章の〔**註4**〕を参照されたい。
〔**註6**〕レーニン「帝国主義と社会主義の分裂」、堀江邑一訳『帝国主義論』国民文庫、所収。
〔**註7**〕レーニン「帝国主義論ノート」、前掲書、五七五頁。
〔**註8**〕R.P.Dutt,World Politics 1918—1936 and the Main Line upto mid 1960,Adhar Prakashan,India 1961,p.32.
〔**註9**〕「国際社会」が国ぐにの間（between nations）の関係領域を伝統的に意味するのに対し、「世界」は国際社会と国内社会とを包摂する全体社会を意味する。一九世紀後半、世界経済の環が完結し、その後資本の網の目が濃密化するにつれて、国際社会はその外延をグローバルなものにする一方、構造的

に国内社会との重複化（overlap）をとげてゆく。イギリスの世界独占から複数強国による世界独占への推移（資本主義の帝国主義化）は、かかる世界経済的基盤の上に完了する。

〔註10〕たとえば、杉田正夫「帝国主義復活論の検討」（『現代帝国主義の構造』青木書店、一九六〇年に所収）。小野義彦「安保改定の政治と経済」（『世界』岩波書店、一〇五九年一〇月号に所収）。

〔註11〕帝国主義論を論じるときには国家論が見失われ、国家論を論じるときには帝国主義論が見失われるのが普通である。生産関係の総括者としての「国家」と資本の対外活動の槓杆《こうかん》としての「国家」とが、統一的に把握されなければ、帝国主義と国家との接合点は霧に閉ざされるであろう。そのように考えれば、「主権」回復の意味するところはきわめて重要である。にもかかわらず、この点は「自立論」でも過小評価された。

〔註12〕上田耕一郎「日・独帝国主義復活の現時点」、『現代の理論』大月書店、一九五九年六月号。〈　〉内の引用はゾンテルの言葉。

〔註13〕上田氏は、一九六一年には、「日米会談と〝帝国主義的従属国〟」（『季刊日本経済分析』至誠堂、一九六一—Ⅲ）において、日本を、「他民族にたいする帝国主義支配者でありながら、同時に国家型としては従属国であるという新しい従属国家のタイプ」であると規定し、これを「帝国主義的従属国家」と名づけたいとした。それはあくまで、帝国主義的支配の主体性よりも対米従属を国家形態としてまで、第一義的に重視する発想であって、戦略的には民族解放を主要課題とする傾きをもつであろう。しかし、上田氏が従属国の徴標としてあげる一例、「日本が主権国家の当然の資格である交戦権を、事実上アメリカ帝国主義によって完全ににぎられていること」についてみるならば、西ドイツもまた日本を越えるものではない。日本と西ドイツの比較において質的な落差をみるのは決して正確ではない。そもそも、「自立した帝国主義国家」か「政治的従属国」かという問題の立て方に、単純さと硬直性があるといわねばならない。自国を「従属的帝国主義国」と規定するとき、「反独占」は戦略的主

要課題となり、それを主要な環として、対米従属的同盟の打破、帝国主義的アジア支配体制の打破という諸課題を包摂する戦略体系がなりたつであろう。帝国主義支配の世界体系とそのなかにおける日本帝国主義の能動的主体性を考えれば、「反独占」課題は本質において「反帝」課題なのである。「帝国主義的従属国」という規定では、「反帝」は民族的課題に、「反独占」は国民的課題に、矮小化されざるをえない。

〔註14〕「国際的な段階規定」と「一国帝国主義の発展過程」という二条のシェーマを上田氏は設定しているが、両者を統一的関連で捉える視点が弱いために、たとえば、一国的には「帝国主義的な官僚・軍事機構の完成」を不可欠条件として要求しながら、「攻撃的性質を有する武力の欠如」は〈ただ帝国主義的権力要素としての重要さに関係するにすぎぬもの〉とみなされるようなことになる。もちろん、完成された官僚・軍事機構が攻撃的性質を有する武力ではないはずはないのである。また他面、帝国主義の上部構造的要素を、古典的に、超国家主義型に似せて狭く、しかも絶体条件化することによって、現代帝国主義の諸条件下で、個別帝国主義が、その政治的・経済的・軍事的独占の脆弱性を同盟関係で代位補完しあうことの構造を捉える方法的視力を弱め、従属性一般でその階級同盟的構造を塗りつぶす傾向を強めている。

〔註15〕ゾンテルについては、不破倫三訳『新帝国主義論』叢文閣、一九二九年によった。一九二六年出版のゾンテルのこの著作については、その重要性にもかかわらず種々の難点が指摘できる。帝国主義の一般概念も厳密に読めばレーニンとは表現が異なっている。ゾンテル（ゾルゲ）『新帝国主義論』の理論史的位置づけについては第五章にある程度ふれた。

〔註16〕したがって、複合的な矛盾構造の内部で主要なものが入れかわり、戦略配置にも変化が生じる。日本の場合、汎アジア的にみれば、支配側にとっても変革側にとっても、その戦略的位置づけは客観的に変化するのである。したがって、世界帝国主義の体系内で抑圧主体に転化したということがもっとも重要視されなければ、変革の国際的連環は正しくなりたちえない。自国の支配階級に対す

る「反独占」の課題の遂行が、日本帝国主義をも含む世界帝国主義に対する「反帝」闘争の主要な環となるという理由である。

〔註17〕勝部 元『現代世界政治の構造』青木書店、一九六一年、五五頁。

〔註18〕同書、二〇頁。同盟・対立の関係と従属・自立の関係とは決して論理的に同一でないことに留意すべきであろう。

〔註19〕勝部氏は「帝国主義対立の評価について」、桃山学院大学国際関係研究室『国際関係研究』第一〇号（一九六七年一月）のなかで、次のように註記し、反論された。「松隈氏の指摘するとおり、これは外因―外的契機であり、ドイツ独占資本主義の急速な発展という内因を前提としての話である。わたくしは内因を自明の前提として論旨を展開したのであって、無視しているわけではけっしてない。」（この註は一九七二年に加筆したものである。）

〔註20〕社会主義内部の対立が常態となり、社会主義国間の戦争さえも予見される今日では、両体制間矛盾という概念じたいが疑わしいとみる向きもあるようであるが、両体制ともそれぞれ内部矛盾を抱えてはいても、なお現在、世界史の第一義的な決定要因が資本主義対社会主義の体制間矛盾であることは否定できない。しかし、資本主義内部の矛盾に加えて、社会主義内部の矛盾が、世界史の決定要因の一つとして台頭しつつあることは現実のようで、これが、第三世界の動向とも関連して、両体制間の矛盾に重大な影響を及ぼすのであろう。将来、社会主義間の矛盾が世界史の内容を第一義的に決定する時代も、当然予想されるところである。

〔註21〕J.Degras,The Communist International 1919-1943:Documents,Vol.I,1919-1922.London 1956,p.255.荒畑寒村訳、論争社、二三三―二三四頁。ここでは荒畑氏の訳を借りたが、原文では次のようになっている。"it is not trying to save bankrupt German imperialism but to clear the ground of the ruins of German imperialism……".

（一九六三年一月二〇日稿）

第四章　帝国主義復活と勢力圏の問題

（一九六六年）

序

現代の内容は非常に深く、かつ複雑で、固定化した観念、教条化した理論ではかげろうのようにとらえがたい。現実のダイナミズムのなかから、法則性の生き生きとした躍動を大胆につかみとることをわれわれに要求している。この論稿における主題は二つある。一つは、帝国主義復活の歴史的内容を、従来は多く経済的過程としてとらえられがちであったのを、いわば政治史的方法とでもいうべきであろうか、経済と政治の統一的な歴史的過程として素描することである。方法論上の純理論的考察は、すでにその一半を発表したこともあり、〔註1〕ここで詳論することはしない。さして複雑なことではないが、かつて筆者がアプローチについて提起した問題は、帝国主義復活の全体像を一国社会的な閉鎖的視野で、あるいはまた純経済的概念のみで律することは、究極において現実を量的発展の過程に還元することになるのではないか、帝国主義復活とはすぐれて国際的でかつ政治的な事象でもあるのではないのか、ということにほかならなかった。

もう一つの論点は、帝国主義復活のよりいっそうの完成段階では、その対外的膨張の結果、世界再分割の要求――勢力圏をめぐる闘争が問題化してくるのが合法則的であるが、その問題の今日的な現われかたを試論的に追究することである。

一 西ドイツ帝国主義の復活

(一)

帝国主義とは「地上人口の圧倒的大多数にたいする、一握りの〝先進〟諸国による植民地抑圧と金融的絞殺とのための、一つの世界体制」である。この「世界体制」という観点よりすれば、帝国主義復活とは、諸強国による世界支配の陣列から、いったん敗北し脱落した資本主義国が、その独占支配の物質的基礎をまず一国社会的に再強化し、それに伴って再び世界の経済的搾取、政治的支配の体制へ能動的主体的構成要素として復帰して行くことにほかならない。その場合、元来、資本主義の一国社会内における発展が、つねに対外的な展開と不可分のもの、後者は前者の不可欠の条件であったことが想起されなければならない。

そのような復活の過程は、もとより純経済的に説明できるものでもなく、また、一国社会的カテゴリーだけで叙述できるものでもない。たとえば、国内政治反動が、自己の権力の物質的基礎を民主主義化ないし社会主義化の攻勢から防禦し、反革命が勝利することじたい、国際反動への自己接合なくしては不可能だったことは、第一次大戦後のドイツ帝国主義復活の経験も教えるところである。国内の制圧に成功した反動勢力は、帝国主義の世界支配クラブに再び入会することになる。経済的過程は、かかる政治的過程を物質的に基礎づけつつ、かつ政治によって自己を領導し強化する。資本の海外支配への進出は、政治によって指導され、また政治的支配を輸出する。しかして経済における量的変化は、その量的累積を政治においてもっとも端的に質的に表現するであろう。帝国主義復活とはこのように経済と政治の統一的な発展過程なのである。

そのような方法上の見かたに立って、西ドイツ戦後史をつぎの四時期に区分することを試みたい。第一期

（一九四五―四九年）、第二期（四九―五五年）、第三期（五六―六一年）、第四期（六一年以降。）〔註2〕

第一期は、四五年五月の降伏から四六年九月までの前期と、同年末より四九年九月に至る後期とに分けられる。前期は、国際反ファシズム戦線がまだ崩壊しきっていず、それと結合したドイツ国内の民主主義勢力が帝国主義の物質的基礎を根底から一掃しようと攻撃するのにたいし、資本側が譲歩と屈服をよぎなくされつつも懸命に防衛につとめた時期である。後期は、国際反ファシズム戦線が崩壊し、それにしたがってドイツ国内の民主統一戦線も分裂が避けられず、ドイツ資本は西側占領権力の公然たる支援のもとに帝国主義復活への準備に力を注ぎはじめる。すなわち第一期を総じてドイツ資本の自己防衛と復活準備の時期と規定できるであろう。

第二期は西ドイツ帝国主義の「復活期」にあたる。二つの態勢への世界の決定的分裂と闘争（冷戦）は、西ドイツ資本が、内面的充実を資本の高い蓄積と集中においてとげつつ、貿易構造の再建、資本輸出、国際独占体への結合など対外経済膨張にのりだし、また再軍備――ＮＡＴＯ加盟に示されたごとく軍事同盟への主体的参加をとげた時期である。世界支配体系における能動的主体として復権の一歩を踏みだしたのである。まず、これら二つの時期について述べよう。

㈡

西ドイツの帝国主義復活への道はぬかるみのなかにはじまった。対ファシズムの戦争に民主主義的正義の名分をあたえた国際的諸力、諸志向は、戦争末期以来、しだいに弛緩しつつあったけれども、なお対独処理決定の内容をドイツ資本にとって非常に苛酷なものにした。ポツダム協定によれば、全土は四占領地区に分割され、最高統治権力は四占領軍の最高司令官によりなる連合国管理員会に委ねられた。政治面では徹底した非軍事化、非ナチ化の他に、財政・運輸・交通・貿易・工業の各分野に行政部をおくのみで当分はいかなる中央政府も樹立されないこと、経済面では、戦争潜在力の除去、経済力の過度集中の排除、農業と国内平和産業の第一重視、生産力はドイツ国民の生活水準が隣接連合諸国民の平均水準をこえない範囲に抑えられるべきこと、などが決定された。賠償支払いも定められた。

四占領国の協定や指令、あるいはこの時期における占領軍施政の大筋を調べるかぎり、ドイツ帝国主義は瓦解し、世界支配の主体から客体に転落したことはまちがいない。ソ連は、ポツダム協定の内容を徹底させて民主化を政治と経済の全面に推進し、ドイツ国民の民主主義的結集を助け〔**註3**〕、その政治勢力を媒介にドイツ帝国主義の物質的基礎の粉砕をめざした。西側占領諸国は、政治的経済的に民主化、分権化を実行したが、ドイツ資本の基本的な所有関係に手をつけようとはしなかった。民主化とは、ナチの政治勢力を権力要素から排除し、アングロ＝アメリカン民主主義を移植することにとどまり、独占の「解体」といっても、小規模化して競争力を弱め、戦勝国独占の支配的影響力を扶植《ふしょく》することに関心が強かった。概してこのように、占領初期は、J・クチンスキーが植民地化の時期と規定し、〔**註4**〕あるいはカルロ・メッテリが重商主義の再来とよんだような、〔**註5**〕ドイツ資本にとってはもっとも恵まれない状況にあったのである。

したがって、この時期におけるドイツ独占の復活をめざす諸闘争は、ポツダム協定の完全実施（たとえばドイツ共産党KPDの一〇項目要求）〔**註6**〕を民主主義的政治勢力の結集によってかちとろうとする動向と、ある面では労働者の要求に譲歩しながら他面では西側占領軍の暗黙の支援（たとえば社会化の禁止、〔**註7**〕ドイツ社会主義統一党SEDの禁圧等）〔**註8**〕を背景にする資本主義防衛の動向との相剋として現われざるをえなかったが、同時にまた、占領権力ないし占領国独占との妥協、調整、抵抗を通じてドイツ資本の地歩を擁護し、一日もすみやかに回復を実現しようとする懸命の努力も行なわれたのであった。

内政面からみて、西ドイツ地域内における資本主義の安泰、帝国主義の物質的基礎の保全がまっとうされたのは、決定的には西側占領国の力によるものであったといってよい。しかしさらにドイツ資本が国際的な諸強制を突破して帝国主義復活への途を打開するには、西側世界とドイツ資本とを一体の立場に立たせる国際的諸契機が必要であった。そのような直接の契機は、第一に、東欧、バルカンの情勢が米国の反ソ姿勢を決定的にしたこと、第二に、それに刺激されて急がれるようになった西欧の経済復興、軍事力強化（総じて帝国主義支配体制の再編成）にとって西ドイツはかなめの重要性をもつものであったこと、によってもたらされた。この新情勢はドイツ資本に前進の機会を与えた。米ソ協調を根幹とするローズヴェルトの戦後構想がドイツ帝国主義の復活に途を閉ざすことを眼目としていたとするならば、四六年九月のバーンズ演説は、〔註9〕ローズヴェルトが最終的に死んだことを宣言したにひとしかった。

㈢

一九四六年九月、米国務長官バーンズのシュットガルト演説は、ドイツの工業水準の引き上げ、西側占領地区の経済的統合、ドイツ国民にたいする国内主権の付与、を要点としていた。その後の占領政策および国際諸決定は、対ソ関係の分裂を前提とし、この演説の基本内容を漸次実現していったのである。四七年は、トルーマン・ドクトリン、マーシャル・プラン発表などにみられるように、冷戦の公然化を画した年であった。第二次大戦の成果を可能なかぎり刈りとろうとする社会主義の論理と、ナチス・ドイツ侵略前の原状回復を最大限要求とする資本の論理との衝突を意味した冷戦が、選択的であったとは考えがたい。この国際過程に対して、同年初め米・英両占領地区の経済統合が実現された。これに応じてソ連占領地区の工場賠償撤去の中止が決定されたことにもうかがわれるように、西側決定はドイツの本格的な東西国家分裂への第一歩であった。ついで五月、統合地区の経済自治権をドイツ人に委ねるため「ドイツ経済委員会」が設立されたが、これは西ドイツ資本へ経済自主権を委譲してゆく始点をなした。

四八年二―六月、西側諸国はロンドンで会議を開き、西ドイツ国家樹立の具体策、ルール地域の国際管理、ヨーロッパ復興計画（ＥＲＰ）への西ドイツの参加、など新しい対独基本政策を決定した。四月に開始されたマーシャル・プランの援助は、明瞭に西ドイツ工業の再建を目的としていた。この援助の影響下に通貨改革、資産再評価といった独占救済策が断行され、政治面では、基本法草案の作成に着手、四九年四月には西側三国占領地区の統合協定が結ばれ、翌年には基本法（Grundgesetz für die Bundesrepublik Deutschland）が成立、〔註10〕九月には連邦国家が成立して高等弁務官府のもとに民政移管が行なわれた。〔註11〕かくして、もはや資本救済の域をこえ、経済面では独占体に多大の利益を保障して飛躍の下地をつくり、政治面では帝国主義復活への権力的手段を提供したのであった。

潜在的な資本蓄積能力を解き放つことが、西ドイツ資本の支配力の回復、帝国主義的復活の基本前提であったが、それには四つの大きな制約がよこたわっていた。第一は西ドイツ内における階級闘争であり、一時はドイツ共産党ならずとも広範な層が反独占、社会化への要求を支持した。第二は国際的制約であり、社会主義と民主主義の国際圧力はポツダム協定の完全実施要求に集約された。第三は国家権力の喪失であり、国家独占的復活手段の欠如であった。第四は、戦勝帝国主義の敗戦帝国主義にたいする圧迫、制限であった。

国際反ファシズム統一戦線の名残りが継続していた間は、諸制約はまだ有効であった。しかしそれらのうち、まず第一の制約は、国際反ファシズム統一戦線が国際的、国内的に分裂していくなかで解体され、西ドイツ資本にとって決定的な危険と化すことが回避された。ついで第四の制約は、両体制間矛盾が冷戦時代をひらくにつれて緩和されざるをえなかった。この第四要因の緩和は、その対極としての第二の制約と衝突し、強力にこれを排除する力となった。そしていまや、第四の要因との微妙な関連を保ちながら第三の制約が解かれはじめたのであった。

占領体制下では、独占体の救済と復活の基礎づくりにおいて果たすべき国家の役割を、いわば占領権力が代位して行なったといえる。だが、全般的危機第二段階における帝国主義的世界支配の再編成は、資本のナショナリティを基盤に金融寡頭支配を再編して国際的に復権をとげた西ドイツ(および日本)を、欠くべからざる能動的要素として要求したのであった。

㈣

第二期は、西ドイツ帝国主義のいわゆる「復活期」にあたる。経済的復活については今までに多くの研究がなされてきたので詳述するまでもないが、第一次大戦後の「シャハトの奇蹟」に匹敵する「エアハルトの奇蹟」が達成された。「第二の奇蹟」と称されたゆえんであるが、そのめざましい復興の主たる要因として指摘されているのは、つぎの諸事象である。

(1)マーシャル・プランの援助が工業の復興にすぐれた貢献をした。その見返り資金はまた通貨・財政の安定、公私企業育成の財政投融資に活用された。「復活期」の初期においてそれが輸出力育成のためになした貢献は特筆されてよい。

(2)朝鮮戦争による世界的好景気は戦後西ドイツに初めて訪れたブームであった。一九五〇年にはやくも工業生産は戦前を凌駕した。

(3)五三年から五五年末にかけて本格的な投資ブームがおこった。ドイツの東西分裂がもたらした産業構造の不均等、技術革命の生産過程への適用による産業構造の変化、西ドイツの産業構造に適応した世界貿易構造の発展、などが大規模な新規投資、追加投資を生んだ原因だった。

(4)五一年以降、輸出はたえず増加し、しかも顕著な出超を記録した。輸出額は五二年にはフランスを追いぬいた。五五年以降はアジア、アフリカ、中南米の低開発国市場へ精力的に進出しはじめた。出超の持続による金・外貨準備の増加は、西ドイツを西欧における最大の償権国の地位へおしあげた。

(5)「復活期」のへき頭における西ドイツ独占の最大の獲得物は国家権力であった。国家独占の方法は多様であったが、とくに、輸出促進政策（輸出金融制度、取引高税免除、輸出手形の優先再割引等）、高度資本蓄積を支えた国家財政による投融資、企業の自己金融増大（高率特別償却による国家による保護、奨励）、国家によるクレジット（主として生産財生産部門を援助）等が注目される。〔註12〕

こうした経済的復興の到達点として、西ドイツの工業生産は、第二期の初頭にはやくもフランスを抜き（日本は西ドイツの第四期にあたる時期にフランスを抜いた）、さらにイギリスの地位に肉迫した。生産力がそのまま帝国主義的支配の序列を決定するとはいえないが、戦後期を通じて再び先進国間の不均等発展が激しく進行し、復活帝国主義諸国がその発展の主要局面を形成してきた事実は重要である。資本の集中も一段とすすみ、戦前の域をはるかに超えた。資本金一億マルク（ドイツ・マルク）以上の会社の保有する資本量が株式会社全資本にたいして占める比率は、戦前（三八年）の二五・八％にたいして五三年は三四・三％、五六年には四〇・九％に達した（六一年には五二・四％）。〔註13〕巨大独占体が、国家装置を存分に利用することによって、五〇年代前半には完全に回復し、寡頭支配を再確立したことは明白である。

資本輸出も五二年に再開された。初期には、国内投資に力が注がれたことや海外勢力圏がなく有利な投資市場に恵まれなかったことのために積極性を欠いたが、やがてしだいに増加し、五六年には民間投資総額で一〇億マルクをこえた。この頃までは先進国向け投資はまだ不活発で、ブラジル、カナダ、フランス連合、米国、スイス、アルゼンチン、オランダという順序で分散的であった。〔註14〕

また、国際独占体への参加も、戦前カルテルにみられなかった新形態で現われた。いわゆる「フランス・ドイツ両国の鉄鋼・石炭プール案」が五〇年五月に提唱され、イギリスの激しい反対をおしきって「ヨーロッパ石炭・鉄鋼共同体」（ＥＣＳＣ）が誕生した。それは小欧州六ヵ国の鉄鋼と石炭の「国際協調」システムであり、独占体間のカルテルを国家間協定、超国家的機関というニュー・ルックでつくりあげたものであったという点で、ＥＥＣの先駆をなしたものである。それは一面ではフランスの指導性にもとづき対独抑制の意図を含んで構築されたものであったが、西ドイツ独占にとっては西欧の独占クラブへの宥和的復帰であり、いっそう支配的な座にふたたび挑戦する当面の足がかりであった。それは当時においてすでに、世界の諸変革過程の圧力のもとで各国独占体間の「競争の一形態」として生みだされた超国際独占体であった。

第二期における経済的発展の諸達成について概略したが、もとよりそれらは社会発展のなかでの孤立的現象でもなければ帝国主義復活現象の全内容でもない。政治的な諸発展、国際政治過程と国内的諸力とのかかわりあい、あるいは軍事的要素というようなものをあわせて考えなければ、帝国主義復活を単なる量的な蓄積として叙述することにおわるだろう。それらを総合的に分析することによって、国際的規模における諸勢力の結合と相互闘争が、帝国主義発展の質的な諸契機を形成してゆくさまがみてとれるであろう。

㈤

西ドイツには四九年九月に連邦国家が成立したものの、その「独立」性は大きな制限をうけていた。高等弁務官事務所という目付が存続し、西ドイツ国家の権限は、占領条例(The Occupation Stratute)により、非武装化と非軍事化(これに関係した科学的研究の分野を含む)、産業にたいする禁止と制限、民間航空、ルール地域の管理、カルテル解体、集中排除、外交問題(ドイツが行なうかまたはドイツのために行なわれる国際協定を含む)、連合国軍隊の駐留、基本法と州憲法の改廃、外国貿易および外国為替の管理、等の九項目にわたり制限されたままであった。〔註15〕国家独立の条件は日本よりもはるかに厳しかったのである。その理由は、前掲の制約要因のうち第二・第四が冷戦時代への移行にもかかわらずなお有力に作用していたことである。それらはとくに、英・仏等の世論における対独警戒心およびフランス政府の対独安全保障要求の根づよさに集中的に現われた。

そのような主権制約は、まず四九年一一月のペータースベルク協定によって大幅に軽減された。それによって西ドイツは従来OEECに参加していた外に、さらに多くの国際機構に参加することが可能となった。ルール国際機構の正式メンバーとしての地位もこの時認められた。その他に、国外に領事、通商代表を派遣すること、商船建造制限の一部撤廃、産業解体の緩和(合成ゴム、合成石油、鉄鋼業)が認められた、だが、非軍事化と武装力禁止はまだ変更されるに至らなかった。

西欧防衛の一環として西ドイツの再武装化をとりあげる重要なきっかけをなしたのは朝鮮戦争であった。五〇年末のNATO外相・国防相合同会議(ブリュッセル会議)は、欧州軍六〇個師団の創設を決定したが、あわせて西ドイツ軍の創設、欧州軍への編入の方針を決定した。それは西ドイツの基本法では許されないことであったが、アデナウアーは西ドイツ再軍備とひきかえに国内主権の完全回復と外交権の回復を要求したのであった。五一年三月の占領条例の改定は、この条件をのんで、西ドイツの立法・外国貿易にかんする制限を撤廃し、外務省を設置し、高等弁務官の認める国と外交関係をひらくことを許した。

ついで五二年五月二六日の「ドイツの主権回復にかんする条約」は、占領条例と高等弁務官府の廃止をとりきめていた（ただし占領国はドイツの国際的地位や四ヵ国の共同利益にかんする特殊権限を保有し、「自由世界」の防衛のため西側三国軍隊は駐屯をつづける）。それと不可分の関係で翌日「ヨーロッパ防衛共同体条約」（ＥＤＣ）が調印され、防衛共同体の一員として西ドイツの再軍備が承認された。条約の発効と同時に産業制限が撤廃され、米・英・仏の対独「軍事安全保障局」も廃止されることになっていた。

だが、条約の批准は強い世論の反撃をうけ、ことに西ドイツとフランスで難航した。そしてついに五四年八月フランス国民議会は批准を拒否してしまった。西ドイツの帝国主義復活に、一時的にもせよ政治的障害が生じたのであった。あわてた諸国政府は翌月末にロンドンで西側九ヵ国会議をひらき、一〇月下旬、西欧連合（ＷＥＵ）創設、西ドイツのＮＡＴＯ参加、西ドイツの主権回復を内容とするいわゆるパリ諸条約を締結した。同条約はフランス国民議会をかろうじて通過し、五五年五月五日に発効した。西ドイツは占領体制を脱して内政・外交における主権国家としての完全な機能を回復した（外国軍隊の駐留については別に協定が結ばれた）。西欧連合にも加盟し、翌六日にはＮＡＴＯにも正式に加盟した。〔註16〕

西ドイツ再軍備について国内の経過をみておこう。再軍備への機会は前述のとおり朝鮮戦争によってあたえられた。五〇年九月、アデナウアー首相はゲルハルト・シュヴェーリン（元ナチス国防軍将官）に連邦首相顧問として国防問題の研究を委嘱し、同時に総理府内に国防問題の事務局を設けたのが、再軍備計画の公然たる制度化のはじまりだったとみられている。〔註17〕そうした国内計画はもちろん米・英・仏と合意のうえで行なわれたのであり、むしろ西欧軍創設の一環としての西ドイツ再武装への期待を国際社会への権力的復帰の手段として最大限に利用することが西ドイツ側の狙いだったと考えられよう。

五二年五月にＥＤＣ条約が調印されると、連邦政府はいちはやく五三年度予算に『防衛費』の費目をかかげたが、連邦議会が再軍備のための憲法改正案を可決したのは五四年二月（同改正令が公布されたのは三月末）であった。これによって国内再武装ならびに軍事同盟参加に国内法上の途がひらかれた。ＥＤＣ条約の破産のあとをうけたパリ諸条約のうち、「西欧連合の兵力にかんする議定書」は、陸軍四〇万人（戦車隊4個師団、機械化部隊2個師、自動車隊6個師）、空軍八万人（防禦用航空機一，三二六機）、海軍二万人（沿岸防禦用三，〇〇〇トン以下小艦艇一八〇隻）を西ドイツの保有限度と定めた。

また、「兵器にかんする議定書」の付属文書は次の諸兵器を西ドイツが生産しないことを約した。すなわち、ＡＢＣ兵器、長距離航空機、戦略用爆撃機、誘導兵器、感応機雷、大型艦艇（三五〇トン以上の潜水艦を含む）。〔註18〕またこの段階では、戦勝諸国の対独警戒心と国際世論の反対が、再軍備に重要な制限を加えていたのであるが、それにもかかわらず、これで西ドイツが、世界支配の一主体として進出していくための物的基礎をいま一つつけくわえたことは疑いなかった。

以上の第一、第二期の分析を通じて明らかなことは、第一に、帝国主義復活とは、とうてい経済過程に盛りきれる内容のものではない、つまり純経済概念ではありえないということである。第二に、帝国主義復活とは、二つの時期の比較において自明なように、単なる量的発展ではなく質的転化の現象であるということである。第三に、質的変化の決定的内容は、ここではほんの素描しかおこなわなかったが、国内反動と国際反動の結合および「革命」の挫折にもとづく独占の国家回復、国家を媒介とする国家独占的方法の強行、資本の再蓄積による金融寡頭制の再建、帝国主義的貿易構造の再建、資本輸出の再開、国際独占体への復帰、軍隊の創設、帝国主義間の政治・軍事同盟への参加、等の諸契機を介して、西ドイツ資本主義がふたたび帝国主義の世界支配体制における能動的主体的構成要素に転化したことにあるということである。

二　復活帝国主義における勢力圏の問題

(一)

前述の時期区分による第三期は、NATO軍への実質的参加、ならびに小欧州での指導権をめざす共同市場への主導的参加にはじまる。しかし資本のヘゲモニーへの衝動ともいうべき帝国主義の運動にとって、NATO参加といい、EEC結成といい、それじたいが完結的な目標ではありえない。NATOの一員としての西ドイツの忠誠、努力は、この期間にヨーロッパ最強の地上軍をつくりあげ、核武装化を時間表にあげるに至った。EEC結成は、みずからその発展の実質上の主導体となることによって、西ドイツに、小欧州における最強の金融支配者としての地位を達成させた。こうした第三期の発展が、いわゆる全般的危機の第三段階とも称される歴史的階段への移行と並行して行なわれたことは意味ぶかい。フルシチョフ外交に象徴された平和共存戦略は、より広い視野からすれば功罪なかばするものがあるとしても、冷戦の申し子であった西ドイツ国家の存立の諸前提に闘争をいどむ意味あいのものであった。

第四期は、五〇年代を通じて驚異的に進行した高度成長のピーク、EEC第一段階の終了、そして六一年八月一三日の西ベルリン境界封鎖、ソ連の核実験再開、をもってはじまる。社会主義の生産力挑戦は、いまだ帝国主義支配圏を押しくずし、逆包囲を体系化するところの政治経済力を形づくるにはほど遠いが、その影響力の質的度合いは高く、他の国際的諸力と連合して資本主義の時代適応力を試練にかけている。ますます高度になっていく資本主義の生産力は、一方で「内包的発展」の新たな条件を探し求め、他方、反帝戦線の弱い環を求め、反撃を策してやむことがない。西ドイツ帝国主義は、資本家団体間の世界再分割闘争の主要な場を、その最新の形態において小欧州から大欧州にひろげ、大欧州での制覇を背景に米国と並ぶヘゲモニーの掌握者となることを求めている。と同時に、低開発諸国にたいしては、新植民地主義者として、帝国主義的搾取構造の維持と拡大に努力を傾けているのである。

当面(一九六五年)西ドイツ帝国主義は、復活のよりいっそうの発展段階を通過しながら、その線上によこたわる二つの障害、ないし二つの隘路に直面している。第一は、これまでに達成された経済力にふさわしい政治的発言権(国際政治における決定参加権)をまだ獲得していないことである。目下、西ドイツ支配層は、「核」への接近によってこの経済と政治の不均等発展を解決することを焦眉の問題としている。一九六五年一一月一〇日に行なった施政方針演説で、エアハルト首相は、NATO内の核保有国と非核保有国との発言権の不平等を説き、西ドイツの発言権拡大を訴えた。そのほか核保有は、ソ連にたいする核抑止力の政治的比重、および東欧諸国にたいする圧力手段、ドイツ統一問題における力の優位の保持(八・一三の壁をさかいとして東ドイツの〝いまひとつの経済奇蹟〟が語られはじめた)等への配慮から西ドイツ反動の熱望するところとなった。軍事的復活が経済的復活と並んで政治的へゲモニーの不可欠の物質的基盤であることを示しているのである。

(二)

いま一つの隘路は、対外的な経済的膨張の発展線上にあらわれた発展の奇型性の問題である。あえて奇形性と呼ぶのは、第一に帝国主義の現代的存在条件によって、第二に、加えて復活帝国主義に特異な存在条件によって、帝国主義の対外的支配の合法則的形態がいちじるしく実現を妨げられているからである。「『経済的浸透』から『勢力圏』へ、『勢力圏』から保護もしくは間接統治へ、そして保護領から軍事的占領を経て併合へと至る論理」〔註19〕が帝国主義の歴史的成立期にみられた合法則性であった。復活帝国主義の発展においてもこの論理はつらぬく。第一次大戦後におけるドイツの公然たる植民地回復要求、ヨーロッパの軍事的占領、そして第二次世界戦争に至る経過は、当時におけるこの論理の貫徹形態であった。経済的浸透の利益関連はより安全な支配圏の確保を求める。経済的浸透が政治的支配を要求し、経済的独占が政治的（地理的・領土的）独占に帰結する。帝国主義が圧倒的な地上人口にたいする、ごく一握りの強固の、烈しく競争しあう強国の、世界分割的支配であることから、そのことはいっそう必然となる。「このように植民地の内政にたいして本国がいっそう緊密な統制を加えるということ、ここに帝国主義の政治的論理の基礎がよこたわっている」〔註20〕とするならば、現在ドイツの直面しているこの隘路は、やはりまた経済と政治の不均等発展の問題ということになろう。

勢力圏とは、いまだ帝国領にまでは至らないが、れっきとした帝国主義の束縛的・独占的性向を示すものであり、搾取のための強制関係をなんらかの形で含んでいるとみてさしつかえない。現代帝国主義にとって対外的な政治的・経済的独占への衝動は、社会主義の経済的・政治的浸透力が強まり、低開発地域の革命的抵抗が熾烈化しているという新条件が加わることによって、内的にはいっそう激しく燃焼しているともいえる。だが、現実の力関係は、欲望の実現を完成させない。植民地主義の本質的属性であった直接的領有の可能性が大部分消滅したこと、にもかかわらず「帝国圏」への欲求は、「勢力圏」の新しい諸形態を生みだして実質的に存続していることが、現代帝国主義の一特徴である。〔註21〕新植民地主義と称されるゆえんであるが、まずその「勢力圏」の現存する支配形態を、一般的に展望しておかなければならない。

(1)帝国を「共同体」に改組し、その枠内で自治ないし「独立」をみとめ、「共同体」を通じて一定の支配力を維持する方法（フランス）。

(2)軍事同盟、軍事ブロック、軍事基地、軍事援助などを通して実質的に支配圏を維持する方法（米・英・仏、ことに米国）。

(3)新興独立諸国にヒモつきの経済援助・技術援助をあたえ、実質的に支配する方法（米・英・仏、ことに米国）。

(4)独立を承認するさい植民地を分断し、特定地域のみを本国にとって直接、間接の支配領域に留める方法（米国の韓国、台湾、南ヴェトナム支配および英・仏・ベルギーのアフリカ支配）。

(5)帝国主義にとって好ましい現地勢力の支配権を保障できるような形で連邦をつくらせ、その連邦政府を通して間接に支配する方法（イギリス）。

(6)自国の力だけでは維持できなくなった帝国主義の利益を他の帝国主義諸国と共同で守る集団的植民地主義の方法（今日の大小の帝国主義国のすべてが採用しているが、どの国かが代表的な支配力をもっていることが多い）。

(7)国連や世界銀行などの国際組織をかくれみのとして支配を維持する方法。〔註22〕

以上は、新植民地主義の支配方法とみなされるものであって、相互にからみあい、全体として帝国主義の世界体制を維持しているのであるが、これらはまた、直接的「領有制」にかわって現代帝国主義の主要な他民族支配形式となった「勢力圏」の具体的な支配形態にほかならない。

このほかに帝国主義の現代的な「勢力圏」形態として、先進国間の「共同体」をあげることができる。たとえばＥＥＣにみられるように、それは資本家団体間の世界分割の新しい形――国家間協定であり、資本の相互移動、からみあい、市場の相互開放等による圏内諸国民にたいする国際的な共同支配・共同搾取の体制である。同時にそれは、低開発国支配の一大拠点であり、また帝国主義間軍事同盟の経済的基盤でもある。それは一面では、帝国主義諸国の「共同勢力圏」でありながら、他面では独占相互間の激しい闘争、支配権争奪の場となっている。そこで指導権を樹立することは、たんなるそこからの搾取の可能性をこえ、「共同体」の相対的独自的な規制力を通じて、対社会主義闘争のための、他の帝国主義国にたいする闘争のための、また低開発諸国支配のための、もっとも強固な「勢力圏」を確保することを意味している。

要約すれば、「勢力圏」の現代における一般概念は、第一に、経済的浸透——勢力圏——保護領（間接統治）——政治的占領（領有制）と相互にからみあいながらすすむべき帝国主義の対外的支配の合法則的諸形態が、現実には勢力圏形態までで阻害され、それがむしろ一般的で主要な形態となっていること、第二に、「勢力圏」の具体的形式がいちじるしく現代の内容により変貌させられていること、の二点において理解されることを必要としている。

㈢

さて、以上のように現代帝国主義の勢力圏の一般的理解を立てたうえで、特殊的に復活帝国主義西ドイツの「勢力圏」について検討を試みよう。

復活帝国主義は、内発主体性を強化しつつ世界支配へ復帰して行くのであるが、そのさい「勢力圏」への傾斜はまず経済的浸透からはじまる。その経済的浸透の可能な形態は、一つは貿易活動であり、いま一つは資本輸出である。

西ドイツの輸出が五一年以来、めざましい伸びをみせ、それが帝国主義的復活の主要因となったことは前述したとおりである。ところで、このもっとも初歩的な経済的浸透の方向を探ってみると、次の諸特徴を発見できる。

(1)東欧圏をのぞいて戦前市場への復帰が非常に速かったことである。戦前のドイツは固有の植民地をもたなかったために、当時すでに「植民地をもたない植民地主義」の最新型を実現し、その輸出競争力を武器に世界のあらゆる地域に浸透した。東欧・アフリカ・中近東においては英・仏に挑戦し、中南米においては米国の市場にくいいった。西ドイツは再びこのコースを歩き始めたのであろうか。米・英・仏三国の貿易地域構成をみると、先進国の比重が大きいという点では西ドイツと同様である（戦後高度成長の原因でもあり結果でもあった先進諸国の産業構造変化――重化学工業化率の増大――は、この傾向をいっそう強めた）が、異なる点は、これら三国がそれぞれ低開発地域に独占的な「勢力圏」をもっていたことである。西ドイツには初発において独占的、伝統的な「勢力圏」がなく、それがあらゆる可能な地域に輸出努力を向けさせる結果となったと考えられる。戦後米国は英・仏両帝国主義の支配力の凋落につけこみ、独立を援助するという「進歩的」名分を負いながら旧植民地を自国の影響下に奪取していったが、西ドイツもまた、もっぱら経済主義的方法に依拠してではあったが、老帝国の圏内に浸透しつつある。

(2)西ドイツの輸出の地域別構成において西欧の比重はきわめて大きく、しかも五一年以降の発展において膨大な超過輸出はほとんどがそこに集中していることがわかる。なかでも特徴的なのは、①EEC地域の伸び率がひときわ目立っていること（五七年二九・二％、六二年三四・〇％、六三年三七・三％）、②EFTA地域の比重もきわめて高いこと（五七年二七・三％、六二年二七・八％、六三年二六・九％）である（フランスの場合、六二年にＥＥＣ三六・八％、ＥＦＴＡ一六・〇％、フランス地域二〇・一％）。〔註23〕これらの指標から、ＥＥＣ結成が西ドイツに貢献した大きさがわかるし、またイギリスのＥＥＣ加盟に積極的に賛成している理由も明白になる。西ドイツにとっては、アフリカのフランス地域以上にＥＦＴＡ地域ならびに英連邦諸国のほうが輸出市場としてはうまみが大きいのである。

(3)西ドイツは貿易高において、ＥＥＣ内部ではもちろん西欧内でも覇者の地位を不動のものとした。六一年各国貿易高にもとづいて計算するとつぎの表のようになる。〔註24〕

％	EEC	西ドイツ	フランス
輸入	100	39.3	20.8
輸出	100	39.3	22.3

％	西 欧	西ドイツ	フランス	イギリス
輸入	100	18.1	11.0	19.6
輸出	100	23.1	13.1	18.8

こうした輸出入の伸長を背景に、資本主義世界に占める西ドイツの工業生産力の比率は、六二年にはイギリスを抜き世界第二位となった。（米国四四・八％、西ドイツ九・五％、イギリス八・五％、日本五・四％、フランス四・八％、イタリア三・九％。）〔註25〕金・外貨保有高は米・英両国のひきつづく減少をよそ目に、六三年上半期には七二億ドルをこえた。（米国一七〇億六，四〇〇万ドル、西ドイツ七二億一，九〇〇万ドル、イギリス三二億一，一〇〇万ドル、イタリア三五億二，一〇〇万ドル、ＥＥＣ総計一九三億五，八〇〇万ドル。）〔註26〕

(4)西ドイツの輸出総額において先進地域と低開発地域との比率は、それぞれ七一・四％と二二・〇％（六一年）であった。しかるに同年の西ドイツの貿易黒字は、対ＥＥＣ一五億三，二〇〇万マルク、対ＥＦＴＡ一八億九，八〇〇万マルク、対低開発諸国五五億六，七〇〇万マルクであった。この最後の数字は、同年の貿易黒字総額六六億一，五〇〇万マルクの八〇％以上にあたる。このことは、西ドイツの巨額の貿易利益、西ドイツ独占の資本価値増殖が誰の犠牲においてえられたのか、を明らかにしている。〔註27〕

(5)西ドイツ貿易の地域別構成をみると、輸入の地域別構成が輸出のそれにくらべていちじるしく変動している。輸入に占めるＥＥＣ諸国の割合は五六年の二三・六％から六二年の三一・三％に激増し、それにひきかえ低開発諸国の割合は三〇・四％から二三・七％に激減した。〔**註28**〕この事実は、先進国農業における技術進歩と保護政策という要因もあるが、決定的にはＥＥＣの結成が低開発諸国にいかなる犠牲を強いたかを示すものである。

(6)西ドイツ独占にとって原料供給源としての、また販売市場としての低開発諸国のもつ意義は依然として絶対的である。西ドイツは木材、ゴム、石油、鉄鉱石、卑金属などの供給を低開発諸国に依存しているし、また西ドイツの主要輸出商品である投資財ならびに化学工業の生産物について低開発諸国を重要な買い手とみなしている。低開発諸地域の既成の勢力圏にたいする西ドイツのくいこみは激しく、米国の勢力圏であるラテン・アメリカ、ベルギー＝ルクセンブルグの勢力圏であるコンゴ（レオポルドビル）、ルワンダ、ブルンジ、およびポルトガルの勢力圏であるアンゴラ、モザンビークの貿易相手国として高い地位をしめている。中近東では米・英の勢力圏に浸透し、両国と並行して三者てい立に近い実績をあげている。そのほか、フランス地域、英連邦諸国においても米国と並んでめざましい侵蝕ぶりを示している。アジアにおいてもパキスタン、インド、インドネシアに地歩を占めており、さらに一九六五年には東南アジア諸国、中国、北朝鮮にたいする貿易の急テンポの伸びが報告されている。〔**註29**〕

（四）

外国貿易による経済浸透の方向と成果に加えて、資本輸出の方法によって経済的浸透の方向と成果はどのような地点にまで到達しているか。つぎに概観しよう。

西ドイツの資本輸出は前述のように五二年に再開され、五五年以降急増した。相手国の内訳をみると、対外民間投資において低開発国が過半をしめているのが五六年までの特徴であったが、五七年以降は様相が一変して、先進諸国向け投資が過半を制するようになった。なかんずく、EEC地域とEFTA地域に集中し、六三年末にはそれぞれ一二億一，九四〇万マルク、一三億五五〇〇万マルクと、額において後者がしのぎ、それまでの増加のテンポにおいては前者がまさっていた。（対外民間投資総額六〇億七，〇八〇万ドル。）〔註30〕この民間資本の先進国集中は、低開発諸国の投資環境の不安定、ならびにEEC，EFTAを中心とする高成長を反映したもので、戦後資本輸出の一般方向に洩れるものではないが、西ドイツ資本にとって西欧投資市場のもつ特殊な戦略的意義に照らせば、とくに重視すべき傾向であろう。

帝国主義の戦略的後背地を意味する低開発諸国にたいしては、国家資本の役割がいちじるしい。これは低開発国市場の投資条件の悪化にかんがみて国家独占的な方法で輸出市場を開拓し原料資源の供給を安定させようという総資本の意思を代表するものにほかならない。国家資本の輸出が、双務的な文化的・技術的・金融的・直接貿易政策的な諸方策ならびに多角的な国家独占的諸機構への参加、開発銀行や国際借款団への参加、EEC諸機関への参加、などを総括した「開発援助」方式に体系化されていることにも明らかなように、そのシステムは前述した帝国主義的貿易構造の新たな定着傾向に照応するものである。西ドイツにかぎったことではないが、双務的なものにしろ多角的なものにしろ、「援助」の基礎には二国間の経済援助協定、技術援助協定、投資保護協定等が締結されており、輸出入について相手国を拘束し、あるいはその国の経済建設事業に関与して、具体的な利益の確保をめざしている。対低開発国貿易が西ドイツの最大の資本価値増殖源だったことに照らせば（輸入もまた価格変動差を通じて巨大な利潤源である）後背地戦略の重要性は現代において増しこそすれいささかも衰えてはいないし、したがってまた固有の勢力圏をもたない西ドイツ独占が国家資本の利用において実現しようとしている搾取形態の特質性は注目に値する。

貿易の地域別構成における低開発国市場の相対的地位低下が、低開発諸国の輸出条件を悪化させ経済事情を困難にすることは現実が示している通りだが、もともと先進諸国にとっては第一次産品の価格低落は狙うところだったのである。だが、後進国の経済悪化・生産力の停滞は搾取条件を有利にはするものの、長期的にみれば政治と経済の両面において先進国に障害を生みださずにはいない。先進諸国間浸透競争において、開発援助の資金力がものをいうことは今後の必然のなりゆきであろう。西ドイツの場合、民間資本と国家資本とを合わせた資本輸出総額では低開発国向けの割合が増加の一途をたどっており、その総額のうち国家資本（もしくは国家独占的信用）の比率が六〇％以上に達しているのである。〔註31〕

つぎに西ドイツが伝統的な「勢力圏」をもたないことは、その国家資本輸出ないし開発援助政策のうえに特殊な性格を付与している。すなわち米・英・仏のような「勢力圏」保有国は、体制維持のために圏内諸国の支配グループと深く結びつき、政府財政への援助までも負担しているために、「援助」資金のうち贈与分がかなりのウェイトをしめている。フランスのアフリカ「勢力圏」諸国にたいする援助などその好例とされている。しかし西ドイツはそのような負担責任はなく、そのために相手国への国家信用および貸付が主になっている。低開発諸国の産業建設に参与するさいにも、米・英・仏などの諸国は、その国をまるごと自国のほうへ向かせ、「友好」関係を維持することに重きをおかざるをえないため、またそのことをテコにして相手国を「自由陣営」にひきとめねばならないため、プログラム援助を重視しなければならないし、同じ理由から、「援助」の政治的ないし軍事的性格が露骨に表面にでる。米国だけでなく、英・仏もその「勢力圏」諸国の多くに軍事基地、軍事的便宜をおいているのは偶然ではない。

西ドイツは、敗戦帝国主義であるがゆえに、「非政治的・非軍事的」アプローチを可能にしえているし、産業建設面ではプロジェクト援助を重視する。相手国の政治・経済・軍事の全面に関与して責任を負担するのではなく、むしろ側面から、第三者的責任で効率の高い「援助」のみを厳選しうるのである。これは国家資本輸出全体の経済的効率が他の国ぐににくらべて高いことを意味している。概して、西ドイツの資本輸出総額のなかで、貸付資本の比重が圧倒的に高く（六二年約八〇％、第一次大戦前約六五％）、またそのうち国家資本の割合が圧倒的に高く、全体として貸付資本輸出的性格が強まっていることが指摘されているが、これは復活帝国主義の現代的存在条件を反映するものなのである。それらの信用や貸付、あるいは国際金融機関への出資が、低開発諸国の対独支払いの決済に貢献していることはいうまでもない。〔註32〕

(五)

不十分ながら以上が貿易政策、資本輸出政策を通してながめた現時（一九六八年現在）における西ドイツの経済的浸透の方法および到達点の概況である。この実状から西ドイツ資本の「勢力圏」への接近はどのように現状把握できようか。

まず、正面戦略ともいうべき先進国向け浸透は、ＥＥＣの繁栄局面を通じて経済的な指導力を発揮し、独占団体間の国際協定・国家間協定の内部における事実上の覇権を確立するに至っている。それは外見的には複数先進諸国の平等な「共同勢力圏」を樹立したように見せかけながら、その内部におけるヘゲモニーをめざす戦術の勝利であったといえる。ＥＥＣの「超国家的」段階への移行は、もし実現されればその事態をいっそう決定的にするであろうし、それゆえにフランスの熾烈な抵抗が予想される。西ドイツの核のヒキガネへの関与は政治的・軍事的な帝国主義復活に一区切りを画するであろうし、全世界にたいして軍事大国としての地位を受けいれさせずにはおかないだろう。それ故に、西ドイツの核への接近は、東側からはもちろん、西側陣営内部でも抵抗が強くならざるをえない。いまや西ドイツの正面戦略圏はひろがり、イギリスのＥＥＣ加盟を通じて西欧全体へ、またさらに大欧州「共同体」内部での覇権を通じて他の世界諸地域への影響力の拡張へ、と向かいつつある。ソ連・東欧圏への態度がなお硬直的であることを除けば、性格と形こそ異なれドイツに伝統的な進出方向との類似が指摘できそうである。

つぎに後背地戦略面においては、先進国間「共同体」を足場にしながら、他の先進諸国の既成「勢力圏」に浸透し、激しい競争を通じて、事実上それらの地域を「共同勢力圏」につくりかえつつあるとみることができよう。その「共同勢力圏」の内部でヘゲモニーを確立できるかどうかは、開発援助力のほかに、西ドイツが「宗主国」にかわって政治的・軍事的責任をどこまで担いうるかにかかっていよう。この点で最近西ドイツがアフリカのフランス地域に兵器を輸出し、軍事訓練の要員を送り込んでいるごとき現象は注目されてよい。〔**註33**〕

「共同勢力圏」とは、実は集団的植民地主義もしくは「集団的帝国主義」にほかならず、したがって後期帝国主義の新支配方式のなかでそれが主要発展方向となりつつあるとみなされてよいであろう。そうした歴史的傾向は、実は危機の深まりに対応した帝国主義的搾取の「内包的発展」の可能性の追求であり、その一方向が先進国間「共同体」における諸結合、諸開発であり、他の一方向が低開発国地域における「共同勢力圏」

への開発援助なのである。既成帝国主義諸国の〝安定した〟「勢力圏」に浸透し、他国の政治的・軍事的ヘゲモニーに依存しながら自己の勢力を扶植していく方法、他の戦略圏に自己の戦略圏を内接させる方法、これは「内接戦略」とでも呼びうるであろう。

現に米国の部分的後退に際しての「肩代り」にみられるように、また戦後米国の浸透作戦にもみられたように、結局、既成帝国主義諸国は支配と「援助」の負担を復活帝国主義国に部分的に譲り、安定化要因としてこれを迎えいれざるをえない。低開発諸民族が多くは独立国家となっており、そのうえそれらが強い反帝国主義の連帯性をもっていること、社会主義から援助競争（非資本主義的な発展への援助）の宣戦をうけていることなどが、国家独占資本主義の諸方法を槓杆とする世界的規模での矛盾の打開を先進資本主義諸国によぎなくさせ、そのことが西ドイツに「内接戦略」を採用させる可能性を広くしているともいえる。

まさしく、敗戦国西ドイツにとって、米国の西欧援助、ＮＡＴＯへの従属的参加、ヨーロッパ石炭・鉄鉱共同体への譲歩的参加にはじまるヨーロッパ統合の受容は、帝国主義の世界的ヘゲモニー体系における被支配的客体から支配的能動的主体へ移行するための呼び水であった。民族的・国家的従属の条件が、とりもなおさず帝国主義的復権の条件であったわけである。しかし、復活帝国主義のヘゲモニー体系への復権は、一面において帝国主義体制の強化に見えながら、他面において、世界的矛盾の新たな形態と規模での展開を意味するであろう。

むすび――日本について

日本の戦後復興の歴史的過程を概観し、やはり復活帝国主義としての「勢力圏」の問題に立ち入って分析したいのであるが、このたびは紙幅が許さない。そこで、諸資料を吟味して得た日本をめぐる「勢力圏」の問題について、結論めいたことを少し述べて結びとしたい。

経済的浸透から「勢力圏」への法則的な傾向性は、日本資本主義についても貫いているとみてよい。しかし、日本独占が、アジアにおいて先進諸国間の強力な「共同体」という条件に恵まれていず、したがって、それを足場にしての低開発発展地域への浸透や対米競争を行なう余地がなかったこと、および近代日本の伝統的な「勢力圏」であった中国大陸を資本主義の世界体制外に逸したことは、「勢力圏」回復のための条件をきわめて困難なものにした。さらに、日本資本主義の自立的構造の先天的な弱さが、戦後高度成長によっても克服されていないこととも関連して、現在（一九六五年）の日本の貿易構造、資本輸出構造を検討すると、つぎのような諸特徴を指摘できるであろう。

(1)米国市場への依存度の大きさ、および米国のアジア「勢力圏」諸国にたいする日本の貿易と資本輸出の両面での依存性より見れば、日本資本主義の重点的戦略地域は、当然のことながら東アジア地域であり、そこにおける「内接戦略」の設定が「勢力圏」のための闘争の主要方向とならざるをえないであろう。つまり、米国との同盟を基軸とするアジア太平洋地域における集団的植民地主義（集団的帝国主義）＝「共同勢力圏」が主要目標であり、その主軸の周辺に多元的外交が展開されるようになると思われる。

(2)アジア諸国のうち、日本からの輸入が第一位もしくは二位にあるのは、タイ、韓国、台湾、マレーシア、シンガポール、インドネシア、フィリピン、香港、ビルマ、南ヴェトナム、セイロンの諸国であり、〔**註34**〕その大部分が、現在、米・英両国いずれかの「勢力圏」であるか、もしくは旧日本の「勢力圏」であったかである。とくに、最近の日本資本主義の対外進出の動向よりすれば、韓国、台湾は「円」支配がかなり浸透しているとみなしてよく、ついでタイ、南ヴェトナムを含む東南アジアが重点地域となっているようである。

⑶対共産圏貿易の位置づけであるが、これを東南アジア進出と同一平面上で並列的にとらえることは間違いであろう。それらは、同一価値づけでもって遂行されるべき方向、課題でありえず、日本資本主義は、明らかに重点方向をアジアにおける体制擁護においているとみなければならない。アジアにおける資本主義の諸「勢力圏」の維持、ならびに、その内部への勢力扶植は、日本資本主義の体制保全の根幹をなしている。日韓条約がアジア平和外交の基礎である、とする佐藤首相の発想は、そこから出てくる。三八度線、台湾海峡、一七度線は、日本資本主義にとっても戦略的な生命線なのであり、沖縄基地は、日本資本主義にとっても前線戦略拠点なのである。日本帝国主義の戦略圏は、米帝国主義の極東戦略圏にまさしく内接円を描いて、あるのである。そのような、市場と資源の長期的確保を求める帝国主義の体制保全の志向に従属して、対共産圏接近は漸次拡大の方向に向かうであろう。この二面外交は、共産圏からの投資と技術移転を求めるイニシャティヴ増大、先進資本主義諸国間の競争激化、「共同勢力圏」内の抵抗増大に比例して、苦悩を深めていくにちがいない。激烈な矛盾に逢うことなく進みうる路線ではないからである。

⑷復活した日本帝国主義は、アジアの「共同勢力圏」への参加において、これまで西ドイツの第三世界進出と同様の「非政治的・非軍事的」寄与を行なってきた。この「内接戦略」の性格が、佐藤首相のいう「アジア平和外交」の本質であり、また米国側から不満が出てくる理由でもある。いま一つ日本政府の「平和主義」の物質的根底は、日本独占が大陸の社会主義市場と資源を決して見放しえない、それどころか条件が許せば、もしくは条件が切迫すれば、他に先んじて門を入らなければならない経済的競争基盤の弱さにある。

(5)佐藤外交にたいしてドゴール化の予想や期待が行なわれる向きがあるが、ドゴール戦略の基盤を形づくっている固有の「勢力圏」や先進国間「共同体」に相当するものは、日本にはない。佐藤首相が就任冒頭に掲げた「自主・積極外交」は、米国からの離反に軸があるのではなくて、アジア「共同勢力圏」内におけるイニシャティヴの増大をめざそうとする意味であると解される。対中国問題が日本のアジア外交のすべてであると言ってよい、と首相自身が述べたように、革命を基礎とする中国の工業化の経験と思想（と政策）の影響がアジア全地域を蔽いつくそうとするのに対抗して、〝資本主義的発展の途〟をいかにアジア諸国に敷設していくかが、長期的な日本資本主義の体制上の目標なのである。

(6)最後に、米国のアジアにおける主要同盟者として、「内接戦略」を通じてヘゲモニーの拡大をめざしてきた日本資本主義に、どのような未来があるのであろうか。当面、ドル危機にともなう米国の撤退作戦――肩代り――によって、日本資本の浸透は、一面、たすけられている。たしかに、資本主義諸国間の不均等発展の内容が「勢力圏」支配関係の上に反映しやすいということは、現代帝国主義の一特徴にちがいない。しかし、日本資本主義の最大の弱点は、開発援助の立ち遅れ、ならびにそれを補完する諸手段の弱さであろう。その意味するところは、問題が開発援助の資金や技術にあるというだけではないであろう。いまもっとも激しい革命過程にある東アジア諸地域（中南米・オセアニアまで含めればアジア・太平洋地域）において、究極的には軍事力に依拠する体制保障の方向と、従来の復活帝国主義なるがゆえに許された「非政治的・非軍事的」アプローチとが、しだいに和解しがたい矛盾に陥るのが、将来の方向のように思われる。日本資本主義がその拡大再生産の維持にとって不可欠な開発援助体制の強化に進もうとすればするほど、「共同勢力圏」内における責任負担は増大し、政治的・軍事的貢献への要請は自他双方から強くなるであろう。

〔註1〕「帝国主義復活の概念について」、九州大学『政治研究』第一〇—一一合併号。
〔註2〕現在の時点（一九七二年三月）よりすれば、六一年以降六六年末の大連立政権の成立までを第四期、六七年より六九年秋のブラント政権成立までを第五期、六九年末以降を第六期として追加することが妥当であろうが、本書においては、これらの追加部分については述べない。これらの時期についての拙稿としては、「西ドイツの政変と新支配体制」（『現代の理論』一九六七年三月号）、「西ドイツの大連立内閣と緊急事態法」（『社会主義』一九六八年三月号）、「西ドイツの社会民主党政権成立」（日本国際問題研究所編『国際年報』第一三巻）等。
〔註3〕Hans Kluth,Die KPD in der Bundesrepublik:Ihre politische Tätigkeit und Organisation 1945-1956,Köln.1959,S.29-31.
〔註4〕J・クチンスキー『戦後西ドイツの政治と経済』宇佐美誠次郎・良知力・池田優三共訳、未来社、一九五九年。この書では、一九四五年から四七年までを「植民地化の段階」と規定して、「植民地化」と「植民地化の傾向」とを区別しなかった。そのため従属性の側面、民族的矛盾を過度に強調することとなった。
〔註5〕カルロ・メッテリ『西ドイツ経済の光と影』向坂正男・塚本健共訳、東洋経済新報社、一九六三年、九頁。
〔註6〕Aufruf der kommunistischen Partei（Berlin,11.Juni 1945）,in W.Treue,Deutsche Parteiprogramme 1861-1956,Göttingen 1956.
〔註7〕John Gimbel,The American Occupation of Germany:Politics and the Military 1945-1949,Stanford 1968,pp.116-120.
〔註8〕Hans Kluth,a.a.O.,S.20-24.
〔註9〕一九四六年九月六日、アメリカ国務長官バーンズはシュツットガルトにおいて演説し、対独占領

政策の変更を表明した。James F.Byrnes,Speaking Flankly,New York 1947,pp.187-194.—,All in One Lifetime,New York 1958,pp.367-368.
R.I.I.A.,Survey of International Affairs for 1939-1946 : Four-Power Control in Germany and Austria 1945-1946,pp.141-142.

〔註10〕基本法（ボン憲法と通称）の制定過程については、稲葉 修『西ドイツ基本法制定史の考察』昭文社、一九六一年。

〔註11〕一九四九年九月、基本法にもとづきドイツ連邦共和国政府が成立すると西側占領地区の軍政は米・英・仏三国の代表からなる高等弁務官府（Allied High Commission）による民政にきりかえられ、占領条例（連邦共和国発足にそなえて予め四九年四月一〇日ドイツ側に手交）によって制限された範囲をのぞいて連邦政府に権限が移譲された。一九五五年五月五日、西ヨーロッパ連合（WEU）の創設、西ドイツのNATO参加、西ドイツの主権回復を定めたパリ諸条約の発効とともに、占領条例ならびに高等弁務官府は廃止された。

〔註12〕西ドイツの復興要因については、ミュンヘン経済研究所『西独経済の再建過程』吉野訳、ダイヤモンド社、一九五四年。鬼丸豊隆『ドイツ経済の二つの奇蹟』平凡社、一九五八年。野村昭夫「ドイツ帝国主義復活の背景」、『経済評論』一九五九年一一月号。

〔註13〕DWI-Berichte,Nr.17,Nr.21,1964.
Institut für Gesellschaftswissenchaften beim ZK der SED,Imperialismus heute:Der staatsmonopolische Kapitalistismus in Westdeutschland,Berlin 1965,S.100-101.

〔註14〕DWI-Berichte,Nr.17,1964. 鬼丸、前掲書、一九二頁以下。野村、前掲論文。

〔註15〕占領条例制定の事情については、John Ford Gotay,The Foundation of the Federal Republie of Germany,Chicago 1958,pp.22-26. 同条例全文は、日本国際問題研究所『ドイツ・ベルリン問題の研

究』一九六三年、資料11。
〔註16〕ＥＤＣの失敗ならびにＷＥＵの創設については、Survey of international Affairs for 1954,pp.137-148.
〔註17〕西ドイツ再軍備の開始については、『中川原徳仁著作集』第二巻参照。
〔註18〕鬼丸、前掲書、二二六―二二七頁。
〔註19〕Ｍ・ドッブ『政治経済学と資本主義』岡稔訳、岩波書店、一九五三年、二二八頁。ここに述べられた「論理」はあくまで論理であって、現実の歴史的現象がこのような時間的順序で現われるというわけではない。
〔註20〕Ｍ・ドッブ、同書、同頁。
〔註21〕本書、第一部第五章参照。
〔註22〕具島兼三郎『現代の国際政治』岩波書店、一九六五年。
〔註23〕DWI-Berichte,Nr.17,Nr.18,Nr.22,1964. 鬼丸、前掲書、二一四頁。
〔註24〕国連統計年鑑。DWI - Berichte,Nr.12,1964.Imperialismus heute,S.518f.
〔註25〕DWI-Berichte,Nr.23,1964.
〔註26〕DWI-Berichte,Nr.1,1964.
〔註27〕DWI-Berichte,Nr.3,1964. カーチャ・ネールス「国家独占資本主義の作用メカニズムの問題」(2)池谷訳『世界経済評論』一九六五年三月号。
〔註28〕カーチャ・ネールス、同論文(1)『世界経済評論』一九六五年二月号。
〔註29〕DWI-Berichte,Nr.3,Nr.23,1964.
〔註30〕DWI-Berichte,Nr.17,1964. 鬼丸、前掲書、一九二頁以下。
〔註31〕DWI-Berichte,Nr.17,1964. 野村、前掲論文。

〔註32〕カーチャ・ネールス、前掲論文(2)。
〔註33〕DWI-Berichte,Nr.15,1964. Imperialismus heute,S.528f.
〔註34〕DWI-Berichte,Nr.23,1964.

第五章　帝国主義論の基本視角（一九七一年）

序

一　帝国主義にかんする誤解

二　現代帝国主義

三　日本帝国主義復活の問題

四　ゾンテルと猪俣津南雄

序

今日における帝国主義論の基本視角を問題にする場合、二つの認識領域に直面することになるだろう。その一つは現在の帝国主義の諸現象が私たちを包む環境の全体にどのように影響をおよぼしているか、その現状況を、具体的に分析し、理論に昇華させていく作業の分野である。いま一つは、そのような現実認識がどのように行なわれているかを調べる理論状況の分析作業である。これら二つの領域が、現代を研究するにあたって不可分であることはいうまでもない。そのように、「現代」を理論化の第一義的対象にすえ、その現実のダイナミズムのなかから最大限の現物資料と知的インパクトを受けとるというのが、マルクス主義の基本的な認識方法であった。その時代に先行する理論や思想、あるいは歴史分析（による資料）は、それぞれ独自的で高度な研究分野ではあるけれども、それらが「現代」認識と結合され、そこに集約されることによって、あるいはそこを起点とすることによって、一般法則的な把握とスペシフィックな在り方における把握との総合が可能となり、したがって「必然性を認識する」ことへ近づくことも可能となるであろう。そのようなアプローチは、単に理論や資料を解釈し整理するということにとどまらないで、理論を創造的に発展させるということを志向するものである。

以上のような観点を基礎において、この章では、いくつかの論点について概括的な議論を述べ、現代における帝国主義論の基本的な視角を明らかにしようと思う。

一 帝国主義にかんする誤解

最初に、帝国主義とはなにか、帝国主義の現象というのはどういうふうに考えたらよいのか、ということであるが、それには一般的な概念の規定をやるよりも、レーニンの『帝国主義論』がどのように読みちがえられてきたか、誤解されてきたか、ということについて述べた方が、いちばんてっとりばやいのではないかと思う。

帝国主義にかんする解説や定義を読む場合でも、あるいは一九二〇年代から今日に至るまでのいろいろな論争をひもといてみても、いつもマルクス主義者のあいだでは、またマルクス主義者と非マルクス主義者のあいだの論争においても、必ずといってよいくらいレーニンの『帝国主義論』とそのなかに含まれる定義がひきあいに出されている。一九二七年のいわゆる「プチ帝国主義論論争」のなかでも、髙橋亀吉氏がレーニンの「五つの標識」をあげ、日本が十分にそれをみたしていないというところから、完全な帝国主義国ではない、「プチ帝国主義」だという規定をひきだし、大論争の口火を切ったのであった。第二次大戦後の帝国主義復活論争を顧みても、やはりレーニン理論の解釈と現代的適用について議論がたたかわされた。

しかし、そのレーニンの「五つの標識」あるいは彼の帝国主義理論全体について、彼自身が論述した真意とはかなり違った理解が、相当に広くいきわたっていたように思われる。その誤った理解のされ方の重要な点は二つ指摘できるであろう。まず、レーニンの『帝国主義論』は、彼自身がはっきりとことわっているように、帝国主義の純経済的な分析に限定されている。ところが、いつしかその限定はとり払われ、彼の展開した理論が帝国主義の全内容を示すものだと考えられがちとなった。史的唯物論の誤った理解が単純な経済決定主義を生み出していたことも、その傾向を助長したであろう。また帝国主義論が主として経済学者たちによって純経済学的に精密化され、解説されてきたことの影響も少なくないと思われる。結果として、帝国主義というものを、もっぱら経済概念として、経済学主義的にとらえ、その一方、現象面では経済軍事化とか軍事的侵略性とかが鋭敏に問題にされる、そういう傾向がずっと累積されてきたのであった。

まったく誤解の余地のないことなのであるが、レーニンは、自分の書いたものが誤って受けとられることをおそれでもしたかのように、「すべて定義というものは決して現象の完全な発展におけるその全面的な連関を包括できるものではないという、あらゆる定義につきものの制約的・相対的な意義を忘れることなしに、つぎの五つの基本的標識を包含するような帝国主義の定義を与えられなければならない」（傍点筆者）と予めことわっているし、またさらに「もし単に主要な純経済的概念（前述の定義はこれに限られている）を念頭におくにとどまらずに、資本主義のこの段階が資本主義一般にたいしてもつ歴史的地位や、あるいは労働運動における二つの主要傾向と帝国主義との関係をも考慮に入れるならば、帝国主義はこれとは別様に定義することができるし、また定義しなければならない。ただここでいま注意しておかなければならないことは、右に述べた意味に解釈された帝国主義が、疑いもなく資本主義の発展の一つの特殊な段階だということである」（傍点筆者）と重要なただし書きも付け加えていたのである。

もう一つのかなりゆきわたった誤解は、レーニンが「資本主義の最高の発展段階としての帝国主義」という表現を用いたように、資本主義の世界史的発展の一つの特殊な段階にたいして規定を行なったものが、無媒介に一国的な発展段階規定と解釈されがちであったことである。すなわち、彼の「帝国主義」概念は、個別の帝国主義について述べられたものではなく、レーニン自身の序文によれば、「本書の基本的な任務は、……全世界的資本主義経済の総括的様相が、二〇世紀のはじめに、すなわち最初の全世界的帝国主義戦争の前夜に、その国際的相互関係でどのようなものであったかを示すことであった」（傍点筆者）わけである。「五つの標識」による定義は、「地上人口の圧倒的大多数にたいする、ひと握りの『先進』諸国による植民地抑圧と金融的絞殺とのための、一つの世界的体制にまで成長した」（傍点筆者）資本主義の総括的様相を、その経済において、もっとも簡単で分かりやすいメルクマールで説明しようとしたものにほかならなかったのである。この点でも読み違えられていたのであって、ちょうど一九二〇年代に高橋氏が犯したのとまったく同じ誤りを、この戦後の「復活論争」でマルクス主義者がくり返したのであった。

レーニンの著作全体のなかには、随所に帝国主義の純経済的概念以外の説明がみいだされる。「金融資本の基礎のうえに成長する経済外的な上部構造」とか、「労働者を分裂させ、労働者のあいだで日和見主義を強め、労働運動の一時的衰退を生みだす帝国主義の傾向」とか、「支配への熱望」、「あらゆる政治制度のもとでのあらゆる方面の反動、この政治の領域における諸矛盾の極端な尖鋭化」、「民族的抑圧と、併合の熱望、すなわち民族的独立の破壊」とかについての叙述は珍しいものではない。そのことは誰しも気づくことであったはずである。また、同じように、個別の帝国主義について述べた個所も決して稀ではない。たとえば、「イギリスの植民地的帝国主義と区別して、フランスの帝国主義は高利貸的帝国主義と呼ぶことができる。ドイツには、第三の種類がある」とのべた個所や、あるいは、六大強国の発展不均等について論じて、「上記の六国のうちにも、われわれはつぎのような三種の国を見る。すなわち、一方には、若々しい、異常な速度で進歩しつつある資本主義国（アメリカ、ドイツ、日本）、他方には、これらの国にくらべて近時その発展がはなはだしく緩慢になっている、資本主義的発展の古い諸国（イギリス、フランス）、そして第三には、経済の点でもっともおくれた国（ロシア）――そこでは最新の資本主義的帝国主義が、いわば、前資本主義的諸関係のとくに濃密な網で蔽われている――である」と述べた箇所もある。また、小さな植民地をもつ小国とか、政治的独立をもち、植民地さえもちながら金融的・外交的には従属している国とかの例も掲げている。

それらの叙述はいずれも決して読み過ごされてはいなかったと思われるのに、それにもかかわらず、帝国主義の世界体制概念との区別と関係が、純経済的概念と経済外的概念との関連と同様、正しく把握されていなかったのである。その理由は、おそらく、帝国主義の諸要素や諸局面が全体として統一的に概念化されない弱点が、かねてあったからであろう。この弱点は、戦前と戦後とを分けて比較すると、明らかに戦後により顕著であったことは注目されてよい。

個別の国家の対外的な支配・従属の諸関係を見る場合には、帝国主義の全世界的体系との関連で見る視点が必要なのである。一国社会的に視野を限定してもいけないし、特定の国との二国間関係だけで見ることも不完全である。「資本主義的帝国主義の時代には、それは一般的体系となり、『世界分割』の諸関係の総体中の一部となり、全世界的金融資本の活動の一環に転化している（レーニン）」ことを念頭に置かなければならないのである。

二　現代帝国主義

帝国主義の一般概念についての議論はそのくらいにして、では現代帝国主義の理解を、そういう、いわば古典的帝国主義の理解のうえに、どのように重ね合わせたらよいのか。

この問題は、周知のように、中ソ論争のなかで一つの大きなテーマであった。かの論争の中心は、ひと口でいえば現代をどう理解するかという問題にあったが、そのなかで現代帝国主義の形態と運動法則の把握の相違が根底的であり、それがほかの戦争、革命、平和共存、社会主義建設等の問題に影響をおよぼしたとみられる。両方の対立は、それぞれが文字に表現したところだけによっては総括されえないと思うのであるが、ともかく論ぜられたところから要約的にいえば、ソ連側は、レーニンの帝国主義理論は現代でも基本的には正しい、しかし、その法則的貫徹の具体的形態は現代の諸条件のもとで変形をよぎなくされている、つまり、その実現形態は大きく変容している、そういう意味ではレーニン理論はそのまま現代にあてはまらない、それは現代の諸条件に即して部分的に修正される、という立場をはっきりと示した。

それにたいして中国側は、たしかに世界情勢は実に著しく変わったけれども、それじたいレーニン理論の正しさの証明であって、その理論は現代にそのまま適用できる、いささかも修正すべき点はない、と言い切っている。もちろん、中国側がそう言ったからといって、四、五〇年前の、つまりレーニンがみずから、「二〇世紀の初めに、すなわち最初の全世界的帝国主義戦争の前夜に」、と注意深く限定した時期の帝国主義と今日の帝国主義がまったく変わっていないと考えている、というふうには解釈できない。そういうふうに中国の議論を理解するとすれば、その理解の仕方が硬直していると思う。ソ連側が、本質は変わっていないが法則の貫徹形態、実現形態が変わっていると主張する、その言い方のなかに、実は中国側はきわめて具体的なソ連側のインタレスツを読みとっているのであろうし、そうであるために、中国側ではいささかも修正する必要はないという原則性の強調の方が強く前面に押し出されている——そうせざるをえないインタレスツが中国側に強く働いているのだ、というふうに理解した方がより正確であろう。

ところで、日本のサイドから見ると、中ソ論争において、国家独占資本主義の諸形態、諸方法の問題が現代帝国主義論の内容としてほとんど含まれていなかったことにいささか奇異の念を禁じえないであろう。帝国主義の現代的変貌のなかでももっとも重要なポイントであるこの問題は、ソ連や東ドイツあたりでは研究上の主要関心事となっており、また日本を含む西側諸国のマルクス主義者のあいだでも主要な関心が払われているが、中国がこの問題に意欲的にとりくんでいるようには見えない。この違いは、それぞれの置かれている境位なり戦略的重点方向の相違から結果しているのであろう。ソ連はどちらかといえば自国の経済力と軍事力を直切的背景として米国、西欧、日本などの先進資本主義諸国と正面から対抗し、交渉しようとするのにたいし、中国は、第三世界地域の低開発諸国を結集して、自己防衛をはかり、あるいは「農村による都市包囲」の国際化を志向する。東ドイツが西ドイツの高度に発達した資本主義ならびにEC圏に対抗する立場に置かれていることは、いうまでもない。そのような立場の相違が、帝国主義、戦争、革命等の見方に異質性をもたらす一半の原因であろう。

わが国における国家独占資本主義論争は、一九五〇年代なかば以降の異常な高度成長にみられた循環形態の内状を探ろうとする意向の現われであり、したがって、戦後日本資本主義の帝国主義的復活を経済的側面より解明しようとする努力にほかならなかった。国際的な論争の一焦点ともなったツィーシャンクの理論(一九五七年)が、日本で構造改革派に受けとめられ、これと批判論者・反対論者たちとのあいだに、いわゆる「国独資論争」がたたかわされたわけである。ツィーシャンクが指摘した点で注目されたのは、――資本主義の生産関係というものは、資本主義が発展していく過程で、その形態を変えていくのだ、資本主義の生産関係が別の生産関係に変わるわけではないけれども、その具体的な形は小段階的に変貌を遂げてきている、そのことによって危機から身をかわし、その寿命を延ばしてきている、そのように国家独占資本主義は、資本主義的生産関係の新しい一形態、いっそう社会的な形態であり、帝国主義的生産関係の新たな一段階である――という点であった。このツィーシャンク理論ならびにそれを受け容れて独自化した日本構革派の今井＝井汲理論にたいして、批判者や反対派からは、「生産関係」説や「段階」説を誤りとする意見や、資本主義の生産力発展と生産関係との関連という要素よりも全般的危機の圧力要素を強調する意見等が展開されたのであった。

ツィーシャンク理論は、国際的にも国内的にも批判を浴びたけれども、私見では、彼の問題提起がどの程度まで正確に理解されたか、はなはだ疑問に思える。ツィーシャンクは、国家独占資本主義の本質は、独占体の国家にたいする支配であり、癒着であるという点をまずおさえて、その独占体と国家の結合、癒着、支配の具体的形態が解明されなければならないとしたのであった。国家の独占体への「従属」という考え方を否定し、「結合」という考え方を説くヴァルガの主張（一九六四年の遺著）があるにしても、個別独占企業（もしくは部門）と国家との関係という見方でなく総資本と国家との関係という観点を貫けば、あながち「従属」と「結合」をあい容れない考え方だと決める必要もないようである。しかし、日本的論争はツィーシャンクの論点からはよほどそれて行なわれたのであって、彼の理論が構革派の独自の国家論や運動論と一緒にして議論される傾きが強かったと考えられる。

あるいはマルクス主義の論争にとっては宿命的なことかもしれないが、理論闘争がしばしば修正主義、教条主義などといったレッテルの投げあいを伴うために、相互の論点のなかに汲むべきものがあっても、理性的な交換は妨げられ、しばらく後に、仮りに正統主義の名のもとに実質的修正が採られても、ながらく理論の停滞を招くことになりがちなのである。やはりそこには、必然性を認識することと必然性に仕えることとの混同があるといわねばならない。

ところで、資本主義体制の危機という場合、すぐに社会主義体制を含めた平和と民主主義の勢力の資本主義にたいする圧力とか資本主義市場の狭隘化とかいうことがいわれるけれども、逆に、それだけでは今日の帝国主義現象は説明できないのであって、やはり、生産の社会化と所有の私的性格との矛盾（生産力と生産関係の矛盾と言いかえてもよい）が非常に深刻になっているという資本制生産の内在的矛盾（危機の物質的根底）をきちんと踏まえ、そのうえで、帝国主義的世界支配体制の内部における制限的諸要因、ならびに資本主義世界外からの対抗要因が、政治的なものの経済的なものを含めて、相互にからみあっていかに内在的な基本的矛盾と作用しあっているかを、全体として見なければならない。それは、資本主義の再生産過程がもともと世界的な関連構造をもつということによる危機の構造認識にほかならず、今世紀初頭における帝国主義論の提起した視点そのものなのである。レーニンがあれほど烈しく非難したカウツキーの「超帝国主義論」でさえも、資本主義に対抗的な勢力の台頭と再生産過程との関連を意識するところに骨子があったのである。今日では、ミュルダールやプレビッシュなどが「福祉国家を超えて」ケインズ的な限界をどうのり越えるかという問題提起をするような場合、その基底にある危機の認識は、マルクス主義者のしばしば示す教条的な狭さよりもむしろ包括的であるようにさえ思えるのである。

三　日本帝国主義復活の問題

(一)

われわれが帝国主義について論じることが、単なる抽象論議に終わってよいはずはないし、現代の日本から遊離した論議で満足できるものでもない。過去七〇年間、多くの先達たちがなしてきたのとまったく同じく、日本をめぐる帝国主義の諸問題として、日本における現段階規定の問題として、帝国主義論を考えていくのが、必要な立場であろう。

今日ただいまの七一年時点での現段階規定というのは、とくに六九年の日米共同声明以降、新しい問題がつぎつぎに提起されており、結局そこに問題意識は帰していくわけであるが、ここに至る戦後過程を全体として考えてみると、日本の帝国主義的復活をどのように考えるかということが、一貫した問題だったわけである。そして、個々の時点において帝国主義的復活の現段階を認識し、規定するための方法論が決して実質的に確立されていなかったということを指摘しなければならないだろう。帝国主義復活論の方法についていう前に、帝国主義の概念も理論方法も十分に確立してはいなかったというのが、なまの姿であったかもしれないのである。過去一〇年くらいをふりかえると、よほどその欠陥は正されつつあるように思えるのであるが、はたして十分であるかどうか。

帝国主義復活の問題は、わが国では五〇年代から議論されてきたのであるが、歴史的経験としては、すでに第一次大戦後ドイツの復活をめぐって論争が行なわれたことがある。それは、ドイツ共産党内部の「主流派」と左翼反対派との戦略戦術論争の重要部分をなしたものであり、そのさいレーニンは論争全体に決着をつけるよりも妥協による統一維持を勧めたことがあった。レーニン死後、この両派の対立はコミンテルンの指導下にかなり強引な解決が図られたわけであるが、帝国主義復活にかんする理論面では、一九二八年出版のゾンテル著『新帝国主義論』が、二七年までのドイツ資本主義の内外発展を分析し、結論的なものを総括したのであった。このゾンテル（日本で死刑になったゾルゲのコミンテルン・ネーム）の分析方法については、後に猪俣津南雄との対比で少し述べるであろう。

ここでは、まず、帝国主義復活とはいかなる現象と見るべきか、ということが問題である。それは、帝国主義の理解に根本的にかかわる問題であり、前述したような経済学主義的な偏り、および世界体制概念的な視点の喪失が基礎にあって、それによって復活現象を見ようとしても、妥当な結論が出てくるはずもないのである。帝国主義復活の概念・方法については、他の章で少々詳しく展開しているので、重複は避けたいが、最近『歴史評論』（一九七〇年八月臨時増刊号）で犬丸義一氏が「戦前・戦後の国家権力と天皇制——戦後研究史上の成果と問題点——」と題する長い論文を発表し、そのなかで帝国主義復活論争の一つの総括が試みられているので、これに触れておきたい。

この論文は、努めて自己抑制的に、学究者としての立場から、歴史家としての自己批判も含めながら、最近に至るまでの天皇制、軍国主義復活等にかんする議論を概括し、「政治論争」を超えて理論的前進を求めようとする良心的態度のにじみ出たものである。各人がそれぞれの判断尺度をもちながら、戦後の論争過程を科学的にふりかえり、自分なりにまとめて考えてみようとする場合、多数の論策も掲げられていて、たいへん有用な最近の労作であろう。この論文の最後の部分で、犬丸氏は、帝国主義復活をめぐる自立・従属論争の「最近の問題」に触れ、過去の論争には双方とも欠陥があったが、六〇年代の中頃になって理論上の歩み寄りが生じていることを「研究者として重視する」としている。しかし、折角、経済決定主義の偏りと世界体制概念の弱さとに論及しながら、そこでの理論の交通整理には、見逃しがたい不十分さがあると思われるのである。

犬丸氏の整理は完結に紹介すればつぎのようである。——佐藤 昇氏に代表される自立論者は、その国に独占資本主義の基本構造があれば、それはすなわち帝国主義であるという立場をとり、上田耕一郎氏らが経済的標識と政治的標識の二つを必要条件とみなす立場と対立してきた。しかし、六五年一〇月の『現代の理論』に掲載された井汲卓一・森田桐郎両氏の共同論文「日本資本主義の新しい性格」で理論の変化が生じた。それは、「従来の日本帝国主義復活論は帝国主義＝独占資本主義という規定のうえに立ち、したがって帝国主義復活なるものを敗戦によっていったん非帝国主義国化するいわば質的変化の問題としてでなく、帝国主義の力量の量的回復、発展の問題として考えてきた。だが帝国主義と一国社会の性格を規定する概念、すなわち独占資本主義とを同一概念として把えることは明らかに誤っている。」と述べたのであった。ここに自立論者に一つの変化が起こってきている。「いわばここには上田・不破氏との理論的一致点がついに現われてきた」のであり、「したがって、帝国主義復活論の方法論としては、はっきりいって上田説に凱歌があがったといってよいだろう。だから帝国主義復活の問題としていうならば、第一に、非帝国主義国から帝国主義国への復活の問題であるということは明白になったと考える。第二点は、これは上田氏が必ずしも十分にだしていないが、この論者たちの自己批判や松隈論文等々の提起した問題は、実は前に述べたように、江口朴朗、鈴木正四氏らが五〇年、五一年度に提起していた帝国主義とは世界体制としての概念であるという、わが歴史研究者が展開してきた議論を改めて確認する必要がある（四五頁）。」――

この犬丸氏の整理には残念ながら無視できない単純化や不正確さがある。当時の論争を読み返してみれば明らかだと思うが、第一に、自立論者も決して政治的標識を無視していたのではない。ただそれを副次的な要素とみなし、復活を質的に規定するものだとはみなさなかったのである。それにたいして上田理論は、復活の経済的内容については自立論者と異なるところはなく、それにいくつかの政治的標識を復活の絶対条件として付加したのであった。実はそのいずれによっても帝国主義復活の質的契機は導き出されないのである。自立論者の旧論が復活を量的過程とみなす誤りに陥っていたことは、その自己批判からも明らかである。しかし上田氏の（一国経済論プラス）絶対的標識論からも、現実には、復活は実証されえない。上田氏の理論がその後微妙に変化しながらも、帝国主義復活はいまだ「完了していない」とか、「まだ自立した帝国主義ではない」とかの弁明でもって、客観的には現実に進行してきた復活過程を量的過程に還元する議論の論拠になってきたことは、決して偶然ではない。

要は、経済的標識にしろ政治的標識にしろ（両派とも無視してはいない）、それぞれ不可欠の要件ではあっても、それがいかなる内容と条件において復活の質的契機になりうるのかという議論が重要なのであって、それを媒介としないで、どちらが正しいと軍配をあげるような軽率さは慎まねばならない。一例をあげれば、自立論者は政治的標識を復活にかかわる絶対的な質的契機とはみなさなかったけれども、講和による主権回復や安保条約改定の意義は高く評価していた。それにくらべて従属論者は、主権回復はあまり高く評価せず、事実上の従属関係とか、国家的従属の構造とかを強調してきた。また、経済的標識も政治的標識も、基本的に一国的範疇でとらえる牢固とした観念を脱しきっていないのでは、そこからは復活の質的契機はつかみきれない。したがって、経済決定主義の克服と世界体制概念的視点の回復とは、形式論理的にではなく、内在論理的に不可分なのである。

　第二に、犬丸氏は、帝国主義の世界体制としての概念は、一九五〇年、五一年に、江口、鈴木氏らが議論として提起したと述べ、歴史研究者の責務を改めて提言している。それはそれで重要なことであり、賛成である。だが、少々むき出しに言わせてもらえば、レーニンの著作が発表されたのは一九一七年であり、「プチ帝国主義論論争」があったのは一九二七年のことである。それらのなかでは、世界体制としての概念はきわめて明確だったのであり、そのことを改めて確認する必要がある。

　帝国主義論史をわが国に顧みる場合、幸徳秋水の著作は有名であるが、田添鉄二の逸品は発見さえされず（七一年二月刊の岡本宏『田添鉄二』において事実上発掘された）、野呂栄太郎は崇拝的扱いを受けながら猪俣津南雄の膨大な帝国主義論究や中国革命論を含む遺作はほとんど埋もれたままに放置されている。帝国主義復活論争でも、ゾンテルがひきあいに出され、「モスクワ声明」が聖化されたが、わが国の戦前における理論的遺産に深く学ぶという態度は稀薄であった。われわれは、権威づけられたものになにがしか従属しがちなマルクス主義者の虚弱体質、科学的良心のあいまいさと勇気の欠如をいまだに払拭しきっていないのではなかろうか。

(二)　「自立」と「従属」ということ、および復活の「完了」ということについて、これまでに論じたこともあった

が、いくらか補っておく必要がある。

日本が米国との関係で自立しているか従属しているか、あるいは自立国であるか従属国であるかという問題が、あたかも帝国主義国として復活しているかどうかということとまったくイコールの問題であるかのように議論された一時期があったし、今日もまだその名残りがある。これはもちろん帝国主義というものの理解の仕方が前述のような誤りをもっていたこと、ならびに現代帝国主義の特殊性——したがって帝国主義復活の現代的特殊性——が依然として戦前型で考えられる傾向が根強くあったことと関係があるのであるが、また他方、自立とか従属ということを、抽象概念的に考える観念主義が作用したとも考えられる。形式論理的にいえばこれら両概念は背反的にはちがいないが、歴史的、社会的現象としてみた場合、両者の関係はあながち対立一方ではなく、相互依存の関係をしばしば見いだすことができるのである。そのことに、帝国主義の世界体系内における諸国間関係のとらえ方、またさらに現代帝国主義の諸特性というものを合して考察すると、自立と従属の関係が決して単純でないことは明らかであろう。

第一次大戦後のドイツが、ドーズ・プランやヤング・プランに実現された米国のコーロッパにたいする金融的支配のもとで、それに自己を組み入れ、従属をテコとして回復をとげていったことは、よく知られている。第二次大戦後の西ドイツ・日本の場合、従属の内容は、単に金融的・経済的ということにとどまらず政治的・軍事的支配の広範囲な滲透を含んでおり、より深いものだったといえる。しかしまた、二つの時期における戦勝国対敗戦国の関係は、資本主義全体がおかれた危機的条件の点で、極端に異なったものであった

ことも明らかである。帝国主義諸国は、相互間の矛盾、対立の拡大に悩みながらも、共通の危険にたいして相互協力、相互補完の新しい体系を生みだざるをえなかった。積極的国家の機能拡大、国家独占資本主義の国際的展開は、そのような新体系創出のかなめをなすものであった。競争・対立、支配・従属という分裂性の側面と相互協力・相互補完という統一性の側面との矛盾的関係を、古典的帝国主義の観念で割り切ることは無理である。その矛盾的関係を、対立や従属の関係に重きを置いてみるか、相互補完性に重きを置いてみるか、いずれであるかによって、現代帝国主義の全体的把握も、戦略戦術の重点の把握も、おそらくまたく違ったものとなるであろう。

また、従属性を強調する場合でも、帝国主義間の対立性の貫徹（たとえば米国の日本にたいする民族的支配）を重視する立場と、相互補完性の内部における依存性の強さ（たとえば日本独占の対米従属的同盟）を重視する立場とは決して論理的に同一でないことに留意しておきたい。それぞれへの重点の置き方は、戦後このかた、民族的矛盾を認める立場の内部でも、微妙に揺れ動いてきたと思われる。その事に関連して、従属性の内部における階級的同盟を、後進国買弁型でとらえるか、それとも先進国間帝国主義同盟型でとらえるかは、戦略規定に影響をおよぼさずにはいないだろう。要は、現代帝国主義の特殊性――そのもとにおける帝国主義復活の特殊条件ということを、復活を困難にし従属性をつよめ固化する方向に作用する要因とみるか、それとも、帝国主義復活をむしろ促進するが特殊的形態を賦与するものとみるか、であろう。

いうまでもないことだが、従属性と従属国とは同義語ではない。だが、現代の状況下では、民族的な矛盾があるということと、戦略規定のなかでの民族解放の課題を第一義的とみなすということとは、たしかに混同されやすいといえよう。元来、「完全な帝国主義国」というものが存在したのではなく、現実には世界帝国主義の支配的グループに属する、あれこれの特殊的な帝国主義国が存在しただけなのであるが、とくに戦後の今日、完全なモデル的な自立的帝国主義国は存在しないに等しい。経済政策にしろ軍事政策にしろ、完全な独立性を揮うことのできる国はない。もし、国家権力上の従属性とか軍事的な従属性ということをいうならば、西ドイツと日本を比較してどちらが従属性が深いか、一概に言い切れるであろうか。フランス、イギリス、イタリアのいずれも、自分の好む時期に好む場所で軍事力を発動できる自由をもってはいない。米国が比較的高い自立性をもっているにすぎないが、それといえども同盟国の承認と支援がなければ戦争を維持しがたいことが次第に明白になりつつある。変革主体のがわからみても、フランスの「五月事件」が例示したように、内乱によるものであろうと平和的移行であろうと、米軍事力に最終的保障を求めるＮＡＴＯ軍事体制との対決を回避することはできないであろう。ドゴールはいったんはＮＡＴＯの軍事組織からの脱退を強行してみせたが、その政治組織からまで離脱しようとはしなかったし、「五月事件」以後は軍事的依存の重要性を再び承認しないわけにはいかなかったのであった。かつてカナダと日本を高度に発達した資本主義諸国のなかで特殊的に「従属国」と規定した「モスクワ声明」の根拠は再検討されねばならない。それから日本の自立、従属について論じる場合、もしそれを帝国主義的復権と関連させるならば、対米関係の側面のみで考えてはならないであろう。戦後の歴史過程を見てくると、日本は米国と従属的同盟を結びながら、他面、アジア諸民族にたいしては、自主的、抑圧的関係を強め、アジア・太平洋地域における帝国主義的支配体系の内部で、能動的支配主体の座を築きつづけてきたのである。被抑圧民族（対米従属）の面が主か、それとも抑圧民族（対アジア支配）の側面が主か、というような議論は形式論、機械論にすぎない。これまで経済的・非軍事的アプローチを主としてきた日本帝国主義は、その方法によって、帝国主義のアジア支配と侵略の相互補完的体系の一翼を担ってきたのであり、その意味で日本のかかるアプローチは、機能的にはきわめて政治的であり、軍事的でさえもあったのである。日本のアジアにおける経済的侵略はもはや久しい。それは、帝国主義のアジアにたいする軍事的支配を補完してきたし、日本の国力を富ませることによって日本じたいの軍事力の充実をも可能にしてきた。ニクソン・ドクトリンの適用によって日本の軍事的貢献への期待が増大するにつれ、北京や平壌、その他アジア諸民族の日本軍国主義への警戒と、日米の二国間側面に焦点をすえた「従属国」規定とが、認識面でも感覚面でもギャップを拡大しつつあることは注目されなければならない。

㈢

帝国主義的失権というのは、かつて帝国主義国であったが、敗戦によって、その資本力を大幅に喪失し、削減され、世界支配体系としての帝国主義構造のなかで能動的支配的な主体性を失った状態、つまり簡単に言えば、世界支配クラブから脱落したということである。そして、その国が資本蓄積をテコとして、世界支配の構造のなかで再び支配グループへ復帰していく——猪俣の使った言葉を借りれば、「原動的能動的な支配の主体」として自己を回復する——過程が帝国主義復活ということである。したがって、独占資本主義の基本的ウクラードが存在するというだけでは議論にならないし、また、従属性を残しているかどうかということは、復活した帝国主義の、もしくは復活過程の、特性にかかわることにすぎないかもしれないわけである。

このように、帝国主義を世界支配の体制としてとらえ、その体系内における個別資本主義国の地位、役割、性格というものを具体的に見るということが必要なわけである。ドイツや日本については、帝国主義のピラミッド型の支配体系のなかで、トップクラスの座から転落し、いったん支配の客体に転化したものが、再びトップの座にのし上がっていくのである。明治時代の日本は、初めてこのトップの座にのし上がっていった時期にあたる。これについて猪俣は、「番犬的帝国主義」と名づけている。つまり、日英同盟をテコとして、イギリスのアジア支配の番人としての地位を利用して、日本は登竜していったのだと指摘している。そのようにして日本は帝国主義のアジア支配に割り込み、のちにはアジアにおける主要な抑圧者となり、世界支配のトップクラスである六大強国の一つにかぞえられるようになったのである。このピラミッド型支配体系の内部では、二流的な国家群を指摘することもできるし、諸国家のさまざまな機能的諸形態を指摘することもできるであろう。スイスのような場合、その資本の国際活動は活発な高利貸的帝国主義の機能を示しているが、政治的・軍事的な国家機能の面では、優れた軍備と核潜勢力をもちながらも、局外永世中立国として、帝国主義同盟にも、他民族抑圧にも参加していない。それは、資本活動の面で機能的帝国主義であり、また、条件しだいでは国家的に帝国主義国へ転化しうるという点で一種の潜在的帝国主義国であるといえるだろう。

　このようにピラミッド型支配体系の内部における地位や役割の相対的な変動性という視点が可能だとするならば、帝国主義的復活の「完了」ということは、極めて実体的、具体的に考察されなければならないこととなろう。もしなんらかの完成型の帝国主義モデルを予め準備して、それにあてはめて帝国主義になっているかどうかを規定する発想法は、とくに前提となる帝国主義の現代概念が完全でないこととあいまって、致命的な欠陥をひそめている。多くの帝国主義としての徴候や機能は認められても、完成モデルにてらしてみれば、欠落点や不十分な点もまた多く見られる。それゆえ、帝国主義や軍国主義の諸徴候にたいしてはプラグマティックに積極的に抵抗し、闘うが、体制規定としては、まだ復活は完了していないと主張する観念主義の態度がどこまでも続くわけである。

　連続的な歴史展開のなかで、帝国主義に向かって復活して行きつつあるという見方と、すでに帝国主義として復活して行きつつあるという見方が、接合して成り立つわけであるが、そのように帝国主義復活を過程としてとらえる方法が重要だと思う。敗戦・占領下においては、日本資本主義は死滅の予感に怯えながら死にもの狂いで帝国主義に向かって復活してきた。そして、数年の過渡期を含む対日講和の頃を境として、今度は帝国主義として復活する道へ移行したのであった。世界支配体制内における原動的能動的な支配主体性ということでいえば、すでに五〇年代のなかば頃までに日本は支配クラブへ復活していたとみなすべきである。その後二〇年近くの日本の歩みは、その支配クラブ内で主体性と地位を強化するプロセスを辿ってきたものであった。そのように帝国主義として復活する過程において、日米安保条約は、日本のアジア支配への能動性を強める方向で、二度にわたって改定された。それは帝国主義的復活過程の制度的表現であったといえるであろう。

四　ゾンテルと猪俣津南雄

理論史的考察もここでは有益であると思われるので、ゾンテルと猪俣との理論的比較をいままでの論点にからませながら述べることにしよう。

ゾンテルというペン・ネームは、『マルクス主義の旗の下に』とか、その他のコミンテルン関係の文献にはしばしば見受けられるのであるが、彼が活躍した時代には、ドイツ共産党は現段階規定と戦略論をめぐって割れており、やがてコミンテルン内部も激しい分派闘争にみまわれる、そういう時期にあたっている。彼自身はそのような分派闘争に巻き込まれていないが、その活動の分野をドイツ方面に向けることから転じてアジアへ向かい、情報活動家、国際的革命家として上海、東京へと移動して非業の最期をとげた背後には、ナチの政権掌握に伴う活動基盤の狭まりということだけでは説明しきれないものがあると推察する向きもあるようである。ともあれ、彼の『新帝国主義論』は、第一次大戦後のドイツ帝国主義復活をめぐって権威ある裁定をくだした論策であったわけである。

自立・従属論争において双方から一時援用されたこの論策は、実は、日本の「プチ帝国主義論論争」で猪俣らが展開した論点と非常に類似したものを含んでいる。ゾンテルの序文の冒頭は、つぎのように書きはじめられている。

「一九一九年ないし一九二三年のドイツと一九二五年のドイツとを比較してみると、驚くべき相違がある。しかもそれは、一、当時の国内の状態と今日のそれ、当時のドイツの資本生産の世界経済的意義と今日のそれにかんする相違であり、二、ドイツ国家の内部的組織とその世界政策上の態度とにかんする相違であり、三、ブルジョアジーとプロレタリアートとの当時における力の関係、および〔革命的〕陣営と反動的反〔革命的〕陣営とのあいだにおけるこの特殊関係の意義にかんする相違である。」（傍点筆者）そして、そのあとの本論で、ゾンテルは、新ドイツ帝国主義の経済的基礎、ドイツ資本の新政策（対外政策）における経済的基礎の貫徹、新ドイツ帝国主義の階級関係と国内政策、世界的な両陣営（革命と反革命）間における第二インタナショナルとドイツ社会民主党の役割、といった順序で議論を展開している。

ここではとうてい全容を尽くしえないが、第一次大戦後のドイツの復活過程を二つに分け、その間の質的移行を論証するための理論的根拠を探求したものといえる。この点、「プチ帝国主義論論争」で、明治以降の資本主義発展過程において日本が帝国主義へ質的に移行したことを論証するための理論的根拠を明確にしようとした猪俣の問題意識とのあいだに、方法論上の類似点を含んでいるのである。それぞれの主論の執筆がほぼ一九二七年頃であることも、興味深いことである。

ゾンテルは、序文の冒頭の一節でもわかるとおり、質的移行を経済的基盤だけで説明しようとはしていない。だが、経済的基盤がいかに回復したかを最重要視している。まず、レーニンの「五つの標識」を新ドイツにあてはめて、そのうちのいくつかがすでに充たされ、いくつかは充たされていないことを認める。そのさい、もともとレーニンの帝国主義が世界体制として概念化されていたことの自覚は、決して鮮明ではない。そこで、この諸標識を充たさない新ドイツを、いかようにして帝国主義として復活していると論証しうるのか、――この理論上の難点を解くために、彼は、新ドイツの現段階的な経済内容の世界経済的意義、国家の内部的組織とその世界政策上の態度、国内における階級的な力関係とその世界的意義というような諸要因の分析へ進むのである。すなわち、「未完成」ではあっても経済的基礎の一定の回復が、世界経済のなかでどのような意義をもつようになっているか、またそれが、経済外的諸関係の面において、国内的にどのように影響力を貫徹し、かつ世界的な意義をもつに至っているか、を追求していく方法がとられている。

われわれは、このゾンテルの方法のなかに、おおよそ三つの資質を読みとることができる。第一は、帝国主義について世界体制概念的な視点が不十分であり、そのため世界帝国主義と個別帝国主義国との関連把握にぎこちなさが目立つこと、第二は、経済外的要素を重視したこと、第三は、経済的・非経済的諸要素のことごとくを（それぞれを機械的に切りはなして絶対要件化するのでなく）、新ドイツの世界的な権力要素としての位置づけ、意義づけの論証にふり向けたこと、である。その意味で、ゾンテルは、不完全ではあったけれども、帝国主義復活論のために方法論上の端緒的基礎を置いたと評価できるのである。

一方、わが国の「プチ帝国主義論論争」では、髙橋亀吉氏の「五つの標識」あてはめ主義が、「持てる帝国主義」にたいする「持たざる帝国主義」の闘いの正当化、したがってまたその闘いを支持するための国内平和・労使協調論へと結論を導いていったのにたいして、猪俣、野呂らの論客たちによって、世界体制概念としての五標識を無媒介に一国規定に押し当てようとすることの誤りが、いとも明快に指摘され、日本を「被搾取国の仲間」としたがるプチ帝国主義論者の意図と本質のばくろが展開されたのであった。

この論争は、後の「野呂・猪俣論争」の萌芽を内蔵している点でも注目されるのであるが、その後続論争の批判的再検討は他に準備中なのでここでは譲るとして、野呂の高橋批判は、レーニンの定義を一国概念として誤って用いた点を明確に指摘したにとどまって、それでは帝国主義の一国概念規定はどうあるべきか、後発的資本主義の帝国主義への転化はどのように論証されるべきか、についてては議論を進めてはいない（もっとも野呂の『日本資本主義発達史』のなかには、日本帝国主義成立についての史的分析が含まれている）。しかし、猪俣の場合には、高橋理論の誤りを指摘しながら、さらに一歩進んで、一国概念規定としての帝国主義をどのように考えるべきかを追求している。

ところが厳密にいえば、実は猪俣の帝国主義論の一国概念規定にかんする最初の論及は高橋批判にはじまる、かの論争の以前に書かれている。改造社『社会科学』の一九二七年四月特輯「帝国主義研究」のなかで、猪俣は巻頭に「帝国主義の理論とその没落の過程」を執筆し、高橋は「末期における帝国主義の変質」を執筆した。この高橋論文が論争の端緒となったのである。それゆえ、この猪俣論文は、とくに高橋批判に向けて書かれたものでなく、ヴェブレン『特権階級論（翻訳）』――『金融資本論』――『帝国主義研究』――『金融資本と帝国主義』――『恐慌下の日本資本主義』――『極東における帝国主義（中国革命論）』と、その著作によって順を追って跡づけることのできる彼の理論展開のなかで、理論研究から現段階分析へと関心が移行していく過渡期の労作であったとみることができよう。「プチ帝国主義論論争」は、彼の現段階分析への重点移行を促進したと思われ、それと時期的に接続して進められていく日本資本主義分析、国家論・戦略論研究、あるいは三〇年代の農村調査にまで、理論内容とモティーフのうえで連なるものが認められるのである。

ともあれ、二七年四月の猪俣論文では、ここでの問題点との関連では、次のように述べている。「金融資本および帝国主義は、一体系としての世界資本主義全体の特殊の発展段階の、その特殊性質を形づくるものとして扱われている。しかるに、帝国主義時代の世界資本主義を、それの構成諸単位としての個々の『国民経済』の方面から考察すると、世界資本主義は少なくとも三群に大別しうる異質の諸単位から成ることが知れる。㈠帝国主義的に能動的原動的なもの、㈡被動的なもの、㈢中間的ないし派生的なもの。

第一群は、代表的な金融資本主義国及びこれに準ずるもの、第二群は植民地または半植民地化されつつある『国民経済』群で、最後の中間群は、それじしん金融資本主義の段階に達してはいないが、第一群の帝国主義的攻勢の影響の下に、反作用的に、自衛上もしくは対抗上帝国主義的政策をとる。」

このように猪俣は、世界のもろもろのネーションズを資本主義の世界的支配体系内で相互に関連しあう三グループに分類し、その相互間の流動性をほのめかしてもいるのである。そして日本にかんしては、「日清戦争前後からすでに第三群に属し、レーニンのいわゆる militaristische imperialismus（軍事的もしくは軍閥的帝国主義）なる言葉をもって特徴づけうる政策の実行者であったが、内的転形によって今や第一群に属さんとしておる」と、第一群への上昇転化を指摘する。

右のような方法は、髙橋批判のなかで全面的に活用された。『改造』一九二七年六月号（改造社）の論文「資本主義日本の帝国主義」では、レーニンの帝国主義にかんする定義の誤った解釈、誤った引用を厳しく指弾し、二〇世紀初頭において日本はすでに帝国主義国であったという。――〃その当時の日本資本主義はなお半封建的な文武の国家官僚の指導に負うところが多かったこと、日本資本主義発展の内的特質、全体としての帝国主義のエポックの成立、略奪物支那ならびに朝鮮へ近接していること、武力における相対的優越性、等は新興資本主義国日本を積極的侵略的な帝国主義国へ駆り立てた。当時およびそれ以来世界大戦までの帝国主義日本は、アジアの主人イギリスに仕えつつ、その部分的支持の下に、ロシア、ドイツ、その他の帝国主義強国とアジアにおける略奪物を争った。第一次大戦後の帝国主義日本は、大英帝国の一番犬として略奪物の小さな分け前を追うには強大すぎるようになり、アジアにおけるヘゲモニーを争うようになった。〟―また彼は、政治と経済との交互作用をも重視する。――〝政治に影響されざる経済はありえない。一定時の政治的情勢を規定する一の経済的情勢は、政治的影響のもとにのみ、他の経済的情勢へと発展する。そして後者がさらにその時に政治的情勢を規定する。政治が経済におよぼす作用の形態、影響の程度は、資本主義発展の歴史的段階によって異なる。また、一定の歴史的段階における資本主義世界体系の構成部分によって異なる。帝国主義の段階にあっては、政治は、資本の拡張再生産の直接的な不可欠手段として現われる。とくに後進資本主義国の資本は、その蓄積過程において、政治に依存するところが多い。〟――

彼の論考はさらに、「現段階」を究明し、戦略・戦術を科学的に基礎づけるべきことを主張する。――〝われわれが問題としなければならないのは、わが国資本主義の「現段階」である。しかし、日本資本主義は、一体系としての世界資本主義の一構成部分であるから、あくまでもかかるものとして扱わねばならない。世界資本主義の一環としてのわが国の資本主義的発展の、現在における特殊性が分析されなければならない。〟――このように、最終的には戦略・戦術を科学的に基礎づけるべきことに目標を置く猪俣説は、日本帝国主義の歴史過程と現段階を、一国資本主義の内的発展過程からのみ見るのでなく、一体系としての世界資本主義の時代的特質とその体系内における個々の構成単位との関連をも重視する彼の方法を示したものであった。これが後に、日本資本主義の「特殊性」をめぐる論争で野呂とのあいだに鮮やかな対立をひき起こす遠因となっている。この両者の相違を知る人々でも、猪俣の方法の特異性をその内奥にまで掘り下げて論じる人は稀のようである。われわれが、日本帝国主義の没落ならびに復活について考えるさい、このような猪俣の方法的提起は示唆に富むものであり、これを再検討せずに素通りすることはできないはずである。

（一九七一年九月一二日、猪俣研究会にて報告）

付論(1)

野呂栄太郎の帝国主義論～批判的考察

（一九六四年）

序

一　「プチ帝国主義」論争

二　日本帝国主義の成立

序

一九二七年‐三二年は、金融恐慌にその矛盾を露呈した日本資本主義の第三期と当時称された相対的安定の終末期に面して、内外に対立を激しくし、大陸の軍事的侵略へと傾いていった時期にあたる。これを当時の変革主体側よりみれば、ようやく客観的条件の成熟しつつあるのを予感して、主観的条件の整備、結果を急いだ時期に相当する。一九二六年党再建にひきつづく翌年の金融界の混乱にインパクトをうけて、一九二二年の党綱領草案は修正と精細化を迫られた。コミンテルンの「二七年テーゼ」の発表（わが国では一九二七年十二月ないし翌年一月）に至る一時期の党内論争や労農派の出現（一九二七年十二月）は、かような客観的要請を反映していた。多方面にわたる野呂の労作もまた、この時代を反映しており、一九二七年から三三年まで断続的に発表されたものである。

野呂は、周知のように、大学在学時代に、労働学校講師等の体験を通じて知りえた〈労働者の科学的要求〉にもとづいて日本資本主義研究に没頭したが、それをもとにして「日本資本主義発達史」を『社会問題講座』第十三巻（新潮社、一九二七年刊）に発表した。その内容は、野呂自身の後述するところによれば、〈私の分析が、その一般的見通しにおいてはコミンテルンのそれと一致し、個々の点においても重大な（戦略上の対立を生むような）誤謬を犯していることを知りえた〉とあるように、「二七年テーゼ」の水準に匹敵しうる理論水準をもつものであった。

しかるに、今日、われわれが野呂の論考を詳細に検討するとき、彼の理論が、そのみじかい理論的活動の期間を通して、いくつかの論点で、微妙に、変わり、動いていることに気づかないではおれない。とくに、「二七年テーゼ」の前後、それも、テーゼを擁護する立場において猪俣津南雄を批判し、「国家最高地主」説をとなえはじめた前と後とでは、国家論の基礎づけをめぐる分野を中心に変化が著しい。そしてこの変化は、野呂の理論全体をコミンテルンの「三二年テーゼ」に近接する方向へ傾斜せしめていくようにみえる。

この変化は、野呂個人の内的変貌が、一方における国際的理論動向、他方における国内実践面からの要請によって、深大な制約をこうむっていたことを示している。これは必ずしも彼に自主性が欠如したということではなく、本来個人の理論・思想の発展とはそのようなものであろうし、野呂の場合もそれはそれとしてかの時代の一つの合理性を示していると思う。だが、かかる変化を、あたかも規定の論理上を移行するものであったかのごとく、ある種の固定観念で塗りこめることは戒められなければならない。その変化を発展と呼ぶとすれば、発展とはその個々の段階ではむしろ非合理的であることが多いのである。個々の時点での内容をあるがままに見定め、その限界はそれとして評価しなければならない。彼の理論を、否定し、あるいは肯定することが主題ではない。今日的課題の状況からそれを批判的に検証することこそ肝要なのである。

野呂の帝国主義論―日本帝国主義への直接アプローチは、「発達史」が発表されたすぐ後に、「発達史」の理論の適用として現われた。すなわち、一九二七年『太陽』四月号（博文館）および『社会科学』四月号（改造社）に高橋亀吉氏の二論文、「日本資本主義の帝国主義的地位」「末期における帝国主義の変質」が発表されたが、それに対し、マルクス主義者のいっせい批判がおこなわれる中で、野呂＝高橋論争として発表された野呂の二論文がそれであった。野呂の二論文は、たとえば猪俣が、その高橋批判の論文で、精細な帝国主義の一般論の展開に力を注いだのに比し、むしろ高橋理論の反プロレタリア的な階級的性格を直接あばくことに力点をおきながら、帝国主義の一般論というよりは日本帝国主義の特殊的相貌を概括しているといえるだろう。

本稿では、まず、この二論文の中に、野呂の帝国主義の一般的認識ならびに日本帝国主義の特殊的認識を、内容と方法の両面でながめてみたい。ついで、野呂によれば、猪俣らの高橋批判は、精密かつ精力的な帝国主義の一般論的な展開にもかかわらず、かえって彼らの「左翼社会民主主義への転落」を明るみにだす結果となったと目される。その意味で、「プチ・帝国主義」論をめぐる論争は、その後における野呂＝猪俣論争ないし「二七年テーゼ」をめぐる対労農派論争の導火線となったと考えられている。

したがって本稿では、対猪俣論争全体を検討すべきかもしれないが、それにはまた他の不便もともなうので、とくに、日本帝国主義の矛盾をめぐる論争点を吟味する。また、野呂にとっては、日本資本主義の発達史を究明することで、日本帝国主義の本質的矛盾を明らかにし、一般的戦略的規定に貢献するのみでは満足しえなかった。彼は、一九二八－二九年に『マルクス主義講座』を編集する頃からすでに現状分析の必要に迫られていたが〈多忙と窮乏と病勢の悪化とのために〉はたさず、三〇年にいたって、ようやく「現段階」分析に筆をそめることができたという。本稿では最後に、ほぼ三〇年から三二年にいたる、戦略的方面への寄与を期した野呂の現段階分析を、その内容と方法についてみて見たい。

野呂の書いたものは、彼の理論的能力と構想からみて異常に少ない。当時の客観的必要に照らしてもそのことが見てとれるし、また今日、野呂をかえりみ総括しようとするときも、その理論を正確に理解することの最大の障碍と感じるほどである。

一　「プチ帝国主義」論争

（一）

野呂の高橋批判の第一論文は、一九二七年『太陽』六月号に「「プチ・帝国主義」論批判－高橋亀吉氏の所論を駁す――」の題で公表された。高橋の全批判者に向けての反論は、『改造』ならびに『太陽』の同年八月号上に展開された。これに野呂が再度反駁したのが『太陽』九月号の「プチ・帝国主義者の混迷」である。〔註1〕

高橋の所論は、内容的に決して水準の高いものでなく、またマルクス主義の方法に立つものでもなかったが、一九二〇年代なかばにおいて、すでに唯一の多面的な日本資本主義分析の専門家として登場した著名人であり、また社会主義者の陣列に属するものとみなされていただけに、その公然と左翼運動の排外主義的方向転換を提唱した論策は、広くマルクス主義者の目に階級的裏切りとうつったのであった。また今日よりみれば、高橋理論は、その後戦時過程において一般的となった社会愛国主義的イデオロギーのはしりであったといえよう。これに対する野呂の態度はいわゆるアカデミックな議論の提出方法でなく、高橋理論の階級的性格をプロレタリアートの革命的組織化の観点よりばくろすることが主眼であり、それに付随して、〈その過程において、できうる限り、日本資本主義発達の解剖を、就中その発展の「特殊性」の考慮の下に、一応展開することに努め〉ようとするにあった。そのポレミックな論述から、われわれは帝国主義ならびに日本帝国主義にかんする野呂の認識とその方法を読み取ることができる。

まず、論旨の上で必ずしも重要ではないが、高橋理論を簡単に概括しておこう。彼によれば、〈わが国における左翼戦術の基礎をなすものは〉帝国主義戦争必然論であり、また帝国主義段階にまで発達した資本主義の急激な崩壊を基礎とする資本家階級の反動攻勢論である。その前提として、日本資本主義が現に帝国主義段階にまで発展していることが承認されている。しかるに、〈資本主義最後の発展段階としての帝国主義にまで「日本の資本主義ははたして成熟しているか否か」という基本的問題は、実はいまだ解答せられていないものである〉。分析結果が示すところでは、(一)〈日本資本主義の性質は、過半はいまだ農業であり、その上、工業そのものも、その過半は……繊維工業であって、いわゆる「平和的産業」と称せられているものである〉。(二)また日本資本主義が直面している最も急迫した問題は人口問題であり、その解決は〈その性質上、反帝国主義運動としてのみ成功の見込みがある〉。(三)〈日本は、単に人口問題においてのみでなく、他の資源および販路等においても、むしろ、被帝国主義の地位に立つものであって、すくなくともプチ・帝国主義以上ではなく、従って、その利害は、被帝国主義国と共同戦線をはることによってのみ、擁護できる地位にある〉。これらの諸事情に、帝国主義列強が〈「金持ちけんかせず」の理から現状維持的「平和」論者に「唯物弁証法」的に変質〉していることを考えあわせれば、〈帝国主義末期においては「帝国主義的」戦争よりも〈その領土独占の「開放」運動〉が戦争勃発の必然性を増しつつある。〈以上をもって私は、帝国主義的戦争の必然論……のすでに今日においては根拠なきに至った理由を、就中日本においてそうである理由を、証明しえたつもりである。もしも、右の説明にして誤りなしとせば、いうまでもなく、今日のわが国における左翼戦術の根拠は、この点から根底より覆るものである。〉〔註2〕

この高橋理論の性格づけを、野呂はつぎのようにおこなっている。〈高橋氏の全理論体系を通観するとき、われわれの容易に観取しうることは、いまや、氏の自家撞着的詭弁は、単に小ブルジョアの階級的無力と動揺性との表現たるにとどまらず、実に、ある意識的な、積極的な意図を蔵しているということ、これである。しかして、氏の全意図は、まさに〉〈あえて、深刻化しつつある階級対立抗争の事実を拒否し、隠蔽し、さらに国民的迷信を鼓舞し、人種的偏見を激発することによって、強いてプロレタリアートの歴史的使命意識への覚醒を阻止し、排外思想を注入し、もってブルジョアジーの反動政策を擁護せらるるものである〉。

高橋〈氏の認識―方法―論断の階級的立脚地を明確にしえた〉のち、野呂は〈進んで氏の日本資本主義の解剖そのものの批判に入らねばならぬ〉とする。

高橋によれば、日本植民地領有という侵略の事実は認める。〈いかにも、日本は、朝鮮、台湾、満州といった植民地を有しているが、この侵略は必ずしも、今日左翼のいうところの「帝国主義」を意味しない。〉日本のシベリア出兵すらも、帝国主義的色彩よりも、むしろ国家統一的色彩の方が大であった。〈日本がはたして帝国主義国であるか否かは、単に、日本が多少の領土を侵略しているという点から見るわけにはいかない。それは、さらに別の標準から検討さるべきである。〉それでは別の標準とは何か。〈その別の標準からの検討とは、日本資本主義の発達程度が、はたして、いうところの「資本主義最後の段階としての帝国主義」段階にまで発育しているかどうかという尺度ではかってみることである。しかして、この「尺度」はすなわち、レーニンのいう帝国主義の特徴である。〉

そこで高橋は、日本資本主義が資本主義最後の段階としての帝国主義に到達しているかどうかを、レーニンの五つの経済的特徴についての定義を、〈これをそのまま、日本資本主義にあてはめることができるかどうか〉の観点より検証していこうとする。

この「解剖」方法は、野呂によれば、〈ここにも、氏の方法の根本的、致命的誤謬がある〉。すなわち、高橋は、「日本資本主義の帝国主義的解剖」をやると題しながら、実は、具体的分析を欠き、その資料と称するものも単なる現象の専断的な蒐集羅列にすぎず、その「型」式主義、その「あてはめ」主義のゆえに、〈常に、日本資本主義のいわゆる「特殊性」を高唱せられながら、実は、全然、特殊性の認識に失敗していられる〉。これは、すべての定義は一般にただ限定的、かつ相対的意義をもつにすぎぬ、というレーニンの注意を無視したためであり、また、レーニンの指標をばらばらに〈切り離して考えずに全体を綜合して判断〉する立場を失った結果にほかならない。

それでは、かような方法にもとづいて高橋は、「日本資本主義の帝国主義的解剖」をいかようにおこなったか。レーニンの五つの標識に照らした高橋の所論を野呂は一つ一つ反駁してゆく。

（二）

第一に、高橋は〈「生産および資本の集積が、非常に高き程度に達し、経済生活を決定する独占の生じたこと」という現象〉が日本に存するか否か、という問題を掲げ、農業を例にとってこれを否定する。〈国民生産の過半を占むる（その労働量からいって）農産品は周知の如き小農制、小規模性であって、ここにはほとんど大規模生産ということはない。この点……日本は英米独等の帝国主義国とまず著しく事情を異にしている〉とのべる。これに対して野呂は、〈生産および資本の集積程度をみるために、農業を例にとるなどは、資本主義経済の特質の何たるかを知らざるもののなすことである〉と高橋の初歩的な無知を指摘しつつ、民衆の貧困、農工の不均等発展、工業諸部門間の発展不均等は、独占の実現の条件であるとするレーニンからの引用を対置する。のみならず、農工不均等発展の特殊日本的意義について、〈わが国の農業が著しく小規模であり、従って最初から比較的高度の生産様式を取れる工業と著しき不均衡をなし、しかもわが工業の急速なる発達によりいよいよその不均衡を増大し、激化せるの事実こそ、後進なるわが資本主義をして急速に帝国主義の段階にまで成熟せしめたる最も有力なる一要因であり、これこそ、わが資本主義発達の一特殊性なのである〉と述べる。すなわち、高橋がそのことをもって日本が帝国主義であることを否定した不均等発展の事実の中に、その特殊日本的な具体化の中に、かえって日本帝国主義成熟の特殊性をこそみるべきだと主張するのである。

さらにまた、野呂は、〈農業いまだその国生産の過半数を占むる〉とか、〈わが生産の集積および独占は、……これを英米独等のそれに比較すればほとんどいうに足りない〉とかの高橋説に対しては、公式の統計数字で反駁し、いずれも虚構であるときめつけている。ことに後者にかんしては世界で最も独占の進んでいるといわれた米国の統計と比較対照し、日本の独占化が極めて高度に達している事実を証明している。

　なお、高橋が、〈事実、生産の集積および独占に最も適している産業は重工業ないし化学工業品であるが、これらの産業はわが国においてはほとんどいうに足らない位地のものである〉というのに対しては、これをも公式数字で反証し、〈これまた、分析の不充分にもとづくものである〉と反論する。また、高橋が〈繊維工業は……その性質上「生産の集積および独占」にあまり適せないもの〉とみなしている点に附言し、それが理論的精密性に欠ける点で、かつまた日本における軽工業とりわけ繊維工業の発達の特殊な歴史的条件を見落としている点で、適切でないとする。すなわち、本来、一般に軽工業が生産の集積および独占に適するか適しないかという問題の立て方は正しくない。第一に、軽工業は〈その生産の性質上、他の重工業に比して、その資本の有機的構成が一般に低度であり〉、高度化も緩慢であり、利潤率低下の傾向が比較的ゆるやかなため、独占利潤への衝動が比較的に強くないだけである。第二に、欧米においては、軽工業の発達は重工業に先行したため、右の生産の性質にも条件づけられて、〈多くは個人経営または合資組織によって経営され、かつその伝統がいまなお欧米、就中西欧には残っており、ために株式組織に比して利潤率低下の苦痛を受くることがすくないという〉〈軽工業就中繊維工業発達の歴史的条件を考慮に入れねばならぬ。〉さらに、これらの二条件は、一方で販路の性質によって、他方重工業に比して原料独占の制約のすくないことによって条件づけられる。〈かくて、軽工業は、一般的には、独占への衝動が重工業に比して相対的に緊切でないということになるのである〉。野呂は、このように軽工業発達の西欧型、理論型をのべる。しかし、この一般型に日本の軽工業発達の特殊性を埋没させることを拒否する。

　〈だが、以上はあくまで「一般型」である。ところで、わが国の場合は如何というに、まず、日本が後進資本主義国であり、ことに永き封建的鎖国のために、商業資本の発達が、従って資本の個人的蓄積が不充分であったということのために、上述の歴史的条件は、日本の場合にはあてはまらない。すなわち個人資本の蓄積の不充分と、すでに完全に成熟した外国の同種工業と、初めからほとんど無防備状態で対戦するために相当大規模でなければならなかったということのために、当時すでに一般化していた会社組織、就中株式会社組織の下に大工場制を初めから採用しなければならなかったのである。従って、巨額の機械設備を外国から輸入せねばならなかった。ために、わが国の軽工業、就中、綿糸紡織、羊毛紡織、精粉、精糖、麦酒醸造等は、初めから高度の資本構成を有し、従って利潤率低下の桎梏をうけること大であり、ために、「生産の集積および独占」への衝動が、甚だしく大であったのである〉。これが、早いところはすでに明治十年代から、その後四十年代にかけて、軽工業面で独占の設立をみたゆえんであると、日本帝国主義の生成過程の一特殊性をえがきだしてみせる。

わが国の工業のカルテル化、トラスト化、独占化の傾向についても、「帝国主義的独占」の発展を高橋が〈例によって辻つまのあわぬ詭弁を弄していられる〉のに対しては、〈だが、詭弁と虚構とに対しては、さらに包括的な事実を具体的に示すのが早道である。〉野呂は、数多くの独占カルテルの、大トラストの、財閥の、支配を具体的に例示する。そのあと、野呂の指摘では、わが国における独占化について語る場合、〈最後に見のがすべからざるは、国営事業である。煙草、塩、樟脳、郵便・電信・電話、鉄道、軍事工業等々〈これら国営事業に投ぜられている資本を合算すると優に……民間の鉱工業および運輸業に投ぜられた資本総額の六割余に当たる。これだけの資本は、すでに、すくなくとも独占の最高形態をとっているのだ。〉この指摘は、わが国の独占資本中、重要かつ大きな部分がすでに国家独占資本の形態を取っていることを示そうとするものである。（この国家独占にかんするやや詳しい論及は、野呂の二度目の批判論文中にみられる。）しかして、以上のべたような〈いくたの独占的横断カルテルまたはトラスト等は、事実上、三井、三菱、住友、安田等十指にみたざる少数の大縦断的財閥トラストの独占分割的支配網の中へ織り込まれている〉。すなわち、特殊日本的形態での金融寡頭支配。

（三）

〈金融資本は、生産の集積と、それから生まれた独占、という土台の上に、銀行と産業が融合または合生したものでなくてはならない。かような意味における銀行資本の産業支配というものは、なおさらわが国にはいまだほとんど存在しないといってよい。〉〈なるほど、銀行の集中ということはある。金融寡頭政治はすくなからぬ程度にまで進みつつある。しかして「財閥政治」は現に大なる力を揮っている。しかし、それは、いわゆる「金融資本を基礎としての」それではなくて、それとは別な力を基礎にしたものである。〉

これは、レーニンの第二指標に日本資本主義の理解を対照してえた高橋の結論であるが、野呂によれば、これには二点で重大な誤謬がおかされている。まず、〈いったい、「金融資本を基礎とし」ない「金融寡頭政治」とはどんなもの〉であろうか。〈それから、いったい、「すくなからぬ程度にまで進みつつある」「金融寡頭政治」と「現に大なる力を揮っている」「財閥政治」との間に、いかなる本質上の相違があるのか。〉第二に、〈いま批判の対象としている論文に引用されているレーニンやパブロヴィッチの見解に対しても氏はほとんどすべての場合において曲解していられる。〉〈氏は、レーニンの言葉をパラフレーズするに際して、「……独占」と「銀行……」の間に、「という土台の上に」という句を入れられることによって、「独占」が成立してのちはじめて「銀行と産業の融合または合生」が起こるというふうに、一方的に、段階的に、理解されている。〉高橋はこのように、金融資本と金融寡頭支配の理解において一知半解を暴露した。

しかし、さらに、〈これに関連して、もう一つ指摘しなければならぬのは、氏は、わが国の銀行就中普通銀行に対して全然公式的理解にとどまっていられることである。氏は、「普通銀行運用資金株式放資高調」なる表を掲げて、「……銀行資本が産業資本化した高は（それは大体に銀行の株券所有高以外にはない筈である）……」といっていられる。〉だが、〈普通銀行─商業銀行─というから、商業手形の割引や商業資本の融通だけをしていると思ったら間違いである。普通銀行の貸出しの中の六割ないし八割はいわゆる長期貸─その多くは産業企業への投資であるところの─である……すなわちわが普通銀行は制度のうえでは普通銀行であるが、実質においては商業銀行なのである。そしてこれはまた、後進なるわが国資本主義の発達の特殊性から言って、また資本主義発達の必然の過程からいって、当然のことである。すなわち、前節において一応論及したところのわが資本主義発達の歴史的条件は、強く個々にも影響しているのである。〉かくして、わが国における金融資本の成立が日本資本主義発達の特殊な歴史的条件によって、どのように具体的制約をうけねばならなかったかについて、野呂の見解はみずからつぎのように要約される。〈産業資本の発達が不充分であり、商業資本の発達と産業資本の発達とがほぼ同時的であったということ、ならびに産業がはじめから比較的に高度の生産様式を採用し、従って、産業資本の有機的構成は、爾余の自然的、地理的、経済的諸条件にも制約されて、はじめから比較的に高度であり、かつ急速度に高度化せざるをえなかったということ──これらの二事実こそ、一方において、商業信用の発達を不充分ならしむることによって商業銀行──普通銀行の活動範囲を限定し、他方において、銀行と産業との融合または合生の必要を交互的に緊切ならしめたのである。〉

レーニンの第三標識である資本輸出の項についてはどうか。高橋の説はつぎのようである。

〈すこしかえりみればわかるように、わが国の対外経済問題は、商品輸出がそのほとんど全部であって、資本輸出が問題になったことはかつて欧州戦争中資金が一時あまって対支投資が一時的に問題となった場合の外、ほとんどないのである。〉〈もっとも、右にいった言葉は、わが国に資本の輸出が全然ないということではない。「商品輸出にかわって、資本輸出が大いなる意義をもってきた」という事実の全然ないことを指摘したにすぎない。ところが、いまついで、その資本の輸出についてみるに、わが国は資本の輸出国どころか、逆にその輸入国であることがわかる。〉

そしてこの説を裏づけするために、日本の海外投資額のなかから高橋は、〈支那の政府および旧露国政府に対する「政治的」な投資にしてかつ、その回収も利子の受領もむずかしいもの〉、および〈満鉄のごとき「軍事的占領」によるもの〉が除かれる。しかるに野呂は、これら除算は根拠のないことだとする。もし対外投資からこれらの性格のものを差しひくならば、なぜ外資輸入表からも、〈日露戦争当時の軍事公債、すなわち、満州の「軍事的占領」のための費用に借り入れられたもの〉を差しひかないのか？　また回収の可能性を抽象的に問題にするのは、やはり帝国主義の性格を知らないに等しい。〈真の帝国主義者は、小ブルジョアのごとく、小胆ではないのだ。目先の小利にのみ汲々とはしていないのだ。「万一の場合の執達吏」としての陸軍と海軍とを持っているという安心の上に、常に一六勝負をやっているのだ。〉〈かのシベリア出兵の意義は、そしてまたその後の日露交渉の意義は実はここにあったのである。〉

帝国主義国の資本輸出が、単に純経済的なものに限定される必要はなく、それは往々にして「軍事的」「政治的」な支配の輸出にほかならぬこと、経済的進出じたいが多くは政治的、軍事的な保障を伴うものであり、そのことがまた軍事的冒険の素地たりうることを野呂は指摘したのである。これは帝国主義の一般的性質が、ただに経済的支配—搾取を意味するだけでないことを考えれば、むしろ解り易い道理であろう。しかし、ここで野呂は、日本帝国主義のすぐれて軍事的な性格を示唆しているものの、さらにすすんで軍事的封建的勢力の金融資本の対外支配に対する独自的先導的役割、などの点にまで論及しているわけではない。そうではなく、むしろ一般的に、日本資本主義の経済的発展上で、商品輸出にかわって資本輸出が大いなる意義をもってきたことを例示し、〈しかも、それは、「欧州戦争中資金が一時あまって対支投資が一時的に問題になった場合」よりも、氏が「ほとんどあまってないのである」といわれる最近、就中、大正十二年以降においていかに「大いなる意義をもってきた」か〉を例証しているにとどまる。第一次世界大戦終了と満州事変勃発との中間点にあたる〈大正十五年において〉、日本独占にとっての対支投資の意義は、〈わが国全輸出総額の二八％を占める対支輸出金額は……在支事業生産額の約四分の一弱にすぎない〉ということで説明される。

つぎに、第四の、資本家団体間における世界の分割についてはどうか。高橋は、〈日本の資本家は、ほとんど、その「資本家の国際的団結」による「世界の分割」の埒外にとり残されている。〉〈思うに、そのわけは、つぎにのべるように日本経済の性質が、重工業的でもなく化学工業的でもない結果であろう〉と論断する。だが、野呂によれば、これも〈例によって、きわめて皮相的であり、「型」式的であり、なんら具体的に分析、究明せられていない。〉そして、〈この場合にも、高橋氏の「日本資本主義の解剖」の基礎的知識は、全然、素朴な原則的、「型」にはまった公式論の範囲を一歩も出ていられないことを表明していられる〉とのみ批判されている。だが、ここでは、野呂自身によっても、なんら具体的に分析、究明されていない。

さらに、レーニンの第五標識については、高橋は、この〈帝国主義的特徴は、「資本主義国間の世界の領土的分割が終結したと見うること」というのであって、もっぱら、世界的事実を指摘しているのである。この点については、従って、ここに問題とならないわけである〉とのべ、この標識が、あたかも、「日本資本主義の解剖」や日本資本主義の帝国主義的地位」の検証と関係ないかのように処理し去っている。これに対して、野呂の批判はつぎのようにのべる。〈かくて、氏は、全く、帝国主義の何たるかを知られざるものの如くである。氏が特に、「第五の帝国主義の特徴」のみを指して、これは、「もっぱら、世界的事実を指摘しているのである。この点については、氏は、帝国主義をもって、全然、一国的に孤立的な範疇として理解していられるものの如くである。」

このように批判したあと、野呂は、帝国主義の一般概念ならびに個別的な帝国主義国の把握方法について定義する。──〈帝国主義とは、一つの世界的範疇であり、国際政治過程である。ゆえに、日本資本主義が、はたして帝国主義の発展段階にまで成熟せりや否やの分析、究明は、つねに、世界資本主義の現実的運動との内的連関においてのみ考察さるべきであり、かくしてのみ、日本資本主義の現実的運動の全体制的理解にまで到達しうるのである。〉

(四)

資本主義の最高発展段階としての帝国主義が一個の世界的範疇であることは、野呂の指摘するとおりであり、レーニンの論述からも読みとれるところである。ところで、日本帝国主義の特殊的分析は、つねに、世界資本主義の論理との内的連関においてのみ考察さるべきである、とする野呂の方法は、すでに、高橋批判にさきだつ野呂の労作「日本資本主義発達史」において、日本資本主義分析の一般的方法として採用されたところであった。日本資本主義の特殊性を、その内的制約性の面から一面的孤立的に分析する方法を拒け、特殊的なものを一般的なものとの内的連関において、一般的なものの個別的条件に応じた具体的現象形態として、──すなわち、〈世界資本主義的連鎖の一環としてのわが資本主義が、国際資本主義的諸条件の下において、わが国の地理的、人種的および歴史的条件によって制約せられつつ、現実にいかなる具体的発展形態をとったか〉〔**註3**〕という方法的視角から究明しようとしたのであった。

このように、野呂が、日本資本主義がはたして帝国主義の発展段階にまで成熟せりや否やの判別について、世界資本主義の現実的運動との内的連関においてこれを考察するという方法的視座を提起したことは、同じ頃、高橋批判を展開していた猪俣が、〈帝国主義の世界体系と、その構成部分たる帝国主義諸国との関係はどうか?〉と設問し、レーニンの経済的側面からの五特徴にかんする定義は、「一切の定義は総じてただ限られた相対的な意義しかない」とことわってあるとおり、〈具体的には、いかなる資本主義国が帝国主義国であるか……各帝国主義国それぞれの特質は何々か、―そうしたことを、この定義が教えているのでは決してない〉〔註4〕のであって、〈一国の帝国主義についてさらに別箇の定義を要すべきことは余りに明白であるが、同時に、資本主義一般の一定段階としての世界的規模における帝国主義があってこそ、帝国主義国もまたあり得るということも、劣らず明白でなければならない〉〔註5〕と論じ、一国帝国主義の規定を世界史的段階的規定としての帝国主義と内的に関連せしめて把握しようとしたのとおよそ軌を同じくするものであった。

ただし、猪俣は、一国の帝国主義についての別箇の定義をただちに充分に煮つめえたわけではなかった。むしろ、その一国帝国主義の認識方法を追及する過程で、世界資本主義の発展が帝国主義のエポックをなしているという〔一国資本主義側よりすれば〕外的規制要因の側面からのアプローチに重点を置いたようで、それによって日本資本主義が、一方におけるそれ自身の資本主義的〈内的転形〉をとげつつ、他方、世界資本主義の内部で〈帝国主義的に能動的なものに〉〔註6〕成長しているという一般的事実は立証することはできたものの、一方、野呂がこころみたような日本帝国主義の体質的特殊性をも世界的連鎖との関連で明らかにするという企画はこの時期にはいまだ準備されなかったといえよう。

しかし、野呂の論理にも不明な箇所がないわけではない。世界帝国主義の諸特徴にかんするレーニンの五標識を、日本という一国に、そのままあてはめた高橋の誤謬を指摘することはむしろ容易であったが、それでは、日本が帝国主義国であるか否かを立証する具体的基準は何か。レーニンの定義がそのまま適用できないとすれば、いかなる諸契機を充足することにおいて、日本は帝国主義国たりうるのか。この点で、野呂は、高橋の個別的な問題提起にいちいち対応しつつ、わが国における独占の支配的形成、金融資本と金融寡頭制、資本輸出、等について論じ、それをもって日本が帝国主義国であることの証明の具に供している。たしかに、野呂も指摘するとおり、帝国主義とは世界的範疇である。それは単に、第四、第五の標識についてのみでなく、全標識についていえることであり、しかも、それらの諸標識の全部を、個々孤立的にみるのでなく、綜合的に、一体とみることによってのみ世界的範疇としての帝国主義は概念せられうる。では、そのような概念としての帝国主義の諸標識は、「そのまま」ありえないとすればどのような形式で一国規定にかかわらしめられるのか。そこで野呂は、五標識のうちの前三者が、わが国において、世界資本主義の影響下に、その世界的契機との内的連関において、いかなる特殊的発現形態をとったか、を明らかにし、後二者については、それらが決してそのまま一国に当てはまる概念でないこと、それが自明であることをのべたにとどまる。〈世界資本主義の現実的運動との内的連関において〉〈日本資本主義が、はたして帝国主義の発展段階にまで成熟せりや否や〉を分析、究明する方法とは、具体的にはこのようなものであった。もしそうであるとすれば、たとえいかに日本的特殊性の分析が周到におこなわれているにもせよ、現実にその国が帝国主義国であるかどうかの分別は世界史的帝国主義段階にあって、その国の経済生活において独占が決定的意義を有していること、金融資本が成熟し、金融寡頭政治が確立していること、資本輸出国であること、の三要因がみたされれば足りうるということになるであろう。

これは、いうまでもなく著しく経済主義的であり、猪俣が〈一国における金融資本の発達未発達によって、ただちにその国が帝国主義国であるか否かを決しようとするような誤りを避けたい〉として、〈一体系の世界資本主義の時代的特質としてのそれと、その内部において個々の構成単位が個々の場合に演ずる役割〉〔註7〕を区別しようと模索した問題意識に一歩をゆずるものであろう。

野呂が前三者の標識にかんして企てた検証は、日本帝国主義の経済的特性を説明するものとしては、すぐれて意義あるものである。しかし、そこで検証せられえた経済的諸特徴が、ただちにその国が帝国主義国であるか否かを決するものではありえない。〔註8〕むしろそれらの諸事実は、総体としてのその国の帝国主義的性格を規定する諸要因の重要な一部を形づくるものにすぎないであろう。さらに、問題は、それらの経済的諸特徴が存在しているという事実よりも、それらが、その国を帝国主義たらしめるうえに、いかなる内発的規定性を現にもちえているか、にある。その国をして、ないしはその国の金融資本をして、世界の政治的、経済的分割に能動的主体としてかかわらしめ、世界史的段階としての帝国主義の時代形成に主体的に参与せしめている、そのための内発的規定性を前三者の指標の中に検出することが、野呂として追求すべき方向であった。

したがって、前三者の分析は、後二者の分析―それら世界的カテゴリーの特殊日本的発現形態の分析―を必然ならしめるものである。そこには、日本という帝国主義国が、自己の内発主体性にもとづいて帝国主義の世界分割支配における〈能動的原動的な〉要素たりえている諸形態が見いだされたであろう。このように、レーニンの五標識は（基本的経済的側面に限定されてはいるものの）総体として取り扱われるべきであり、しかもそれは世界帝国主義の現実的運動の論理を示しているものであるから、その一般的標識の個別具体的な対象への分析的適用として帝国主義諸国の特殊性の究明は可能である。その分析的適用の精細な方法は部分的に野呂によって範示されている。

二　日本帝国主義の成立

（一）

野呂の高橋に対する第二批判論文、「プチ・帝国主義者の混迷」は、高橋の弁明の破綻を衝きながら、その階級的意図をいまいちど論難する。しかし、ここにおいては、〈単に高橋氏の詭弁論を駁するにとどまらず、その過程において、できうるかぎり、日本資本主義発達の解剖を、就中その発展の「特殊性」の考慮の下に、一応展開することに努めたい〉とする。本節では特に、野呂の帝国主義観を明らかにするものとして、わが国における第二次産業革命と帝国主義への転入、ならびに、日清戦争の性格の問題を中心に考察したい。

高橋の方法が、「量より質への転化」を全く解しない、非弁証法的なものである一例として、野呂は、高橋の労作「明治大正経済盛衰史」をひく。高橋は、その中で、〈明治大正の経済的変遷を五期に分かち、その第三期をもって「新経済の発展時代」となし、「大体に日清戦争以後、明治末期まで」を包括せしめて〉いる。〈すなわち、氏は、日清戦争前後の経済的特質と日露戦争直前より戦後世界大戦勃発までのそれとの間に何らの本質的差異を見いださること〉がない。〈従って、氏は、日露戦争直前の一時的な経済的沈滞期に胚胎し日露戦争を転期として広汎なる展開を開始したるわが資本主義経済の質的転換に対して全く盲目である。〉

そこで野呂は、『社会問題講座』第十三巻（新潮社、一九二七年六月刊）所載の「日本資本主義発達史」の中の一文をかかげる。〈……わが資本主義は、……大体日露戦争を転期として第二の発展段階への過渡を踏み出したものといいうる。その転換の萌芽はすでに、日清戦争後就中日露戦争直前の数年間の工業生産様式をはじめとして経済過程一般にも、はやくも観取しえたところであった。かかる発展の内的必然は、ある意味において日露戦争勃発の一因をなしたのであるから、戦勝の余威(?)は、当然かかる生産力発展の内的必然に対して広大なる道を開くべき筈であった。〉

〈しかるに、時すでに、世界資本主義は、帝国主義的に成熟せる先進資本主義国間の虎視眈々たる勢力均衡の下にあった。従って、新鋭なりといえども後進の日本資本主義が国際的に発展しうる余地はきわめて極限されたものであった。だがそれは、日本資本主義の発展のためには無益な試練ではなかったといいうる。日本資本主義の発展のためには、日露戦争後の十ヵ年間、戦勝の覇気を内に蔵しつつも静かに来るべき発展の日を期待して、内部の整理とその質的転換とに没頭しなければならなかったのである。〉……〈かくの如く、苦節十年の難行苦行を積んだわが資本主義は世界大戦の勃発に導いた先進資本主義国間の均衡勢力の破壊とともに、その虚を衝いて勃然たる進出を敢行するの機会に見まわれ、ここに日露戦争後徐々と進行していた第二の―重工業中心の―産業革命は、一時に花咲き実結んで帝国主義国としての日本資本主義はようやく成熟の域に達したのである。〉〔註9〕

野呂は、このように今では有名な旧作の自分の文章を引用したのち、なお付言して説明している。

〈明治革命後におけるいわゆる官営模範工場や民業の保護誘掖の準備期をへて、明治一八・九年頃より日清戦争直後にわたって急速に進展せる生産様式の変化を第一の軽工業中心の―産業革命と名づくるならば、日露戦争を転期として、各種生産様式の広汎なる質的転換の過程を踏みだし、世界大戦の勃発による諸列強の均衡勢力の破壊を契機として展開せられたる急激なる産業の発展は、第二の―主として重工業中心の―産業革命と呼ばるべきであろう。しかして、わが国においては、世界資本主義の発展段階に対応して、かかる第二の産業革命の進展の過程は、同時にまた、金融資本主義の成熟の過程でなければならなかったのである。〉

以上は、註記するまでもなく、直接には、日清戦争から明治末期までの変化を単純な量的発展に解消する高橋理論に、日露戦争を転期とする質的転化の説を対置させたものであったが、また同時にかたわら、わが国の産業革命の進展過程が、世界資本主義の発展段階の内容に具体的に規制されて、一国的に金融資本主義成熟の過程を形成していたこと、それはとりもなおさず、帝国主義国日本の経済的基礎の創出過程であったことを論証しようとするものであった。方法的には、日本資本主義の発展段階、つまり帝国主義への転入を、なによりも世界史段階的契機に従属せしめて考察していること、同時にまた、日本の帝国主義への転化の契機として、内的矛盾の統一（生産様式の変化）に、金融資本の成熟過程に、必須の重きをおいたこと、第三に、世界史段階的規定下における内的矛盾の発展過程の具体的分析の中に日本帝国主義の特殊性を追及する姿勢が見えること、が注目されてよい。

成立期における日本帝国主義の特殊性は、高橋批判の論文においてよりも、その批判論文の理論的基礎をなした『日本資本主義発達史』において詳しい。〔註10〕

日本資本主義の発展は、当時の〈国際資本主義的環境において、ことにいまだ関税自主権を有せざる無防禦状態において〉、自由競争経済にめぐまれなかった。〈産業革命の急速なる進展とその人為的助長とは〉、資本主義の集中が集積よりも速やかな資本主義の一般的特徴を、わが国においてとくに鋭いものにした。〈わが国が、後進国なるにもかかわらず―否、むしろ後進資本主義国なるがゆえにかえって―資本の集中が先進資本主義国よりはるかに加速度をもって進行したということは〉、第一に、資本の蓄積がまだ不充分であったこと、第二に、それにもかかわらず、輸入せられた高度の生産様式は大きな資本を必要としたこと、第三に、そのため、もっとも有効な会社組織、ことに株式会社組織が最初から採用せられたこと、また第四に、先進資本主義諸国との競争上、とくに最大可能な資本主義の集中を必要としたこと、等によるものであった。先進諸国の商品と競争関係にあった工業が、〈早くも産業革命の過程において、トラストあるいはカルテル等の独占形態の下に経営されたものが多かった〉のはこの事情にもとづく。

すなわち、右の野呂の叙述よりすれば、わが国では、自由主義経済から独占資本主義への正常なコースはたどられなかったが、かえってその後進性のゆえに最初から最大限の資本の集中がはかられたのであり、独占段階以前にやはり特殊日本的性格の独占の諸形態が存在し、生長しつつあったのである。この叙述には、当然のことながら、野呂が折々に注視する官業の役割が付加されねばならない。かような叙述にひそむ野呂の意図は、日本の帝国主義国への転生が、いかにその後進的であるとはいえ、資本主義発達の一般法則に決してもとるものではなかったことをいおうとするにあったのであろう。

右の叙述に、ひきつづいて、〈もちろん、これをもってわが国が当時すでに帝国主義的発展段階に達していたという結論にはならぬが、しかしながら、すくなくとも、先進列強の強圧や帝国主義的世界分割を黙して坐視するに耐えない内的必然に促されつつ急速に自らを帝国主義的に高めつつあったことを認めねばならぬ〉とのべており、また、同じ「発達史」の結論に近い部分で、〈今日、普通わが資本主義の特殊性とせらるるも中には、世界資本主義の現状に即し、かえって資本主義の発達の一般法則の所産にすぎざるものが多いのである〉としたところは、右の観点より一般的に説明したものである。

世界帝国主義の契機に促されつつ〈急速にみずからを帝国主義的に高めつつあった〉と、むしろ日本的後進性のうちにかえって一般性を認識する方法は、日本の帝国主義国への転入についての時期区分を、公式主義的なものから免れしめ、動的把握を可能にさせる。〈団匪事件における「めざましい戦功」は、実に日本資本主義の登竜門であったが、三十五年の日英同盟によって、日本は、ここにはじめて、世界最大の帝国主義国家の忠実にしてしかも油断のならぬ助手として、帝国主義的実践への野望にみちた第一歩を踏みだしたものといわるべきであろう。〉明らかなように、野呂は、わが国における典型的な独占資本主義の「完成」以前に、一面、世界史段階的に帝国主義段階に突入したこと、多面、世界資本主義の発展段階に対応してわが国でも特殊日本的な形で独占化の過程が危速に進みつつあること、を考慮しながら、団匪事件（一九〇〇年）、日英同盟（一九〇二年）をもって、帝国主義への登竜門とみなし、あるいは帝国主義的実戦場への野望に満ちた第一歩とみなしたのであった。

このことは、彼が、帝国主義国への転化のメルクマールを、経済過程のみにはおかず、政治的諸要因、ことに世界の独占分割への主体的参加に認めたことを意味している。また、日英同盟を〈世界最大の帝国主義国家の忠実にしてしかも油断のならぬ助手として〉の登場と考えた点は、猪俣が当時の日本を〈番犬帝国主義〉ととらえたのとともども、初期の日本帝国主義をその従属性において、正確にいえば自発的（主体的）従属性において、特徴付けたことを示している。

以上のような野呂への考察は、〈帝国主義国として日本資本主義が成熟したのは、世界大戦による先進資本主義国の勢力均衡が破れたためで、ここに「一時に花咲き実結んだ」とされている〉とする守屋典郎氏の野呂解釈（一九四七年）〔**註11**〕と一致しない。第一に、国際的に自己を展開し、〈生産力発展の内的必然に対して広大なる道を開くべき〉ことは、日本資本主義の発達にとって必要不可欠の条件であったが、〈世界大戦の勃発に導いた先進資本主義国間の均衡勢力の破壊〉が、〈その虚を衝いて勃然たる進行を敢行するの機会〉を与えたことは、否定すべからざる歴史上の事実であり、野呂はわが国の産業革命の進展を規制した世界的契機をここでも一貫して追っている。第二に、「一時に花咲き実結んだ」とは、日本資本主義の帝国主義化を直接さしていったのではなく、野呂の文脈からわかるとおり、前述の世界的契機が、〈ここに日露戦争後徐々と進行していた第二の―重工業中心の―産業革命〉に〈一時に花咲き実結〉ぶ機会を与えたと考えられているのである。野呂は、第二次産業革命の結実が、とりもなおさず、帝国主義国としての日本資本主義をようやく成熟の域に達せしめたといっている。

したがってまた、野呂は、帝国主義国としての日本資本主義の成熟にとって世界的契機のおよぼした影響を重視していることになる。が、また、産業革命じたい日本資本主義の内的矛盾を体現しているものであり、野呂が、日本帝国主義の矛盾の拡大とその破滅を、その構造的特質、その生産関係からそらしたことにはならない。むしろ守屋氏の論理では、日本帝国主義の矛盾を日本資本主義の内側に強調する一途な姿勢をとることにより、折角野呂が提起した、世界資本主義的連鎖の一環としてのわが資本主義が、国際資本主義的諸条件下において、わが国の特殊的条件に制約されつつ、現実にいかなる具体的発展形態をとったか、という着眼の、方法的具体化の志向をくもらせるものであろう。

守屋氏はまた、野呂の指摘する段階的変化が、〈それは資本主義が独占資本主義に転化したためではなく、「工業の機械化」の意味において第二の産業革命として解されている〉と批判されているが、この解釈は野呂の論理では受けいれがたい。野呂が、第二次産業革命を重工業中心とみたことは事実であるが、それは守屋氏がいわれるごとき単純な「工業の機械化」の意味においていっているのではない。わが国の重工業（あるいは軽工業さえも）が最初から高度な独占形態をとらねばならなかった特殊事情については、野呂が随所でのべていることである。彼が、明治四〇年前後の日本資本主義の段階的変化に、独占資本主義への転化の意味を含めていない、とする主張は、野呂の叙述全体からみて根拠がない。前掲の長文の引用の末尾をいまいちど引けば、〈しかして、わが国においては、世界資本主義の発展段階に対抗して、かかる第二の産業革命の過程は、同時にまた、金融資本主義の成熟の過程でなければならなかったのである。〉

ところで、日本帝国主義の展開とその国家権力との関係は、野呂においては理論化をみていないことが指摘できよう。もちろん、国家権力による経済的な保護育成の役割は彼もみとめるところであるが、その機能の意味を、単に後進資本主義が急きょ先進諸国に対抗し、伍してゆくための方策として、日本資本主義発達の一般的叙述の中にくるめてしまうことで、はたして十分かどうか。ことに、「発達史」の中で、〈すべて、如上の過程においては、わが国は、その急速なる産業革命の進展にもかかわらず―否、むしろ余りに急激なる産業革命の跳躍的発展の故に、かえって―毫末も絶対的専制政治形態を揚棄することはできなかった。のみならず……それは、産業革命の結果、新興商工資本家と地主との新たなる勢力均衡の上に新たなる安定を得ることになったのである〔註12〕〉と述べる場合、そこにいう「絶対的専制政治形態」とは、はたして半封建的絶対主義国家と意識せられているものかどうか。もしそうだとするならば、その特殊的国家の性格、機能は、過渡期―成立期における日本帝国主義に質的影響をおよぼしたにちがいなく、そのことは十分に一箇の理論的命題たりえたはずである。しかし、「発達史」執筆当時の野呂の考察が、その〈歴史形態〉を〈つねに新たなる支配階級間の勢力均衡の上に安定を快復すべく、たえず内部的変質をとげつつ今日にいたり、いまや全くのもぬけの殻となった残がいを最後に金融寡頭政治の城砦として提供せんとしつつある〉〔註13〕としているところをみると、必ずしも野呂は厳密にこの〈政治形態〉を絶対主義国家と考えていたのではないかもしれない。それとも、当時の理論水準の一般的制約下に彼の国家理論もまた未成熟であったと解すべきであろうか。

　ともあれ、コミンテルンの「二七年テーゼ」を擁護しつつ猪俣を批判してゆく時期の野呂の論述が、微妙な変化をとげており、ほぼ明白に日本国家を絶対主義国家と規定するにいたっているからとて、それ以前も同じ考えであったのだと論断することには、遺稿の文字が示す範囲においては、いささか疑念がともなう。

（二）

高橋批判の第二論文では、野呂は、高橋が〈発展を対立物の統一として認識することをえず、従って、日本資本主義の現実的運動を世界資本主義の現実的運動との内的連関において把握しえない高橋氏の無能は、帝国主義国日本の経済的基礎の認識においていかんなくばくろされている〉として、その一例に、高橋の〈有名なるいわゆる「国民戦争」論を対象〉にひきだしている。

高橋は、日清戦争も日露戦争もひとしく「国家統一的」国民戦争であり、シベリア出兵さえも国家統一的色彩の方が大であったと主張し、それによって日本帝国主義の植民地侵略を免罪しようと努めているのであるが、これに対して、野呂はつぎのように批判する。

〈日清戦争をもって国民的統一戦争となすは正しい。たしかにもっとも本質的な意義を把握しているものといいうる。しかしながら、これだけでは、日清戦争の日本資本主義発達史上に占むる重要性、その世界史的意義の規定としては、あまりに単純すぎて不充分であるといわねばならない。〉

〈明治維新の国家的統一によって覚醒の端緒をえたる国民的自覚は、産業革命の進展とともに次第に普遍化しつつあったが、ついに日清戦争をへて完全なる国民的統一意識にまで発展した。しかもこの国民的統一意識は、すでに国際資本主義的発展方向―帝国主義への発展傾向―の影響の下において侵略的軍国主義的傾向を濃厚にしつつあったのであるが、就中いわゆる三国干渉―独、仏、露三国の帝国主義的圧迫―によっていよいよ先鋭化されざるをえなかった。のみならず、すでにのべらるるが如く、わが資本主義的産業革命は当時早くも国際市場の開発を必要としつつあったのであるから、いわゆる富国強兵なるスローガンが著しく帝国主義的臭味を蔵していたのは当然である。〉

高橋においては、やはり、〈右の如き日本資本主義発展の内的必然、ならびに世界資本主義発展の現実的運動との内的連関が毫も考慮せられていない〉のである。〈いわんや、日清戦争が、先進帝国主義列強の極東侵略の直接の導火線となったという世界史的意義、その日本資本主義への反響等の事実は、氏の全く関知せられざるところである。〉野呂の見解では、〈日清戦争は国民的統一戦争であった。しかしながら、戦勝の結果、台湾を獲得し、遼東半島を割取し、しかも一度割取した遼東半島を独、仏、露三帝国主義国の干渉によって返還をよぎなくせられた後の日本は、もはや昔日の日本ではありえない。〉

日清戦争の歴史的性格にかんする野呂の把握は、右の高橋批判にみるかぎり、戦争じたいのもつ植民地略取への帝国主義的傾向を認めており、また先進帝国主義諸国の世界分割完了（中国侵略）への過渡における意義、ならびに日本帝国主義形成への推進的意義、等をも正当に評価している点では、内容的にも方法的にも妥当なものであった。しかしながら、当該戦争の本質的意義の点で、これを国民的統一戦争とみなしたのは、今日からみればその根拠の理解に苦しむところである。内的統一への国民的意識が、外への対抗の自覚において力動的にうちかためられていく──その政治的過程はまた、産業資本による一国統一市場の形成という経済的過程の進行によって基礎づけられる、という公式的理解が野呂にもあって、急上昇しつつある若々しい産業資本主義は、世界資本主義の帝国主義への発展傾向に影響されつつ、一方におけるネーション意識の完成と、他方におけるナショナリズムの排外主義的転化とを、ほぼ同時的に現出せしめたと考えたのではなかったか。もしそうだと、野呂は、資本主義発展の一般法則の特殊日本的具体化の把握を経済過程では高度に成功しながら、政治過程では完全でなかったといえよう。

一般的に、後進諸国においては、政治的諸形態ないしイデオロギーの高度な相対的独自性を媒介としなければ、そのナショナリズムの特性は補足しがたいと考えられる。産業革命──産業資本主義の発展による湿熱をネーション形成の不可欠条件とみなす西欧型の理解一本では、後進国ナショナリズムもしくは植民地ナショナリズムの理解は、不本意にも経済主義的に陥らざるをえないであろう。日清戦争の歴史的性格としては、これを世界史的に産業資本の上昇期に相当する国民統一戦争とみなすよりは、むしろ、当時（一八九四―五年）が帝国主義段階への過渡期―いっせいに諸列強が植民地略取に進出した―の末期に相当すること、および野呂も指摘しているように、〈わが資本主義的産業は当時早くも国際市場の開発を必要としつつあった〉こと、を考慮すれば、むしろ、後進的で新鋭な産業資本主義の、一面において世界資本主義の帝国主義への発展傾向に触発せられ、多面、国際市場開発の内的要求に促された対外侵略戦争であった、という点に、その本質的意義を見出すことができるのではないか。野呂が問題とする「国民的自覚」の意識は、後進的特性として、政治権力的統合が優先し、それに随行して上から形成せられた。戦争の性格を決定したのは、「意識」の内容ではなく、政治的統合の階級的性格だったのである。野呂のいわゆる「絶対的専制的政治形態」が、この対外侵略においてどのような役割をはたしたにせよ、日清戦争の主要な物質的基礎は動くものではなかろう。

（一九六四・三・二八稿）

〔**註1**〕この二論文は、一九三五年六月初版になる、野呂著『日本資本主義発達史』（岩波書店）に収めてあるのを利用した。この書は一九三〇年二月、野呂自身によって編集された。特に註釈しないかぎり、本稿に引用した野呂の文章は、この二論文に含まれる。

〔**註2**〕おもに、高橋亀吉「末期における帝国主義の変質」（『社会科学』改造社、一九二七年四月特輯「帝国主義研究」所収より要約。野呂の批判は、主として『太陽』博文館、同年四月号所収の「日本資本主義の帝国主義的地位」に向けられている。とくに註釈しない高橋の文章は野呂の批判論文中に引用

されたものである。


〔註3〕野呂、前掲書、一一一頁。

〔註4〕猪俣津南雄『帝国主義研究』改造社、一九二八年、一九〇―一九一頁。

〔註5〕猪俣、同書、一四五頁。

〔註6〕猪俣、同書、一九六頁。猪俣「帝国主義の理論とその没落の過程」『社会科学』改造社、一九二七年四月特輯「帝国主義研究」所収、三九頁。

〔註7〕猪俣、同書、一九六―七頁。『社会科学』改造社、三九―四〇頁。

〔註8〕佐藤 昇氏が帝国主義復活論争で展開した帝国主義概念の最大の特徴は、帝国主義の世界的範疇と一国的範疇との関係を明確にしないままに、一国社会的下部構造において独占が支配的であればそれは帝国主義であるとしたこと、その上で、帝国主義には、独占段階の資本主義という一国社会の質的規定としての側面のほかに、世界帝国主義の権力要素としての重要性という側面があるという、二元論の立場をとったことにあった。詳しくは拙稿「帝国主義復活の概念について―批判的考察」本書第三章参照。

〔註9〕野呂、前掲書、一一二―一一三頁。

〔註10〕野呂、同書、一〇二―一〇四頁。

〔註11〕『野呂栄太郎全集』第一巻、岩波書店、一九四七年解説。

〔註12〕野呂、前掲書、一〇四頁。

〔註13〕野呂、同書、一〇四―一〇五頁。

《第二部》　国家論

第一章　現代資本主義国家論（一九七〇年）

序

一　近代国家の論理

二　積極国家への転換

三　現代国家の論理

序

一九六一年に執筆されたレーニンの『帝国主義論』が、ツァーリズムの検閲を顧慮したため、もっぱら理論的な――とくに経済的な分析に限定され、「現在の戦争と現在の政治とを評価するうえで」不可欠の基本的な経済問題、すなわち帝国主義の経済的本質の解明に向けられたという歴史的事情は周知のところである。しかし『帝国主義論』のそのような限定性は、帝国主義の客観的諸条件とむすびついてあらわれた政治的諸現象のあれこれよりも、新しい歴史段階における資本主義の「国家」にかんする理論的分析を欠いていたという点で、レーニンの意図とは別に後代に否定的影響をおよぼした。帝国主義にかんする諸論議が国家論を媒介としないことがもっぱら習慣化して、帝国主義現象を「市民社会」の経済現象に還元したり、政治的徴標のあれこれをあげることによって帝国主義「国家」の問題をたんに政治的諸特質の検証に解消するなどのことがあまり不思議とも考えられなかったのである。

そのような後遺症はもう一つの事情とも関連しているように思われる。『帝国主義論』執筆のすぐあと、一九一七年にレーニンは『国家と革命』を書きあげ、「現代」における革命の国際的条件の分析からロシアにおける国家の打倒の問題へ――そしてさらに新たに組織すべきプロレタリア国家の問題へ――と理論的命題を進めたのであった。彼においては、国家の問題は帝国主義段階、とくに国家独占資本主義への転化過程における「革命の国家にたいする関係の問題」として意識されていた。『国家と革命』の第一版序文に次のようにのべていることからあきらかである。「帝国主義戦争は、独占資本主義の国家独占資本主義への転化過程を非常に促進し、激化させた。全能の資本家団体とますますかたく融合した国家による勤労大衆にたいする法外な抑圧は、ますます法外なものになっている。先進諸国は――その『銃後』のことを言うのだが――労働者にとって軍事監獄にかわりつつある。」しかし彼の国家論へのアプローチは、最近指摘されているように、エンゲルスの『家族、私有財産および国家の起源』をまずとりあげ、国家発生論から国家の本質を演繹し、「階級対立の非和解性の産物としての国家」はよいとして、「監獄等を意のままにする武装した人間の特殊な部隊」としての権力、「被抑圧階級を搾取する道具としての国家」というような、いわゆる抑圧機関論、道具論を定式化したのであった。彼が『国家と革命』第二章、第三章、第四章で一八四八年から一八九四年にいたる期間のマルクスおよびエンゲルスの諸労作を援用しつつ述べるところは、もはや国家論の体系的展開ではなく、抑圧機関・道具としての国家にいかに革命を対置せしめるかという「国家と革命」の論なのである。レーニンの『国家と革命』が一九一七年革命の栄光と結合して後継者たちによりバイブル化されたとき、西欧ないし先進国型の国家への理論的・実践的不適応性がしだいにあきらかとなる。

レーニンが発生論型の国家論を採用し、しかも「抑圧機関・道具」論に国家の本質を一面化したことには、それなりの事情がおそらく考えられうるであろう。帝政ロシアの後進性——社会と権力の——からすれば、市民社会と政治的国家の分裂・二重化という西欧モデルはすぐには妥当しなかったであろうし、労働者の軍事監獄であり諸民族の牢獄でもあったツァーリズムの暴力的支配にたいしては他に国家の有用な規定のしかたはなかったであろう。また、一九世紀末から二〇世紀初頭という帝国主義への移行期、戦争の時代には、現実の国家は西欧諸国でもアメリカでも国家支配の現代にみるような新しい形態をいまだ開発・定着せしめるにはいたっておらず、一九世紀の最後の四半世紀の「平和的」資本主義発展にくらべれば軍事的・専制的性格が政治面におしなべて表出した一時期でもあった。レーニンが直面した国家打倒の課題が「平和的」発展期のカウツキー的改良派的国家論の粉砕と結合していたことに注意をむければ、なおさらのこと、彼の国家理論は特殊歴史的な性格を多分にもっていたという限界性を認めざるをえないであろう。すなわちレーニンは、国家独占資本主義への転化期に位置していながら、しかもじゅうぶんに成熟しかつ展開した国家独占資本主義の国家論を理論化しうる立場にはなかったといってよいであろう。歴史的条件的な場との関連でイデオロギー諸形式をみるべき史観のくもりのみが、後代、条件性を絶対性にまで高めえたわけである。

国家権力の本質がすぐれて強制力であり、国家の本質的機能がとりわけ強制による支配であることは認めなければならない。しかし、強制支配を単純に暴力機関・抑圧機関の問題に極限してしまったり、また国家機能をたんに強制機関に限ったりするのでは、国家権力の本質や機能を総括しうることにはほど遠いであろう。たしかに国家の本質は階級的支配である。だが、その支配の作用には、権力的強制に服従させる「強制による支配」と、いまひとつ民衆の支配への同調を組織化することによって体制的統合をはかる「同意による支配」との両面機能が認められなければならない。また強制機能は、暴力的抑圧機関の作用のみでなく国家の社会的管理機構や経済機構の機能をも貫徹しているものである。現代資本主義の国家について論じるさいには、とくにそのような国家の機能の総括的把握が不可欠であろう。このように、レーニン国家論をもって現代資本主義国家論に代行させることには限界があり、危険さえともなうといわなければならない。

しかし、いま一つの現代国家論へのアプローチにも現状ではいまなおかなりの不稔性がつきまとっているといえるのではないか。それはヘーゲルからマルクスにいたる市民国家論の系譜上に、いいかえれば初期マルクスにおける市民社会論、市民国家論にかんする理論を基礎に、現代国家論を構成しようとする試図に関連している。その試図じしんは決してあやまりではないであろう。あらゆる歴史的時代をつらぬく国家の一般的性格を求めるのでなく、特殊ブルジョア的な国家の性格を把握しようとした初期マルクスの諸労作は、後期マルクスの理論作業と切断されることなく接続的に包括されるべきものである。本論における国家論の方法も基本的にはこの試図にそっている。

しかしながら、その試図にそった理論作業のおおかたが、実態において、まず近代市民国家論として成功しえているか、またブルジョア国家の本質規定として成功しえているか、という初歩的な懐疑はひとまずおいて、仮にかなりの理論的成果がそこに蓄積されつつあるとしても、近代市民国家論がただちにそのまま現代国家論ではありえないし、市民国家論より演繹されたブルジョア国家本質論がただちに現代国家の質的規定を総括しうるものでもない。現代国家論は方法的に未開発なのである。初期マルクスへの埋没から脱却し、現代へむかって旅立ちが急がれねばならない。

このように考えてくれば、現代国家論は、理論の再構築というより新たな構築を要請されているといったほうが適切であろう。一方において、レーニン国家論の現段階における状況不適応がかえりみられなければならない。そのことはレーニン国家論を一文の価値もない過去の遺物としてすてさることを意味するのではない。正しい歴史関連のなかにそれをおきかえ、そこから多くを学ぶことを意味しよう。他方において、近代市民国家論が原型そのままではやはり現段階分析に十分適応的でありえないことが明晰に自覚されなければならない。そして、二〇世紀初頭のレーニン的問題状況はもとより、一九二〇年代、三〇年代の国家論的経験を総括しながら、二〇世紀後半に妥当する国家理論を考究することが肝要である。

本稿では、そのような本格的作業にいますぐとりくもうとするものではない。しかし、近代国家から現代国家への論理の一貫性と転換とを総括的に展望しようとする方法的な試みを準備するものである。そのため、まず最初に近代国家の理論を自分なりに整理して現代国家への移行の契機を模索しなければならなかった。そのあとに現代国家への転換の質的諸契機をさぐることにした。最後に、近代国家原理の現代的な転換をふまえて現代国家が理念的にどのように総括されうるかを考察することとなる。

一　近代国家の論理

市民社会の発展は、「個々の独立の労働個体とその労働条件との癒合にもとづく私有」から、「他人のではあるが形式的には自由な労働の搾取にもとづく資本主義的私有」〔註1〕への転化が、内容を規定するものであった。その転化過程は、労働の疎外形態が、漸次、自己を展開する過程であった。一八四三年から四五年の間に書かれた『経済学・哲学草稿』〔註2〕のなかでマルクスは、人間疎外の形態として、労働の生産物からの疎外（事物の疎外）、生産的・生命的活動からの疎外（自己疎外）、人間の類的存在からの疎外、人間からの人間の疎外の四つをあげた。疎外された労働は、労働それじたいのうちに人間の本質的目標を見出しえず、人間の本質に属する類的共同を個人的生活の手段に転化させ、したがって人間どうしの諸関係は、利己的で、孤立的で、他の存在が個の実現の妨げでしかないような、対立的関係としてあらわれる。疎外された労働には、労働の非労働への所属が、したがって労働と非労働との対立が必然的に結果する。私有財産（私的所有）は外化された労働産物であり、必然的帰結であるとともに、労働が外化される手段でもある。また一八四五年から四六年にかけて書かれたと推定される『ドイツ・イデオロギー』〔註3〕では、分業の発生から不平等な分配すなわち所有が説かれる。分業と私的所有とは基本的には同義であって、一方で活動にかんしていわれていることが、他方では活動の所産にかんしていわれているにすぎない。分業と同時に、各個人の利害と相互に交通しあうすべての諸個人の共同の利害とのあいだの矛盾が生ずる。そして特殊利害と共同利害との分裂が存在するかぎり、人間の生産的・生命的活動が、彼にとって疎遠な、対抗的な力となり、彼がその力を支配するかわりに、その力が彼をしめつけることになる。分業がすすむほど、蓄積がふえればふえるほど、この疎遠な、対抗的な力の支配力は強くなる。資本と労働の分裂も先鋭化してゆく。『経済学・哲学草稿』では、分業の本質を、疎外の内部での労働の社会性であり、類的活動としての人間的活動の疎外され外化された形態だとのべている。

このように、市民社会の本質規定のために、疎外論からアプローチしようと、また分業論よりアプローチしようと帰するところはひとつであろう。資本主義的私有が主要モティーフをなす「進歩した状態」では、あらゆる人間は商人であり、社会は商業社会である。このことから、市民社会に照応する国家の性格が導き出されうるであろう。それは、人間が商人たらざるをえず、社会が商業社会たらざるをえないような、そのような人間、そのような社会の本性にそった国家であるだろう。資本主義的私有の自由な活動を権力的に媒介するものとしての国家が、求められるであろう。したがって、近代国家あるいは市民国家と称されるブルジョア国家は、資本主義的私有を媒介として、外化された労働の対象化であり、必然的帰結であるとともに、労働の外化がますます拡大される手段でもあるということができる。現代国家もまた、この論理の延長上に質的に規定されなければならない。

〔註1〕マルクス『資本論』第二四章第七節「資本主義的蓄積の歴史的傾向」より。ここでの訳語は、大内兵衛・細川嘉六監訳、大月書店、九九四頁。
〔註2〕マルクス『経済学・哲学草稿』城塚 登・田中吉六共訳、岩波文庫、を使用。
〔註3〕マルクス、エンゲルス『新版ドイツ・イデオロギー』花崎皋平訳、合同新書、一九六六年、を使用。

市民社会における諸個人の自己労働にもとづく分散的私有から資本主義的私有への転化のプロセスは、単純な経済的過程ではなく、政治的強力の作用とつねに結合していた。すなわち市民社会は、自己に固有の市民国家をその胎内から外化せしめるまでは、リヴァイアサン的国家との結合を必要とし、よぎなくさせられた。「封建的生産様式の資本主義的生産様式への転化過程を温室的に促進して過渡期間を短縮するためには、いずれの方法も、社会の集中され組織された強力である国家を利用する。強力は、新しい社会をはらむすべての古い社会の助産婦である。それ自体が一つの経済的な力なのである。」〔註1〕市民社会は諸個人の利己心が主たるモティーフであり、私的所有の自由な活動が生命である。領主権、都市特権などを打破したリヴァイアサン的国家のもとにおいて、すなわち、個人の国家にたいする関係（公法的関係）における不自由と私人間の関係（私法的関係）における自由とが並存する条件下で、私的所有はまず経済的自由を拡大する可能性を得た。自己労働的な個別的私有から資本主義的私有への転化は、まずかかる権力関係のもとではぐくまれたのであった。

　しかるに、資本主義的私有への転化がすすむにつれて、公法的関係における不自由は経済的自由を生命とする私法的関係の発展それ自体にとって桎梏と感ぜられるようになる。そこにおける不自由関係を止揚し、「本来最高にして絶対的であった権力を人民の意志に《従属》する《制限的》な人民の《代理権力》とすることによって、公法関係に人民の自由を実現」〔註2〕することをめざす。近代市民国家の誕生である。市民社会に基礎をおくかかる政治的国家の成立を、若いマルクスは、一八四三年秋に執筆した『ユダヤ人問題によせて』のなかで、共同体からの人民の分離の表現に他ならなかったいっさいの身分、職業団体、同業組合、特権を粉砕し、封建社会のさまざまな袋小路のなかへ分割され分散していた政治的精神（公共精神）を開放し、それらを散逸状態からよせあつめ、市民生活との混合から解きはなち、それを共同体の領域として、すなわち市民社会のあの特殊な諸要素から観念的に独立した普遍的な人民的事項の領域として確立した、と表現した。〔註3〕

市民社会のあの特殊な諸要素とはなにか。それは疎外された労働について述べたところであきらかなように、利己的な精神を動機とする物質性であり、他人の自由な労働の搾取が目的合理性をもつ市民社会の特性にほかならない。すでにリヴァイアサン国家のもとにおいて、私的所有の自由を基底とする私法的自由は、労働と非労働との対立を内包していたのであるが、いまや疎外された労働の諸形態は、公法的自由のもと、政治的に解放され、はてしなく拡大される。そのような市民社会の物質性から観念的に独立した政治的国家の普遍性とはなにか。市民社会は、政治的なくびき、すなわち公法的不自由をふりすてることによって、同時にみずからの利己的な精神を束縛していたきずなをふりすてた。そのような市民社会の物質主義の解放によって、諸個人の追求する特殊利害と相互の交通しあうすべての諸個人の共同利害との間の矛盾が、あらたに噴き出す。資本主義的私有にもとづく特殊利害は、そこではもはや身分的なものではなく階級的なものであるがゆえに、全社会を全一的に支配せねばならない。したがって国家は、市民社会の物質主義を、すなわち資本家階級の特殊利害を実在的な基礎としてなりたつ。〔註4〕しかし国家は、特殊利益的であればあるだけ、いいかえれば資本主義的私有にもとづく特殊利害と共同利害との分裂が深ければ深いだけ、普遍性をおびなければならない。そして、「まさにこの特殊利害との矛盾から、共同の利害は国家として、現実的な——個別的でありまた総体的であるような——利害から切りはなされた自立した姿をとる。同時にそれは、幻想の上でだけ共同性の姿をとる」〔註5〕のである。だから国家の幻想共同性は、社会の共同利害に、つまり「相互に分業していることによって依存しあっている諸個人の関係」（傍点は筆者）〔註6〕のうちに実在的な基礎をもっていると考えられる。このように、市民社会の物質主義が完成されることに対応して国家の観念主義もまた確立される。この関係についてマルクスは、「政治的国家が真に発達をとげたところでは、人間は、ただ思考や意識においてばかりでなく、現実において、生活において、天上と地上との二重生活をいとなむ」〔註7〕と表現した。天上とは政治的国家の観念性であり、地上とは市民社会の物質性である。市民社会における利己的私人としての現実の人間は、国のなかではある仮想的な主権の空想的な成員（公民）なのであり、国家のもとで政治的共同体における生活をいとなむのであり、その仮想的な世界でのみ類的存在でありうるのである。そのことは、市民革命による市民社会と政治的国家の分離・二重化とよばれている。かかる分離・二重化を媒介としてのみ、国家の階級的支配・統合の機能は可能なのである。

〔註1〕マルクス「産業資本家の生成」『資本論』第二四章第六節より。ここの訳語は、向坂逸郎訳（岩波文庫）第一巻第四分冊、三三〇〜三三一頁。

〔註2〕高柳信一「近代国家における基本的人権」東京大学社会科学研究所編『基本的人権1』東京大学出版会、一九六八年、一〇一〜一〇二頁。この論文には示唆されるところがすこぶる多かった。

〔註3〕マルクス『ユダヤ人問題によせて』大内・細川監訳、『マルクス・エンゲルス全集』大月書店、第一巻、四〇五頁。

〔註4〕特殊利害と共同利害との矛盾が実在的な基礎である、といってもおなじことである。ただし、前者の優越性の貫徹が見のがされてはならない。原理的には、社会主義国家ではこの関係が逆転しなければならない。

〔註5〕前掲『新版ドイツ・イデオロギー』六五頁。分業と国家とをとくに結びつけて論じたこの部分はエンゲルスが原稿の欄外に記入したものだとされている。

〔註6〕「しかもこの共同の利害は、ただたんに表象のうちに〝普遍的なもの〟としてあるのではなくて、何よりもまず現実のうちに、相互に分業していることによって依存しあっている諸個人の関係として実在する」（同右、六五頁）。この部分はよく引用され解釈もさまざまである。なおこの部分はマルク

スの叙述だとされている。

〔**註7**〕前掲「ユダヤ人問題によせて」三九二頁。

近代国家が市民社会に現実の基礎をおきながら、しかもそれより分離し、それに対立し、観念的普遍性として現われるという論理構造は、近代の国家原理としての人権のうちに最も象徴的にあらわれる。マルクスによれば、「近代国家における人権の承認は、古代国家における奴隷制の承認となんらちがった意味をもたない。つまり古代国家が奴隷制をその自然的土台としたのとまさにおなじように、近代国家が自然的土台としたのは、市民社会、ならびに市民社会の人間、すなわち、私的利害と無意識の自然必然性というきずなによって人間に結ばれているにすぎない独立の人間、営利行動と彼自身ならびに他人の私利私欲的欲望の奴隷である。近代国家は、そのようなものとしてのみずからのこの自然的土台を普遍的人権のかたちで承認した」〔**註1**〕とのべる。その意味で、国家にたいする個人の関係における自由を中心とする人権の普遍性は、政治的国家の「普遍性」の別称なのである。斯様な人権の理論的重要性をふまえて、ちょうど『資本論』の学的端緒が商品論であるように、国家論の学的端緒は人権論でなければならないとされるのである。〔**註2**〕

マルクスは『ユダヤ人問題によせて』のなかで、人権を二つのカテゴリーに、つまり、公民の権利（droits du citoyen）と人の権利（droits du l'homme）とに分類する。前者はいうまでもなく、政治的共同体への、国家制度への参加を意味する政治的な権利――政治的自由権であり、人びとはこの権利を通じて、国家という幻想共同体のうちにおいてのみ類的存在でありうる。公民の権利から区別される「人の権利」、つまり市民的自由権は、市民社会の成員である私人の権利、すなわち利己的人間の、人間と共同体とから切りはなされた人間の、権利にほかならない。マルクスは、このような人権の分裂をとおして市民社会と国家との分離・二重化の論理をみるとともに、市民的自由権の分析をとおして市民社会の疎外された労働の諸形態をみるのである。

個人的自由の権利、それは人間と人間との結合にもとづくものではなく、孤立して自己に閉じこもったモナド（単子）としての人間の自由である。そのような個人的自由とその「実際上の適用」である私的所有権とが、市民社会を基礎づけている。政治的解放――政治的国家の「完成によって、人間は所有から解放されたのではなく、所有の自由を得たのだ。平等権――政治的でない意味での――は、かかる自由の平等をいうにほかならない。安全権――安全とは市民社会の最高の概念であり、全社会はその成員の各人にたいして、その一身、その権利、その所有の保全を保障するためにだけ存在するという警察の概念である。安全権によって市民社会は利己主義を超越するわけではなく、その利己主義を保障されるのである。マルクスはこのように述べるのである。〔註3〕

いうまでもなくこれらの市民的自由権は、国家にたいする私人の関係における権利である。それは国家からの自由であるとされる。国家は、それらの権利の行使に介入しないし、反対にそれらの権利が侵されたときに介入する。個人の自由、所有・契約の自由が国家によって保障され、それが侵害された場合にのみ国家強制力が発動されるということは、市民社会の活動がその自律機能にゆだねられ、国家は外在的にのみこれを警固するという夜警国家、消極国家の概念を意味していよう。〔註4〕

なお、ここで政治的共同体への参加を主内容とする政治的自由権について一言しておく必要があるだろう。近代革命によって確保された所有権の自由は、一方において専制的旧制度の復活をおそれねばならず、また他方において市民社会内部の急進主義が所有権の基礎にいどむことを阻止しなければならなかった。それゆえ、資本主義的私有の自由な発展のためにかちとられた「国家からの自由」は国家による保全を媒介としてのみ可能であった。かかる論理にもとづいて、「国家からの自由」をモティーフとする政治的自由権は、「国家への自由」をモティーフとする政治的自由権と結合する。かつてリヴァイアサン国家にたいして、政治的自由の要求は全人民的な解放と普遍を体現しえた。しかし現実に市民社会が政治的国家を獲得したとき、参政権が、「財産と教養」ある人びとに制限されたことに見てとれるがごとく、幻想共同体である国家へ参加しうる公民はすべての人ではありえなかった。労働と非労働との分化、対立において、非労働のみが市民社会の現存在なのであり、労働は非存在であった。私人の権利である市民的自由権にかんしてそうであった。だが、幻想の類的共同体である国家においても、つまり公民としても、労働は非存在だったのである。したがって、近代国家において政治的自由権は、第一義的には、非労働による国家権力独占の権利であった。しかし、それは、労働の大衆圧力が彼ら自身を非存在からの脱却へと向かわせるプロセスにおいて、一面では、新たに政治的抵抗権としての意義を付与されるが、他面では、彼らを体制内へ誘馴するための制度的条件と化するのである。

〔註1〕マルクス、エンゲルス「聖家族」、『マルクス・エンゲルス全集』大月書店、第二巻、一一八頁。この部分はマルクスによって書かれた。

〔註2〕柴田高好「マルクス政治学原理論の方法」、『思想』一九六八年一一月号、および「マルクス国家論の構造――マルクス政治学原理論・序」、『現代の理論』一九六九年六月号を参照。

〔註3〕人権が個々の階級をこえて一定の普遍的意義と人間開放的意義をもつことは決して否定されてはならない。前掲高柳論文の第七、八節を参照。

〔註4〕近代国家の機能は、市民社会の商品交換過程の内容に干渉するものではないが、総過程としての資本制の運行を市民社会の外側から他律的に強制保障するために、人権の普遍性を保障する「真の共同体」という幻想性において現われるのである。現象的には消極国家であり、すくなく支配するとみられる近代国家は、実態はあくまで強大な中央集権的権力なのである。

立憲主義が一七、一八世紀の合理主義的・機械論的思惟の所産であって、絶対主義の権力論にたいするブルジョア階級の反逆にほかならなかったという立憲主義成立の歴史的由来についての理解は常識であろう。その立憲主義が制度的現実と化してゆくプロセスは、個人の自由を確立し、公法上の保障を得ようとするブルジョアジーの権利要求と表裏をなしており、その結果、個人的自由と権力分立とはイデオロギー的に同一視されるにいたった。このように自由と権力抑制とを結合的にとらえようとする要求は、歴史的にみて、近代から現代まで貫いて有用な価値をもっているといえる。しかし、それは一面において「人一般」の個人的自由と政治的参加の自由を定言しながら、他面においてそれらの自由の範囲と形式を制定することによって、現実には市民社会の特殊利害を他の全体から隔離する特権を制度化したのであった。だから、疎外の原理としての個人的自由が自己否定されないまま、あらゆる時代において人間価値を象徴するもののごとく扱われ、それが権力抑制原理と機械的に結びつけられる議論のしかたには理論的混乱があるといわなければならない。一九世紀から今日まで、労働の論理が多大の犠牲のうえに追求してきたのは、利己的私人の自由の分与でも回復でもなかったのである。類的共同が諸個人の本質として回復されるような、したがって当面はまず私的所有の原理を廃棄するような運動の自由が確保される必要があった。立憲主義が確立したのちにおいて、政治的自由と権力抑制とを原理的に結合した要求が労働の論理によって担われ、一九世紀における民主主義発展の基調をなしたことは、そのことを証するものであるだろう。

C・H・マクヮルワインは、憲法史は通例一連の左右へのフレの記録であるという。ある時期には私権が市民の主要な関心事である。しかしもう一つの時期には、無政府状態になるかもしれなかったので、無秩序の防止が主要な関心となる。イギリスでは、一七世紀は私権への関心が優越し、一八世紀はあきらかに絶対権への逆行を示した。ただそれは、国王ではなく国民議会にあたえられた絶対権の強化という動きであった。一九世紀ではどうか。その多くの時期には、政府の領域を狭めて市民の諸権利を強調する傾向があった。だが、そのことは守らるべき既得の権利をほとんどもっていなかった人びとを無情にもしばしば無視する結果となった。自由放任主義は、伝統的諸権利のみならず伝統的弊害をも持続する現状維持の政策と化していたのである。そしてそのような私権尊重のふくれあがった現状維持は、放置しておけない弊害を随所に生みだし、「集団主義への傾向」を結果することとなった。そのため国家は、「手放し政策」に代わって「規格化」にむかって方向を変えたのであった。〔註1〕

このようなマクヮルワインの説からは、ブルジョアジーの動向が、私権の拡張という改革志向から権力掌握後における「絶対権」の要求へ、そしてさらに自由主義の盛期における経済活動の自律尊重の要求へとフレ動いたさまが読みとれる。しかし資本主義的私有のほしいままな自由は、市民社会における特殊利害と共同利害との対立を体制的危機にまでたかめる。普遍者としての「支配機関の諸義務」が回復され、「手放し政策」の抑制にのりだすことが総資本の要請となる。消極国家に代って積極国家が呼び出される。権力分立の要求は、政治権力の行使にとって本質的なものでなくなる。政府と議会の癒合は新たな政治的寡頭制の問題を提起するにいたるであろう。現存する体制にたいする認識としては、主権や公民の観念が空想的であるのと同程度に、権力分立も空想的となる。しかしかかる状況でこそ、市民社会に非存在としてありつづけた労働者階級にとって、権力行使の制限・抑制の制度的保障は本質的要求となる。

そこで、立憲主義における民主主義的統治形態と非民主主義的なそれとを区別する試みは無駄ではないであろう。レーヴェンシュタインによれば、立憲主義とは、歴史的に二重の意味を有するという。すなわちそれは立憲主義的政治秩序と立憲民主主義的政治秩序の双方をさす概念であるが、これらは決して同一ではない。立憲的であることの要件は国家が憲法をもつことだが、その場合の憲法とは、権力保持者と一般大衆との関係を規定するとともに、国家意思形成にあたっての権力保持者間の相互作用を順序立てて規律している制定法の体系ないし慣習法の体系である。とはいえ、統治過程の運行を規制する形式的な諸規制が存在するからとて、それが必ずしも民主的であることを意味するわけではない。名目的主権者である一般「大衆が政治過程に決定的に参与して」いないかぎり、決して民主主義的だということはできない。一九世紀のヨーロッパ政治史は、イギリスも含めて、この立憲主義と立憲民主主義との対立、前者から後者への移行の歴史であった。全ヨーロッパで支配的であった正統主義的立憲君主制は、それが立憲主義の性格をもっていたことはまぎれもなかったが、非民主的であり、民主主義に頑強に抵抗したのであった。最終段階としての立憲民主主義が登場したのは比較的最近のことである。すなわち一般大衆が有権者として政党に組織され、普通選挙権にもとづく公正な選挙を通じて政治過程に参与し、かくして独立の固有な権力保持者の地位にまでのぼったとき、立憲民主主義は実現されたのであった。〔註2〕

立憲主義から立憲民主主義への移行というレーヴェンシュタインの図式は重視されてよい。ただし私論では、自由主義的立憲主義に大衆民主主義を直結させる議論にも、また立憲民主主義が二〇世紀現代の民主主義と同義的にとらえられることにもくみしがたい。立憲主義から立憲民主主義への移行は、第一に政治共同体への参加者の変化を意味した。第二に、それは人権の原理的内容の変化を意味するものであった。それらのことは、近代市民国家の原理的転換がしだいに進行しつつあったことを意味するであろう。立憲民主主義はその発展の頂点において、市民社会原理の瓦解を基底として、大衆民主主義へ転化をとげるのである。

〔註1〕C・H・マクヮルワイン『立憲主義とその成立過程』森岡敬一郎訳、慶応通信株式会社、一九六六年、二〇八〜二一一頁。

〔註2〕K・レーヴェンシュタイン『現代憲法論――政治権力と統治過程――』阿部照哉・山川雄巳共訳、有信堂、一九六七年、八九~九〇頁。レーヴェンシュタインについてはよく機能論者だと評される。しかし厳密にいって機能主義と機能論とは区別されなければならないが、概してマルクス主義者の弱点は機能論を駆使しえないところに認められる。機能論的アプローチを豊かにしようとすれば機能主義からも学ぶところは少なくない。

二 積極国家への転換

近代国家から現代国家を区別するばあい、そのメルクマールとしてつねに最初にあげられるモメントは、自由放任主義にもとづくブルジョア国家が経済・社会過程にたいする権力行使について消極的かつ制限的であったのにたいして、現代国家はむしろこれらの過程にたいして積極的に介入し干渉する「積極国家」であるという点であろう。たしかに市民革命のイデオローグたちは、「国家以前に自足的な規範体系によって支えられた自律的秩序が存在し、それが人の自己保存とコモンウェルスの福祉を実現しているのであるから、国家がただ右の秩序および規範を維持するために権力を与えられたもの」〔註1〕と考えた。市民社会における自由な個人の活動――資本家的私有の活動、にとって、本来、経済外的な諸権力要素の攪乱的作用は極度に警戒されねばならなかったし、また、産業革命を経た自由放任段階では、秩序維持的ならびに対外防衛的な国家機構の維持は必須としても、経済過程においては資本の労働過程にたいする自主的、自律的支配が最も望ましいものとされたのであった。国家財政にたいする税負担の点からも「安価な政府」が望まれたし、経済過程における自由な活動を外在的な強権作用によって、体制的に保障することが要請されたのであった。その底には、右に引用したように、経済社会の自律的秩序機能を通してコモンウェルスの福祉が実現されうるとする予定調和の信条がよこたわっていたとみることができる。

　しかしながら、歴史の過程は、そのような信念体系にもとづいて営まれてきた自由放任主義が、その「成果」において、国家にかんするみずからの仮説を二つの方面において裏切ったことを示した。第一に、自由主義の教義は、国家権力への制限と経済秩序の最大限の独立によって人間的自由が発展させられるというものであったにもかかわらず、産業社会の発展が招来したのは、経済権力の異常な増大であり、経済権力による政治権力の「服従もしくは併合」であった。理念上の総資本家と称された近代国家は、国家と経済との癒着によってますます現実上の総資本家となる諸徴候を示した。第二に、産業社会の発展それじたいは、もともと私法的自由の領域に内蔵された不自由・不平等関係を拡大し、社会問題の根源となる。それは大衆民主主義の成立とあいまって政治過程における複雑な絵図を描きださずにはいない。不景気、インフレーション、戦争などの衝撃による動揺は、体制の危機をよびおこす。したがって、社会的諸要素間の秩序をたもつため、一段上位の力が必要とされた。「災悪を癒しかつ闘争を調整する仕事をなしうる唯一の制度は、各人を包含し、一般的福祉に関心をもち、競争者に解決策を強制する力をもつもの、いいかえれば国家である。かくて、その方向に政治的圧力を結集することにより、国家は社会的変革の諸力を支配し制御するためにえらばれた装置として呼び出される。」〔註2〕しかしその新たに召喚される国家は、かつて自由放任の哲学者たちが考えた国家ではない。その機能は消極的でなく積極的な関連で形成されねばならなかった。経済的変動がひきおこす社会的、政治的な混乱や反発は、国家の機能によって予防され、緩和され、解放されねばならない。そのような国家にたいする観念は、経済にたいする政治の、企業にたいする国家の優位を再確認するよう強いるものであった。

右にのべた二方向における消極国家の終焉は、一見、矛盾する要素である。前者は、生産の社会化の現代段階に見合う独占体制の形成ならびに私的独占と国家独占との結合を意味するものであり、私的独占への国家の従属性を基本的モティーフとしている。後者は、生産の社会化に対応する労働の社会化――人口の大量プロレタリア化を基盤とする国家の普遍的調整者としての役割を意味するものとされ、私的独占にたいする国家の統制が印象づけられる。人権の構造に現代社会を反映した変化が生じ、生存権的ないし社会権的人権の国家による保障が追加的に実定法制化されたことは、後者の国家の位相を示していよう。もとよりそれは、大規模な収奪体系から必然に産出される大量の貧困と無権利、反発を、総資本の利益に立つ国家の機能により、所有権の放恣にたいする一定の制約を代償として、緩和し、体制志向型たらしめる作用であると特徴づけられる。

積極国家への転成を促した要因は、実は以上の二点だけにつきるのではない。生産と労働の社会化が国境を越えて国際的な拡がりを加速度的に見せつけた一八七〇年代以降のいわゆる帝国主義段階への過渡は、国家の機能と構造の上にすくなからぬ変貌を強いたはずである。この国際的側面は、国内的諸要因と不可欠の関係で、経済、社会、政治の諸過程に影響をおよぼしつつ、現代国家の性格を規定してきた。現代国家とは資本主義の帝国主義段階における国家なのである。

以下、現代の積極国家をもたらした資本主義に内在的な経済・社会的要因を、独占化、プロレタリア化、国際化の三契機にしぼり、それぞれのモメントがいかなる内的論理性において、国家機能の変容を要請したかを概観しよう。そして、そのあとで、それらの要請に応じた支配の論理が、より厳密にいえば支配の論理と抵抗の論理との対抗がどのような国家形態を現代にもたらしたかを考察しなければならぬ。

〔註1〕前掲、高柳論文、一〇一頁。

〔註2〕L・リプソン『政治学――自由・権力・国家――』佐々木俊郎・浦野起央共訳、東文社、一九六七年、二〇〇頁。

1　独占化・独占と国家

技術の発展にもとづく生産の社会化が、経済構造の変化として国家の機能ならびに国家にかんする諸観念に影響をおよぼすということは、重商主義段階にたいする初期産業革命、自由主義ないし産業資本主義の段階にたいする第一次産業革命の影響のなかにもあとづけることができよう。もとより、技術や生産の発展が無媒介的に国家の機能、形態、観念に規定的にはたらきかけるとみるのは当をえていない。それは社会過程および国際過程に媒介され、政治過程の直接的産物として形象化するものであろう。とくに資本主義発展の国際的連関は軽視してはならないもので、一見、個別国家の現象は内部社会を基軸として旋回しているように見えながら、より深いところでは国際的連鎖性をもって資本主義の一般法則は貫徹しており、一般性の貫徹を基軸とする個別性との矛盾、したがってまだ個別的偏差、というシェーマが合理的とも思えるのである。第二次、第三次の産業革命によって促された一般性の貫徹力の強化は、今日、経済構造、社会形態、政治形態などについて先進資本主義諸国に類似性、共通性のいちじるしい増大、パターン化に近いものをもたらしている。一九世紀にマルクスが資本主義を抽象化する際にイギリスの資本主義を典型とみなしたのは、やはり一般性のもっとも発展的な形態をそこに見たからであろう。さらに年代をくだってレーニンが資本主義の段階規定をおこなう際にも主としてドイツから多くの資料を得ていることは、当時の資本主義世界内でドイツが一般性のもっとも発展的な局面を形成していた――したがってもっとも侵略的な帝国主義としての特殊矛盾を形づくっていた――ことに理由を求めることができよう。国家論の領域でも、現代的形態を理論化しようとするばあい、近代から現代にかけての一般型がまず描きだされなくてはならないわけである。

さて、レーニンが資本主義の現段階規定を意図し、国家と革命の理論を展開しようとした時期は、第二次産業革命による経済的社会変動のさなかであった。彼が『帝国主義論』を書きおこした冒頭に、工業の巨大な発達とますます大規模な企業への生産の集中をとりあげ、それらの急速に進化する過程を「現代」資本主義のもっとも特徴的な特質の一つであるとしたように、新しい技術革新の波による工業化と大規模化は、独占資本主義段階への契機となった。それは一八七〇年前後にはじまり二〇世紀初頭にほぼ完成形態を現わした資本主義的生産関係のより高次な形態であり、搾取と支配の世界的体系の形成を意味した。レーニンは、一九一〇年前後のドイツ工業調査資料に拠りながら、またアメリカの資料も添えながら、企業総数の百分の一にもみたない巨大企業の手に工業用動力の四分の三以上、総生産額の半分が集中していることを指摘する。それらひとにぎりの巨大企業の優越は「貨幣資本と銀行」がこれに融合し癒着することによっていっそう圧倒的なものに仕上げられる。また、企業家の独占団体、すなわちカルテル、トラストが全経済生活の基礎の一つとなった。そのようなデータに依拠した詳細な論述のあとで、彼は結論する。「競争は独占に転化する。その結果は、生産の社会化の巨大な前進となる。とりわけ、技術上の発明や改良の過程もまた社会化される。」〔註1〕

それは、彼によれば、資本主義の独占段階であり、帝国主義段階である。それは生産のもっとも全面的な社会化の入り口に到達したこと意味する。この史的段階は、自由競争から完全な社会化への過渡の「ある新しい社会秩序」に資本家たちをひきずりこむ。「生産は社会的になるが、取得は依然として私的である。社会的生産手段は依然として少数の人間の私有である。形式的に認められた自由競争の一般的な枠はのこっているが、少数独占者のその他の住民にたいする圧迫は、いままでより百倍も重く、きびしく、たえがたいものとなる。」〔**註2**〕高度化した生産の社会性と占有の私的性格との背反が、資本主義のあらゆる病弊、圧制の根源である。これが占有の私的性格の廃棄（完全な社会化）への過渡における「ある新しい社会秩序」なのである。

このようなレーニンの議論を延長すれば、第二次大戦後新しい波となったオートメイション、サイバネティクスの導入を因子とする第三次産業革命の訪れは、生産の社会化を占有の私的形態にとってほとんど耐えがたいほどの重圧たらしめているはずである。またその激しいストレスから生みだされる少数独占者と人口量プロレタリア、世界人民との本質的対立は、その支配体制を極度の緊張で型どっているはずであろう。本来ならば、巨大で圧倒的な生産の社会化の照応する生産関係は、資本主義的私有を止揚するものでなければならず、それには「完全な社会化」を意味する社会主義的生産関係が適応的であり、合理的だとされる。だが現実には、先進資本主義諸国の大部分では、独占資本主義のより高度な生産関係として、私的独占と国家的独占との緊密なからみあいを体系化し、国家機能の多様化・技術化・機械化に依拠して、継続的な潜在的危機の突如とした破局的奔出を回避しつづけている。

そのような国家機能の新しい展開は国家独占資本主義として要約される。それはたんに国家の経済的機能のみを指すものではない。国家独占資本主義の体制としての問題は、経済、社会、政治の各過程で、またその国際分野で、それらすべてにおいて国家機能が積極的に転換をとげたことを意味している。しかし、それはまずなによりも経済過程における「一連の本質的に新しい諸現象」である。「現在の国内的ないし国際的な、国家的〝諸計画〟や銀行制度、および国際的諸機構などにあらわれている組織形態をとりあげてみても、あるいはまた産業資本と銀行資本とのからみあいの今日の方法と様式、国民所得の再分配、信用ならびに通貨制度とか、国家財政と国家資金の役割等にあらわれている帝国主義の内部的構造をとりあげてみても、いたるところで帝国主義の新しい特徴に出くわす。」「これらいっさいの新しい現象に特徴的な経済的指標として国家独占資本主義が浮かび上がってくる。」〔註3〕

国家論の観点から見たばあい、国家独占資本主義は、国内機能の新しい展開を意味している。近代国家において国家の機能は、資本主義的生産と搾取の一般条件を、市民社会の外側から強制国家的に、いいかえれば事後的処理を司法解決的に、確保することを基本的性格としていた。それは国家機能が政治的ないし司法的機能におおむね限定されていたことを意味する。だが独占資本主義段階では、国家は従来の制限枠を越えて、経済過程、また社会過程へ、介入する度合いを深めるようになった。その必要に応じて国家機構もまた行政機構の肥大化をとげはじめる。国家独占資本主義はこの傾向を一層促進した。国家と経済との交錯は、政策から管理へ、そしてさらに国家的占有へとエスカレートし、国民経済のかなりの部分をその直接影響下に収めるようになる。ある指摘によれば、今日のアメリカでは、連邦および州政府、その他公共団体の提供するサーヴィスが全経済活動の五分の一ないし四分の一にも達しており、また公共部門の三分の一ないし二分の一が国防と宇宙開発に関連しているといわれる。この最後の国防部門などにかんする叙述は、とりわけ高度で費用のかかる技術・組織・計画化などを必要とし、したがってまたそこにおける開発と投資が国民経済の総需要に決定的比重をもつような産業の分野が、私的独占と国家独占のからみあいの体系にとって選好性に適することを意味する。

そのような私的独占と公的部門との結合にかんする認識は、管理経済とか混合経済とかの言葉が示すとおり、決してマルクス主義に固有のものではない。事実認識としてはもはや十分に市民権をもっている。たとえばガルブレイスは最新の著書『新しい産業国家』〔註4〕のなかで、

(1)「大企業体制」は大規模な生産組織であり、商品の価格や数量の決定はもちろん、市場をコントロールし、顧客を自己の必要に従わせようと努める。それは、消費者の価値観や信条に支配的な影響をおよぼす。生産を決定するイニシァティヴをとるのは、もはや生産機構を自分の究極的な意思に従わせる指令を市場を通じて発する消費者＝主権者ではありえない。

(2)「大企業体制」は、技術進歩のもたらした結果のすべてを網羅した現代産業の型であり、生産過程の内部においては、生産工程の時間量ならびに費用の巨大化、個々の生産目的にたいする時間と資金の固着性の増大、高水準の専門化した人的資源の大量要求とその大規模化と市場安定の要請に応じるための計画化の必要、などの主要因がはたらいている。「大企業の体制」は、それらの諸要請に応じる体制でありながら、またそれらの要請のもたらす負担と危険、困難を軽減し、解決するため、国家と不可分に結びついている。

とその認識をのべている。そして、「現代の巨大企業や産業結合のはたす中心的役割という考え方は、経済社会のマルクス流解釈とはなんら基本的に対立するものではないだろう」とのべ、いまなおそのような認識が、競争や市場の神秘性に強く従属した思考様式のアングロ・サクソン的伝統のなかの経済学から、かなりのイデオロギー的反発をうけていることを語っている。

ここでガルブレイスについて深く触れる予定はないが、ただ彼の国家と「大企業体制」との不可分の結びつきにかんする説は、私的独占の国家にたいする支配および私的独占と国家部門との「からみあい」の理解に関連して興味をひくものがある。

彼は、「事実、大企業体制は国家と不可分に結びついている。いくつかの注目すべき点で、成熟した法人企業は国家の一翼をなしている。そして、いくつかの重要な事項にかんし、国家は大企業体制の道具である」として、国家が「大企業体制」の影響下にあることを承認する。だが成熟した法人企業の国家にたいする影響力は、直接的行政行動あるいは純粋に金銭的な関係などに、主として依存しているのではない。「大企業体制」の支配力であるテクノストラクチュア（専門家の組織）と国家とのあいだの関係こそは、この影響力の源泉である。「国家は経済の安定に強い関心をもっている。そして経済の拡大や成長について関心をもっているし、教育についてもそうである。科学や技術の進歩についてもそうである。そして、わけても国防について関心をもっている。これらこそが国民的目標である。」それはまた「大企業体制」の目標でもあり、テクノストラクチュアの構成員がそこに共鳴を見いだしたところのものであった。「これらの目標はすべて、実はテクノストラクチュアの必要や目標に対応している。」そのような両者間の共鳴や適応が金銭的報酬を補うようになっているので、政府と私企業との間の境界線は、実際には不鮮明であり、むしろかなりの程度想像上のことである。「それぞれの組織が他の組織にとって重要であり、組織の構成員は日常の仕事を入りまじって行ない、一方の組織は他方の組織の目標を受けいれるようになり、おたがいに他方の目標に自分のを適合させる。したがって、いずれの組織もが他方の延長であるといってよい。」（傍点筆者）

かような彼の立論の基礎概念には、現代産業社会における支配力が資本から専門家組織に移行したという認識がある。これと類似の理論は、アメリカ社会学にはよく見られるところであるが、テクノストラクチュアに支配力が移ったというばあい、その組織は、自己の体内から自発的かつ原始的に出て全社会におよぶ意思力の有機的主体なのか、という点が容易に浮かぶ疑問であるだろう。ダーレンドルフの言葉を借りれば、権力の非人格化を論拠とする「匿名的な」支配力または「自動的な」指導力という概念は、ただ後期資本主義社会の権力の座が見えにくいということにすぎないのであって、かかる概念を肯定するためには、「ヘーゲル流の自由の化身としての国家の具象化が必要になる」〔註5〕ということになろう。また、国民的目標にかんするテクノストラクチュアと国家との「共鳴」については、「国民的」ないし「社会的」な公共善にまで奉られた目標の内容が、まさしく利己的個人＝資本主義的私有の充足を媒介としたものである点が注目される。その「共鳴」や「適応」がはたしてマンハイムのいう「実質的合理性（独立的な判断力）」であるのかどうか、それはビューロークラシー論の領域に属する問題であるだろう。ともあれ、それらの限定評価にもかかわらず、私的独占と国家内部との「入りまじり」についての論述は、基本的性格の一面を衝いているといえないだろうか。そうしてさらに、巨大な組織の支配下で、すくなくともまず経済生活面において、人民主権およびその理念的前提としての「個人（＝人間）的自由」が虚名と化している実態が、描きだされているといえないだろうか。


〔註1〕レーニン『資本主義の最高の段階としての帝国主義』宇高基輔訳、岩波文庫、四三頁。

〔註2〕同書、四三頁。

〔註3〕K・ツィーシャンク「国家資本主義の若干の理論問題」井汲卓一編『国家独占資本主義』大月書店、一九五八年、二二五〜二二六頁。

〔註4〕J・K・ガルブレイス『新しい産業国家』都留重人監訳、河出書房、一九六八年。

〔註5〕R・ダーレンドルフ『産業社会における階級および階級闘争』富永健一訳、ダイヤモンド社、一九六四年、四〇二頁。

2　「経済的国家」論批判

国家独占資本主義段階における国家の経済的機能の積極的展開ということについては、一九五七年のツィーシャンク理論をめぐって起こった国際的論争の日本的部分としてのいわゆる「国家独占資本主義論争」を通じて、かなり重要な論点が提起され解明されたようである。ここでは論争の全体を回顧することが主眼ではないので、国家論の観点から国家の経済的機能ということの概念をあきらかにする方向にそって、いくらか議論をあとづけ、批判的意見をあきらかにしたい。

まず問題提起となったツィーシャンク論文の趣旨は大要つぎのとおりであった。

(1)国家独占資本主義の本質は、独占体の支配のもとへの国家の従属にある。そのことはかつてレーニンの指摘したところである。

(2)だが、その従属の意味は、国家の措置すなわち独占体の利益のためにおこなわれる経済に影響を与えるための国家的方法ないしは国家の政策、あるいは金融寡頭制と国家諸機関との間の人的結合、金融寡頭制の議会操作などに限定して理解されがちである。

(3)しかしながら、いまや独占体が政治的権力機関を操縦するということが問題なのではなく、独占体の支配のもとへの国家の従属によって新しい生産関係が発生することが問題なのである。問題なのは資本主義的生産関係の内部での新しい関係である。国家独占資本主義は国家の活動を現在の再生産過程の要求のもとにひきいれまた従属させる。

(4)そのような国家独占資本主義は資本主義的生産関係の新たな一段階にほかならない。

(5)それは一面において生産関係のいっそう社会的な形態であるにもかかわらず、また他面において依然として私的資本主義的形態である。それゆえ新しい所有形態は社会化された生産力と私的資本主義的生産関係の対立をたんに消極的に、すなわち資本主義的生産関係の内部で止揚するにすぎない。それは搾取のより高度の形態であるにすぎない。

(6)かくして国家は搾取のより高度な段階をあらわす新しい生産関係に奉仕する。そこに国家の政治的ならびに経済的役割がある。国家、すなわち全社会を包括する権力機構が経済にひきいれられることによって、「社会的経済的指導の機構」を可能にする生産のより大きな社会的総括が生まれる。まさにそのことから再生産過程にたいして、国家の政策が決定的な影響をおよぼす可能性がでてくる。〔註1〕

在来の通説にたいするツィーシャンク理論の特質は、注意ぶかく読めばわかるように、国家の独占体への従属という国家独占資本主義の本質をまず認め、〔註2〕その従属の意味について、国家の経済にたいする措置や政策などに限定する理解のしかたを拒否し、国家が再生産過程にひきいれられる、または従属させられることによって資本主義的生産関係の新しい一形態が形成されるということが中心的問題だと考えた点にあった。彼は従属という本質を否定したのではない。むしろそれを本質とみとめ、それを主要モティーフとして全理論を組みあげたとさえいってよい。それを主要モティーフとしながら従属説と生産関係説の統一的理解がはかられていたということもできよう。それ以上でもそれ以下でもないと思われる。

この理論は国際的に一九四七年のヴァルガ批判以来のはげしい批判にさらされたが、わが国では、「今井＝井汲理論」と総称された立場が、このツィーシャンクの生産関係説をいちはやく基本的に支持しつつ、その不十分さを補うという方向で議論を発展させ、それがまた国内で論争の焦点となったのであった。もっとも今井と井汲の理論はあとでみるように類似の用語をもちいてはいてもかなりの開きがあり、これを等符号でつなぐことが適当かどうか、疑問である。

まず、今井説では、ツィーシャンクの「いまや独占体が政治的権力機関を操縦するということが問題なのではなく、独占体の支配のもとへの国家の従属によって第一義的役割を演ずる新しい経済関係が発生するということが問題なのである」(傍点筆者)という叙述部分をあげ、これはツィーシャンクの国家独占資本の革新的部分であり、彼の功績もその弱点もこの一句に集約されているとみなされた。すなわち、「この規定はツィーシャンクが国家独占資本主義なるものを国家の独占体への従属という事実とはいちおう切りはなして、『新しい経済関係』として理解していることをあらわしている。ここに彼の最大の功績がある」（傍点筆者）とされた。しかし、ツィーシャンクはこの「新しい経済関係の発生」を説明するに当って、それは独占体の支配のもとへの国家の従属によってであるとのべる。すなわちツィーシャンクは、「独占体が政治的権力機関を操縦することは問題ではない」（傍点筆者）として、国家独占資本主義の本質をいちおう独占体への国家の従属という事実から切りはなして考えてはいるが、「それはあくまでいちおうであって、その事実はどこまでもつきまとっている。」なぜ独占体への国家の従属によって新しい経済関係が発生するのかについてツィーシャンクは答えていない。ツィーシャンクは政治的上部構造としての国家とはいちおう切りはなして国家独占資本主義論を構築しようとする一面の意図をもっていたのだが、国家の独占体への従属を前提として新しい経済関係の発生を説明することに固執したため、上部構造と経済的土台の区別はどこかへ消え去り、「政治と経済の奇妙な混合物」としての国家独占資本主義論に立ちもどってしまった。〔註3〕

今井はツィーシャンク理論をこのように評し、「この堂々めぐりをたちきり、国家独占資本主義をまず直接的には経済的土台の問題としてとらえる理論を完成するには、政治的上部構造としての国家と国家独占資本主義における国家とを区別する必要があると主張した」のであった。〔註4〕

今井理論にたいしては種々の立場から批判がおこなわれ、あたかもそれが井汲理論とならんで日本的構造改革論の固有の経済理論的基礎をなすものであるかのように取扱われたのであったが、筆者の率直な感じでは、今井＝井汲理論は、国家独占資本主義がたんなる国家の政策や人的結合の問題ではなく資本主義的生産関係の一形態であり、独占資本主義的生産の一段階であるというツィーシャンクの問題提起を肯定的に受けとめそれを普及せしめた点に最大の功績が認められるのであって、国家論や政治運動論の面にただちに衝撃的な変化をもたらすものではなかった。これらの理論は、生産関係説を定着させることによって、現代資本主義の発展可能性（基本的矛盾の部分的解決）とそれが結果するより拡大された基本的矛盾への政治運動面からの挑みかたについて、かなり根本的な問題提起をおこなったのであり、「下部構造としての国家論」にたとえ反対する論者といえどもこの問題を避けて通ることはできない。しかし私見では、これらの理論は、もともと国家と経済的土台との関係の枠内で処理できるはずの国家独占資本主義の問題を、「下部構造としての国家」という国家論上の謬論をことさらにもち出すことによって混乱せしめ、生産関係説（それにもとづく矛盾説）の正しい理論提起を政治運動論上の成果へとつなげてゆくことを妨げたと思える。後述するように、今井理論でも、井汲理論においても、国家権力とか権力機関とかいう場合、この論文の冒頭にのべたようなレーニン的国家論の呪縛から解き放たれてはいず、せいぜい近代国家の「政治的国家」をよりせまくした映像しか描かれていなかったことがわざわいしたと思われるのである。

〔註1〕K・ツィーシャンク「国家資本主義の若干の理論問題」井汲卓一編『国家独占資本主義』大月書店、一九五八年。以下、ツィーシャンクの引用はこれによる。

〔註2〕今井は「もちろん、ツィーシャンクは国家の独占体への従属という事実をいささかも否定しているわけではない。そのことを認めたうえで、彼は国家独占資本主義の本質をその点にもとめることは誤っていると主張するのである」（傍点筆者）と理解した。今井則義「国家独占資本主義の理論問題」今井・他共著『日本の国家独占資本主義』合同出版社、一九六〇年、一六頁。すなわち、国家の独占体への従属を本質として認めるかどうかについて、今井はツィーシャンクを誤解したように思われる。

〔註3〕今井則義「国家独占資本主義の「原理」について」経済分析研究会編集『季刊日本経済分析』第一一集、至誠堂、一九六一年、一六五〜一六七頁。ツィーシャンクが「いまや独占体が政治的権力機関を操縦するということが問題なのではなく……新しい経済関係が発生するということが問題なのである」というのは、あくまで当面の理論的中心命題の所在を指摘しているのであって、今井の全称否定とはまったく異質である。

〔註4〕今井、同書、一六七頁。

「もともと国家は、『ブルジョア社会の総括』の形態として経済的風土に属するカテゴリーでもあった」という理解が、今井の「下部構造としての国家」論の出発点であったようにみうけられる。それが、資本主義における生産力の発展につれて、租税、国債、公信用などの単純な内容から銀行、シンジケート、郵便、あるいはまた常備軍、警察、官僚などの「抑圧的な機関」とは別される「記帳＝記録活動をはたす国家機関」、あるいは一般的にいって、「物質の生産と分配の過程にたいする社会的規制の機構」、もしくは、無計画性がなくなり産業の国営化がみられるところの独占一般から国家独占への移行などといった高度な内容のものに発展したというのである。そして、国家が右のような内容をもつ以上、それはまぎれもなく生産関係の総括の形態であり、「経済的国家」とよばれるべきものである。その場合、経済的国家は政治的上部構造としての国家および経済的機能と厳重に区別されなければならない。これが今井の主張であった。〔註1〕

これにたいしては、ここでは国家論との関連において三点だけ批判点をあげておきたい。第一は、国家がブルジョア社会の総括といわれ、生産関係の総括の形態とされる意味についてである。それは近代の政治的革命が市民社会の革命であったということのなかに語られる。封建制下の古い市民社会では、財産、家族、労働の様式といった市民生活の諸要素が領主権、身分、職業団体などのかたちで国家生活の要素にまで高められていたのであって、それらの諸組織は財産や労働を社会的な要素にまで高めないで国家全体から分離し、それらを社会のなかの孤立的分散的な特殊社会たらしめていた。政治革命はそのような市民社会にたいして、それを形成する物質的要素と政治的要素とに分離せしめた。政治的要素が集中され共同体の領域として確立されたことによって、市民社会は自己の分散的状態を克服し単一的生産関係に統合されるとともに物質主義として完成されたのである。そのように下部構造としての市民社会の物質主義的完成が上部構造としての国家を媒介として、その集中的権力機能を媒介として、形成され発展させられるという論理をさして、国家はブルジョア社会の総括者であり、ブルジョア的生産関係の総括の形態だといわれるのである。ここにおける総括の概念を経済過程における量的集合の意味に還元することは政治的国家の上部構造としての意味を否定することにほかならないであろう。〔註2〕

第二は、右の指摘とも関連するのであるが、国家権力ないし権力機構の意味が不当に政治主義的意味に狭められていたのではなかったかという疑念である。権力機構はたんに抑圧的機関をさすのではない。行政官僚機構ひとつとりあげてみてもそれを単純な暴力的抑圧機構と解することは無理であろう。たしかに軍隊、警察、司法機関は国家の行政的諸機能を通じて社会の共同的生活を統合するのであり、その行政的機能はかつてはおおよそ市民社会の自律的機能に任せられていた経済的、社会的生活にまでその腕をひろげるにいたっている。「記帳＝記録活動をはたす国家機関」をブルジョア社会において国家権力の権力的統合機能からきりはなして純粋化せしめることはできないのである。もしこの点を正しく見ないならば、論理的に、政治学上でいう「国家の階級性（暴力性）と公共性との機械的二元論」の誤りにおちいることとなりかねない。

第三は、国家と国家的独占との関係にかんしてである。この場合、国家とは権力的統合主体を意味し、国家的独占とはとりわけ生産関係を意味する。しかし今井理論ではこの両者の区別はかならずしもさだかでなかった。この点にたいしては佐藤 昇が一九六二年にかなり確度の高い今井批判をおこなっている。〔註3〕佐藤は、近代的国家はどういう形態をとっているにせよ本質上資本家の機関であり、「理念上の総資本家」であるが、近代国家がますます多くの生産力を自分の所有に移せば移すほど、それはますます「現実の総資本家」となり、ますます多くの国民を搾取するようになる、という『反デューリング論』からのエンゲルスの言葉を引きながら、国家それ自身が所有関係、搾取関係そのものではない、「個々の場合の所有関係・搾取関係は国家を所有者・搾取者とするところの国家企業における資本関係・生産関係である（この生産関係の物質化が国家資本である）。すなわち、この場合、生産関係であるのは理念上の総資本家が現実の総資本家として生産手段を所有し、労働者や国民を搾取しているという社会的関係そのものであって、この所有関係・搾取関係の担い手である国家が生産関係なのではない」と批判した。この立場によれば、結論的には、〝国家独占資本主義を生産関係としてとらえるためには、なにも「経済的国家＝下部構造としての国家」といったカテゴリーをもちだす必要はない。独占体に従属した国家＝現代資本主義国家が、みずから生産力の所有や管理をひきうけ労働者や国民のより直接的な搾取者となることによって、私的資本主義のもとではみられなかった、あるいは例外的でしかなかったところの国家自体を担い手とするある新たな生産関係＝国家的生産関係、再生産の国家的形態が発生し、他の生産関係とともに社会の下部構造をかたちづくる点に国家独占資本主義の本質があるとみるべきなのである。〟私はこの説にほぼ同意見である。

概して、今井理論は、ツィーシャンク理論をうけて「生産関係」説と「矛盾の解決」説の二点で進んだ成果を収めたと考えられる。しかし、理論の基本的枠組ではツィーシャンクとの一致点よりもむしろ相違点のほうが目立った。たんに相違するというだけでなく、今井が「下部構造としての国家」というカテゴリーをあらかじめ強固にかたちづくっておいてアプローチしたさいに解釈の混乱が生じたように見うけられる。それはツィーシャンクの側の混乱ではなかったようである。ツィーシャンク側では、「従属」の本質とその形態とが区別されていたのであって、中心問題はその本質を教条的に論じることではなくその形態をあきらかにすることによって本質そのものの内容を具体的に理解することだと論じられていたのである。この本質と形態とを一体のものとして論じようとした彼の論理の脈絡は今井の解釈においては不当に切断されていた。

〔註1〕今井「国家独占資本主義の「原理」について」前掲書、一六七～一六八頁。
〔註2〕行沢健三は、「その内容は『ブルジョア社会の国家形態』への総括にあたるものといえよう」として、『共産党宣言』よりつぎの一文を引いている。「ブルジョアジーはしだいに、生産手段、財産および人口の分散を廃棄する。人口をよせあつめ、生産手段を集中し、財産を少数者の手に蓄積した。その必然的な結果は政治上の中央集権であった。ことなった利害、法律、政府、税制をもった、ほとんどただ連合していたにとどまる独立の諸地方が、一つの国民、一つの政府、一つの法律、一つの全国的階級利害、一つの関税区域に結集された。」（傍点は行沢）行沢『国際経済学序説』ミネルヴァ書房、一九五七年、五五頁。いわゆる「プラン問題」における国家の理解のしかたとして肯定できる。
〔註3〕佐藤 昇「国家独占資本主義と「経済的国家」」経済分析研究会編『季刊日本経済分析』第一三集、至誠堂、一九六二年。

井汲理論は、前に触れたように、今井理論と同種の「下部構造としての国家」論ではなかった。この論者の理論には解釈を確定しにくい要素がすくなくないのであるが、その核心をなすと思われる諸点について批判の意見をのべておきたい。

まず、井汲理論の「下部構造としての国家」説は、なぜに国家は経済に干与しうるのか、その根拠と法則を求めようとする動機に発していた。それを要約すればつぎのごとくである。

一つの社会が社会として存在するのは、それが一つの社会としての不可分の有機体をなしているからである。そのような社会の有機的一体性は、その社会をなす生産関係が一つの生産関係として不十分な統一体をなしていることにもとづいている。すなわち、資本主義的生産関係は、以前の狭隘な単位構成から脱却して、一民族の範囲を単位とする生産関係として形成されたのである。「国家権力はつねにこのような独立の一社会――しかし階級的に分裂した――を基礎として成立する。このような独立した一社会をその土台においてみるならば、一つのまとまった、独立した生産関係の一単位である。生産関係の一単位としての、一組としてのこのようなまとまりを、わたしは、下部構造としての国家とよぶのである。」またまさにこのまとまりこそが、国家という公的イデオロギーの幻想的共同性の実在的基礎なのである。この実在的基礎のうえに築きあげられた一つの幻想共同性としてのイデオロギーにもとづく構造物である「本来の国家」は、生産関係における総括的紐帯的機能が要求されるときには、つねにこれに応じ、「このまとまりの原理」にもとづく国家的機構、すなわち、「国家における下部構造的機構」を形成してきた。そこに実現されたものは「国家形態における生産関係」であった。そこで「国家独占資本主義なるものは、いかなる歴史の段階においてであれ、国家なるものが存在する社会において生じうる生産関係の国家的形態が、独占資本主義の段階においてとった形態である。」〔註1〕

すなわち井汲の考えによれば、「国家はもともと下部構造でもある。それが対自的なものとして上部構造としての国家となる。そしてそのときはじめて国家は本来の意味での国家となる。」〔註2〕社会の有機的一体性（一つの生産関係としてのまとまり）ないしは民族的共同性が即自的な国家（＝下部構造としての国家）であり、その対自的なイデオロギー化が本来の国家（＝上部構造としての国家）なのである。だから、上部構造としての国家は下部構造としての国家の要請にもとづき、必要とあれば下部構造のなかに入りこみ、国家の下部構造的機構、経済機構をかたちづくる。それは国家の権力機構（＝上部構造的機構）とは区別されなければならない。かいつまんでいえば、これが井汲説の骨子であろう。

第一に、井汲説でいう「生産関係の一単位としてのまとまり」とはなにか。それは「生産関係の総体」ということではないのか。なぜなら「総体」という概念はたんに量的全体というだけでなく「一つのまとまり」を意味しているからである。さすれば、「生産関係の総体」とはわれわれのいう「経済的土台」、「下部構造」ということにすぎない。もし「一つのまとまり」ということが、下部構造の内部における「総括的紐帯」をとくに指しているとすれば、そのような統一性をなぜとりわけて「国家」と称する必要があるのか、疑問である。既述したごとく、ブルジョア社会ないしブルジョア的生産関係は、上部構造としての国家の統合機能に依拠して全体を総括する。とくに国家を上部と下部に分割する必要はない。

第二に、「生産関係の一つのまとまり」が国家という公的イデオロギーの幻想共同性の実在的基礎だといわれる。そして、そのようなイデオロギーにもとづく構造物が「本来の国家」だとされる。まず、国家は第一義的にイデオロギーなのだろうか。則自的な国家（下部構造としての国家）の対自的イデオロギー化が本来の国家（上部構造としての国家）だというとらえ方はマルクスの思考であろうか。下部構造における共同利害と特殊利害との矛盾、そこにおける特殊利害の支配的貫徹がそれを媒介する力としての国家権力を生みだす。その権力は、制度的構造物としてあらわれ、その構造物には一定の公的イデオロギーの諸形態が照応する。いったんできあがったイデオロギー諸形態は、相対的独自性をもって、制度的構造物へ、また下部構造へ働きかける。しかし論理的には、イデオロギーが国家に先行するのではない。つぎに、国家の幻想共同性の実在的基礎と国家の実在的基礎は区別されなければならない。国家の実在的基礎は、特殊利害の支配的貫徹のもとにおける特殊利害と共同利害との矛盾である。それゆえに国家は階級国家なのであり、特殊利害が規定性であるがゆえにあらゆる現実的利害の外に自立して普遍者として共同利害を代表するという、いわゆる幻想共同性の衣を身にまとわなければならない。国家の幻想共同性の実在的基礎は、社会の第一次的紐帯としての血縁、家族、人種、言語や文化の共通性などから、分業が発達するにつれてますます発達した第二次的紐帯としての、「相互に分業していることによって依存しあっている諸個人の関係」〔マルクス〕すなわち「そのうちの一つが他を支配するような諸階級」〔エンゲルス〕の関係のうちに存する「もろもろのきずな」である。これら第一次的紐帯と第二次的紐帯とは識別される必要がある。前者はそれ自体としては疎外関係を含まない自然な人間的紐帯であるが、後者は分業という疎外の形態を媒介とした人間関係であり紐帯であることを見おとしてはならない。しかも分業の発展につれて後者の比重は圧倒的に大きくなり、下部構造における共同利害は諸個人にとってますます「普遍的なもの」でなくなる。共同利害それ自体の幻想化によって国家の幻想共同性は支えられる。

第三に、井汲理論における「民族」の概念は、下部構造の一体性を強調するものとして重用されているけれども、その使用法は政治概念としても経済概念としてもきわめてあいまいである。「資本主義は民族なるものをいわば所与としてうけとる」〔註3〕とされているが、民族が生産関係にたいして、また国家にたいしていかなる関係概念であるのか不鮮明なままに終わっている。すでに述べたごとく、市民社会の完成は、政治的解放つまり政治的国家の完成と不可分であった。政治的国家の統一的、総括的役割は、資本主義的生産関係の一つの生産関係としてのまとまり、したがって近代民族〔ブルジョア民族〕の創出を強力に媒介したのであり、決して民族が資本主義にとって所与であったのではない。民族と経済的統一性と国家の関係が決して井汲説にみるほど斉一的でも画一的でもないことは、近代から最近の開発途上国にいたるまでのそれらの関係をみればあきらかであろう。近代革命における政治的国家の出所は、リヴァイアサン国家の過渡的役割をふまえて、もろもろの下位的な統一的要素を一点に集中した統一力たらしめ、それを妨げるセクショナルな要素を打破した。それは普通、ナショナリティからネーションへの発展として説明されている。くわえて、われわれは、今日、政治的統合力を媒介にいまだ部族主義的な社会においてリージョナリズムを克服しつつ「生産関係の一つのまとまり」を創りだそうと苦悩している多くの開発途上国をみている。そこでは、井汲説にいう「下部構造としての国家」も、民族も、未完成であり、「上部構造としての国家」の領導下に形成され総括される途次にあるといえるだろう。

そこで問題は、なぜ国家独占資本主義を理解するテコとして「下部構造としての国家」なる概念が必要とされたかである。それは井汲理論が国家機構を権力機構と経済機構とに分別し、後者を非権力機構とみようとしていることのなかに盛られていると思われる。井汲説では、この分別を媒介として「国家機関の独占体への従属の事実」を肯定する。したがって、レーニンのいわゆる「私的独占と国家的独占のからみあい」は、経済的機構という国家機構（国家の下部構造としての機構）の問題ではありえても、国家権力の問題ではありえないことになる。そこから、民主主義的闘争の過程において私的独占と国家的独占とのからみあいにクサビをうちこむことができるという発想、国家独占資本主義は、政治的反動とも、民主主義とも、結びつくことができ、後者によって構造改革的発展があるという発想へ導かれることになる。

したがってさいごの批判点として、井汲理論における国家権力概念の狭さ、国家の上部構造的機能の過小理解、経済決定主義的傾向を指摘しなければなるまい。今井批判でものべたところだが、国家の機能はブルジョア社会（経済・社会・政治の諸過程）にたいする権力的支配・統合にある。暴力的抑圧的権能のみを権力機能と呼ぶのではない。暴力装置のみを権力機構と称するのではない。国家の経済機構においても国家の権力的機能は貫徹する。介入、干与、指導、管理、所有（占有）、どのような国家的形態、どのような国家的カテゴリーにおいても、国家の権力的支配の貫徹なくしては、活動も存在も不可能である。そのことは、国家による強制保障（法的保障）に全体として蔽われているという意味につきるのではない。国家的独占についてみれば、それは国家の権力支配に貫徹せられ権力的に統合せられているがゆえに、私的独占とからみあい、私的独占に奉仕するのである。その支配・統合を機能的に媒介するものが国家の経済機能における行政管理機構なのである。だからこの国家機構はできあいのものとしては社会主義に利用できない。それは質的に解体され改革されなければならない。構造的改革が革命でありうるためには、権力的要素を抜きさった物理的存在としての機構をうけつぐことが問題なのではなく、まさに担い手の質をどう変えるかという権力要素の質の変革が基本なのである。

総じて、とくに今井、井汲理論をとりあげて「経済的国家」説を批判したわけは、国家独占資本主義がやはり国家の機能の変化——経済的機能の拡大であることを再確認することにある。経済における国家的部門の拡大それ自体、また、国家が下部構造にますます深く入りこむことそれ自体、上部構造としての国家の機能拡大なのであり、決して国家が下部構造と化すことではない。国家はもともと政治的国家であることによって「経済的な力」なのである。それが、国家が上部構造であることの意味なのである。

〔註1〕以上の井汲説の要約ならびに引用については、井汲卓一「国家独占資本主義の論理」『講座現代のイデオロギー』三一書房、一九六二年、第四巻による。
〔註2〕井汲卓一「国家・独占・国家独占資本主義」（上）『思想』、岩波書店、一九六〇年二月号。

〔註3〕井汲卓一「国家独占資本主義の論理」三八頁。
〔註4〕同書、一一〇～一一二頁。一二一～一二三頁参照。

3　プロレタリア化・大衆民主主義

「積極国家」の出現を決定づけた第一の内的要因は、生産の社会化に対応する独占化であった。それは極点において国家的独占の諸形態を編みだし、私的独占と国家的独占のからみあいによるいっそう高度な搾取の体系を一つの歴史的段階として現出せしめたのであった。ところでまた、生産の社会化は労働の社会化と不可分である。生産過程においてしだいに大規模となりゆく機械的組織化に応じて、大量の人口を伝統的生産手段から切りはなし、従来の比較的少数の熟練労働力にかわるきわめて膨大な非熟練労働力を登場せしめる。それは労働者階級の量的増大であるにはちがいなかったが、大量機械生産に対応する労働力の質から量への移行であったし、また管理・サービス部門の肥大化に対応する新中間階層の蓄積でもあった。それは第二次産業革命によってもたらされた人口量の圧倒的プロレタリア化の開始であり、プロレタリアートの質と構成の変化を意味した。さらにオートメーション、サイバネティクスの導入による生産ならびに経営機構の技術的高度化は、一般労働者を相対的に減少せしめ新中間層を膨大ならしめたが、また、新中間層それ自体の内部に階層化を生じ、その大部分は一般労働者と変わりない地位におかれる。「ホワイト・カラー層の客観的プロレタリア化」といわれる現象である。それらは生産形態の変化に発端し、「社会過程」と称される独立の認識対象領域を可能かつ必要ならしめるにいたった「社会形態」の変化を結果したが、同時にまた、政治過程における支配と運動との両面に深い屈折をおよぼすことによって、政治形態のいちじるしい変容をも推進したのであった。いわゆる「大衆」の問題は、独占化のプロセスに対応する人口量のプロレタリア化の問題であり、それが社会過程ならびに政治過程にたいしていかなる変化の与件であったかを問うものであった。

大規模型の生産過程にひき出された大量の労働力は、生産機構の新しい顔にあわせて組織化され機構化される。従来の固定的伝統的な生産手段と生活環境から離脱させられ、いわば「原子化」した人びとは、まず生産と配分の機構内においてビューロークラシー化にとらえられてゆく。経営者、新中間層、労働者群という階層分化は、このビューロークラシィの立体的構造のうえに描きだされる。その映像は技術的必然として社会形態にも反映される。生産過程における「組織化」「原子化」のモメントは、社会過程においては機構化ならびに集団化のプロセスとしてあらわれ、技術化され情緒化された社会の体質を生みだす。自由・平等・独立な合理的実体としての近代市民は、現代においては専門人、集団人と化し、孤立化、情緒化を特性とするにいたる。これがいわゆる大衆化現象あるいは大衆社会現象とよばれる社会の形態転化である。〔註1〕市民社会において物質的にも政治的にも疎外され、非存在であったがゆえに大衆的集団形態をとらざるをえなかった労働者運動は、その下半身を機械的大量生産と経営内ビューロークラシーのなかに埋め、上半身を社会面での機構化、集団化への溝条に沿わせ、頭部は社会生活の技術化、情緒化の波にあらわれている、そのような無定形な大衆をいかに政治的に再組織化するかという課題に直面する。そのような大衆の集団的奔出は、政治過程において、政治エリートの大衆動員能力いかんによっては、体制危機を予感させるがゆえに、政治支配の対応もまた技術化せざるをえない。反体制のエリートやそのイデオロギーが大衆をとらえ物質的力と化すことを妨げ、大衆意識をたえず体制内に還流せしめる中和剤として、社会的文化的メディアを駆使しての政治技術が積極化する。

大衆社会の出現それ自体は、巨視的には、生産の社会化（それにともなう労働や技術の社会化）に基礎づけられた社会の自然史的過程であり、政治支配や政治運動の主観的産物ではない。また一義的に労働者運動における脱イデオロギー性、脱政治性を意味するものでもない。物質的生産の、したがってまた物質的生活の技術的変化は、人間の社会的意識と行動様式に一定の変容をおよぼすのがつねなのであり、政治における支配も反支配もそれに順応して活路を方法化しなければならなくなる。大衆化現象が根底的には近代以来のプロレタリア化の連続的過程であるかぎり、運動が大衆をとらえることの有効性はあくまで政治技術の問題なのであり、そうであるがゆえに政治・社会集団間における大衆意識の争奪が現実の問題たりうるわけである。

〔註1〕松下圭一「大衆国家の成立とその問題性」同著『現代政治の条件』中央公論社、一九五九年参照。

大衆の歴史における出現それ自体は決して目新しいことではない。「大衆の登場を警告する声は、フランス革命の頃から聞こえていた。」〔註1〕大衆という概念はかなり漠然としたものだが、市民革命がなにがしか民主主義革命のかたちをとったところでは、革命の指導層でこそありえなかったが実働的な破壊力を形成したのは財産も教養もない人びとの群れであった。だが、市民革命の激動のただなかに現われた群衆は、演じた役割の大きさにもかかわらず、その役割は一時的であった。突如、群衆は激情と破壊の瞬間に集団と社会の裂け目から姿を現わしたと思うと、たちまち解体し、もとの集団――日常性――へと流れ帰っていくのがつねであった。〔註2〕それは大衆社会論でいうところの現代的な意味での大衆（masses）とは意味を異にしており、おそらく群衆（crowd）と呼ぶべきであろう。また、個人（私人）の自由と権力分立との結合を意味した自由主義的立憲主義の基底部をかたちづくったのは、自由な個人の集合としての公衆（public）の参加であった。だが彼らは、社会的成層における自意識から解体されえない「財産と教養」をもった人びとであり、そのような公衆を担い手とする自発的結社が一九世紀社会の安定的要素でありえたのであった。第一次産業革命によるプロレタリア化と都市化の波は、労働組合運動の台頭を促し、政治的参加の要求を必然的に増大させる。労働組合が労働者大衆を担い手とする一種の自発的結社といえるかどうか、だが、都市化現象の進むなかで第一次集団から分離された大衆を労働組合に編入することによって、社会的不安と動揺を防止し、安定化作用に貢献した一面のあることは事実であろう。社会主義の意識が労働組合運動に注入され、そのことによって労働者大衆の要求は反体制的な性格をおびるようになる。労働者大衆の階級的イデオロギー化が、意識の自然成長性を克服する方向で、目的意識的に追求された。マルクス主義は都市プロレタリアの多数にとって政治的信条となっていった。「こうした新たに覚醒した階級意識の政治的影響はともあれ、それが一社会のプロレタリアートの士気にあたえたいちじるしい効果には疑念の余地がない。また基本的な社会的地位の認識は、プロレタリアに連帯意識をあたえ、彼らを無形の存在から救出した。」「その正当性はともあれ、組合ならびに社会主義政党の指導者に道を示したものは、合理的大衆の概念である。それは彼らの大衆への接近のしかたを決定し、彼らの提供する計画や、採用するプロパガンダの技術を教えたのである。」〔註3〕

一九世紀の労働者運動はどこからみても一九世紀合理主義の産物であり、大衆も合理的存在とみなされた。すくなくとも合理主義的な大衆認識によって、プロレタリアが無形の大衆と化すことは阻止されえた。階級意識の成長がその経済主義的ないし組合主義的段階まではむしろ自然成長的であり、政治的、社会主義的意識への飛躍にはとりわけ意識的注入の努力が必要だとされる社会主義的教化の原則も、とくに大衆を非合理的・無形的な存在として定義してくみたてられたものではなかったのである。この合理主義的思考は、一九世紀には適応的であった。そして、その経験と楽観主義が二〇世紀にまでもち越され、ナチス早期崩壊論などを生みだすもととなったのであった。古典マルクス主義的発想がそのまま純粋培養されているところでは、今日でもまだこの種の合理主義は生きつづけている。
自由主義的立憲主義から立憲民主主義への移行は、かような労働者大衆の台頭に押された選挙権の拡大と結びついていた。概して、第一次大戦までのヨーロッパ諸国は、既存の伝統的権威のもとで生活しながら、それと同時に、多かれ少なかれ社会主義の圧力に押された。普通選挙権、社会保障、報道の自由などがかなり大幅に受け入れられ、労働組合も順調に伸長した。社会主義運動は大衆的政党の姿をとり、普通選挙権をはじめ政治的自由権の拡大にともなって、立憲民主主義は制度的に完成されたのであった。この点で「共和制も、立憲的あるいは非立憲的な君主制（ロシアを除いて）も非常に似かよったものになった。これらの妥協がなされたのは、労働運動を封じるためであったが、一見、過激にみえる政党でさえ、それほど社会体制や政治体制をおびやかさなかったので、それもかなりの程度まで成功をおさめた。」〔註4〕
自由主義的立憲主義から立憲民主主義への進化は、デモクラシーと自由の担い手が公衆から大衆（people）へ移行したことを意味した。そして、その大衆はプロレタリアートによって代表された。それゆえ選挙法改正が、「財産と教養」ある人びとに、彼らのエリート的特権の保持によってのみ保たれる性質の「自由」を危機におとしいれるものと感ぜられ、新たな大衆の政治的進出にたいする畏怖感を抱かせたのは自然であった。コーンハウザーが「貴族主義」的な大衆社会批判の特徴として、文化的、政治的生活におけるエリートの排他性の喪失ならびに大衆参加の台頭をまえにして、それに反対するエリート的価値の知的防衛が中心問題であったとみなしているように、〔註5〕民主主義と貴族主義との思想や制度のたたかいが、ことがらの背景をなしていたのであり、貴族的エリートの隔離にもとづく自由――特権――が大衆の圧力にさらされる状況が問題とされたのであった。その態度のみなもとはきわめて一九世紀的でありながら、この種の大衆嫌悪感はまた現在的でもあるところのものである。そして、この立憲民主主義の発展がプロレタリア大衆によって担われるという政治力学的構造を媒介に、国家原理の次元で、利己的私人の自由に基礎をおく人権原理より「個人の自由」の自己否定による人間の社会的解放の原理への転換を迫ったのであった。そのような原理転換への圧力は、一方では資本主義国家の枠組を越えることを具体的日程の問題として設定せしめるとともに、他方において、積極的にその圧力を体制内へキャナライズし、体制へ馴化せしめる制度や政治技術の発達を促す。

いわゆる大衆民主主義（mass-democracy）の現象は、政治面では自由主義的立憲主義から立憲民主主義への発展の延長上において、立憲民主主義の基盤をなした合理主義的信条の瓦解としてあらわれた。もとより、物質的基礎過程としては、さきにのべたような技術革新、生産の社会化、爆発的なプロレタリア化が社会形態におよぼした決定的影響を重視しなければならない。しかし、巨大社会において原子化され、情緒化したプロレタリア人口にたいして、また生産過程の機械化、管理部門の増大を基軸に社会へひろがる機構化ならびに成層的再編成にたいして、体制と反体制の各主体が示した対応のなかに、いわば自然史的過程ともいうべき大衆化（massification）が政治的過程を特色づける態様をみることができるのである。

一九世紀を通じてプロレタリア化がもたらした社会的、政治的圧力が、国家的規模において義務教育の実施、参政権の拡大、社会政策をよぎなくさせた。それらの譲歩じたいが、本来体制外存在として市民社会に位置づけられた労働者大衆を体制内存在へ制度的に組みこもうとする意図を示すものであった。それにつづいて、市民社会の原理的崩壊、大衆社会の出現は、原子化され情緒化した大衆にコミュニケーション技法の組織化、支配・管理機構の高度組織化が有効に対応するかたちで、いっそう体制内化を促進する。そのような支配の技術が体制側によって明白に目的設定されるのは、第一次世界大戦ならびにその産物である敗戦、革命の激動を契機としてであった。全体戦争が要請する大衆動員の必要は帝国主義段階の一特徴をなした新たな国家主義の波の頂点に位置するものであったが、ほかならぬこの要請が伝統的な既存の権威を崩壊させ、大衆を解き放つ衝撃となったのである。「世界大戦はすべてを一変させてしまった。大衆が武装して戦わねばならなくなり、『銃後では』婦人も子供も未曽有の辛苦に耐えねばならなくなったとき、過激運動のレトリックが現実味をおび、支配階級は打倒され、没収されることを覚悟した――少なくとも敗戦国ではそうだった。だがあらゆる国で（敗戦国においてさえ）、政府はその権力の秘密を暴露した。つまり権力というものは、大部分、種々様々な社会集団の合意いかん（それが情熱的であろうと受動的であろうと）によるということである。民衆一般も、権力を弱めることができうるということ、政府は全国民の支持と積極的な協力を乞わねばならないということを知った。彼らは、壁がくだけ、土台が揺れ動くのを感じたのである。」〔註6〕

ロシア革命に始まり、ナチスの崩壊にいたる「狂気の歴史」を通観して、多くの「大衆社会論者」は、無形化し操縦されやすくなった大衆にたいする反体制エリート集団の成功の脅威を強調する。コーンハウザーの分類によれば、一九世紀におけるヨーロッパ（とくにフランス）社会の革命的変化にたいする反作用に根ざす大衆社会論としての「大衆社会の貴族主義的批判」は、正しい行為基準の最高度保持者であるエリートをいかに大衆から保護するかに関心を示す。それに反して、二〇世紀において、とくにロシアとドイツにおける「全体主義」の勃興にたいする反作用にもとづく「大衆社会の民主主義的批判」は、非エリートをいかにして反体制的エリートによる支配から防護するかに議論の焦点をおくという。しかし両者に共通している中心思想は、危機に瀕した諸価値（とくに自由）を守るためには、それらの価値を体現している社会の部分を、反体制エリート集団の影響から社会的に隔離しておかなければならないという思想である。守られるべき価値の内容、その価値を体現している社会的部分の具体的指摘の点では両者は対立するが、後者の場合は、自由を保持する役目を果たすのは非エリートの独立的な集団生活であり、したがって彼らを反体制エリートの支配

から隔離し守ることが主眼となる。〔註7〕

　社会主義的政治主体は、プロレタリア化の規模と速度と複雑な構成に適応して階級意識による労働者大衆の統合をめざす。その脅威と社会主義体制の外圧とは、だぶってうつる。それにたいして体制側は、経済成長、福祉のシンボルを操作し、あるいは国家とか国民とかのナショナル・シンボルを駆使して、支配にたいする大衆の同調傾向を助長し、プロレタリアートを即自的階級のままに体制内にとどめ、対自的階級へと転化する契機を奪いつづける。メディア・コミュニケーションの政治的利用は拡大し、大衆の情緒性に政治的に訴え、労働者をつねに階級として解体しておくことが国家の目標となる。そのことによって大衆を社会主義エリート集団から隔離しておくことが体制の維持にとって必須の条件なのである。国家と企業との一体的協働によって、安定的中間層の培養が制度的、政策的に積極化される。「要塞国家（ラスウェル）」とは、危機状態において既存の体制エリートによってなされた大衆の動員形態、体制的エリートの指導による大衆社会の全体主義への移行である。〔註8〕ファシズムは、対抗エリートの疑似的革命としての大衆動員形態を意味する。


〔註1〕S・ノイマン『大衆国家と独裁』岩永健吉郎・岡　義達・髙木誠共訳、みすず書房、一九六〇年、九八頁。

〔註2〕E・レーデラー『大衆の国家―階級亡き社会の脅威―』青井和夫・岩崎完之共訳、東京創元社、一九六一年、二二頁参照。

〔註3〕S・ノイマン、前掲書、一〇五頁、一〇七頁。

〔註4〕E・レーデラー、前掲書、五四頁。

〔註5〕W・コーンハウザー『大衆社会の政治』辻村昭訳、東京創元社、一九〇六一年、一八頁参照。

〔註6〕E・レーデラー、前掲書、五四～五五頁。

〔註7〕W・コーンハウザー、前掲書、一八～四〇頁。

〔註8〕W・コーンハウザー、前掲書、三六頁参照。

4　国際化・帝国主義

生産の社会化と占有の私的性格との矛盾は、資本の盲目性・無政府性の拡大となってあらわれる。これを資本のもつ意識性の活用、すなわち上部構造的諸要素の活用によって抑制し、克服しようとする傾向が、国家の諸機能の拡大、強化をもたらした。それは経済面において近代国家にみられなかった規模と種類の政策、制度を生みだした。国家が経済過程に入りこみ、私的独占と国家とのからみあいの諸形態を制度的に普遍的なものたらしめる。帝国主義国家とは、たんに政治的性格が問題なのではなく、「全社会を包括する権力機構を経済にひき入れることによって、『社会的経済指導の機構』を可能ならしめる生産のより大きな社会的総括」〔註1〕をも意味する。そのような意味において、国家独占資本主義は、資本主義的生産関係の新しい一形態、帝国主義的生産関係の新たな一段階にほかならないとされるのである。

だが、こんどは帝国主義国家はたんに経済的性格のものでないことをあらためて指摘しなければならない。プロレタリア化の急速な進展と大衆民主主義の条件下における社会主義エリートの一定の成功は、既存の所有と権威が没収され打倒される現実の脅威を生みだした。既成の体制エリートによる危機国家、要塞国家への移行は、議会主義的デモクラシーの存続下においてさえも、軍事国家ないし強制国家の支配機能と機構を巨大なものとしてそびえ立たせる。この民主主義的支配と強制国家的支配との共存の問題については、のちにまたたちかえらねばならない。超国家主義的な反体制エリートによる疑似的革命としてのファシズムは、大衆の非合理的政治意識と感情を動員し、大衆意識と国家との一体性を基礎に（大衆国家）、民主主義の公然たる全面否定のうえに強制国家・軍事国家を築きあげる。いずれにしても現代国家は、資本主義みずからがそだてた資本主義の墓掘り人を、同意によるにせよ強制によるにせよ墓石の重圧下にとどめようと努める。このような国家の政治的機能を近代国家のいわゆる本来の強制国家と混同してはならない。

以上のような独占と国家との関係、およびプロレタリア化・大衆民主主義への国家の対応にあらわれた現代国家の新しい諸機能は、ふつう論理的に単純化して語られるとき、一国社会的なカテゴリーとして示されがちである。そのことは、戦前以来、国家論の論議において、諸国家の形態を世界資本主義の一般法則の貫徹がもたらす特殊的個別的な政治の諸形態としてとらえる側面が弱く、一国社会の内発性（資本主義の一国社会的な発展段階）から説明するという側面へ一面化する傾向が濃厚であったことと無関係ではない。この偏向は『帝国主義論』の読み方、理解の仕方にも影響を引き、たとえばレーニンがあげた帝国主義の五標識の理解を、一国帝国主義の概念規定としてあつかう傾向へ陥らせたのであった。この五つの経済的標識を完全にみたしているかどうかが帝国主義であることの要件として論争された。ある意味では戦前の「プチ帝国主義論」の再現がおこなわれたのであった。いうまでもなく、「地上人口の圧倒的多数にたいする、ひとにぎりの『先進』諸国による植民地抑圧と金融的絞殺とのための世界体制に成長転換した」〔註2〕資本主義として帝国主義をとらえる見方が不思議にも見失われていたのであった。この点についてはかつて指摘したこともあるし、次第に克服されつつあることでもあるので、これ以上は触れない。

しかし、現代国家が帝国主義国家であるとされ、また国家独占資本主義が帝国主義的生産関係の新たな一段階とされることの意味は、おろそかに見すごされてよいものではない。帝国主義段階において、生産の社会化は、したがってまた労働の社会化も、とりわけ国際的ひろがりをもつ。それは帝国主義段階以前の資本主義発展の諸段階においても通有の傾向ではあった。世界の工場としての独占と世界市場の独占という独占の二形態のうえになりたった一九世紀イギリスの一国支配的帝国主義においても、生産力の発展が市場を要求し、市場の需要がまた生産力を発展させるという相関がみとめられた。だが、資本輸出と国際独占体の世界分割の争奪戦を特徴とする帝国主義段階は、とくに「生産の国際化」の時代として識別することが必要だろう。

生産・労働の社会化に対応して機能の拡大・強化をとげた現代国家は、生産・労働の社会化の国際的ひろがりを意味する「生産の国際化」に対応しても、同様の転化を強いられるわけである。その場合、「生産の国際化」が国家機能にあたえるインパクトは、国家の国際的分野、つまり対外的機能の拡大・強化をもたらすという面と、国際化のインパクトが国家の国内的諸機能を積極化せしめるという面とをもつであろう。それは経済と政治の両面においてそうであるだろう。上述してきたような現代国家の機能変化が、そのような国際化のインパクトと不可分のものであったことを確認しておかなければならない。

〔註1〕ツィーシャンク、前掲書、四六頁。
〔註2〕レーニン『資本主義の最高の段階としての帝国主義』宇高基輔訳、岩波文庫、一八頁。

しかしながら現代国家を帝国主義国家だという場合は、やはり国家機能の国際的なひろがりそれ自体を問題としないわけにはいかない。帝国主義とはなによりも独占である。しかしレーニンは独占の五形態をあげている。生産の集積にもとづく独占団体、原料資源の独占、金融寡頭制、世界の経済的分割、世界の政治的分割の五つである。〔註1〕この生産の社会化の、したがってまた生産の社会化と占有の私的性格との矛盾の、世界的なひろがりをぬきにして帝国主義の概念はなりたたないのである。そこで、現代国家の帝国主義的諸特徴は国際的分野でどのように現象化したか。その時代的な変化を大略あとづけてみる必要がある。

一九世紀末から二〇世紀初頭における国家の対外的機能は、資本の競争がもたらす国際的分裂性、つまり資本の盲目性・無政府性の世界的拡大を抑制するのではなく、逆にはげしくする方向で作用した。いいかえれば資本の世界的無組織性の表現それ自体として諸国家の対外的活動はあらわれた。独占団体間の世界支配をめぐる闘争は、原料資源確保のための、市場確保のための、さいごに植民地のための諸国家間の闘争という形をとった。植民地あるいは勢力圏をめぐる闘争は、植民地人民への抑圧・収奪と不可分であった。この段階では、どちらかといえば、経済に奉仕する強制国家の世界的輸出という政治的性格が顕著で、それに国内的政治体制の変化・整備が対応していた。J・A・ホブソンが、帝国主義の政治的特徴として、(1)新帝国主義による専制政治の世界的な拡大、(2)国内政治において「軍国主義」が実際政治の最前面に押しだされること、軍事的機構の巨大化、(3)帝国主義と社会改良との対立（この点、ホブソンは、フェビアン社会主義の立場で帝国主義にたいする唯一の解決策は社会改良の実現であると考えていた。もちろんレーニンは、帝国主義に社会革命を対立させる）、(4)行政権にたいする立法権の従属と専制政治への行政権の集中、「内閣内の内閣」への実権の集中、官僚機構の発達、(5)腐敗性と寄生性（レーニンは、とりわけ、労働貴族層の資本制への移行にともなう政治的支配の諸形態の発達を鋭く問題とした）の五つをあげたことは、初期帝国主義における対外的機能とその国内的対応を示している点で、いまあらためて見なおされてよいであろう。〔註2〕

資本の国際的競争の結果であり、またその競争の形態でもある戦争は、一九一四年には世界戦争、全体戦争の形をとった。戦時国家独占資本主義とのちに称されるようになった国家の経済過程への介入、統制が出現したが、それはむしろ戦争局面の内的要請にもとづくという性格が強かった。一九一七年のロシア革命の成功やその翌年の東欧の革命的諸事件は、西側世界に強烈な衝撃を与えはしたが、諸国家の強制国家的、軍事国家的機能の強化ならびに一時的な反革命的連合を生みだした程度で、その域を越える要素はあまり結果しなかったと思われる。

一九二九年の大恐慌にはじまる一九三〇年代の国際的ならびに諸国の経済的瓦解と政治的激動が国家の諸機能に変化をひきおこす決定的な契機となった。経済の自動調整機能にたいする信仰を決定的に破砕し、資本の再生産過程に内在する攪乱的要素を制御する問題が真剣に認識された。国家の上部構造的機能のもつ「経済的な力」の働きを国内的にも国際的にも経済過程に積極的に導入することの必要が感ぜられ、政策理論化されるようになる。世界情勢は第二次世界大戦の局面へと進んでゆくが、一九四〇年前後には、ニュー・ディールの担い手たちのあいだで、戦後世界構想の一環として、ドルの優位を背景とするアメリカの積極的指導性のもとに、低開発国を工業化し、諸国間の水平分業による「自由化」体制をつくりだそうとするプランが練られていたことが知られている。そのプランは種々の曲折をへてブレトン・ウッズの国際機構へとつらなってゆくのである。それはひとくちにいって、諸国家の上部構造的機能を国際的に結集することによって資本の国際的分裂性を克服しようとする、国家独占資本主義段階の一徴標を意味するものであった。

「このような『分裂の克服』の理念は、基本的には、高度に発達した生産力の無計画的非組織的運用のもたらす恐るべき破壊を意識するところから出発しており、現実的な諸手段としての国際機構は、各国における高度の生産力とその生産力の利用の多かれ少なかれいっそう組織化された諸形態の形成を基礎としている。国際的な諸資本の矛盾を国家間の交渉と相互的な調整を通じて克服してゆくことによって、相互的な市場の閉塞を打破し、あるいは予防して行こうとする国際機構の体系は、諸資本の運動をそれぞれの国家が大きく制約しうることを前提としている。」〔註3〕国家独占資本主義が帝国主義的生産関係の一段階だとされることの意味は、このように、第二次大戦後の今日、国家の国際経済過程への介入が、国際的経済機構をつくりだし、資本主義の矛盾を一時的、部分的に解決していること、しかしそれはまた新たに拡大された巨大企業間の国際的競争に道を開き、世界人民にたいする搾取体系をいっそう大がかりにするものであること、を含むものでなければならない。

戦争の不可避性の抑制にかんする論議についても、社会主義と民族抵抗の世界的圧力という外的なモメントをいうだけでは、現代帝国主義の形態変化を政治主義的にしかみない誤りに陥りかねない。資本の国際的無組織性こそは資本主義にとって最大の攪乱的要素であり、社会主義革命もその産物に外ならないこと、および国家の能動機能による国家間調整の形態が発達せしめられていること、を内的に省察しえなければならないはずである。

現代国家の対外的機能についてみれば、資本主義に伝統的で、しかも帝国主義前期に集中的に肥大した軍事国家的機能が、戦後の冷戦過程でひきつづいて発達させられ、ビヒモスとリヴァイアサンの雌雄一体を現出させている一面を冷厳な事実としてみとめなければならない。そこでは帝国主義国間の軍事的対抗は後景へ退き、資本主義体制を擁護するための世界的な政治・軍事同盟の網がはりめぐらされる。このレヴェルでも、諸国間の上部構造的機能の結集による国際機構の新たな出現を指摘しなければならないわけである。しかし、それと併行して、国家と巨大独占体とのからみあいの国際的機構が現代帝国主義の主要な特徴となっていることに目をそむけてはならない。そのことが、世界帝国主義の政治・軍事同盟の物質的基礎をなしているのである。もとよりそれらは国内次元に橋脚を据え、国際間にかけ渡された、社会主義世界に対抗し、かつまた世界人民にたいする――先進国民といわず開発途上国民といわず――搾取と支配の構造物なのである。

〔註1〕レーニン、前掲書、第一〇章および「帝国主義と社会主義の分裂」。
〔註2〕J・A・ホブソン『帝国主義論』矢内原忠雄訳、岩波文庫、下巻、七～五三頁。
〔註3〕正村公宏「日本国家独占資本主義の現段階」『季刊日本経済分析』第一九集、三七頁。

三　現代国家の論理

前節において、積極国家への機能転換をもたらした、資本主義に内在的な主要契機として、独占化、プロレタリア化、国際化の諸要因をあげた。それらはもし表現をかえれば、経済的要因、政治的要因、国際的要因といってよいかもしれない。そこで紙幅もつきたいま、問題なのは、これらがもたらした国家機能の転換は、国家の理念的原理としてどのように総括されうるかということである。

近代国家は、市民社会における合理的自由人すなわち利己的孤立的な私人を基礎におき、私人の自由と権力抑制との原理的結合として自由主義を理念化し、国制化した。非民主主義的な立憲主義の場合でも、参政権の拡大や議会主義に重きがおかれなかったとはいえ、資本主義的私有の自由な活動にたいする国家的保障が制度上の基幹をなしたことにかわりはなかった。すなわち立憲主義の基本的性格は、ブルジョア社会の発展要因である利己的人間の自己展開を自由にとげさせることにあったのである。現代国家においては、すでに市民社会は原理的に瓦解しきり、巨大独占体とそのもとに従属せしめられた原子化した諸個人とよりなる巨大社会・管理社会が存在する。そこに支配的なのは依然として資本主義的私有の原理であり、「利己的私人の自由」の法則である。市民的自由の否定のうえに現代はあらわれたのではない。そのことは原理的に現代が市民社会の延長上にあることを意味しているが、単なる延長ではない。「利己的私人の自由」の法則の貫徹は、疎外された労働の諸形態を極端に発達せしめ、労働と非労働との対立は「大企業体制」を媒介とした諸個人の不自由・従属関係という構造をとるようになる。そのような従属的個人を貫く支配的法則もまた「利己的私人の自由」なのであって、むしろそのことによって高度管理社会における従属的労働が確保されている。そのことは、とりもなおさずかつてみない所有の巨大な蓄積と非所有の膨大な蓄積との対立にほかならない。

独占化は、生産の社会化に対応する資本の組織形態であったが、よりいっそう大きくなった生産の社会化と占有の私的性格との矛盾を克服するべく、国家との直接的な癒着へ進んでいった。それは原理的に、経済的自由が近代的伝統としてもちつづけた「国家からの自由」の明白な自己否定であった。またそのプロセスは、市民的原理としての経済的自由の内部における不自由・従属関係の拡大であった。市民的自由権の法的保障にもかかわらず、いなそれゆえに、それから疎外され、実質的に無権利化され、非存在化してゆく人びとが蓄積された。それに逆行して、プロレタリア化とその政治化の圧力による政治的自由の拡大は、かつて非所有ゆえに政治的主体たりえなかった人びとを広範に公民として参加させる。そのことは、自己の労働の主人公であることからますます遠ざかり形骸化されてきた労働者に政治的共同体の一員としての権利証をあたえることを意味した。

そのような政治的権利の賦与は、それ自体、プロレタリア化の政治的圧力にたいする譲歩によるプロレタリア大衆の体制馴化と労働力の再生産の確保という資本の内的要求との両面をもっていた。その政治的自由の拡大に比例して、社会権的・生存権的な権利体系が、私的所有の自由を基本とする市民的自由権の体系に原理的に対抗して、ブルジョア国家の法制に編みこまれてゆく。これまたおなじく両面をもつのであった。〔註1〕そのような人権構成の変動は、社会形態的に階級より解体され無形化された大衆を観念的に政治共同体に主権者として再編成することであったがゆえに、立憲民主主義の制度的完成を意味するとともに大衆民主主義の成立を画するものでもあった。近代国家の基本的特徴であった私人と公人とへの分離・二重化は、かくして現代国家において拡大されるとともに複雑化する。現代社会における人間は、前国家的にその権利を保障さるべき利己的私人であり、同時に後国家的にその生存の権利を保障されるべき社会的存在であり、〔註2〕そしてさらに国家的生活のなかにおいてひとしく公民である。しかして、そのように相互に対抗的な人権諸原理が統一的に国制化されていることのなぞを解くかぎは、利己的私人の自由の内部における不自由・従属関係を資本制生産の条件として拡大し維持すると同時に、その不自由・従属関係の拡大がもたらす破壊的結果を防遏《ぼうあつ》しようとするブルジョア社会の要請のうちにひそんでいるのである。しかも、生産の社会化が高度化したことのために、資本制生産の条件の維持・拡大が生産過程内の自律調整機能にもっぱら依存することなく国家の積極的介入のもとにおかれているという点が見のがされてはならない。すなわち現代では、市民的自由権じたいが積極的な「国家からの自由」の原理としてはいろあせていることを見なければならない。

　そのような対抗的な人権諸原理の統一的な国家理念化、国制化はなにか。結論をさきにいえば、それは積極国家の具体的制度化および理念化として社会的国家（social state）ないし福祉国家（welfare state）の概念に集約的にみいだされうると考える。

　本論考では、現代国家における機能の強化・拡大を、自由放任主義に支えられた消極国家または夜警国家の概念に対比して、社会権的・生存権的人権の追加を原理的に媒介として積極国家と総称したのであるが、それは「資本主義初期の〝保安国家〟とは対蹠的に、社会・経済にたいする積極的な決断的関与の要請と現実に特徴づけられる〝職能国家〟」〔註3〕と同義に理解されてよい。その職能国家は、政府の行政機能の強大化と能率化を要請するがゆえに、一方において議会主義の形骸化・空洞化を問題化するとともに、他方において立憲民主主義に対応する〝立憲国家〟から大衆民主主義に対応する〝行政国家〟への移行を決定づけることとなる。かかる職能国家、行政国家の機能的課題は、「資本主義そのものの補強の機能」と「現代資本主義の弊害の是正ないし緩和の機能」とに分けられる。そして、前者に属するものは、(1)軍備の拡充（兵営国家化）、(2)国外進出（共同市場、開発援助など）、(3)公共投資（国公有企業への資本集積を含む）、(4)近代的労働力再生産の確保であり、後者に属するものは、(1)独占の規制、(2)特定産業の助成（農業の保護、新産業への助成など）、(3)労働者保護および労使関係の調整、(4)社会保障であるとされる。〔註4〕

分析事実的なあるいは機能分析的な把握としては、現代国家は、右のような積極国家、職能国家、行政国家の概念によって総称されうると考えられる。しかし、国家は単なる「公共事務」的機能体ではなく、高度なイデオロギー的機能体でもある。国家の利益社会的な行政機能の維持、強化は、国家自身のイデオロギー性（幻想共同性）ないし国家のイデオロギー的機能（ヘゲモニー的統合）によって支えられる面がきわめて大きい。そうであれば、現代国家の総括的概念化は、単に機能論的ないし機構論的なものよりも、国家のイデオロギー性を含めたものとして定立されることがのぞましいであろう。

そのような総括的な国家概念として、社会的国家もしくは福祉国家をあげられるわけであるが、これら両概念はそれぞれ系譜を異にするにもかかわらず歴史的階級的特質についてみるとき同一本質の国家体制を表現する概念である〔註5〕とされる点から、いま仮に「社会・福祉国家」と呼んでおこう。社会・福祉国家は、機能ならびに機構面では職能国家ないし行政国家で内容はつくされると思う。しかし、その機能や機構の価値づけが普遍的、類的イデオロギーでもって染めあげられ、国家の幻想共同性の培養に奉仕する点に特色がある。すなわち、第一に、「現代資本主義の弊害の是正ないし緩和の機能」は、「生存権に直接奉仕することを目的とする社会奉仕（social services）的な機能」と観念化され、そこに現代国家の主目的がおかれる。ついで第二に、「資本主義そのものの補強の機能」は、「生存権に、もっと一般的にいえば公共の福祉に、間接的に奉仕することを目的とする産業の保護、統制的な機能」とみなされる。〔註6〕現代国家の重要な特徴をなす巨大な強制国家的、軍事国家的機能は、ふつう福祉国家論では欠落して論じられないことが多いが、この分類にしたがえば、対外経済機能ともども第二の系列に属せしめられるであろう。

まず、現代国家の権利構造は、ブルジョア社会の分析的事実よりみれば、所有権の自由を基軸とする資本の活動の自由に第一義性がおかれ、社会権的・生存権的自由は第二義的に付加せられたものであり、「公共の福祉」の名によって権利制限はむしろ後者に厳しく向けられているにもかかわらず、国家理念的には反対に社会権的・生存権的自由の実現が第一義的とされている。つぎに、積極的な資本にたいする支援、補強の国家活動が、社会権的・生存権的な福祉を含む「公共の福祉」に間接的に奉仕するものとされ、市民的自由権と生存権との原理的対抗関係が観念のうえで止揚されている。したがって論理的に、社会・福祉国家の統一原理は、「国家は国民の生存権に積極的に奉仕すべし」ということになる。

このことは、ガルブレイスの所説における、「大企業体制」と国家部門との組織的癒合の内在紐帯であるテクノストラクチュアと国家機構との目的の「適応」「共鳴」にかんする議論を想起させる。すなわち、「大企業体制」の目標、したがってまたテクノストラクチュアの目標は、安全確実な収益水準および必要な投資資金を確保しうる範囲での極大成長率である。これら二つの第一義的な目的を妨げない範囲で、技術優秀性と配当率を高めることが第二義的な目標たりうる。収益水準を安全確実に保つことは、テクノストラクチュアの生存要件である意思決定権力の基礎＝自主性を維持する条件である。経済成長は社会的目標であり、テクノストラクチュアの構成員は、個人的な目的を越えたより大きな目的に奉仕している。技術的進歩は社会的な善であり、社会的進歩にほかならない。また配当率を次第に高めてゆくことは社会にたいする健全な奉仕のあらわれである。一方、「国家は経済の安定に強い関心をもっている。そして経済の拡大や成長について関心をもっているし、教育についてもそうである。科学や技術の進歩についてもそうである。」このように国家の目標と、「大企業体制」との目標は一致し、テクノストラクチュアの構成員もそこに共鳴を見いだす。「これらの目標はすべて、実はテクノストラクチュアの必要や目標に対応している。」そのような「共鳴」、「適応」こそは、国家の組織、「大企業体制」の組織、その組織の構成員を一体化せしめるきずななのである。〔註7〕

一読すればあきらかなとおり、そこでは国家目標と企業目標と個人の生存目的との三者が矛盾なく統一的にとらえられる。ガルブレイスの「新産業国家論」は、現代国家の総括概念としての「社会・福祉国家」論の一変種とみなされてよいであろう。このように社会・福祉国家の概念は、機能、機構、理念の各面を総括しえて現代国家の統一的概念でありうると考える。もちろん、その概念が表象しえるレヴェルで階級国家の現実態を示しているというのではない。そのイデオロギー性を含めた観念的形態において現代国家の総括概念たりうるというのである。社会・福祉国家の人権論的構成、機能的構造、イデオロギー性のすべてにわたる究明をとおして現代国家のリアルな内容と自然的土台があきらかにされるという意味である。その意味で、マルクス主義にとって現代国家論は、ちょうどマルクスにとってブルジョア国家論が市民的人権論批判と市民国家論批判であったように、社会・福祉国家論批判としてなりたつと考える。

さいごに、現代国家の支配形態について一言しておく必要があろう。

社会・福祉国家は積極国家ないし現代行政国家のイデオロギー形態であるとされるが、それは、現代の人権構造を集約的に対象化した国家イデオロギーだといえる。すなわち、国家の経済、社会、政治の諸機能は、公共善の実現のために、国民的目標のために、社会奉仕的にはたらくと観念される。この点で、公共福祉の実現をコモンウェルスの自立的機能にゆだね、国家は外的に秩序を保障する〝保安国家〟としてあらわれた近代国家と根本的に異なっている。国家の強制機能は近代国家に比して格段に強大化しているにかかわらず、それが前面に出て現代国家の特徴をなすというのではない。人権構造の矛盾に反映された社会諸要素間の対立（基本的には階級的対立）を解決するために、国家の政治的機能としての強制国家的機能が発動される。しかし、強制国家的機能は、いわば最終的な体制保障手段なのであって、日常的な対立調整の手段として民主主義的機能がはたらく。司法、行政上の諸装置をとおしての紛争処理がそれである。社会諸要素間の対立を緩和し解決するための国家機能は、国家と大衆意識との関係に視座をおけば、ヘゲモニー機能〔註8〕に総括されよう。それは、社会的諸要素の上位にある優越的調停者、普遍者としての国家の位置づけを大衆意識のなかに確立せしめるための国家的手段、機能のすべてを総称するものである。それは、国家と大衆とのイデオロギー的一体性をつくりだし、あるいは国家の正当性の社会的基盤をひろげ、かつそれに依拠する支配方法であり、現代では、国家の政治統合過程において基本的要素となっている。

現代資本主義国家が社会・福祉国家として総括的に理念化されるということは、その理念の特徴からして、国家のヘゲモニー機能が強く前面に押し出され、強制国家的機能さえもそれによって蔽いつくされるということを意味している。国家の非暴力的な社会的・経済的機能が強化され拡大されていることは、国家への一体感、同調傾向を培養する下地をなしている。加えて、管理社会的・大衆社会的状況ならびに社会的・政治的な技術利用の飛躍的発達は、政治的エリート、ことに体制エリートにとって大衆へ接近しやすい条件をつくりだしている。ヘゲモニー機能の媒体は、政府を頂点とする政治、経済、社会的な国家の諸装置である。政党の果たす役割も無視できないが、それは往々にして過大に評価されがちである。そのほか、政府と諸個人とのあいだに存在して国家のヘゲモニー機能を媒介する中間的な諸集団が考えられる。とくに福祉国家シンボルを媒介にするものとして、公企業と連結して私企業の政治過程に果たす役割、とくに意識づくりのそれはもっと理論的に重視される必要がある。収益確保、経済成長は、実質的にもまた観念上でも、政府から企業にいたるまでのヘゲモニー支配の福祉シンボルである。福祉国家シンボルと並んで、より非合理的・情緒的なナショナリズムの諸シンボルが存在するが、前者が物質的基盤を失って政治的操作のシンボルが後者へ重点移行してゆくときは、民主主義の退行がつよく語られるときであろう。

現代国家の政治的支配については、なお二つの論点がのこされている。一つは、ヘゲモニー機能と強制国家的機能との関連である。簡単にいえば、ヘゲモニー機能は国家の物理的強制力に担保されながら、同時に強制力の発動を幻想共同性の僧衣にまとう作用をいとなむ。第二次大戦後、国家独占資本主義のもとにおける経済成長によってその物質的基盤を形づくってきた社会・福祉国家は、多分にその成長基盤の持続性に命脈をかけているふしがつよい。しかし、その成長基盤なるものは巨大な矛盾の堆積であり、単なる経済過程ではない。つまり政治的動向を不確定要素としてつねにはらんでいるものである。一九六八年のフランスの五月がドゴールの安定成長の足元を突如ゆるがし、その直後、内乱（軍部独裁）か選挙（民主主義）かの選択が左翼のまえにつきつけられたように、また「奇蹟の繁栄」を続けてきた西ドイツが内乱にそなえて非常事態法を整備したごとく、現代国家において夏と冬の季節の壁は決して不動のものではないであろう。

いま一つは現代国家の対外的支配の問題である。そこでは、国家の主導権的役割は、国内次元での社会・福祉国家の支配構造と相互に関連しながら、軍事国家的機能と「世界福祉」的機能との両面機能性を展開しつつある。それは現代帝国主義の機能的形態ならびにイデオロギー形態の一定の変化を意味するであろうが、この点についての論証には別の機会を得たい。

〔註1〕「福祉国家およびその憲法的内容をなす生存権のなどの規定は、現段階においては、資本主義の修正や労働者階級への譲歩とみる面よりは、国家独占資本主義の経済の内在的論理そのものの展開として出て来る面を重視しなければならない」とする説もある（針生誠吉「福祉国家の本質」鈴木安蔵編『現代福祉国家論批判』法律文化社、一九六七年、四〇頁）。元来、労働力の再生産や流動性の確保は、初期工場立法以来、社会政策や経済政策の重要なモティーフであった。しかし、生存権の憲法的承認や実質的拡充を、国独資段階において、資本の内在的要求に主としてもとづくものとみるのであれば賛成できない。むしろ、労働力の再生産や流動性の確保という経済政策的目的を生存権の拡充という形式で表象せしめるところに福祉国家のイデオロギー性があるといわねばならない。それは福祉国家の欺瞞・偽瞞性の最も深いものであろう。

〔註2〕社会権的、生存権的人権の基礎をなす「人間」の論理構造については、憲法学者の諸論考に学ぼうとしたがじゅうぶん説得的なものには不明にして出あわなかった。その不足感について紙幅の都合で触れえないのが残念である。この論点については国家論の立場からもおおいに論究される必要がある。

〔註3〕手島 孝『アメリカ行政学』日本評論社、一九六四年、一八〇～一八一頁。

〔註4〕手島 孝『現代行政国家論』勁草書房、一九六九年、一〇一～一〇四頁。

〔註5〕鈴木安蔵〈社会国家・福祉国家の理論と実態〉同編『現代福祉国家論批判』法律文化社、一九六四年、一一〇頁参照。

〔註6〕藤原守胤『自由国家』有斐閣、一九六三年、三一一～三一九頁参照。

〔註7〕ガルブレイス、前掲書、三三八～三五九頁を引用ならびに参照。

〔註8〕ヘゲモニー概念については、ニコラス・ブランサス「国家におけるヘゲモニーの研究への序論」社会主義政治経済研究所『研究資料』一九六六年三月号参照。

第二章　チリ革命と国家移行形態（一九七二年）

序

一　一九七〇年の政権移行

二　移行形態の特殊性

三　チリ革命の特殊的背景

四　チリ革命の国際的背景

むすび

序

世界のいずこで起こる政治的事件であれ、社会科学者が無関心でおれるものはない。研究の専門領域とは、アカデミズムの約束事であって、現代的で現実的な問題意識の広がりに制約がある筈はなく、限られた資料的条件のもとではあっても絶えず歴史的経験や現状を理論に反映させる努力を怠ってはならない。この論稿は、そのような「専門外」の理論的考察に属するものであり、非体系的で、常に進行形であるがため留保が多く、平素は考察は行なっても論稿とはならない類のものであるが、いわば対象の（切実な）興味深さに関心をひかれるあまりつい表に誘い出された体である。

ここでの主たる関心の所在は二点に集約できる。その第一は、今日のラテン・アメリカが、移行形態の選択と変革主体構築の方法とを不可分の形で具体的に提起している数少ない地域となっている点にある。革命の移行形態についての論議が真剣に、正面から、行なわれなくなったのは何時頃からのことであろうか。「南」と「北」を問わず諸国でラディカルズのひたむきな行動が挫折につぐ挫折を重ねているにもかかわらず、それを移行形態に関する根本的な問いかけとして受け止める姿勢は意外に乏しい。彼らの存在条件や出身階層を洗ってその「小ブルジョア的急進性」なるものを論じてみたところで、既成の運動の保守化した体質の免罪符が手に入るわけでもあるまい。誰かも指摘していたようだが、今日の諸国の革命運動で「武装闘争か平和的移行か」の問題に確たる結論が出ているとみるのは過信であろう。またさらに権力移行の過程を突きつめて実際的に考えれば、移行形態の問題は想像以上にきわめて複雑であり、「武装闘争か平和的移行か」という問題設定の仕方じたいが単純にさえ思えるくらいである。多くの場合は、むしろ平和的移行、議会的方法しか当面展望をもちえないことによる現実的配慮が優先しているようである。そしてそのことは、決して単なる客観的条件の問題ではなく、主体の構造の質と深く関係しているのである。

強い関心をひかれる第二の点は、移行過程の国際性の問題である。世界史的なマクロの視界では、現代は依然として帝国主義的抑圧・戦争と革命の時代である。世界大戦争こそ回避され、抑止され続けてはいるものの、ヴェトナム戦争は、局地面積としては、すでに第二次大戦をはるかに上廻る破壊量と殺りくをあえてしている。帝国主義の世界支配体制では、アメリカのみが元兇なのではなく、諸国家の加担の論理は一方で国内抵抗を抑えた方でヴェトナムの虐殺を支えているところのものである。戦後帝国主義の発展局面を特徴づける西ドイツと日本の高度成長ならびに権力要素的再台頭は、緊急事態法制定（西ドイツ）、労働者運動の体制内化、軍事力再建、近隣平定の基軸化等をとげて、それぞれの国際的翼を担ってきた。ＥＣ諸国の国家独占資本主義的な国際統合を媒介とする発展が、西ヨーロッパに第二の「相対的安定期」をもたらし、東ヨーロッパ諸国に動揺をひき起こす一要因となったとする見方も確度の高いものであろう。それらに対して、ここ数年を顧みても、フランスの「五月」、北アイルランドの抵抗、をはじめ、中近東、南アジア、インドシナ、ラテン・アメリカの政治変動のなかに、革命の波が生き続け、寄せ続けているのを認めることが出来る。ただし、変革主体の質を問うとするならば、「北」諸国や「先進」社会主義諸国において、一九六〇年代は、いろんな意味において国際主義的志向が弱まり、内向型に陥った特筆すべき時期として記されるであろう。「南」諸国人民が、その対外的・国内的開放の闘いにおいてかつてないほど実質的な国際的援助を求め続けた時期でもあったにもかかわらず、である。中近東における社会的解放の停滞（抑止）、インドシナ戦争におけるエスカレートするジェノサイドの放置、アメリカ帝国主義の「裏庭」＝ラテン・アメリカにおけるキューバ、チリ等の孤独な闘い、それらのさまは、プロレタリア・インタナショナリズムのかつてない退廃と無関係ではない。革命を一国的事象と見がちな習性よりすれば、移行過程の国際性は、とある国の革命をめぐる国際的条件――外的、客観的条件の問題にすぎないであろう。しかし、資本と反革命のグローバルな連環的構造からいって、革命が一国的カテゴリーで進行しうる筈もないのである。そのことは自明であった。そして、今日、ますます自明である。だが、現実は、いまなお、反革命の国際的連帯が革命の国際的連帯をしばしば凌駕している。キューバ、チリ、ヴェトナム、スリランカ等の革命は、それにもかかわらず前進しているのである。

一　一九七〇年の政権移行

㈠　人民連合の形成

一九七〇年秋に始まったチリの政治変動の評価について、わが国の左翼では、一九三〇年代以来ラテン・アメリカでしばしば試みられた人民戦線（政府）の一変種、もしくはそれより少し進んだもの、とみるものから、ラテン・アメリカ大陸ではキューバについで画期的な変化であり、世界的には一九三〇年代のフランス、スペインの経験を超えるもの、とするものまで、つまり、路線の違いも関連した控え目な評価から我田引水的で範例的な賞讃に至るまで、さまざま見方が出ている。それでいて同時に、この種の歴史的変動の行方が先験的に予見できるものでなく、また事態はやっと変化の端緒的段階を迎えているにすぎないとする認識では、チリの当事者たちも含めて皆に共通である。期待と懐疑がともに最も鋭く現われる種類の事象に属するものといえる。そのような事件の成り立ちについて、すでに方々で報告されてきたところではあるが、いまいちどここで解説風に述べ、チリにおける政治変動の特殊性を具体的に理解するよう努力を払うことが必要であろう。そのような理解がさらに詳細な資料で訂正され、補完されることが望ましい。

一九七〇年九月四日、チリでは大統領選挙が行なわれ、三人の候補がしのぎを削った。最初は六政党がそれぞれの候補を立てたが、辞退や連合の結果、三人にしぼられたのであった。三候補のうちまずホルヘ・アレッサンドリは、独立で元大統領であったが、国民党と民主急進党を含む保守グループを代表した。前回の一九六四年大統領選でマルクス主義の代償として前大統領フレイを支持したかなりの層がアレッサンドリを支持したが、彼の七四才という高齢は六年の任期を全うしうるか疑問とされた。フレイ前大統領のあとをうけてキリスト教民主党から立候補したラドミロ・トミックは、駐米大使の経験者で、カリスマ的でなく追従者をもたない人物であった。フレイ政権末期の施策の行きづまり、党の分裂などの影響下に、選挙戦中のトミックの発言は急進性を強め、おそらく自由主義的な社会層に支持を拡大しようと狙ったのであったろうが、逆に保守層の支持を失ったといわれる。

ついでアジェンデ候補は、社会党、急進党、共産党、MAPU（キリスト教民主党の左派で一九六九年五月に結成）、社会民主党、API（人民の独立行動）の六党派（四つの政党と二つの運動）よりなる人民連合を代表した。サルヴァドル・アジェンデは、社会党員で、一九三〇年代初期に党創立に参加、三九年のセルダ人民戦線内閣では保健相として入閣した経験をもつ。五二年、五八年、六四年の過去三回、連続して大統領選に立候補し、落選した。六七年には上院議長に選出された。

彼のパーソナリティについては、奇妙な矛盾を体現しているといわれる。公然たるマルクス主義者でありながら、フリーメイソンのメンバーでもある。マルクス主義を信じているにもかかわらず、彼自身がその出身であるところのチリ・ブルジョアジーの生活スタイルを保持している。三〇年以上にわたって、彼は、チリの政治的、社会的・経済的制度の体制内変革をめざして活動してきたが、またしばしば彼の個人的友人やフィデル・カストロやホー・チ・ミンへの称讃を惜しまなかった。六六年にはハバナへ出かけて三大大陸人民連帯会議に参加し、ＯＬＡＳ（ラテン・アメリカ連帯機構）の設立を援けた。この会議が武装ゲリラ闘争を推奨し、その機構がラテン・アメリカ大陸に、ゲリラ戦線を拡げるための汎大陸的な国際戦線であることはいうまでもない。のちにこのＯＬＡＳへの賛成とチリの民主的プロセスを通じての革命という公約との矛盾を衝く質問を受けたとき、彼は、〝巨大な工業国とくに帝国主義の資本に対する経済的、文化的、政治的従属を打破するためには革命的手段をとるべきだ〟と述べて、論点を避けたと伝えられる。また、彼は反米的で熱烈なナショナリストであると考えられているが、同時にアメリカの投資ファンドそのものの必要性は認めてきた。こうした彼の矛盾した態度や性格は、巧妙な実際政治家としての資質を反映していると見ることもできよう。たしかに、彼の演説や文章には独創的思想は一つも見受けられないといわれるし、ラテン・アメリカの政治的リーダーたちによく見られるカリスマ的性格の持主でもない。それにもかかわらず、彼は長年にわたってチリ政治のなかで常に重要なファクターであったし、社会党内の支配権を確保しているわけでもないのに四度にわたって大統領候補の指名を獲得してきたのである。また彼が議会人として抜群の練達を示してきた人物であることも留意されてよいだろう。〔註１〕

「人民連合」の統一候補に彼が決まるまでの道も平坦ではなかった。ＭＩＲ（革命左翼運動）に代表される極左派は、アジェンデ支持を拒絶し、従前どおりの革命暴力の路線を貫く権利を留保した。社会党内でも、党書記長を推す勢力が対立して難航した。（書記長が候補を辞退することによって団結が維持された。）統一戦線の非マルクス主義的翼であるところの急進党では、アジェンデを統一候補として承認するのに数ヵ月を要した。共産党においても、当初アジェンデ支持には躊躇があり、党の独自候補に詩人のパブロ・ネルーダが擬せられた。

もともと「人民連合」の形成がそう容易なことではなかった。統一戦線の両軸となった社会党、共産党の歴史的競争関係は、この国でも例外ではない。チリ社会党の存立じたいが、かなりの程度まで一九二〇年代および三〇年代初期における共産党の左翼内リーダーシップに対する不満に由来するとされる。両党ともマルクス主義政党で、イデオロギー的には六〇年代以降社会党の方が急進的であり、しばしば共産党に対して穏健すぎるとして批判してきた。第二次大戦後、共産党は「民族解放戦線」を提唱して、反帝国主義と民族的進歩の立場に立つすべての集団を結集するよう主張してきた。しかし、具体的な権力の目標・形態を明らかにしていたわけではなかった。キューバのPSP（人民社会党）が反米、反バチスタ民族的統一戦線を追求しながら（モスクワの国際路戦の下で反米をとりさげ、バチスタと同盟を結んだことさえもある）具体的な権力目標も移行形態も立てることができず、「七月二六日運動」との協力に踏み切ったのが漸く内戦末期の一九五八年春であったこと、なおそのときも「共産主義者たちは、キューバに非正統的な社会主義が誕生することに手を貸しているとも、思想的にこの革命を遂行する〝資格をもたない〟集団に自らを従属させているとも、考えていなかった」〔註2〕ことは、六九年以降のチリでの異なった展開を考える場合、留意すべき〝教訓〟にちがいない。一方、社会党は、五〇年代末に「労働者戦線」を提唱して、労働者諸勢力の階級的統一を政策提起してきた。この「労働者戦線」に対応する政治的連合がFRAP（人民行動戦線）であった。社会党自身の評価によれば、「このFRAPは、政治的誠実さをもった人であればだれひとりとして無視することができないものであり、一九七〇年九月の勝利によって頂点に達するまでの過程における不可欠の待合室であったと、われわれが今日はっきり評価できる歴史的段階を、これまで十三年間にわたって遂行してきた労働者諸政党の連合である。」〔註3〕

共産党は、ラテン・アメリカの他の正統派諸共産党〔註4〕と同様に、モスクワの対米共存政策ならびに民族民主革命路線に沿って中道的民族主義政権（チリではキリスト教民主党のフレイ政権）を支持する政策の影響を多かれ少なかれ受けてきた。しかし、社会党は、キリスト教民主党の唱導した「自由のなかのチリのための革命」とか「非資本主義の道による」チリの発展とかが左翼のなかにさえ動揺を生じていたのに対し、「労働者戦線」の路線を対置し、「資本主義体制をそれに対立する別の新しい体制にかえること」を主張した。七一年チリ社会党の中央委員会報告によれば、「労働者戦線の路線は、後進諸国（そこではブルジョアジーの寡頭支配と帝国主義とが連携して登場する）の階級闘争の理論と実践のうえにうちたてられた政策として、キリスト教民主党およびその政府と社会党との不可避的な対決を決定的にした。」「われわれチリの社会党員が、キリスト教民主党政府はわが国の古い構造の抜本的変革を推進することのできる革命的性格をもったものなどでは断じてないとくりかえし警告したことをいま思い起こすのは価値のあることである。」――そのような社会党の立場は、中道派から、または左翼のなかからさえも、反対のための反対であり、極左的でセクト主義的な態度であるとの非難を受けねばならなかった。そのうえ、議会選挙や大統領選挙、あるいは代議制や大統領制という既存の伝統的政治方法や制度の、革命の移行過程への位置づけについて社会党内に分裂があったことは、そのような非難、攻撃をいっそう励ますものとなったのであった。

一九六九年は、社共両党に、一定の変化が確定的となった年であった。翌年に予定された大統領選挙の行方を占う同年三月の国会議員選挙では、保守派の国民党が躍進し（上院五・下院三四議席）、下院で第二党に返り咲いた。与党のキリスト教民主党は、上院では議席を伸ばしたが下院では大幅に後退した（二二・五五）。得票率において六五年の四二％から二九・六％へと激減した。六四年にはアジェンデに対抗するためフレイに投票した富裕層や保守派が、フレイの改革さえ急進すぎるとして支持を止めたのであった。それに加えて、フレイ大統領の農業改革に失望したジャックス・チョンチョル（キューバ革命後の農業改革で一時カストロの顧問をつとめた経験をもつ）に率いられる左派が、総選挙後同党から脱退し、ＭＡＰＵを結成した。急進党はほぼ現勢を保ったが(九・二四)、やはり選挙後、同党の左傾化に反発した右派が脱党して民主急進党をつくった。左翼諸政党はそれぞれ議席を増した(社会党四・一五、共産党六・二二)。社共両党の得票に関していえば、社会党が優勢なのが常であったが、この年の総選挙では、共産党の伸長が著しく、社会党一二・三%、共産党一五・九%で逆転した(七一年四月の地方選挙では社会党は勢力を回復し二二・四%、共産党は一七%)。議会主義をめぐる社会党内の立場の分裂が影響したものと思われる(国会議員団の四〇%が党内反対派に属していた)。このような総選挙の結果は、「協定による国有化」政策をはじめフレイ政権のとってきた改良政策が挫折し、大衆の支持を急速に失いつつあること、中道政治は破綻し勢力の左右分極化が進みつつあることを示した。左翼には、フレイ政権の改良主義政策を乗りこえて進む必要があること、社会主義への道を切りひらくための政府の樹立を目前の達成目標とすべきこと、新しい政治情勢の下で拡大された革命的諸勢力の結集をはかる必要があること、が明瞭に意識されるようになった。

社会党は、「最近の否定のしようのない政治的事実をもとに判断」をくだして拡大革命戦の必要性を強調した。「われわれが考える革命戦線は重要な社会的・政治的課題を達成するよう求められている。その目的は、一九七〇年の選挙戦を闘うための単なる同盟をはるかに超えたものである。」同党は、共産党に対して、「党派的中央主義の司令あるいは指揮をもととする政治方式をくりかえすことをきっぱりと否定し」、過去一三年間「人民諸統一の表現」であったFEAPの同盟をチリの政治過程の主力とすべきであると主張した。同党中央委員会の公式見解によれば、「われわれは、ブルジョア代議制を理想化して国会に絶対的な価値を認めるという、伝統的左翼がとかく陥りがちな考えにとらわれることはなかった。」「さらに、われわれ社会党員は、資本主義制度にくみ込まれた代議制のもとでは、後進性、貧窮、帝国主義への従属といった問題を解決することは不可能であると常に考えてきた。」「選挙の過程に参加するか否かは原則の問題ではない。革命勢力がこの種の戦いに参加するか否かを決定する鍵は結局現実の客観的な条件である。だが、それはそれとして、合法的方法と、非合法的方法を巧みに、かつ適切に組み合わせるよう前衛に指示したのは賢明なレーニンの教えである。」「われわれは、思想闘争、選挙戦、経済的要求貫徹のための政策など行動の非暴力的方式の重要性を認めている。」「われわれは、政治闘争の伝統的な方式を拒絶しておらず、権力獲得というわれわれの目的を達成するため、それをむしろ利用しようとするものである。」「われわれは、選挙、要求貫徹の闘争、議会活動を、我々の運動の存在理由をなす目的、すなわち社会主義を建設するための権力を獲得するという目的の手段とみなしている。」〔註5〕

チリ共産党は、「わが国では、資本主義的搾取と帝国主義への従属に基礎をおく政治的処方箋が、改良主義的なそれをも含めて、すべて失敗に帰した」ことを認めた。「われわれ共産主義者は、資本主義体制の犠牲者であるこの国の大多数の人びとを統一するために闘う。これによって、反帝国主義・反寡頭制の革命の道に沿って一段階前進し、その革命によって導入される変革の道程で新しい生産関係、社会主義の到来への道を切り開こうとするものである。」「以上に示した革命的諸目的の達成により、国家部門および協同組合的部門の発展に基礎をおくことを基本的形態とするならば、この最初の段階から社会主義段階への移行は、連続的かつ単一の過程となり、比較的短期間に行ないうるものとなるであろう。」――これは、同党が新しい情勢の下で（六九年一一月末）新しく採択した綱領に掲げられた一節である。この綱領作成に先立ち、全般的な連合への交渉の過程で、同党は「一九三八年の人民戦線をくりかえすつもりも、社会党と共産党だけの連合計画にとらわれるつもりもない」ことを言明していた。

いうまでもなく一九三〇年代の人民戦線戦術は、ファシズムの勢力がラテン・アメリカ諸国に浸透するのを防ぐ目的で、いわば防衛的に追及されたものであり、いきおい反米闘争や国内寡頭支配打倒の目的は後退せざるをえなかった。人民戦線を通じて社会主義へ進むという革命的展望は開かれずじまいだったのである。国によっては反動的独裁者との妥協的同盟まで生じ、前衛の威信をながらく低下させるのに貢献した。カロルやゲランなどが、モスクワは人民戦線戦術をむしろソ連の対外政策の道具として利用したと批判するゆえんである。六九年のチリ共産党は、権力の質的移行の展望を含まない連合戦線は考えないとの立場を明らかにしたといってよいであろう。また、社会党と共産党だけの連合計画に反対するという立場は、社会党の「労働者戦線」方式に対立的な従来の「民族解放戦線」方式の発想をひきつぎながら、社会党の提唱しているFRAPの同盟を革命的連合の基礎とする路線に反対するものであったとみなされてよいであろう。

連合戦線への参加の範囲の問題は、キリスト教民主党から分裂したMAPUや右派を追放した急進党などが脱中道化して左傾化の色彩を鮮明にしつつあったことで解決が容易になった。社会党は、FRAPの有効性を主張しながらも、「今日の情況と必要の枠内で他の勢力のなかに生じた政治的思考、思想の深化の過程」に考慮を払った。共産党などは、連合の呼びかけはFRAP（人民行動戦線）が行なうことに同意した。呼びかけは六九年一〇月七日に行なわれた。

それと同時に行なわれた社共両党の呼びかけは、連合の過程、政治的・綱領的目的を明らかにするものであった。――「FRAPは、過去一二年以上にわたり労働者の闘争の政治的・組織的・指導的表現として存在したが、このためFRAPは権力の真の交替をめざす偉大な連合的動員の計画を推進するという課題を、当然の義務として担うことになった。」共産党と社会党は、「大統領選挙をこえて歴史的な計画を作成することのできる政治戦線を推進するイニシャティヴをとったが、両党はまず手はじめに、人民連合は、力強く決定的な反帝国主義運動を勇気づけ、既存の秩序を決定的に糾弾し、社会主義の建設に向かって邁進するという課題を担うことで効力を発するということを確認した。」これまでのキリスト教民主党政府の歩みに歴史的意味があるとすれば、それは、チリにもはや新たな改良主義的実験の可能性は存在しないことを明らかにし、それによって、資本主義体制をとりかえるための社会的水門を開いたということである。「人民連合は、その基本的課題として、労働者階級・農民および中間層が、主役を演じ、構造的変革を推進するため政治権力を利用することのできるような、社会運動を推し進めねばならない。」両党は、考えを同じくする政治・社会勢力とともに、「共同綱領を作成するための討議、人民政府に関する全く同一の概念の決定、大統領候補を任命するメカニズムの検討を進めることが必要であると考えた。」〔註6〕

四つの政党と二つの運動よりなる人民連合の会合では、統一候補の指名で難航したのは別として、基本綱領に関する討議では、とくに民族ブルジョアジーの否定的役割および国内の最重要問題を社会主義的に解決するための措置の急進化について、異なる意見や評価が出たという。しかし、結局、最終的文書である「人民連合の基本綱領」には、のちにみるとおり、革命的変革の意図、人民の政府、社会主義への移行という基本点が明記されるに至った。

この間の統一戦線結成の内的論理について、チリ社会党の公式見解では次のように描き出される。――「事実、社会党員がチリの具体的なできごと、とくに大統領選に直面して、われわれ指導者は、勝利を獲得するため左翼の広範な層を結集しようという要求を、アジェンデ同志に結びつけ、またわれわれの政治路線にしたがって運動の指導権を労働諸党の手に守るという必要に結びつけることができた。われわれは敵を弱め、一定期間労働者階級の利益に奉仕することができる中間の政治・社会勢力をひきよせるというレーニン主義的原則を適用して、政治運動を一つにし、同時に決定的な指導権を守り、多くの人たちが九月四日以前に否定していた勝利を可能にすることができた。」〔註7〕

二　大統領選挙

大統領選挙の結果は、アジェンデ三六・七％（一、〇七五、六一六票）、アレッサンドリ三五・三％（一、〇三六、二七八票）、トミック二八％（八二四、八四九票）という接戦であった（投票率は約八五％）。アレッサンドリは、サンチアゴ婦人票（カソリックが多い）で優越したが、アジェンデは首都以外の男性票でこれを圧倒した。アジェンデは一九六四年の三八・九％をやや下回った。アレッサンドリは一九五八年に大統領に選出された際よりも増加した。トミックは六四年に同党候補フレイが獲得した得票率五六・一％には遠くおよばなかった。ここにも中道政治の凋落と政治勢力の左右分極化傾向は明らかであった。

アジェンデは、直接選挙においては最高得票をおさめたものの絶対多数を獲得するには至らなかった。憲法上の規定によれば、もし候補者のいずれも絶対多数を得ることがなければ、国会は両院議員別総会を開いて、高位得票者二名中より大統領を選出しなければならない。だが、アジェンデは議会内では支持票を八〇票しかもっていなかった。チリの議会はこれまで常に直接国民投票で最高位をとった候補を大統領に選出してきたのであったが、アジェンデが勝利するためにはキリスト教民主党の支持が必要であった。

キリスト教民主党は、すでに、経済・社会改革が主たる争点であった選挙中、トミック候補の選挙綱領の中で、フレイ政権の限界を乗り超えて進もうとする改革促進プログラムを提起していて、フレイ政権によって実行された改革結果は承認するがそれから先へは進まないとするアレッサンドリのプログラムとは、際立った対照を見せていたし、急進的な農地改革、基本産業の国有化、外国貿易の統制などという急進策ではむしろアジェンデとの類似が顕著であった。フレイ政権の改革の行きづまり、六九年総選挙における大幅な後退、左派の脱党という一連の打撃を、党政策のいっそうの急進化による大衆的支持の回復によって癒そうとする意図がそこに見てとれたといえよう。同党は、「最近の大統領選挙ときたるべき議会に対する立場を表明した文書」をアジェンデに送り、かつそれを公にした。それによれば、同党は、選挙の結果は国民の中にある社会的変革への深い期待を反映している、と結論していた。この判断は、アジェンデとトミック両候補の選挙プログラムの急進性とその支持率合計六四・七％という事実に照らして正当なものであった。同文書はさらに、わが国の資本主義の完全な変革に向かって努力するという選挙公約をくりかえし述べ、同党が、チリが遂行しなければならない経済的・社会的変革のための自由で民主主義的な枠組のための条件づくりを助けることを希望している旨を明らかにした。そして、この国の民主的伝統の継続を保障する約束が行なわれるならば、九月四日の総選挙でアジェンデ候補が第一位を獲得したという事実を承認する用意のあることを言明したのであった。ただし、同文書は、そのことが「国家に対する考えと戦略の完全な一致、あるいは全面的な同一性を意味するものではない」と指摘することを忘れなかった。はっきり言って同党は、社会主義への移行まで同意するものではなく、あくまで資本主義体制内での低開発からの離脱、民族的自立化、国内寡頭支配の廃止が可能と考えているのであった。その立場は、進歩的であり、急進的でさえあったが、革命的ではなかったと評されうる。〔註8〕

ラテン・アメリカの寡頭勢力の諸新聞は、いっせいにキリスト教民主党が指名議会でアジェンデ支持をとり止めるよう激しいキャンペーンをくりひろげ始めた。アジェンデは、九月末、キリスト教民主党への回答書を発表し、民主主義的諸権利、諸制度の保障について明らかにした。〈民主的な公共的自由の制度の完全な、妨げられることのない存在の保障、〉〈人民政府のいかなる措置も復讐または迫害をめざすことはない、〉〈公務員の地位は尊重される、〉〈民主的諸権利の行使を保障し、すべての人民の個人的、社会的保障を尊重する、〉〈信教、言論、出版、集会の自由、住居の不可侵性、組合、結社の権利は、現在支配階級が課している各種の制限が撤廃され、実質的に十分尊重される、〉〈普通・秘密・直接投票によって、すべての人民代表機関が自由につくられる、〉〈反対党の権利の保障——政党の自由、選挙過程へのその直接的参加、その継続的活動を保障する手段に対する権利、マス・メディアを利用する権利、〉〈すべての政治的、経済的および社会的変化が現在の法律体系を基礎とし、厳密な適法性をもって遂行されるだろう、〉〈三権分立の保障、〉〈教育の領域における複数主義の完全な有効性——教育の構成、入学制度、教科課程、教科書の選定におけることの原則の適用〉〈イデオロギー的複数主義とあらゆる宗教的信念に対する尊重〉〈研究、管理、財政面における大学の自治〉〈軍と警察の厳密に職業的な役割と占有的機能の承認、〉等がキリスト教民主党の疑念に対する回答の形で公表されたのであった。〔註9〕この回答を得たキリスト教民主党では、指名国会でアジェンデを支持することを決定したのであったが、この「交渉」の内容については、保障された民主主義の内容がとりわけ政治的自由権に集中していたこと、その多くは人民連合の基本綱領に述べられた考えもしくは人民連合の複数主義的性格に合致するものであったこと、またその考えの多くは、キリスト教民主党とその候補トミックが選挙運動中に国民に表明したところと一致していたこと、に留意する必要があろう。

またさらに、軍と警察の厳密に職業的な役割と専有的機能の承認に関する一項は、人民連合政権の成立過程において、キリスト教民主党に対する配慮と並んで、決定的な重要性を含意するものであった。この軍・警察との「交渉」においては、それらの役割を厳密に職業的なものに限るという政治的中立の要求は人民連合側にとって最も望ましいものであったし、反面、軍・警察にとってはその専有的機能の承認が不可欠の存立条件であった。すなわち、民兵を創出することは非合法であることが暗黙のうちに合意されたのである。それはチリ軍部よってなによりも怖れられたからであった。〔註10〕

十月二十四日、サルヴァドル・アジェンデは、両院の議員総会においてチリの新大統領に選出された。投票内容は、アジェンデ一五三票、アレッサンドリ三五票、棄権七票であった。〔註11〕この年の前期八ヵ月、徐々に上昇傾向にあった経済は、この選挙結果に対する反発で逆行しはじめた。私企業の大規模な収用や政治的弾圧があるかもしれないとの懸念によって信頼の危機がひき起こされた。この危機は急激な国外移住、とくに富裕な階層、技術家、専門家の移住をひき起こした。工業生産は一時的に九％低下し、設備器具産業やその他の産業の販売高は八〇％ほど低下した。九月三日から十月二十日の間に一七〇〇万ドルが中央銀行から引き出された。のちに米国でばくろされたＩＴＴの陰謀もこの時期に起こった。選挙戦の全過程を通して見て、時折過激主義者の激しい行動に妨げられた。最初は極左派のＭＩＲによって、後には極右グループによって。アジェンデが議会で大統領に指名される直前、軍司令官レネ・シュナイダーが右翼に狙撃され死亡する事件が起こった。戒厳令が布告され、議会の投票が行なわれる際には厳しい保安措置がとられた。アジェンデが十一月五日の就任演説で「歴史がわずか一日の犠牲的内戦として記録するであろうこの信じがたい事件」と称し、「内戦の機会からわが国を救った」英雄的犠牲とたたえたこの将軍の死は、内戦の陰謀があったこと、そしてそれが民衆の団結と軍・警察の態度によって挫折したことを示している。チリ労働者統一中央組織（ＣＵＴ）は、九月四日の投票日には、選挙の結果に対するクーデターに備えて午後四時に各組合本部に集合するよう労働者に訴えた。またＣＵＴは、予想される直接行動の可能性に対して学生運動と共通の手段をとるため協定を結び、それを持続しているという。シュナイダーの殺害に際しても二時間のストライキで示威を行なった。〔註12〕チリ軍部の、ラテン・アメリカ諸国あるいはその他の地域の諸国のそれと甚だしく異なった特殊な歴史的性格については後述しなければならないが、この時点において軍・警察の主流が憲法と法律に忠実であり、合法的政府を支持する態度を崩さなかったことは特筆されてよい。

二　移行形態の特殊性

㈠　民主主義的平和移行

チリ人民連合の指導者たちは、進行中のチリ革命について、その経験を一般化することを慎重に避け、チリ固有の特殊性を強調する。チリ共産党書記長ルイス・コルバランは、一方ではキューバ革命とチリ革命との連続性を次のように指摘する。「歴史的な見地からみれば、キューバ革命はラテン・アメリカ諸国が独立をかちとり、社会主義の道にふみだそうとする闘争の新しい段階のはじまりとなった。」「チリでおさめた成功は、この歴史的傾向を再確認したものである。」〔註13〕――のちにも論じるように、ラテン・アメリカ大陸の変革過程における運命の不可分性、協力の不可分性という観点からみても、この連続性は対立的感情の介入を許さない客観的現実である。しかし他方では、チリ共産党が少なくとも六七年当時、「ゲリラが反動政府に対する闘争の一つの形態であることは認めるが、わがチリではゲリラの存在する余地はない」（コルバラン書記長六七年八月三一日付『ル・モンド』）〔註14〕という態度をとっていたことは紛れもない事実である。チリ共産党は、同年八月上旬ハバナで開かれたOLAS第一回会議に参加した正統派共産党の数少ない一つであったが、その基本的立場は「平和共存・民族民主革命」路線をとるものであり、フィデリスタの武装ゲリラ路線とは同化しえないものであったのである。

すでに古典に入ろうとしているレジス・ドブレの「三つの論文」〔註15〕の第二論文「ラテン・アメリカにおける革命戦略の諸問題」（一九六七年）では、とくにチリの六四年総選挙を分析して、社共両党の失敗を「社会民主主義の破産」ときめつけている。

――〝チリは、キリスト教民主党が最近の選挙において勝利したことが示すように、いまや改良主義の前衛の位置にある。チリでは、議会主義の伝統、軍の役割の低さ、農村の封建制の重要度の低さ、カトリック教会の決定的重要性、支配階級による大新聞や全宣伝手段の完全支配、「進歩のための同盟」から与えられた食糧を自由にばらまいて労働者地区の票を買うことができるような活動の自由、アメリカが行なった激しい反キューバ・キャンペーン、これらすべてが最初から選挙におけるブルジョアジーの優越を保障した。〟

――〝選挙戦の最初から、インフレや失業増大にもかかわらず、中間層をおどかさないようにということで労働者階級のあらゆる要求はタナ上げされた。大衆の注意を真の権力奪取の問題から選挙での多数獲得へ切り換えてしまった。選挙戦中に、アルゼンチン、ボリビア、ペルーでの動員や人民が勝利したときには軍事クーデターが起こるという噂に驚いて、自分たちのリーダーを守り、地下工作の道を準備する措置を慌てて とらざるをえなくなった。それは大衆の自覚と準備のレヴェルを高めることとは何のかかわりもない措置であった。〟

――〝ＦＲＡＰ（人民行動戦線）では大統領選挙を「中道」派および反動派との同盟の問題として、またリベラル派や保守派からの脱退者との妥協の問題として考えられていた。その結果、チリのフリーメイソンがアジェンデのために開き、多くの著名な商業ブルジョアジーも出席した宴会の写真が青年共産主義の機関誌の第一頁を飾るところまでいったのである。かくて、フレイのキリスト教民主党のプログラムとアジェンデのそれとではほとんど違いがなくなり、せいぜいアジェンデがチリ銅山の前進的国有化を訴え、フレイはその「チリ化」を訴える程度の違いとなった。〟

――〝選挙民をおどかさないためということで、あらゆる勤労階級の攻勢的活動は「そのあとまで」延期された。チリは、キューバとの断交が大衆のデモを呼び起こさなかったラテン・アメリカ唯一の国である。〟――〝現存の選挙制度を忠実に守り、反動に対立して憲法を尊重することと、ブルジョア的合法性をあくまでも守り、憲法の文字を、階級的立場を忘れて絶対的なものとみなすこととは違う。一九六二年三月の第十二回大会で承認されたチリ共産党綱領には、「平和的な道というテーゼは戦術的なものではなく、共産主義運動の綱領そのものから発する主張なのである……（平和的な道は）社会主義への前進にとっての利益およびマルクス・レーニン主義理論のすぐれてヒューマニスティックな性格に、全く照応している。民族的・国際的諸勢力の現在の力関係は、武力闘争なしで革命を達成する可能性を増大させている」と述べられている。キューバ革命後五年もたったラテン・アメリカでの、こういうテーゼの不合理な楽観主義はさておくとしても、マルクス主義の理念的ヒューマニズムなるものが、政治的・理論的厳格さをすべて放棄するのを正当化することにどれほど役に立ったかを見出すのは、やはり驚くべきことである。チリにおける反動の勝利の因は革命運動における誤りにだけ原因があるのではないけれども、もし改良主義分子が大衆の間に幻想をひろげたり選挙が決定的テストであるかのように扱わなかったら、新しい土台の上で攻勢に転じうるようにはなっていたであろう。〟――

右のようなチリの一九六四年選挙の経験からドブレは二つの教訓をひき出してみせている。

(a)南部であろうと中央アメリカであろうと、発達したラテン・アメリカ諸国にとっては、全体としての大陸の決定的構造、すなわち帝国主義の網の目に捕えられている状態から逃れることは不可能である。しかるに「進歩した」民主主義の特殊性を過大評価しがちな優越感のせいで、チリ労働運動は、ラテン・アメリカ民族解放運動やキューバ革命が全大陸に生みだした危機を、ただのエピソードにしようと試みたのであった。

(b)ラテン・アメリカでは、日和見主義は左翼冒険主義と共通の特徴をもっている。すなわち近年の軍事反乱の急増にもかかわらず、アメリカの帝国主義に対する過小評価があるということである。――

そして、六四年段階におけるチリの国家的変革の可能性について、次のように結論づけた。

――〝チリの民主組織は準備を欠いていたから、仮りにアジェンデが選挙で勝っても国家機関の根本的構造変化はなかったであろうし、チリの支配階級も帝国主義勢力も大衆行動によって消されはしなかったろうということである。〟

アジェンデ候補の大敗に終わった六四年大統領選に対する以上のようなドブレの批判は、キューバの見方とほぼ同じであろうから、チリの左翼諸政党、諸運動に意識されなかった筈はないであろう。前述したような六九年人民連合の結成プロセスやそこでの考え方は、いかほどの実体を備えているかは明らかでないが、右の批判点に対応するものがきわめて多いことに注目しておこう。

すなわち、ドブレの批判点となっているチリでの議会主義の伝統、軍の役割の特殊性、農村の封建制の重要度の低さは、七〇年大統領選挙ならびにその後の移行過程では、人民連合とその政府に有利に作用していると逆の評価で考えられている。フレイ政権の失敗はチリにおける改良主義的実験の終焉を告げるものと宣告されたし、労働者、農民、中間層の左傾化、急進化が情勢の特徴とされた。またＦＲＡＰの役割は中間派との同盟の基軸としてではなく、労働者諸党派の階級的統一の基軸として位置づけられた。さらに、選挙における連合は単なる選挙を超えるものであり、政府権力の掌握は、当面の問題解決の手段であると同時に社会主義への移行を上から指導するものだと規定された。

チリにおける「平和的な道」という楽観主義に対する批判は、六九年において、ＭＩＲの大統領選不参加と農村の実力解放闘争の継続を生み、社会党内に議会主義や幹部指導に対する内部闘争をひき起こした。そのようにみれば、六九年一一月の社共両党それぞれの綱領改正は、内容的に、MIRの武装闘争方式に分裂主義だとの激しい非難をあびせてはいても、やはり内外からの強いインパクトを受けていたとみることができよう。大統領選の切迫という局面の事情だけで、早急に「人民政府の構成」とか「革命への道」を理論的に再構築しなければならなくなった、というのでは説明しきれないものが残るようである。

　チリ共産党の新しい綱領的立場に特徴的なのは、チリにおける権力移行の形態を極力チリの特殊性として論じる態度であり、また革命の道において武力闘争の可能性を完全に排除するのは少なくとも理論上では避けようとする態度であろう。

『平和と社会主義の諸問題』七〇年一二月号に掲載された党書記長コルバランの小論文では、「〝チリの例〟は、革命過程の道や形態が、それぞれの国で特殊性をもつことを証明している」として、ソ連共産党第二〇回大会以来テーゼ化されてきた平和的移行の可能性について支持しつつ、「当然のことながら、そういう可能性がそれぞれの国にあるかないか、それが生まれるかどうか、それの実現がどういう特殊性をもつか、これを判断することができるのは、その国の革命家たちだけである。チリの共産主義者が、他のあらゆる国にあてはまる革命過程の道や形態のモデルとして、自分の経験をおしつける意図など全くないのは、そのためにほかならない」とあくまで移行形態のチリ的特殊性を強調し、自国の経験の一般化を回避する配慮を示している。そのうえで、なお彼は、左翼諸政党はまだ政治権力機構の一部を獲得したのみであり、内外からの反撃は、たえまない戦闘の時期にはいることを余儀なくさせる。「だから、人民が将来、あれこれの形態の武装闘争に進まざるを得なくなる可能性も、ないわけではない。そこで、改革の敵を追いつめ、彼らの手をしばり、体をしばり、彼らがおとしいれようと考えている内戦から国を救うことが、今日の任務である」と武装闘争の可能性も条件次第ではありうるとの態度を示すのである。〔註16〕

この点に関して、改定された新しい党綱領ではもっと慎重な表現が用いられている。すなわち、「革命の道についての問題、それが武力によるのかよらないのか、または、両者の結合の形をとるのかという問題が、論争の種になってきている。われわれ共産主義者は、革命とはわが国民が起こそうとしている諸闘争すべてと関連をもつ複雑な過程であり、その道は、歴史的条件に即して決定されるが、つねに大衆の活動を基礎とすべきものであると主張するものである。」

――ここの表現では、「革命の道についてでは、革命の突破口があらかじめ定められた道に必ずしも接続されるものではない」という別の表現でもわかるように、移行過程の端緒段階の一形態を安易に長期的、固定的路線として一般化することを、少なくとも党綱領に記すことは、手控えていること、また武装ゲリラの一般的否定の表現はとらず、「その闘いの性質、形態がどのようなものであれ」「人民を組織することの決定的重要性を認めず、小グループの行動で大衆の闘争に代えようとのぞむ」立場が有害なのだと主張していることに留意すべきであろう。これを六二年の党綱領あるいは六七年当時のコルバランの発言と比較すれば、著しいニュアンスの違いを見出すことができよう。

文面上で読むかぎりは、当面の平和的で民主的な移行過程の苦闘の成果を誇りながら、同時に、ありうべき事態の急変に備えるという態度のもち方では、共産党と社会党との間に殆んど差異は認められない。つまり、権力移行の不可逆性がいまだ確立していない、いろんな内外の反動が予期される現状では、社共両党は、武装闘争はもちろん、平和的移行についてさえも、理論的かつ長期的に絶対化して自らの手をしばることは慎重に避けようとしながら、当面はあくまでも平和的移行の可能性を最大限におし広げ、おし進めることに全努力を傾けているといえるのである。

だが、ひるがえって考えると、権力的移行の形態が平和的か武装的かという命題について、このようなあいまいな、もしくは柔軟な言い方は決して珍しいものではない。具体的な情勢如何の問題であるとか、反革命側の出方次第によるとかいうのは、きわめて便利で抽象的な表現なのであって、実際は移行過程を支配する組織的形態の問題を伴なわなければ、何も言わないに等しい。「問題の核心は、理論的なものではない。それは、『社会主義革命』を実現するための組織の形態の中に存在するものである。」〔註17〕コルバランが「人民を組織することの決定的重要性」を言い、「小グループの行動で大衆の闘争に代えようとのぞむ」有害な立場を非難するとき、その表現じたいは、ドブレの次のような表現――「ゲリラ闘争は、いくつかの政治的な動機と目的をもっている。それは民衆に依拠しなければならず、さもなければ消滅の憂き目に会う。」「敵に対して直接行動に移るのは、……大衆の積極的な支持を獲得し、堅固な後衛をもち、糧食の補給が保障され、各種多様な情報と迅速な郵便網と徴募の基地を持つようになった時なのだ。」〔註18〕と甚だしい違いがあるわけではない。

むしろ、両者の組織形態上の決定的な違いは、次の点にあるであろう。すなわち、コルバランは、人民を組織するという決定的重要性を有効に解決していくことができれば、チリ独自の特殊的な政治的社会的諸条件の下では、職業革命家の非合法な地下小組織を中核とする武装ゲリラに依らなくとも社会主義への道を決定的に切り開くことができる、と考えている。これに対して、ドブレの立場は、革命家プッチズム（ドブレによればキューバ革命の曲解がしばしばそれらに類似するものを生みだしている）ないしブランキズムと「純粋の大衆行動」（ドブレによれば正統派共産党の用心深いきまり文句）という両極端を排しながら、「ラテン・アメリカで組織され集中された都市勤労階級について語りうるたった二つの国、チリ、アルゼンチンをとりあげても、チリで一九五二年以降統一労働総同盟によって呼びかけられた二つのストも、アルゼンチンで一九五五年のペロン打倒の際に海兵隊のクーデターによる労働組合の弾圧も、ある程度の反乱的ストへの道を開かぬようなどんなゼネストも鈍らされ、暴力によって粉砕されることを証明した。だが、反乱ストは武器と戦闘的組織と、そして、自発性のどんな奇蹟によっても大衆行動からは現われえないような、そういうリーダーシップとを前提とする」というものである。また、今日のラテン・アメリカで「帝国主義に対する大衆の武装闘争だけが、人民を社会主義へと導くことの可能な前衛を長期的につくりだしうる」ことを強調しつつ、「ゲリラを党に——党組織を平和時の通常の形のままに留め、思いきって変えようとしない党に、戦略的にも戦術的にも従属させること、ゲリラを党活動のもう一つの分枝として扱うことは、その結果、一連の致命的な軍事上の誤りをもたらす」と主張するものである。平和的闘争のためのみに備えられ、かつ合法的運動に馴れきった党や大衆組織が、突然武装闘争へ転換し、武装闘争にたえぬくことは、到底不可能であるともいうのである。したがって、マルクス主義の革命党を自称するチリの諸党は、ドブレ理論ないしフィデリズムによるこうしたチリ左翼の五二年以来の限界についての、また戦略的・戦術的組織形態についての、厳しい批判に実践的に回答することを迫られているわけである。

この一文では、残念ながら、ドブレの三論文に展開された革命論、および武装ゲリラ戦内部におけるドブレ批判、それらに対する筆者の見解を述べる余裕がない。武装ゲリラ戦線内の批判については、日本に翻訳紹介されたものとしては、ジョアン・クァルティン「レジス・ドブレとブラジル革命」〔註19〕が恰好であろう。ドブレの理論が完璧であると考えるのはもとより非科学的である。六五年から六七年に書かれた彼の三論文には不整合と思われる文章の箇所も見受けられる。ラテン・アメリカの社会的・経済的条件および政治的・歴史的条件についての性急な一般化や、キューバ革命という「原型」からの継承と切断の態度の不徹底も指摘できよう。そして何よりも、キューバ的経験の継承はドブレ理論を乗りこえて進むべきものであろう。

一方で、ある論者は、「ラテン・アメリカ大陸における第二のキューバ革命の可能性は極端に遠ざかった」とみている。〔註20〕しかし、この見方の正否は、キューバ革命の開示した移行過程の諸形態について、何を本質的な要素と認めるかということと深く関連している。ゲバラが『ゲリラ戦争』で示したキューバ革命のラテン・アメリカ革命戦略への三つの貢献――

(1)人民軍は正規軍に対する戦争で勝つことができること。

(2)いつも、革命を起こすためのすべての条件が満たされるまで待つ必要はない。反乱根拠地はそうした諸条件をつくりだせること。

(3)低開発のラテン・アメリカでは、武装闘争の地域は基本的に地方農村においてでなければならぬこと。

――に限って言うとしても、六七年頃から後退した武装ゲリラの定着可能性が今後もながらく低迷し続けると簡単に断言するわけにはいかない。また他方、チリの人民連合のリーダーたちが、「チリの経験を一般化しようとするつもりはない」とどのように力説しようとも、「性急な海外の観察者たちは、はやくもチリの経験が大陸の他の諸国にとって持つであろう諸影響を予見しつつある。」「チリの経験が他の諸国でくりかえされる可能性は決して遠ざかっていない」〔註21〕という指摘は、模倣の失敗の可能性ということをも含めて考えれば、おそらく正しいであろう。

(二)　路線の独自性の協調

チリ革命の特殊性の強調の背景には、いくつかの事情が横たわっていると考えられる。その一面は、移行形態のチリ的特殊性それじたいの表白にほかならないであろうが、他面において、その特殊性をとくに意図的に強調しなければならぬ理由があるとみてよい。その理由の第一は、ラテン・アメリカ大陸および他の諸大陸の革命諸党派との対立論争を好んでいないこと、とくにフィデリズムとの公然たる路線対立が決して利益でないと熟知していることであろう。キューバのカストロ派の方でも、現実の圧力のまえに、ひと頃のソ連に対する批判や抵抗からそれとの協調路線へと傾きを深くしており、チリとの関係については路線の相違を問題にするよりも、チリ革命のより広範な前進によって得られるアメリカ州の情勢の変化、孤立からの脱却を切望する態度をとり続けているのである。革命キューバは、いわばその生存の要件として汎大陸的に革命経験の一般化を推進したし、性急で準備不足の企てでボリビアにゲバラを失った。それにくらべてチリは、自国の革命経験の一般化・輸出を慎重に避けることによって、国際共産主義運動の分裂に頭を突き込んで、国際的条件を不利に狭くすることのないよう、配慮しているようである。

理由の第二は、国内政治的な配慮であろう。チリ国内の政治配置を見れば明らかなように、現状ではキリスト教民主党ならびに軍部との平和関係ないし協調が、多数派形成の、または内戦回避のキメ手になっている。革命の路線選択の決定権が国外のどこかの発言や意思によって左右されているような印象を与えたり、革命の国際的戦線とのつながりを過度に宣伝することは、少なくとも現在の歩みのなかでは、議会内外での中間派との提携を危うくするにちがいない。民主主義的手続の尊重と革命のナショナリティが不可分の形で強調される理由がそこにある。ソ連・中国・キューバとの友好協力関係を保持しながら、それら三国によって代表されるラテン・アメリカ大陸の三つの革命路線のいずれとも同調しないことが、意識的に政策化されているのと観察されるのである。また、全く同じ配慮が、人民連合の統一性保持の上からも必要とされているであろう。四政党二運動の相互間にイデオロギー上の完全な一致があるわけではないし、重要な一翼である急進党は非マルクス主義政党である。社共両党間にも、労働運動のなかでの考え方の違い、競争関係、「チリの社会闘争のなかで使用すべき重点的戦術」の相違が、歴史的に累積されてきているうえに、社会党には共産党がもっているようなはっきりした国際的背景がないという事情がある。

理由の第三は、反帝国主義闘争、とりわけアメリカ帝国主義の政治的、経済的、軍事的クビキからの脱却を図るうえでの、戦略的配慮であろう。後述するように、人民連合政権は、外国系企業の国有化、コゲツキ借款の返済猶予、貿易構造上の偏り是正等々のいずれに取り組む場合でも、米国との正面対決は慎重に避けてきた。またアメリカ帝国主義の道具で反キューバ・反共産主義の同盟であるOASとの関係でも、OASの性格じたいには否定的な態度を明らかにしても、OAS諸国、とくにアンデス諸国との対立やマサツを回避しつづけており、反対にそれら諸国間に政治的・経済的自立化、低開発からの脱却（それは必然的に反米闘争の傾向をとる）の国際的協力を拡大しようと努力を傾けてきた。そこでは、チリ革命の一般化や革命輸出による諸国との対立が全く希望されていないのである。

(三) 基本綱領の性格

移行形態のチリ的特殊性それじたいについては、六九年一二月に発表された「人民連合の基本綱領」に盛られた一般原則的叙述のなかに、ある程度よみとることができる。同綱領は、前文と本文とに分かれ、本文には、人民権力、新しい体制＝＝人民国家、新経済の建設、社会的事業、文化・教育・人民政府の外交政策の諸項目が掲げられ、簡潔なものである。〔**註22**〕その要点についての性格づけが必要であろう。

(1)まず、「人民権力」の項目では、統一戦線（人民連合）の性格を、「旧来の支配者集団から労働者、農民、都市と農村の中間階層の進歩的層への権力の移行を基礎にして、わが国の情勢が要求している根本的な変革を実現するために連合した」と規定する。そして、人民政府は二つの課題を担うとされる。すなわち、①民主的な諸権利と労働者の獲得物とを守り、より効果的にし、深化させること、②労働者、人民が権力を実際に行使する新国家を建設するために、現在の諸制度を変革すること、の二つである。

それは、内容的にみて、政治的自由権と社会的自由権を主内容とする民主主義の徹底した深化を当面の主要課題とし、その成果の上に新しい人民国家の樹立を接続的に展望していると解釈できよう。人民政府が保障することを公約する民主的諸権利については、七〇年九月末にアジェンデがキリスト教民主党の公開状への回答に述べたところと一致する。すなわち、信教、言論、出版、集会の自由、住居の不可侵、組合結社の権利、あるいは、労働者の就労権、ストライキ権、さらにまた人民の教育を受け、文化を享受する権利、等は、従来支配階級によってこそ制約されてきたのであるから、それを取り払うことによって、諸権利は現実的な力をもつようになるであろう、とされる。その過程を有効に保障する方法は、「労働者、職員、農民、住民、主婦、学生、専門家、知識人、中小企業家、その他の勤労者層の労働組合組織、社会団体が、それぞれの関係分野で権力諸機関の決定に参加すること」であると考えられている。ついで、政治的自由を保障するための制度として、人民権力の構造には、複数政党制と民主的代議制を直接の基礎とした行政府、合法的な反対派の活動の権利の尊重、官僚的中央集権制の排除と行政の真の地方分権化、人民弾圧の機関であった警察の改編、を掲げている。

以上は、基本綱領が予想する権力移行の二つの段階の前期段階における政治的改革の内容を示しているであろう。まず国家権力の一部分である政府を掌握し、それをテコとして、広範囲な大衆の組織的動員と諸決定機構への大衆参加に支えられて、政府権力の基礎を固め、人民権力を国家権力の他の分野に全面的に浸透させ、推し及ぼして行くこと、がそれである。その全過程を、革命的暴力の独裁制をとらず、一党制と党代行主義の方法を避け、政治的・社会的自由権の完全保障が必ず人民の政治的自発性を高め人民権力を強化するとの楽観的確信のもとに、遂行しようとするかのように理解できる。

(2)「新しい体制——人民国家」は、そのようなあらゆる段階での民主化と大衆の組織的な動員を通じて、根本的に新しい権力構造として樹立されるであろうとされる。そして、そのような過程を経て樹立された国家は、それじたい国家権力への大規模な参加と官僚的中央集権制の抑制を制度化した新しい憲法を生みだすことが予定されている。

国防組織に関しては、とくに軍隊の全部門の民族的性格の確立がうたわれている。それは、人民弾圧、外国勢力を利する行為への軍隊の参加や使用を排除することを意味する。

権力移行のこの後期段階の政治構造的内容は、いまだ抽象的で具体性に乏しいと感ぜられるが、前期段階の実現内容が具体的に次の段階を決定するとみなしてよろしいであろう。

(3)「新経済の建設」——人民権力の政策の中心課題は、国内、国外の独占資本、大土地所有者の支配を終らせ、社会主義建設にとりかかるために、現在の経済機構を転換させることであるとされる。すなわち、経済分野でも改革過程は二段階に分けられようが、基本綱領の叙述は、政治的移行の前期段階に照応する経済改革の内容を重点的に示すものである。それは、チリの外国資本への従属からの解放、国内の寡頭支配層の終焉を、人民権力下の資本主義体制内改革でなし遂げうるとの設計を示している。

しかし、厳密に理論的に考えれば、チリの経済改革面で、資本主義体制内変革と社会主義的変革とを公式的に区別するのは困難であろう。というのは、すでに前のフレイの中道派政権のもとで、経済の基本部門に対してかなり大幅な国有化政策がとられてきており、これをさらに強力に推進していくとすれば、権力移行の前期段階のかなり早い時期において、戦略的経済部門の全面国有化を達成することも起こりうるであろうからである。基本綱領が示す国有化部門は、①銅、硝石、沃土、鉄鉱石、石炭の大鉱山、②国の金融制度、とくに民間銀行と保険会社、③外国貿易、④大企業と流通独占体、⑤戦略産業独占体、⑥総じて国の経済的・社会的な発展を決定づける部門、というぐあいに国の基本産業と基幹部門のすべてを網羅している。そしてさらに、これに付随してあまり重要でない部門に私的所有形態と混合形態の分野を残そうとするプランである。人民連合政権の樹立後一年半を越えた七二年六月末には、最も難航した民間銀行（外国系五行を含む二四行）の国有化が完了した（キリスト教民主党は混合形態を主張）。〔註23〕銅山その他の外国系企業の接収もとうに進んでいる。そのような方向が進行していけば、「計画経済という国家的制度、生産に対する統制・指導・信用供与のメカニズムや技術援助、租税政策、外国貿易などの手段と、経済のなかの国営部門の行動自体を通じて推進される」国の経済政策は、資本主義の基本的特徴を失わせていくであろう。経済改革の内容は、ここでは資本主義に対する変革が直接的に社会主義建設への着手になるという構造を示している。

もしそうだとすれば、体制変革（革命）の不可逆性の問題とは、すぐれて政治権力の問題であると考えられるであろう。人民権力が不敗の態勢を確立しないかぎり、民主的平和移行の不可逆性も確立されえないのである。七一年四月の地方選挙では与党は五〇％をこえる得票を収めたが、同年末以来三つの州の国会議員補欠選挙は、人民連合の国有化政策の拡大について行けなくなったキリスト教民主党の保守派と国民党の協力の前に、いずれも与党が敗退、また七二年七月の一つの補欠選挙では人民連合を背景に共産党候補が当選、という具合に流動的である。七三年三月には上院の半数、下院の全議席が改選される。現憲法と議会制民主主義の枠内で社会主義への道を切り開くとすれば、来年の選挙で与党とその連携派が勝利しなければならない。さらに次の大統領選でも勝利が不可欠である。敗北すれば、経済改革の諸結果も後退し資本主義的社会化の枠内に押し戻されるであろう。

(4)「人民政府の対外政策」――基本綱領は、人民政府の外交政策の目的を、チリの完全な政治的、経済的自立を確認することだとする。そして、民族自決権とチリ人民の利益を前提に、イデオロギー的、政治的立場を超えて世界のすべての国との友好関係を保つであろう、という。しかしながら国の独立を積極的に擁護するためには、現在のOASを糾弾しなければならないし、真にラテン・アメリカ諸国を代表する機関の創設に努力しなければならない。チリの主権を制限する取り決めとなっているアメリカとの条約や協定は、個別に再検討し、糾弾し、必要に応じて廃棄することが不可欠である。外国のひもつき援助や借款、原料・資源に対する外国の干渉、自由な通商に対する拘束は拒否されるであろう。――その叙述には、米国のラテン・アメリカ支配に反対する急進的表現と、民族自決の枠内での対米友好関係への期待とが混じりあっている。また、それに付して、ヴェトナム人民の英雄的な闘争の承認とそれへの積極的な連帯の立場、およびキューバ革命との効果的な連帯の意向、中東諸国人民の反帝闘争への共感が述べられている。このような原則的立場と実際政策面の現実主義との対照についてはなお後述しなければならない。

三　チリ革命の特殊的背景

㈠　局面の特殊性

チリ革命の特殊性の背景としては、チリにおける一九七〇年前後の局面の特殊性、政治的伝統の特異性、社会的・経済的基盤の独特な性格、および国際的境位の特殊性の四点をあげることができる。まず、チリ国内過程を中心とする七〇年前後の局面の特殊性を簡単に見ておこう。

フレイ大統領の前政権は、前述したように、六九年人民連合の結成にさいして、「非資本主義的な発展の道」という幻想をばらまいたと非難され、その歴史的意味がもしあるとすればチリにおける新たな改良主義的実験がもはや存在しないことを立証したことだときめつけられた。しかしながら、六四年にフレイ政権が成立した折には、ラテン・アメリカ中に革新運動の主たる突破口をなすものとして歓呼され、チリ人の多くも、フレイの当選をチリの社会的・経済的構造に根本的変革をもたらす「自由のなかの革命」の始まりとみなしたのであった。実際、キリスト教民主党政権がチリになんらの変革ももたらさなかったと考えるのは正しくない。内政面では、六七年に政府提案の農地改革法が採択され、国家が収用した数百万エーカーの土地が二万六千世帯の農民に分かち与えられた。同じ年に、農村組合法を提出して農村プロレタリアートの地位改善に貢献した。また、米国系資本の銅鉱業への国家資本の五一％参加を果たした。そのほか国民最低賃金の引き上げ、税制度の改革、スラム地域の環境改善にみるべきものがあり、フレイの在任中は対外負債の増加率も低下し、貿易収支の黒字は六四年の一九〇〇万ドルから六八年の一億九八〇〇万ドルへと好転した。(六九年は二億ドルを超えたとみられる。)対外政策面では、活気のある自立化路線を追求し、ソ連との外交関係を樹立したほか東欧とも西欧とも交易関係を拡大した。アメリカのドミニカ干渉にさいしてはこれを鋭く非難し、ＯＡＳの対キューバ封鎖を破る政策を採用した。チリ＝キューバの復交の下地はすでにつくられつつあったのである。対米交易条件の改善を要求する運動ではラテン・アメリカ産品の価格改善を要求して諸国をリードしたのであった。そのような内政、外交にわたる重要な諸成果があったにもかかわらず、フレイの自由主義的革命は実質的に失敗した。財政上の安定は達成されず、大統領選にさいしての劇的改善の公約は果たされなかった。インフレは六九年には三〇％に達した。気候も彼にくみせず六八―六九年の旱ばつは農業生産に大打撃を与えた。六五年に行なわれた銅鉱山の「チリ化」も彼が期待したほど民衆の心を摑むには至らなかった。実際には、「チリ化」の進行によって所有権の五一％は政府が確保するに至っていたのであるが、輸出高の七八％（一九六八年）を占める銅産業については完全国有化という質的変化を全政党が――極右グループさえもが――望んでいたのである。銀行制度の完全国有化にはキリスト教民主党と国民党は反対であったが、それまでにすでにこの国の銀行活動のおよそ五〇％は政府の支配下にあった。要するに、フレイ政権の経済政策の失敗は、国内の私的資本に経済発展の過程においてダイナミックな役割を果たせることに成功せず、かといって経済発展の原動力的役割を積極的に国家ならびに公的セクターに依存する政策にも徹底できず、結局、そのギャップを埋める役割を再び外資に頼る道しか残されなかった点に求められよう。富裕層と保守派はフレイの改革にさえも不安をいだきはじめたし、中間層はインフレの克服されなかったことに怒り、貧民層は改革の遅延に焦ら立った。その結果が六九年春の国会選挙におけるキリスト教民主党の大敗であり、そのあとの党内分裂であったわけである。〔註24〕

いったん改革の希望に火をつけておいて、それが挫折したということ、自由主義的限界をもつとはいえ外国資本と国内寡頭制の支配への挑戦によって、矛盾の所在と改革の方向を指し示したということ、その効果は決して無視することはできない。改革の内容をほぼフレイの線にとどめるにしても、外資支配からの脱却、インフレの克服という汎大陸的な問題に解決を与え、脱低開発の道を開示しなければ、政治的安定は到底困難であるという状況が、六九―七〇年の大統領選の時期に現出していたわけである。しかもフレイの中道派路線の挫折は、キリスト教民主党、急進党の内部に左傾的急進化の傾向を強め、チリの政治に左右分極化の流れをひき起こした。すなわち、それは、人民大衆の広範な部分がより急進的な解決を欲しつつあることの反映にほかならなかった。人民連合という統一戦線は、そのような局面のなかで成功の可能性を得たし、また意図されたのであった。

トミック候補を推してたたかったキリスト教民主党が国会の大統領指名選挙でアレッサンドリを支持せずアジェンデに票を投じたということ、それはもし今後人民連合の権力がチリ社会主義への道を堅実に歩むことに成功したとするならば、革命の日々によく現われる歴史の狡智かもしれないし、前例として銘記されなければもはや滅多にくりかえされることはない事件であろう。しかし、より深い観察を加えれば、当時の局面の政治力学的状況は、キリスト教民主党に他の選択を容易に許さないようなものであったことも理解できるであろう。その後いくつかの重要政策について同党が国会内でとった協調的態度についても同様のことが言えるであろう。〔註25〕

したがって、人民連合の綱領的路線の設定はフレイ政権以来の状況をぬきにしては語られえないであろうし、またアジェンデ政権の路線は六九年秋以降の政治情勢に対応して立てられざるをえなかったであろう。トミックは敗れたがキリスト教民主党によって代表される中間諸階層は、反帝・反寡頭制の気分を決して失っていなかった。人民連合が議会において相対的多数派にすぎないことは、権力移行の初期段階において政府権力の基礎がいまだ不安定なことにほかならないが、その状態で基本的にものをいうのは、議会外の大衆の動向でしかない。人民連合に直接に票を投じた範囲をこえて広範な大衆が政府とその施策を支持するかどうか。その支持力が反対党や中間派に対して強力な圧力として作用するかどうか。そのさい、反対党や中間派を刺激しないことに重きをおくか、それとも人民大衆をひきつけて政治過程に参加させることに重点をおくか、そのいずれかであるかによって、政治権力の未来は決定されるであろう。

アジェンデ政権の施策は、基本性格からみて、社会主義的であるというよりも、トミックの選挙綱領と同質の反帝国主義・反寡頭支配の諸要素の実行という滑り出しを見せた。〃彼は社会主義を達成しようとするのではない。民主主義と自由の内において社会主義への移行のために基盤を開こうとするのである。そしてこの路線は、モスクワ、北京、ハバナのいずれかのモデルとも全く一致しない。〃〔註26〕しかし、人民連合の施策が当初の国内外での予想以上に急テンポで、外国系大鉱山、民間銀行の完全国有化、その他「総じて国の経済的、社会的な発展を決定づける部門」に広範囲におよんで行くにつれてキリスト教民主党の内部矛盾と動揺は深まらざるをえないであろう。また、産業界や保守派のサボタージュや抵抗が強まるにつれて、政府は権力の大衆的基礎を固める上からも、経済政策の早急な成果を期さねばならず、したがって戦略的経済部門の掌握が急がれ、それに応じて闘いはいっそう激しさをおびるであろう。

(二)　政治的伝統の特殊性

チリ革命の独自性をいう場合、人民連合の立場の人びとのみならず中立的な人びとも、チリの特殊な政治的伝統――立憲主義と民主的手続きの強力な伝統――について述べる。たしかにチリにおいては、ほとんど一五〇年ちかくもの間、民主主義的制度が存続し、激しい風雨に耐えてきた。それは、ラテン・アメリカ大陸内では勿論西欧諸国に比べても稀にみる安定した立憲主義の長い歴史をもってきたといえる。そのあらましを知っておく必要があろう。

小国であって統治に有利な独特の地理的条件をもち、割合いに均質的な人口構成をもっていることもあって、他のラテン・アメリカ諸国とは著しく異なり、一八一八年の独立以来、この国は長期間の政治的混乱を経験することがなかった。独立直後の約四年間、不安定な時期があったが、ディエゴ・ポルタレス（一七九三―一八三七）の指導的影響下に憲法を制定し、選挙にもとづく大統領制と議会制が創設された。その後一八九一年に至るまで憲法に違背するような形での政権の交替はみられなかった。一八九一年になって、フアン・バルマセダ大統領が、議会と国民生活を支配している寡頭支配層の権力を抑制しようと計画して諸措置を公表したとき、彼の行為は法に定められた権限の範囲を逸脱する反立憲的なものであると非難され、反乱をひき起こしたのであった。同大統領の反寡頭支配の立場は、イギリス帝国主義との闘争、硝石・鉄道の国有化、国立銀行の創設による銀行家寡頭制の打破等を含むもので、そのような思想は、政策としては勿論、理論としてもラテン・アメリカのその時期には現われていない、先駆的なものであった。彼の採ろうとした諸措置と思想は、現代に対しても優れた遺言となっているという。極く短期間の内乱状況のあと同大統領は自殺をとげ、立憲主義的慣習に復帰したが、この寡頭支配層の大統領権限との対決、打倒の運動が立憲制擁護の名において行なわれた点は興味深い。

だが、この事件は立憲制度上の権力バランスにはっきりした変化をもたらしたのであって、「議会制共和国」の時代（もっと正確に言えば「貴族的フロンド」の時代）としてチリの歴史に記される、執行権に対す議会優位の時代を生み落としたのであった。しかるに、権力的優位に立った議会は、こんどは内部的に派閥紛争が絶えず、かえって政府および立法府の機能がしばしばまひさせられる事態が現われはじめる。この政治機能の低下に加えて第一次大戦後の経済危機の襲来は、民衆の不満を嵩じさせ、議会への信頼は後退していった。

一九二〇年、アルツーロ・アレッサンドリは改革綱領を掲げて大統領に当選したが、頑強な議会の抵抗に十分に拮抗しうるに至らず、事態の行きづまりは軍部の介入を招く結果となった。アレッサンドリは一九二五年、地位を回復し、新しい憲法を導入して執行権の大幅な強化に成功した。(現行憲法は基本的にその延長線上にある。)だが、その翌年、彼はチリの歴史における唯一の独裁者カルロス・イバニェス将軍に敗北を喫する。しかしながら、イバニェス体制はながつづきしなかった。二九—三一年の第恐慌はチリに深刻な打撃を与え(チリはこの時の打撃からいまだに十分に立ち直っていないと説く経済学者もいるという)、インフレ、失業、政治不安の深刻化は、軍事独裁の基礎をゆるがし、ついに三一年、イバニェス将軍を権力の座から退かせた。イバニェス退陣後の約一年間は無政府状態に近く、三二年六月四日、青年将校と民間人の一グループはイバニェスの後継者モンテロ大統領に対してクーデターを敢行し、「社会主義共和国」の成立を宣言した。この「奇妙な」クーデターは空軍司令官によって支持された。だが、全体的な混乱、反対運動の拡がり、内部分裂などにより、この政権はわずか成立後一二日にして倒壊した。大衆はクーデターを指導したNAO(新政治行動)派に結集せず、社会党と共産党にばらばらに結集した。結党まもない社会党が共産党を凌いで大衆のなかに影響力を確立した。三二年秋にはアレッサンドリが再び大統領に当選して、立憲主義の道に復帰する。それ以来今日に至るまで、立憲主義の道は放棄されることはなかった。三八年のセルダ大統領の人民戦線政府もブルジョア立憲民主主義の枠を逸脱せず、人民戦線の「フランス的水準」を越えることはなかった。五二年にはかつての軍事独裁者イバニェスが大統領に当選したが、こんどは憲法尊重の態度をとり、五八年の任期満了のさいにもその地位に固執することはなかったのである。〔註27〕

ルイス・E・アギラール教授(もとキューバのオリエンテ大学歴史学教授、現在ワシントンDCのジョージタウン大学歴史科担当）は右のような一八三三年以来のチリの政治史をふりかえって、「チリの政治制度は、また、新しい社会的、政治的勢力の出現に適応するという注目すべき受容能力を示してきた」という。

すなわち、最初に憲法が制定されてのち暫くは、参政権は制限されていて、政治権力は植民地時代からの経済支配者であった土地貴族の手に集中していた。その後の一九世紀の残りを通じて、貴族的地主、鉱山所有者、銀行家といった勢力（いわゆる寡頭支配者層）とその政治的道具であった保守党および自由党が政治情勢を支配した。しかし、この世紀の後半には、政治エリートの層は次第に拡大し、成長的で野心的なグループ（都市ブルジョアジー）を含むようになった。このグループの圧力は、一八七一年以降、立憲主義構造の枠内で立法権の地位を高めるという改革の達成に少なからぬ役割を担ったのである。

世紀が変わって第一次大戦近くになると、また他の新しい勢力が出現し、強力な政治的要求を表現しはじめる。すなわち、たとえば一九一二年に結成された社会主義労働党〔註28〕は、大戦の終わる頃には労働者階級の間に実質的支持を確保するに至る。（社会主義政党じたいの歴史は後述のとおりもっと古い。）労働者や農民のつもる不満に気がついていたアレッサンドリは、これらの恵まれない下層階級に向かって反寡頭支配の綱領を掲げ、その支持を得ようと努めた。一九三〇年の彼の勝利の背景には、彼ら下層階級の支持が横たわっていたのであった。イバニェス軍事独裁の出現は一時的に正常な政治的表現を閉ざしたけれども、三〇年代初期の立憲的統治の回復は、非寡頭勢力が身につけるに至った政治的打撃力の劇的な示威をまもなく見せつけることになる。すなわち、三八年の大統領選挙で急進党のペドロ・アギレ・セルダ候補は、急進党、社会党、共産党よりなる人民戦線の支持によって勝利を収めるのである。

ラテン・アメリカにおける唯一の人民戦線政府の首領アギレ・セルダは、地主出身であったが、大地主権力には反対して闘い、国内産業には好意的であった。共産党は原則として政府には直接参加しない態度をとり（四六年には参加）、社会党はあまり重要でない若干の閣僚の椅子を獲得した。両党は社会主義への権力獲得をめざしたのではなく、中間階層の獲得をもくろむナチ勢力に反対して闘うという動機にもとづき、急進党を積極的に支持したのであったが、そこにはまた急進党の支持基盤の変化があったことも見逃せない。一八六三年、有産的インテリや寡頭的政治家のなかの戦闘的な反教権的分子によって創立された急進党は、一九三〇年代の頃までには、ホワイト・カラー労働者、学校教師、小企業家、農民の政党にすっかり生まれ変わっていた。それに、セルダとその後継者イヴァン・アントニオ・リオス（急進党員で人民戦線の支持で次期大統領に当選）は、これらの中間層の要求に応える政策をとっていった。工業化を育成し、学校制度を改善し拡充する施策を、彼らは実行した。しかしながら、彼らは、それよりも下層の諸階層が要求しつつあった徹底した社会改革の制度化に向かうことはしなかった。社会党は、三四—三五年の「左翼ブロック」はナチ勢力の中間階層獲得を妨げ、三八年成立の人民戦線政府は広範な急進的大衆の支持をうけたと評価するけれども、より下層階級の問題解決の要求が政治的表現を得る道は、いまだ十分に開かれていなかったのである。

しかしながら、第二次大戦後、チリ社会のこの最も恵まれない部分は、チリの政治舞台において行使するインパクトを強めつつあった。そして、六四年、七〇年の大統領選挙においては、都市労働者および工業化に伴って地方から移住した掘っ立て小屋街の住民などが、決定的な役割をもっていることが明らかとなった。フレイからアジェンデへと、改革策の内容はこれら下層階級の期待に応じる方向へ傾きを増してきたのである。

このように、「チリの政治的風土においては遵法主義と民主主義的規範への帰依が深く貫いている」ので、この国のさまざまな条件に応じて、不満をもつグループは、その不満を言論で訴え、その不平を癒すために新聞を用いる等、実質的な活動の余地を享受できてきた。そのような制度的保障が、社会的階級的変動に応じてそのつど適切な政治的表現を可能にし、この国の政治的混乱を回避させてきたというわけである。アジェンデの人民連合政府はこのような政治的伝統のなかに生きており、そのような制度的条件を通じて諸改革を進め、社会主義への移行を切り開こうとしているのだ、というのがアギラール教授の説であるし、また人民連合の指導者たちの意見もそうなのである。しかし、同教授も指摘するように、「これらのことは、また同時に、アジェンデの新しい人民連合政権に対して強力な拘束として作用する参加の一形式をつくりだしている」ことにほかならないのである。あらゆる階層に対して解放されていることの批判活動の参加形式が、難問の山積し、内戦を挑発する動きの強まりつつある当面の試練の数ヵ月、もしくは数年において、果たして権力の基礎を強化する方向に機能しうるであろうか。それは逆の結果をひき起こす可能性をも孕んでいるといえよう。

(三)　チリ社会主義の伝統的性格

チリの現段階に作用している特殊な政治的伝統には、チリの社会主義運動（とくに社共両党）の伝統的性格が当然含めて考えられねばならない。なによりもまず、われわれがチリの社会主義運動に対していだく先入主的な観念から、西欧的なパターン、あるいは日本的なパターンは慎重に取り除かねばならないだろう。国際的な共通型に最も近いのは事の性格からして共産党であるが、それさえもやはり特殊チリ的な歴史を背負っているうえに、当面する段階は未知の経験に満ちていて依拠すべき権威づけられた移行型があるわけではない。社会党に至っては、イギリス労働党、フランスの急進社会党、イタリア社会党のいずれとも異なったタイプであろう。その他の諸党派に対しても、われわれは自分たちの限られた経験や知識の枠に性急に押し込んで理解しようとする愚は避けるべきであろう。

チリの社会主義運動の歴史性は、大陸内の他の諸国とは著しく異なる。たとえばアルゼンチンにおいては、社会主義は殆ど輸入品であり、ヨーロッパからの移民労働者に担われて活動にはいったという性格がつよい。然るにチリにおいては、ロシア一〇月革命に先行すること約三〇年、メキシコ革命よりもずっと以前に、いくつかの社会主義政党やグループが自由に活動していた。急進党は中途において「社会主義的」に変身したとはいえ設立は一世紀以上も遡る。社会民主党は小政党ではあるけれども一八八七年設立の民主党に源を発している。部分的に社会党の前身ともいえる社会主義労働者党は一八九八年の創立である。共産党の結成は一九二一年、社会党は一九三三年である。何れにしても、政党政治ならびに社会主義政党運動の歴史は、ラテン・アメリカ諸国やアジア諸国などより長く、かつ特殊性をもっており、西欧諸国と同時期に発生し、チリ社会の歴史的変動に応じて支持構成要素もイデオロギーも形成されてきたという内発的要素の側面がきわめて大きいのである。〔註29〕

それに加えて、労働者運動もしくは社会主義政党運動におけるマルクス主義の影響力の確立も、チリはきわだった特性をもっている。たとえばアルゼンチンでは、ブルジョアジーやインテリのなかの急進的な分子がマルクス主義の洗礼を受け、その指導下に労働者に呼びかけて行くという、知識人から労働者への伝達形式をとったのに比べ、チリにおいては、労働者サークルが受容主体であり伝達主体でもあった。チリ共産党創立の中心であったルイス・エミリオン・レカバレン（一八七六—一九二四）の政治生涯は何よりもそのサンプルであるとみられる。彼は、チリ北部における労働運動の傑出したリーダーであり組織者でもあって、最初は民主党に属していた。しかし、一九一二年に社会主義労働党をつくるために脱党し、最後には、一九二一年、コミンテルンへの参加と共産党への改組を決定する際の指導者となった。そのように彼は、自身の内面

的な段階を経て労働運動リーダーからマルクス主義政治家へ転生したのであった。〔註30〕

左翼陣営がセクト的分裂的であり、労働運動内の指導権をめぐって苛烈な競争関係がみられるという点では、チリのそれは御多分に洩れないといえる。しかし、チリの左翼は、右に述べた発生の事情に深く関連して、きわだってプラグマティックな性向を培ってきたとされる。すなわち、チリにマルクス主義を基礎づけた人々の主として専心したところは、チリの諸条件の理論的分析とか経験に対する考察といったことよりも、労働者を組織的に動員するという実践的関心であったのである。勿論、特殊な問題に関してイデオロギー論争や理論闘争がなかったわけではない。とくに最近では、六〇年代を通して採用されてきた権力への平和的な道の有効性やメリットをめぐってさかんな論争がたたかわされた。しかしながら重点は常に、具体的なプログラムの提唱におかれがちであった。その結果、チリ左翼は、政治的行動におけるおおいなる柔軟性と即席即応的な傾向を示してきた。

社会党の歴史が、その最も顕著な好例だとされる。一九三三年の社会党創設に参加したのは決して共産党に所属したことのない人々であったが、労働者階級内における共産党の指導方法に強い批判をいだいて当初から反共産党の色彩の強い路線をとり、コミンテルンに対しても、「ソ連の利益を排他的に擁護する独善的態度」のゆえに非難をあびせた。そして一年かそこらで労働組合の多数派を獲得し、チリのプロレタリアートの主要スポークスマンとしての地位を確立しえた。だが、三八年には、こんどは一転して共産党によって推進された人民戦線に参加する態度へ切り換え、四六年まで急進党を主軸とする人民戦線政府を共産党と同盟して支持し、内閣にも参加する。もとより、社共両党は、たとえ同盟関係にあるときでも激しく衝突することを辞さなかった。さらに四六年には、人民戦線の持続をめぐって両党は対立し、共産党は継続を主張したのに対して社会党は反対した。主として共産党の支持によって急進党の大統領候補は当選を果したが、そのかわりに共産党は労働運動の支配権を社会党からもぎとるキャンペーンを展開する許可を得た。両党間では一年近くも街頭闘争がくりひろげられたという。四八年の共産党の政治活動禁止に社会党が賛成したのは、そのような背景があったからだと考えられる。その次の社会党の態度転換は、五二年大統領選における同党多数派のイバニェス支持であった。そしてまもなくイバニェスに幻滅すると、こんどはチトー主義を提唱する立場をとり、それと並行して五八年大統領選では共産党との協力を回復する。その後、五八年の新たなソ連＝ユーゴ対立はチトー主義をめぐって社共両党間に烈しい応酬を呼び、また六二―六三年には共産党の「モスクワへの従属とその路線への追従」をめぐっての論戦をくりひろげ、さらに、六〇年以降には社会党はカストロ主義に接近して「左から」共産党を批判するなどの対立面は続いたが、今日の人民連合に至るまで協調面も失われないできた。人民連合の成立過程も、この政党の柔軟性とプラグマティックな即応性の一つの証跡であるだろう。

社会党だけでなく共産党の過去の記録からも同様の実例を抽きだすにこと欠くものではない。コミンテルンの影響下に極左冒険主義、セクト主義への傾向を深めつつあった若い党幹部層は、一九二四年に猛批判のあげくレカバレンを自殺に追い込み、以後、コミンテルン第七回大会による路線変更まで、超過激路線と左翼諸政党攻撃によりチリ政治の主要潮流より孤立化する憂き目を招いた。この極左主義が社会党の結党の契機となり、社会党を短時日に労働者運動の主要政党に発展させたのは皮肉であった。しかし、三五年以降の共産党の路線は、あるいはチリ共産党だけの特性ではないとも言えようが、この国の左翼の特性とされる柔軟性とプラグマティクな即応性に著しく同化傾向を強めるのである。三八年には反ファシズムの人民戦線術を提唱するのであるが、当初かかつての独裁者イバニェスを統一候補として推すことを検討したことが知られている。五二年大統領選でもきわめて柔軟な戦術をみせ、やはり最初のうちはイバニェス候補支持を考慮し、当選とひきかえに共産党の政治活動に対する制限を全面解除することを要求した。結局この取り引きは行なわれず、社会党の左翼分派（かつて共産党の政治活動禁止に賛成した）と提携してアジェンデ候補を支持することに踏みきるのである。

五〇年代末以降の国際共産主義運動の多元化傾向、ならびにラテン・アメリカ大陸内における共産主義運動の三潮流の対立・競合といった条件を度外視して社共両党の政治路線の柔軟性を考えることはできないが、六〇年代後半における権力への道に関する歩み寄りの仕方、七〇年の政権獲得以来の内外政策における柔軟性は、チリ社会主義運動の発生に遡り、また中途の試練によって身につけられたチリ左翼独特の伝統的政治性と無縁ではないであろう。もっとも、革命という政治変動のなかでは原則的もしくは理論的思考が日々に生起する事態へのプラグマティックな適応の柔軟性を妨げることの方がむしろアブノーマルなのだという議論もなりたつにちがいない。しかし革命運動には、そしてとくに激動期においては、そのような異常な失敗例の方が多いというのがまた現実なのである。

(四)　チリ軍部の性格

チリ軍部の動向や性格については、今日のラテン・アメリカ諸国にある程度まで共通に見られる現象面と、やはりチリに固有とみられる伝統性とがある。

共通に見られる、もしくは共通となりつつある傾向とは、軍部が伝統的に寡頭支配層に奉仕するものであり、そこに主たる存在理由をもっているとされた既成のイメージが、もはや事実と一致しなくなってきたことである。その新しい事実とは、ブラジル、アルゼンチン、メキシコ、チリといった先発的発展途上国にまず現出し、他にも拡がりつつある現象で、工業化の過程と並行して現われ、中間階級の出現、民族的諸価値の新しい観念、開発やナショナリズムと結合した安全保障の新しい概念、等に相応じるものであった。〔註31〕政治的形式こそ国によって異なっても、強力なナショナリズムの湧き上りの傾向が、軍部、とりわけ青年将校の間で spilitus ovens となってきた。〔註32〕概して、政治的にも経済的にも、ナショナリズムは、ラテン・アメリカではいまだに高い進歩性をもちうる。そして軍部が物質的にもイデオロギー的にも弱体なブルジョアジーや、あるいは中間階層のナショナルな要求を代行するケースが多くなったのである。

「進歩のための同盟」計画に代表される米国の政策は、軍部およびそれが代行している勢力のナショナリストとしての性格に目をつけ、これに対する軍事、経済援助を強めることによって、共産主義の阻止、資本主義的発展の道の確保を目ざしたのであった。アメリカの援助政策が、一時期、被援助諸国の軍部を親米色に塗りかえ、農村の矛盾をある程度緩和する成果をあげるなど、ゲリラ戦士の戦いを困難に陥れたのは事実である。ボリビアの山中に汎大陸的なゲリラ根拠地をつくろうとしたゲバラが、農村を味方に獲得することの遠いことを歎き、日記に書き残していること、彼を射殺させた軍事政権のエリートたちはかつて反米愛国闘争を戦った軍人たちであったこと、などの例によってもその事情の一端を知ることができよう。しかしながら、ナショナリズムの高まりは、米国資本の産業や資源の支配、貿易不均衡等への反感を強め、要求の解決のために再び反米的なナショナリズムを特色とする政治勢力の抬頭をゆるすことになる。それがたとえばアルゼンチン、ブラジル、ペルーなどにおいて、国内石油資源を帝国主義の圧力から擁護するために軍部出身者の強力な政治的イニシアティヴを招き入れることになったのである。一九六九年に発足したアンデス共同市場諸国が、多くは軍事政権であり、チリの社会主義政権を含むという政治的不整合を示しながら、しかも外貨規制の共通政策というような外圧対抗色の強い政策面でまず原則的一致の成果をあげている（七一年）

のも、同様の背景の下に理解できるのである。

つまり、チリにおいては軍部は政治的代行者となっていない。ながい立憲主義の伝統のなかであらゆる階層がよく政治参加を果たし、政党機能が非常に発達していることが軍部による代行主義を育てなかったとも考えられよう。だがまだ、過大評価は慎まなければならないが、チリ軍部は、とくに寡頭支配層や独占資本の利益を擁護するという立場にもないのであり、そのイデオロギー的基礎は、かなり広い諸階層にまたがる民族主義的利益に適応しているとみられる。人民連合の基本綱領が、国防の項で、「国家主権の防衛に関する近代的、人民的な概念」の第一基準として「軍隊の全部門の民族的性格の確立」をあげているが、性格を強調しているあたり、現在の軍部のイデオロギー状況に対応したものであろう。もとより、「ラテン・アメリカ軍部の分析は、その一つ一つについて個別的に検討することが必要であろう。」〔註33〕しかし、チリ軍部の性格の一半は、今日のラテン・アメリカの全般的な政治的、経済的、イデオロギー的状況のなかに深く根をおろしていると言わなければならない。

チリ軍部のいま一半の性格は、前述したような一五〇年近くの立憲制の歴史のなかにさらに深く根をおろしている。チリでは、地理的条件も作用して、独特の中央集権的伝統が明確な文民支配、遵法主義、民主主義の方法のうちに発展してきた。地理的な面からみれば反乱根拠地を占めうるような地形に乏しく、外からの侵攻も受けがたく、したがって中央統治が容易である。そのこととどのように関連したかは知らないが、民主主義的方法の長い期間は、軍部の高度な軍事的役割を必要とすることは稀であったし、とくに国内政治面で軍部を政治化する要因は少なかったと考えられよう。そのような政治における軍部の役割の相対的な低さは、ある程度は、共和国の形成期に軍部が支配的地位を得ようとしなかったことの結果でもあろうと指摘される。一九世紀の前半期、国家の基礎固めの時期において、厳格で保守的な文民官吏たちに比して軍部ははるかに西欧的な自由の空気に同調していた。そこでは、独立後六〇年ものあいだ中断することなく続いた文民支配がこの国の政治生活を規律し、文民的遵法主義、厳しいナショナリズム、民主的コントロールの精神と慣行をつくりあげたとされる。軍部が初めて発揮した政治的役割は、一八九一年の大統領対議会の紛争にさいして海軍が議会を支持した事件であった。〔註34〕

人民連合の一九七〇年の勝利は、軍部を掌握しての成功というのではなく、軍部の政治的中立、憲法への忠誠を確保することに成功したものであった。だが、ラテン・アメリカ諸国で軍部がカソリック教会と並んで権力の重要な槓杆であることを思えば、アジェンデ政権が現在のところの二者の支持を享受しているということは、やはり注目すべきことなのであって、「この大陸諸国に進行しつつある深い変動を反映している」状態だと考えられる。〔註35〕しかしながら、今後においてチリ軍部がクーデター形式で政権を掌握する試みが起こり得ないとは断言できない。もしそうしようと選択すればアジェンデ政権を除きうる手段を軍部は依然として保持しているし、政府がその変革目的を達成するために非立憲的手段を用いるようなことがあれば、軍部は憲法擁護の名において軍事干渉を行なう名分を手にすることができるわけである。極右勢力がしきりに内戦への挑発を試みているのは、自力で政府を打倒できる目算によるものでなく、軍部の介入を引き出して、社会主義への道を閉ざそうともくろむのであろう。仮りに軍部が介入するような事態が起こった場合、二〇年代の前例のように秩序の回復後政権をもとの合法的政府に返すという保証はどこにもない。アジェンデ大統領らが、MIRとの関係において、一方でその武装圧力を利用しながら同時に他方で内乱誘発に走らないよう抑制に努めているらしいのも、軍部の政治介入を怖れているからに外ならないであろう。〔註36〕

移行の政治形態としてチリ革命をみる場合、人民戦線のフランス型かスペイン型か、という問いによく出合う。だが、この問いには恐るべき陥穽がある。第一に、人民戦線のフランス型、スペイン型なるものが、歴史的認識の原型としてどれだけの確かさと一般性をそなえているか。分析や評価の対象としては、それらじたいが依然として論争的な素材の域を出ていないし、かなりの程度、分析者にとって主観的な尺度の幅は異なる。ドブレが主張する過去からの切断の有効性は、もとより一切の継承を否定したり軽視したりすることではないが、一回一回の経験を、固化した教条の適用としてでなく全くオリジナルな経験としてとりあげる視角の重要さにあるであろう。それはわれわれが間接的な資料を介してではあっても、渦中に身を置く原体験者としての認識態度を持つよう要求するものである。したがって、何型かと問われれば、それはなによりもチリ型であるとしか答えようがないのであり、またそのことが比較論的方法の必須の前提なのである。

㈤　社会的・経済的基盤の特徴

類似の問いが、社会的・経済的分析の面に関して、先進国型か低開発国型かという形式で提出されがちである。それは理論的には、反封建・ブルジョア民主主義革命の課題が解決されているかどうか、という質問の提出であろうし、また、したがって当面する課題はブルジョア民主主義革命と結びついた民族解放（民族民主革命）かそれとも民族問題の解決を包含する社会主義革命か、という部類の問いであろう。しかし、このような問題提出の仕方には、権力移行の問題に関する抜き難い機械的観念と、アジア的経験にもとづく性急なラテン・アメリカ例への類推がみてとれるのである。

革命の形態が武装ゲリラの形をとるべきかどうかというような狭められた問題枠を越えた角度から、ドブレはフィデリズム革命の経験を語っている。――〝キューバ革命の経験は、予備段階ぬきの即時社会主義革命というセクト的テーゼとも、若干の共産党のいう民族ブルジョアジーとともに（実際には彼らの指導下に）行なわれる反封建農民革命のテーゼとも、異なっている。問題の核心は、国家権力の問題をまず最初に解決する能力にある。ラテン・アメリカの資本主義は農村の封建的諸関係と結合しているので、民族ブルジョアジーは真の農業改革をやりとげることができない。だから、南アメリカでは、ブルジョア民主主義革命の段階は、権力の征服ならびに（反人民的）軍隊の解体というブルジョア国家装置の破壊を前提とするのである。民族解放の問題についていうならば、ラテン・アメリカはアジア、アフリカとは異なっている。ラテン・アメリカでは政治的独立が先行したうえでの民族解放闘争であるから、帝国主義との闘争は外国の占領勢力に対する統一戦線の形はとらず、革命的内戦の形をとる。それゆえ統一戦線の社会的基盤はより狭く、イデオロギーはより明確である。主観的要素（道義的・政治的意識とイニシャティヴ）は格別に重要であり、ナショナリズムもよりラディカルに、防衛的でなく攻撃的になる傾向にある。ここでも、民族解放の達成はプロレタリアートのヘゲモニーを堅持した権力掌握を必須の前提としている。〔註37〕

要するに、まず最初に国家権力を掌握できるかどうかが基本的問題である。ラテン・アメリカの現状では、社会的・経済的構造の分析、階級分析等にもとづいて、その結果としてのみ権力掌握の課題が初めて提起されるということではない。具体的改革のプログラムは国家権力の政策実行の問題にすぎない。根拠地（フォコ）の理論に象徴される、革命の待機ではなく創出を、という主観的要素、イニシャティヴの強調は、平和的移行か武装革命かという選択を超えて生きているといわなければならない。その意味では、チリの社会的・経済的分析は、移行過程全体の特殊性を規定するものではあっても、権力獲得の特殊性を決定するものとして過大評価されてはならないであろう。しかしまた、社会主義への移行を公然と予告している――キューバの場合は予告されていず、不可避的にそこへ導かれた――人民連合とその政府が、少なくとも現段階まで階級間の暴力的衝突を回避しえていることと、この国の社会的・階級的な背景の特殊性との関連は、安易な我田引水的類推や模倣を避けるうえからも、十分に重視されてよいであろう。

本稿での主題は政治分析にあり、社会的、経済的、あるいは階級的な指標を羅列することは意味がうすいので、現在の権力的移行に関連して特徴的な点を述べておきたい。

周知のように、チリは南アメリカのアンデス山脈に沿った細長い国で、東は高い山脈、西は太平洋、北は砂漠によって限られた陸の孤島的な地形にある。北部の砂漠地帯は鉱物資源に富み、中部の渓谷部地帯は気候温暖な農業地域、南部は森林におおわれた山地となっている。このうち中部地域がこの国の経済活動の中心であって、総人口八八五万余（一九七〇年）のうちの九〇％、農耕地の九九％、製造業の九〇％が集中し、首都サンチアゴ（人口は二六六万人）をはじめチリ第一の良港バルバライソ（約六二万）、コンセプシオン（約五四万）、バルジビア（約二六万）の諸都市が発達している。これらの中部諸都市とそれらを結ぶ鉄道沿線、および北部鉱山地帯では、資本集約型の工業が発達していて、比較的よく組織され、近代工業以外に比べれば賃金水準の相対的に高い産業労働者階級を小規模ながら生みだしている。また、労働者階級に加えて前工業的都市住民（pre-industrial urban civilization）とも呼ぶべき人口層が存在する。彼らは、すでに近代工業の出現以前に異常に大きな第三セクターを形成していたのであって、今世紀においてこの国の政治的にアクティヴな民衆の大部分は、そこから供給されてきた。〔**註38**〕近代的な産業労働者とこれらを合わせた都市住民の構成および彼らの生活水準の低さ、雇用の不安定、居住条件の悪さ等は、都市化に伴う政治闘争の意味あいを示唆するところがあると考えられる。

はやくも一九六一年にゲバラは、武装ゲリラへの準備を困難とする条件が工業化に伴う人口の大規模な集中によって生じていることを指摘している。すなわち、「そのほかに、もっと特殊な問題も生まれている。

実際には効果的な工業化と呼べるようなものではないが、中・軽工業が適度に発展し、人口が大中心地へ集中する過程にある国においては、ゲリラ部隊を準備するのはいっそう困難となっている」と述べている。チリがこの指摘にあてはまる国であることは間違いない。しかしながら、ゲバラの考えでは、この特殊な条件を絶対化しようとはしない。

「そのうえ、中心都市では、ゲリラ闘争を抑圧し、平和的に大衆闘争を組織して闘っていくように導くイデオロギーの影響がある。これが極端になると、『制度主義』を生みだす。……こうした考えには、革命陣営が国会の議席数をふやしていけば、いつかは質的な変化が可能であるという考えが含まれている。」

「革命家は戦闘の過程に現われる戦術的変化を解放のプログラムによってすべて前もって知ることはできない。革命家の真の力は、その時々の状況の変化に最も適した革命的戦術をみつけ、それらすべての戦術をしっかりと把握し、それらを最大限に活用できるか否かによって測られなければならない。与えられた選挙という過程を通じて革命のプログラムを実現することができるかもしれないという有効性を過小評価するのは許しがたい過失だが、同様に、選挙だけを行ない、権力を獲得し革命の計画を実行し発展させるための不可欠の方法である武装闘争を含む他の闘争手段を無視することは許されないのである。なぜなら、権力を獲得しない場合には、何を獲得しようとも、それは、不安定であり、不十分であり、到達点よりさらに前進しようとしても不可能なのである。」（傍点筆者）〔註39〕

ここにはキューバ革命の担い手たちの考え方がよく表現されている。それは、社会的・経済的な発展段階という客観的条件の絶対化もしくはそれへの主体的条件の従属を拒否する立場であり、権力の移行を確実に遂げ革命のプログラムを実行するためには、形式的な民主主義的手続きに真の力があるわけではなく、変革の実行過程を支える実力こそが必要であるとする指摘である。

つぎに、農民はチリ人口の約三分の一を占めている。一九三七年には、土地所有者の一・五％に満たないものが可耕地の七〇％を所有していた。農地解放の立ち遅れは、農民生活とこの国の経済生活全般に種々の悪影響をもたらしてきた。大地主たちの最大の所有地は、サンチアゴ周辺に集中している。南部チリの農場は規模が小さい。大農場での農業労働は、その土地に定住の小作農および移動して季節労働にたずさわる雇農によって供給されているが、とくに後者は惨めな生活状態で、賃金は低く、文盲で、健康を害し、しばしばアルコール中毒症にかかっている。このような低賃金の農業労働と可耕地の独占は、土地の適切な利用や近代的生産技術の導入を妨げ、この国の人口増加率の高さともあいまって、食糧の自給と価格安定を不能に陥れてきた。だが、潜在的能力からすればチリ農業は現在人口の四倍程度の人口を養うことができるといわれる。一九二八年に農地改革の実施を目的とする農地開発委員会が創設されたが、実効はみられなかった。三九年には、人民戦線政府のもとで、食糧増産を促す政策が採択され、海外からの資金が導入された。また五四年には、農業生産と輸送の発達を促進する総合プランが採用され、アメリカ合衆国の余剰農産物を輸入しその売上げ代金を政府借款として農業改善に導入する協定が結ばれたりした。六四年に成立したフレイ政権が農地改革にみるべきものを施策したことはすでに述べた通りである。しかもなお同政権の直接の命とりになったのは、天候の不順という不運もあったが、結局、チリ農業の近代化の遅れによる生産の不振、それによるインフレ抑制策の破綻であった。〔註40〕

右のような農業人口の数、その生活条件の劣悪さ、大土地所有制の改革に対する土地貴族の抵抗、改革施策のたびたびの失敗等のことを考慮すれば、人民連合政権にとって農業政策は経済政策全体のなかのキイの一つであることは疑いないし、また権力の大衆的基礎を固めるという点でも第一級の重要性をもつのである。それと同時に、農民問題の重要性は、人民連合の平和的移行策に疑問を提起しているＭＩＲの立場にとっては、農村を基盤とする武装ゲリラの有効性と必要性を主張する根拠が健在であることを意味するであろう。仮に農村の武装ゲリラを絶対化しないまでも、「都市化が進んでいる国においてもやはり革命闘争の政治的中心は農村である」と結論したゲバラ理論の圧力は生き続けていると言わねばならない。

ここの文脈に関連して、さらに指摘しておかなくてはならないチリの社会・経済上の二つの特徴がある。一つは、アンデス諸国の多くにみられるような少数白人支配とインディオとの対立がチリには乏しいことである。ヨーロッパ人三〇%、白人の血が優勢なメスティーソ六五%、純粋のインディオ五%と、社会の均質性が高い。しかし、人民連合基本綱領の土地改革プログラムに、「土地横領の脅威にさらされているインディオ共同体の領地の保全と拡大、およびこれらの共同体における民主化の保障。マプーチェ人、その他のインディオに十分な土地と、適切な技術援助と信用供与を保障すること」の一項が掲げられていることに注意しておきたい。

いま一つは、次のように指摘されるチリ上流階級の政治参加の特性の問題である。たとえば、アルゼンチンにおいては、上流階級は一九三〇年代の一〇年間のうちに政治的活動を放棄した。すなわち、過去四〇年間近く、アルゼンチンの上流階級は政治生活に直接的関与を行なっていないのである。だがチリの場合はそうでなかった。チリでは、貴族(大地主)と上流中産階級(ブルジョアジー)は、伝統にしたがって、変化する政治環境に適応し、積極的役割を演じ続ける顕著な才能を示してきた。つまり彼らは、大闘争をたたかうことを避ける傾向があり、どちらかといえば、必ず勝利をめざした対決によるよりも、柔軟性と適応力に彼らの延命を賭けてきたのであった。だが、勿論これは例外がある。極く最近の例としては、アジェンデの大統領就任を妨げようとして失敗した反乱の企てに、確たる証拠はないけれども右翼の重要人物たちが関与していたといわれている。レネ・シュナイダー将軍の暗殺に終わったこの事件は、「疑いもなく、チリ政治の歴史における最も陰うつな一章であり、反対勢力として育とうとする極右勢力の道義的権威を失墜させたところのもの」であったが、「他方において、この危機に対してこの国民が対応した態度は、チリの情勢に関する特異性に証明を加えたものである。ラテン・アメリカの他の多くの国では、同様のことが起これば、おそらく他の直接的軍事介入を促したであろうし、少なくとも憲政上の継続性は中断されたであろう。」〔註41〕――しかし、人民連合がその権力を十分に打ち固め、そして社会主義への移行を確実にしようとする場合、大土地所有者とブルジョアジーがもしその柔軟性と適応力をここでも発揮しうるとするならば、彼らはそれぞれ一つの社会層としての自己の存在の解消をおとなしく認める、ということを意味するであろう。論理的には、社会層として永らく生き延びることはありえない。キューバの先例では、ブルジョアジーはカストロ派の本質を見抜くことができず方向を見失っていたという例外的条件のために、ほとんど無抵抗のうちに社会層として消滅することをよぎなくされた。チリにおいてはいかなる「例外的」条件が可能なのであろうか。

四　チリ革命の国際的背景

㈠　人民連合政府の外交展開

チリ革命の国際的環境を考える場合に、ドブレが六〇年代半ばまでのチリ左翼を指してその合法主義的方針のなかにアメリカ帝国主義の過少評価があると批判した事実を忘れるわけにはいかない。また、ゲバラは、一九六一年に、「キューバ革命において例外とみなしうる条件は、北アメリカ帝国主義がすっかり方角を見失い、キューバ革命の真の奥行を測定することができなかった、ということである」と指摘しながら、

「帝国主義がキューバの教訓を深く学び、われわれの二〇の共和国や、いまなお存在する植民地においては、つまりアメリカ（大陸）のどの部分においても、いかなる不意打ちをも受けないようになった」と指摘し、「現在のこの墓場の平和、いわばローマ帝国の平和を突き破って進もうとする人びとにとっては、強大な侵略軍と戦うべき偉大な人民の闘争という道が開かれている」と、後続への覚悟を促したのであった。〔註42〕しかしながら、チリ革命は、やはりアメリカ帝国主義にとっていくつかの意外性を含んでいたと考えられる。人民連合が当面の問題を超えて長期的な協定に成功したこと、一般選挙で三分の一しかとれなかったアジェンデ候補が議会で中道派の支持を受けたこと、軍隊と警察が合法的政府を支持したこと、などがおそらく意外であったであろう。ヴェトナムですでに政治的痛手を負い、ドル危機に悩まされ、七〇年代後半に向けてソ連・中国との関係を再調整しなければならず、しかも七二年の大統領再選を控えて、ニクソン政権にグヮテマラやドミニカ干渉の再現はまず困難であった。ラテン・アメリカでは最も遠隔の地にあって、自然の要害に恵まれており、そのうえ漸く大陸内に急進的ナショナリズムの台頭しつつある局面に呼応するかの如く、チリの事態は発生したのであった。何よりも合憲的手続きを経て政権の移動が行なわれた点に、干渉の言いがかりのつけ難さがあった。残された道は、内戦の可能性と経済封鎖の圧迫によって革命路線をストップさせ、事態を三〇年代の人民戦線のエピソードの再現に終わらせる以外にないであろう。米国の直接ないし間接の軍事的干渉は、チリの地理的・社会的条件からすれば反乱援助の方法では至難であり、何らかの合法的根拠にもとづく援助要請を前提としてのみ可能となるであろう。

すでに紹介しておいたように、人民連合基本綱領は、チリの完全な政治的、経済的な独立性を要求し、ＯＡＳを北アメリカ帝国主義の道具であるときめつけ、ＯＡＳに含まれる汎アメリカ主義のあらゆる形態に反対して闘うのみでなく、真にラテン・アメリカ諸国を代表する組織を創り出す道を選ぶであろう、と主張した。また、チリの主権を危うくする条約や協定、ことにチリが合衆国との間に締結した相互援助の諸条約・協定、およびその他の諸協定については、それらを修正し、告発し、あるいは無視するであろうと断言していた。〔註43〕さらに、チリは世界のあらゆる国と通商、外交関係を保持する権利を有すると宣言し、キューバ革命との連帯を表明し、革命の前進とラテン・アメリカにおける社会主義の建設を要求した。また、広く社会主義諸国との結びつきを増すことを提唱した。

しかしながら、政権成立後しばらくの国際的印象では、新政府の行動も発言も、かの基本綱領に照らして多くの人びとが予期したほど急進的でないとの感じを与えている。もちろん、アジェンデ政権の歩みの中で変化のテンポが加速された面のあったことを否定するものではない。とりわけ、内政面で経済部門の社会化政策は、むしろ予想以上に急テンポで広範囲にわたっていると驚きを誘っている向きもある。〔註44〕だがそれにもかかわらず、相対的な穏健さはまぎれもない。単に軍部との友好関係やキリスト教民主党との政策の一致面を強調したり、ＭＩＲに過激な戦術をさし控えて人民連合の事業に参加するよう勧めたり、というような政治的技術面だけではない。経済政策面でも、社会化の急進展という面をみれば一見過激だが、前政権まで国連のラテン・アメリカ経済委員会で活動していた多くの専門家を動員し、生活費の上昇にあわせてスライドする賃金制（七〇年には三五％上昇）、低所得層の賃金引上げ、家族手当や最低賃金制の制定等、国内の流動性を増し有効需要を喚起することによって生産を拡大しようとするケイジアン的政策が採用されてきた。そのような国内の政治、経済的政策面で顕著にみられたアジェンデ政権のプラグマティズムは、またその対外政策の一般的方向にも明白にみてとれるのである。

チリ大学の国際研究所理事クラウディオ・ヴェリスの理解によれば、〝チリ左翼もまた顕著な理論性の欠如によって特徴づけられる。いく人もの傑出した左翼指導者はいるけれども、経験を理論に反映させることのできる人はいない。この国の左翼もまた極く最近までは、外国のモデルを採用することに専念して、チリの条件の理解に確固と根をおろした理論を構築する困難な仕事には取り組もうとしないインテリゲンチャの仕事によって災いされてきた。それゆえ、欠落を埋めるために、チリ左翼の政治的指導部は、きわだってプラグマティクな傾向をとるに至った。彼らは、あるいは責任を感じているためであろうが、また積極的な柔軟性や即応能力の必要に応えようとしているのだ。〟〔註45〕ということになる。この理解の仕方は、前述したルイス・E・アギラール教授の〝チリ・マルクス主義のきわだったプラグマティクな性向〟という指摘とも一致するであろう。

ともあれ、「チリ政府は、そのダイナミックで独自な対外政策のために実行可能なオプションをふやそうと努力している。この努力は、おおかたは、前政権によって企画された政策の輪郭の枠内で、しかし意図の点では重大な相違をもって、計画されている。」〔註46〕アジェンデ政権が直面している内外情勢の複雑さが、つよく抑制された対外アプローチをよぎなくさせているのであり、とりわけその抑制は、ＯＡＳからの脱退をあえて実行せず、また米国に対しては「社会主義」チリはいささかも脅威ではないこと――チリはどこの国とも軍事同盟を結ばず軍事基地も貸与しないとの言明など――を印象付けようと努力するなどの点に、最もよくみてとることができる。

キューバとの国交関係の雪どけはすでにフレイ政権時代に始まっていた。両国間の通商関係は維持されていたし、前政権の外相はキューバの孤立を終わらせる必要について公然と言明していた。それは、当時、キューバと最も対立の激しかったベネズエラ、コロンビアから、軍事政権が左傾化したペルー、ボリビアに至るまでの、ラテン・アメリカ諸国の間に広がったキューバとの復交気運に連なる動きであり、またその気運は、キューバ側におけるゲバラ死後の政策変化――キューバ経済の対ソ依存の増大に対応する武装闘争路線の緩和、革命の多様な道の事実上の承認（それはチリ革命後、大陸内の保守路線に対しキューバ、チリの社会主義路線を印象づけ、諸国の中道派の左傾化を促進し、民主勢力を間接に援護する、またそれによってキューバの孤立からの脱却を図り、チリの孤立化を避ける、という最近の路線へとつながって行く。）——によって促進されつつあるものであった。その意味では、チリとキューバの間の国交回復は六七年頃に始まったプロセスの完結を意味するものであった。しかし、アジェンデ政権は、キューバとの復交に先立って、まずアンデス条約諸国（コロンビア、エクアドル、ペルー、ボリビア、チリ）との友好的な協議を行ない、新政権は前政権ほどアンデス共同市場の目的達成を熱心に支持しないのではないかとの懸念を打ち消すことに努めた。とくに、加盟国が共同歩調をとって外貨の割合を制限し、外貨の分野を制限するための具体的措置につき共通政策に到達しようとするプランに積極的に賛成し、七一年中にはこれを具体化する国内法を成立させるに至るのである。

ソ連との関係はすでに正式にあり、フレイ政権時代には両国の関係は緊密化した。中国との国交は七一年一月六日に樹立された。そしてはやくも翌月末にはロンドンの金属取引所を経由しないで中国に直接銅が売渡される旨が発表された。そのほか、東ドイツ、アルバニアなどを承認し、北ヴェトナム、北朝鮮と通商関係を締結した。日本への働きかけも活発で、たとえば七一年九月一八日付『日本経済新聞』には一頁の半面を費して駐日チリ大使のメッセージ「太平洋圏時代の到来と日チ両国の役割」とチリ紹介記事を掲載し、鉱物資源の輸出国チリと輸入国日本との密接な関係を強調し、かつチリ社会主義の民主主義的性格を宣伝したことは記憶に新しい。また、同年の天皇誕生日には、アジェンデ大統領自ら在チリ日本大使館のレセプションに出席し、対日関心のなみなみでないことを日本国民に印象づけようと努めたのであった。

要するに、政治・経済両面でアメリカ州を離れず、大国の支配下にもおかれないというのがラテン・アメリカ内におけるアジェンデ政権の基本路線で、米国の支配からは脱したが、アメリカ州をしめ出され、やむなく次第に大国ソ連の影響下にはいったキューバの轍を踏むまいと決意しているのだと観察されるのである。そして、地元のアンデス共同市場の強化や隣のアルゼンチンとの接近などで南アメリカ内での立場を固める一方、東西ヨーロッパ諸国、日本などとの経済関係の拡大に努め、合衆国への依存を軽減し、もしくはその制裁の可能性に備える、方策を進めてきたのであった。また、社会主義諸国との関係は、国際共産主義内部の対立に一切拘泥することなく、文字通りあらゆる国との国交ないし通商の拡大をめざし、ソ連との関係では資本援助、輸出増などをかちとるほか、たとえば人民連合政権発足以来、銅山の外国人専門家の帰国、チリ人の一部専門技術者の離職があいついだその穴を埋めるための専門家派遣などまで、次第に依存度が強まってはいるが、他面、中国の文革後の外交新展開に呼応するかのように接近を深め、またキューバに接近して両国の路線上の差異感をうすめながらラテン・アメリカにおける独自の社会主義の潮流を印象づけるなど、とても単なる無作為の多面外交とは思えない自立・非同盟路線を歩もうとしているように解されるのである。同じ非同盟路線を歩くユーゴが、チリの動向を高く評価し、かつ一九五〇年代にチトー主義を主張したチリ社会党に親近感を示しているのは興味ぶかいことである。

このようなチリ外交の背景では、政権の政治的基盤の複雑さ、内乱の可能性と外圧との不可分性などの政治的諸要因のさらに奥に、当然ながらチリの経済的自立のための複雑な事情が横たわっているのである。

いうまでもないことだが、チリ産業の柱は鉱業であり、銅、鉄鉱石、硝石、石炭、金、銀、コバルト、鉛、モリブデン、タングステン、マンガンなどの鉱物資源に恵まれて、銅、鉄鉱石を主とする輸出がこの国の経済を支えてきた。したがって、人民連合政権が初期段階の諸改革を達成して社会主義への前進を遂げうるためには、――つまり社会主義への移行過程における経済政策に成功し、政治的変革過程の物質的基礎を確保しうるためには、農業改革と並んでこれら鉱業における所有ならびに組織の形態変化が生産に好結果をもたらすこと、およびこれら鉱物資源の輸出市場が安定的に確保されることが必須の要件なのである。いかなる革命であれ、政治と経済の両過程とも、国内的側面と国際的側面とを不可分の関係でもつものである。

一九六九年の貿易相手国構成を一べつすると、輸入は米国三八％、西ドイツ一〇％、アルゼンチン一〇％、イギリス五％、輸出は米国一七％（六八年には二二％）、イギリス一四％、日本一四％、オランダ一一％、西ドイツ九％、イタリー八％、アルゼンチン六％、フランス六％、主要輸出品は銅七六％、鉄鉱石七％という数字が示されている。〔註47〕硝石はかつてこの国の輸出の半ばを占めたが、窒素の合成技術が発明されたため大打撃を受け、現在は主要商品ではなくなっている。銅からあがる収入は外貨収入の六〇％以上、国家予算の三〇％以上を占める。銅産出量は六七―六八年平均（金属量）で世界第二位、大部分を米国に輸出した。そして、全面国有化が行なわれるまで採鉱は九〇％までが三つの大きな米国系社会の手ににぎられていたのである。すなわち、これらの指標は、米国のチリ経済支配の実態を端的に示しているといえる。

チリ経済の自立的発展は、このような米国および米国資本への過度依存を是正しつつ、しかも生産量と販売市場を堅持していくことでなければならない。たとえばここに、チリ外交の急進性と穏健性の奇妙な統一の根拠がみとめられよう。すなわち、アジェンデ大統領は、「新政府は外国系企業の国有化を実施するが、それは報復のためではなく、法の範囲内で行なわれる」〔註48〕と言明しつつ、その補償は三〇年以内、利子年率三％以上を定めた。米国務省が銅鉱山国有化法案は、米国だけを差別しては、国際法に違反しており、補償が十分でないと不満を表明したのに対しては、チリ政府は、「米系企業は目先の利益だけを追求し、鉱山を荒廃させた」〔註49〕と応じない態度を貫いた。しかし、最大の銅需要国であり、実質上採鉱を技術的に掌握してきた米国にタテツク限り、販路、技術等について、また必要な資金面についても、新たに広く取引きや協力の範囲を開拓しなければならない。さきに述べたような多面的でバランス・オブ・パワーを巧みにとらえた対外政策の構築、展開は、右のような経済的要求を、主権的自由を冒されることなく、また国内権力の内的構造にマッチした形で実現しようとするところに生みだされたたといえよう。もし、民主主義を通じての社会主義への道、もしくは社会主義的デモクラシーの高い開花が、他ではなくこの先発的開発途上国と位置づけられる国で成就するとするならば、それは、このような対外政策の成否に負うところが多大であると考えられよう。

(二) ソ連・中国の対応

チリ革命の国際的な移行過程を考えるとき、たとえ非同盟国・多角外交をとるにせよ、――逆説的にいえばむしろそれなればこそ、ソ連、中国の影は、大きく、かつ濃いと考えなければならない。ところで、アジェンデ政権の出現にさいしては、当然のことながら、両国とも、進行しつつある事態の奥行きについて、またその性格について、すぐには的確な把握をなしえなかったり、政策決定に不安やためらいがみられたりした。

人民連合の優勢とアジェンデの当選は、ソ連によって大いに歓迎された。しかし、その後しばらく、チリ問題に関するソ連の論評には、チリの諸情勢に対する神経質さと懸念の気配がみてとれた。この複雑な受けとめかたの理由は明らかであった。一面からみれば、人民連合の勝利は、モスクワがラテン・アメリカにおいて勧めてきた「平和的な道」と「統一戦線」の戦術の勝利だと受けとられた。それは、キューバ革命以来、議会的方法によって権力に到達することは不可能であるとするラテン・アメリカの革命勢力の間にかなり広くいきわたった確信に水をさすものであった。また、米国のひざもとで革命が成功することはほとんど不可能だとする観念を破った点では、キューバ革命と同様に重要な意味をもつものと考えられた。しかし、他面では、チリでの事態は、ソ連にとって「パンドラの箱」を開くことになるかもしれないものであった。すなわち、チリがモスクワにとって実質的な経済的負担となる可能性は、決して小さいものではなかった。そのうえ、もしアジェンデ政権が倒壊したり、反動的政府がそれにとって代わったりすれば、ソ連が前フレイ政権時代にサンチアゴとの関係で築きあげた大きな成果は根こそぎに失われるかもしれなかった。また、アジェンデ政権の成功がソ連のラテン・アメリカ政策の「正しさ」を最も強力に立証するものだとすれば、人民連合政権がその目的を達成するのに失敗したり、その内部的確執のために瓦解したりすることは、この地域におけるソ連の政策路線と威信に重大な損失を与えることになりかねなかった。

ソ連の既定のラテン・アメリカにおける目標は、米国の戦略的背面に近接して新しい反帝国主義戦線をつくりだすことであり、したがってその政策の中心点は、ラテン・アメリカ諸国の対外関係をこの地域における米国の影響力を削減する方向にそって転換させることにおかれていた。これらの国のいずれであれ、独立的な外交政策を追求し、米国の独占とその国内の同盟者の支配から解放されようとする意向を示すかぎり、それらの国の政権の政治的性格が何であるかはソ連にとって二次的な関心であった。つまり、ソ連の世界政策の枠内で考えられたラテン・アメリカの変革過程は、教義的には、社会主義やプロレタリア独裁に進むまえにあらゆる進歩的勢力の連合に基礎を置く「人民民主主義」の段階を必ず通過するものとされてきた。米ソ共存を軸とする平和共存関係の枠内における民族民主革命の路線設定は、そのような移行のプロセスを内容とするものであり、その観点から、キューバの追求する武装ゲリラ革命の汎ラテン・アメリカ的展開の国際路線には絶えず抑制を働かせてきたのであった。キューバの側からすれば、ソ連の経済援助や軍事援助が米国の対外援助と並んで、反革命の勢力を援け、ゲリラ戦士を殺害するために用いられている、との非難が出されざるをえなかったわけである。

そのようなソ連の国際路線にとって、フレイ政権の政策、あるいはトミックの提唱したプログラムは、その希望を十分に満足させる見通しをもたせるものであった。ソ連の諸評論がそれまでフレイ政権の対外政策にきわめて高い評価を与えていたのは、ソ連の利益に比較的少ないコストで合致する「独立性」を備えていたからであった。それゆえに、六九―七〇年初期にチリ政治の左右分極化が進みはじめたとき、ソ連は苦しい立場に追い込まれたのであった。右派勢力の擡頭および軍部の政治化の可能性の増大が懸念され、そのいずれもそれまでの進歩の成果をひきもどし、フレイ政権の政策を台無しにするおそれが濃厚だと受けとられた。奇妙なことにモスクワは左翼が成功を収める見通しについては、それをあてにしたふしはみられなかったし、とりわけ人民連合の結集力についてつよい期待を表明することもなかった。せいぜい、モスクワ筋の評論は、連合の形成には長い期間の交渉と多くの妥協が必要だ、と言及するにとどまったのであった。

それに加えて、モスクワは、チリ共産党がその連合の内部にいだいていた過激化への恐れについて、同じような不安をはっきりと示していた。すなわち、六九年、人民連合の結成に先立って、プラウダは、チリ共産党書記長コルバランが「共産党・労働者党モスクワ会議」において〝チリ共産党はわれわれの陣営内部に現われつつある敵との闘いを行なっている〟と発言した言葉を再録した。またモスクワの関係筋は、〝右翼主義ならびに左翼日和見主義に対する革命闘争において等の純粋性を〟防衛するよう強調した。つまり、ソ連は、チリ共産党が人民連合の過激化と右への逸脱という二つの圧力と闘うよう要求したのであった。モスクワ筋は、チリ社会党が、選挙戦で共産党との連携を希望しているにもかかわらず、重要問題のすべてに関してチリ共産党と一致するものでないことを熟知していた。両党の「戦術的」不一致点は、国内における革命のテンポについてのみならず、カストロや中国共産党に対する態度についても指摘されえたのである。前に触れたように、社会党は国内問題に関しては共産党よりも急進的で「左翼的な」アプローチに傾きがちであった。また、穏健だとされるアジェンデがカストロの個人的友人であり、一九五四年に北京を訪問したことにもみられるように、社会党はカストロの立場や中国共産党の見解について共産党よりもはるかに同情的に反応していたといえる。

右翼的偏向に対する警告は、明らかにキリスト教民主党の左派の影響に対する警戒心を喚起しようとするものであっただろう。七〇年夏にプラウダは、革命的言辞を掲げているにもかかわらず「真の社会主義」を恐れる立場、「万人にとっての自由」の枠内における革命という主張、「諸個人のコンミューン的社会」の提唱、等を批判して、それらすべては労働者の間に危険な幻想をばらまき、彼らを迷わせる傾向をもっていると論じた。しかしながら、この批判は、キリスト教民主党から分裂したＭＡＰＵにもある程度あてはまるものであり、またチリ国民のすべてにとって十分な民主的自由が保障されねばならないと主張しているアジェンデをもあてこするものであった。

ソ連の報道は、七〇年九月の選挙の結果に対しては、チリのみならずラテン・アメリカ全体の「進歩的」勢力の重要な勝利であるとして歓迎を表明したが、アジェンデが実際に政権につけるかどうかはなお疑っていた。一般選挙の結果は、反対派に警戒心をいだかせ、ワシントンに不安をいだかせたばかりでなく、結着は人民連合の制約がおよばない国会に持ち込まれ、反対派にはアジェンデの就任を妨害するために勢力を動員する数ケ月の時間的余裕を与えたのであった。情勢の見通しについて、ソ連の評価は、アレッサンドリの比較的大きな得票数や、軍部クーデターが切迫しているという噂、チリの反動勢力が米国の後押しでいろいろな陰謀を企んでいるという知らせ、米国の巨大な投資をまもりラテン・アメリカにおけるこれ以上の勢力後退を防ぐためにワシントンが行動に出るかもしれないとの警報、等に注意を払うよう呼びかけた。ソ連のあるラジオが、「チリの国民議会が誰を選ぼうと、国民投票の結果はチリの将来の政治的発展に深い影響をおよぼすものと予想される」と述べたことは重要であった。ソ連の報道はまた、最終投票でのアジェンデのチャンスはキリスト教民主党の態度いかんにかかっている、とも指摘した。チリ軍部およびワシントンが行動をとることに失敗し、右翼が効果的な抵抗をとりえないことが明らかになった段階で、ソ連の論調は次第に楽観的な色合いを増した。レネ・シュナイダー将軍の暗殺に関して論評したさいには、「もはや誰も次の国家首班の名について疑う者はいない。その名は上院議員サルヴァドル・アジェンデである……」と確信をもって言明したのであった。

ひとたびアジェンデが大統領職につくと、こんどはソ連は、チリの「モデル」を他の共産党や「進歩的」勢力にとっての手本として推奨する態度をとり始めた。プラウダは、「深遠な社会・経済的変革の遂行に賛成するすべての勢力の連合のみが」、革命を実行することができ、ラテン・アメリカで米国の支配を決定的に打破することができる、と述べ、他のラテン・アメリカ諸国の共産党が「統一のスローガン」に留意しつつあることを満足気に報じた。それによって、とりわけ、アルゼンチン、ウルグアイ、ベネズエラなどキューバから裏切り呼ばわりされてきた共産党の立場は、強化されたものと思われた。モスクワ筋は、「人民に政治権力の獲得を可能ならしめるのは、銃ではなくて革命的階級の諸行動である」と強調することによって、チリの経験を、明らかに中ソ論争に利用する態度を示したのであった。

それにもかかわらず、他方でモスクワは、ラテン・アメリカにおける反帝国主義運動は多様な形態をとりうる、との規定を継続することによって、その立場を縛らない余地を残した。たとえば、この地域における全般的な革命的勢力の部分として、チリのマルクス主義政府と並べてペルー、ボリビアの急進化した非マルクス主義的軍事政権を掲げるという配慮を怠らなかった。加えてソ連は、この地域における諸国民の共通問題は、米国独占体への従属から自己を解放することでなければならない、と主張した。そして、そのような配慮を基礎に置いて、「進歩的」諸国間の協力を励ますのみならず、全ラテン・アメリカ的規模における窮極的な統一を要望し、その道こそが反米闘争の成功を保障するのだとするのである。キューバに対しても、増大する援助量によって死命を制しながら、その方向に進むよう圧力をかけ続けていることは、知られる通りである。

チリ新政権の権力への道の例からえた利益のほかに、ソ連はアジェンデ政権の出現それじたいから実際的な成果をひき出している。チリ外交は、ソ連の立場からみて多くの積極的な革新の意味合いを含んでいる。アジェンデ政権は、前述したような柔軟で巧みな外交展開によって、キューバに対するＯＡＳの通商禁止を解体する方向に流れを導きつつあるし、また米州組織の性格を変革に導きつつある。チリ新政府の出現は、アンデス諸国に急進化の空気を強め、ラテン・アメリカにおける米国企業の影響力を削減し、その利潤の収取を制限しようとする経済ナショナリズムに勢いを加えている。また、ソ連政府は、チリがヴェトナムや中東におけるソ連の立場を支持したように、さまざまな国際問題に関してチリの支持をあてにすることができよう。

だが、以上のようなソ連の収穫は、いささかも代価を支払うことなく、また自国が直接巻き込まれることもなく得られたものであった。たしかに、ソ連が他の地域に没頭していること、チリの地理的な隔り、チリ国内の政治情勢の微妙さなどを考えれば、モスクワとしてはできるだけ長い期間、観察する道が好ましかったかもしれない。しかし、人民連合政権の相対的な不安定性ということよりすれば、ソ連がそう長く同情的傍観者の姿勢をとり続けることは不可能であった。アジェンデ政権が直面している諸困難の内容と性格については、ここに繰り返して述べる必要はない。ソ連の報道も認めているように「太闘争がさし迫っている」

状況は拭い去られていないし、体制内部からの「ブルジョア化」の可能性も十分に残っている。ソ連は、チリの国内情勢で左右のラディカリストからの攻勢に神経をとがらせているが、また、チリ社会の変革の進展をめぐる人民連合内の相違が、連合の団結それじたいを脅かすだけでなく、時期尚早の急進策が採用される結果となって、それが政権の存続を危機に陥れるかもしれないと心配している。〔註50〕この心配は、人民連合内の潜在的要因であるチリ社会党との接触を拡大する必要をソ連に感じさせたらしく、七一年一月のチリ社会党第二三回大会にソ連共産党代表が出席、また七一年三―四月のソ連共産党第二四回大会にチリ社会党の代表が招請されたのであった。

しかしながら、ソ連をチリ問題に最も深く関与させずにはいない領域は、経済援助と軍事援助のそれであるに違いない。過去におけるソ連とチリとの経済関係は決して深いものではなかったし、フレイ前政権に六七年に提供された五五〇〇万ドルのクレジットも費消されていなかった。だが、アジェンデ政権はすでに述べたような主要鉱産物の市場の転換と拡大を求めており、また銅市況の低迷は、それが同国の主要収入源であり、財政の主要源泉でもあるだけに、経済建設全般に暗影を投げかけている。銅の増産、機械購入およびバルバライソ港の拡張等のためにさし迫ってクレジットを必要としていることも周知のところであるし、さらに、ソ連の援助が確保できれば、巻銅プラント、圧延プラント、プレハブ住宅工場等の古くからのプラントを復活させようとするかもしれない。いずれにしても、チリの経済的苦難が増大するにつれて、ソ連への援助要請は強まるとみるのが常識であろう。

軍事援助に関しては、チリがソ連から何かを受けとった形跡はいまのところ全くない。だが、アジェンデ政権は、軍部の技術近代化の要求などに背を向けることは困難であるうえに、軍部に対するコントロールを固めていくという方策の観点からも、何らかの形の軍事援助をソ連に求めることが望ましいと考えるようになるかもしれない。

現局面までのアジェンデ政権の自主的、多角的な政治・経済外交の展開にもかかわらず、ソ連を経済・軍事援助の主要な供給者として求めなければならなくなる公算は依然として強いわけである。しかしながら、ソ連の援助拡大に対する人民連合内の抵抗要因を無視することはできないであろう。チリ共産党の存在は対ソ請求の重要な拠りどころであるとみなされようが、またソ連の援助拡大が共産党の影響力と発言力を増すことには根づよい警戒心と抵抗がある。さらに、チリ政府は(ソ連も同様に)チリと米国が断絶することを決して欲していないし、フランス、西ドイツ、日本などの西側諸国からの投資が途絶することを決して望んではいない。

それにもかかわらず、アジェンデ政権がソ連の介入増大を要請した場合、クレムリンがノーということは困難であろう。ソ連がキューバの負担の二の舞いはしたくないと思ってはいても、チリのモデルをラテン・アメリカ諸国が見ならうべきものであるとしてきたいきさつがある。また、ソ連は、この地域に確立しようとしている反米運動組織化の礎石としての役割をチリに期待していると思われる。さらに、チリ共産党の援助要請をことわることも容易ではない。この党がこの地域の諸共産党のなかで最も古く、最も忠実な党の一つであるという事実は、キューバの人民社会党以上にソ連に役立つ槓杆となることを意味するからである。

要するに、ソ連は、負担の重さという不利益にもかかわらず、現在目の前に開けている好機を利用しなければならないであろう。人民連合の団結を損わず、また米国の厄介な反作用をひき起こさないように注意しながら。しかし、実のところ、ソ連の指導者たちはそのような楽観的な立場をとる選択権にはほとんど恵まれていないのだ、という見方が成り立つ。すなわち、ソ連の思惑や希望にかかわりなく、「革命的な」勢力がチリで権力を握っており、社会主義への道を進みつつあると宣言しているという事実そのものが、ほとんど不可避的にソ連を積極支持へと進ませずにはおかないだろうからである。ソ連がかねて、「ラテン・アメリカの民族解放発展の成功の保障は、世界社会主義体制の存在と密接に結びついている」と公言してきたことが、その道をいっそう確実なものにしているのである。〔註51〕

いま一つの社会主義大国、中国の人民連合の勝利に対する反応は、モスクワよりもずっと抑制的であった。それは、人民連合の勝利が中国を何程かディレンマに立たせる要素を含んでいたからであると解される。第一に、人民連合は、北京の提唱する人民戦争、武装闘争の路線に反し、「平和的な道」による権力獲得を主張してきたのであった。また、左翼連合内に中国派コミュニストは参加していない。しかも、チリ共産党は、六三年以来中国共産党と論争関係にあり、中国共産党がチリ共産党に分裂工作を働きかけたと非難していた。第二に、中国はチリの旧政権と通商関係の歴史をもっており、いずれであれ新政権と正式の国交関係を結ぶことは、政治的にも経済的にも利益が大きいと予想できた。すなわち、五九年以来、中国はチリの銅、硝石を輸入し、その量は漸増傾向にあったし、六五年にはサンチアゴに通商代表部が設置されたのであった。

そのような条件下で、中国が最初、態度決定を保留したのは決して不思議ではなかった。七〇年一〇月の国会投票の前夜まで、中国のメディアは選挙に注意を払わなかった。決定選挙の後も、アジェンデ政権もしくは人民連合の性格について、はたして社会主義的か、マルクス主義的か、を判定するのを注意深くさしひかえ、チリが社会主義へ乗り出したことをただちに認める態度は示さなかった。ホンコンの中国系新聞が一〇月二三日、アジェンデについて「左翼と評されている」との表現を用いたのが最初の非公式の言及であった。人民連合の意義についても、チリにおける「進歩的勢力」が米国に反対して統一しつつあるとか、選挙はラテン・アメリカにおいて「相対的な重要性」をもっているとか、比較的軽い扱いの域を出ることがなかった。ある論説では、〝米国の宣伝はアジェンデをマルクス・レーニン主義の指導者として描き出し、また彼の将来の政権は共産主義政権だと述べているが、真実は、単なる人民連合の候補にすぎない〟と評したのであった。同月末になって、以上のような論調は姿を消す。一〇月二八日、周恩来首相はアジェンデに祝福のメッセージを送り、チリ人民の反米闘争を支持し、中国は両国人民間の「戦闘的」友誼の「新しい発展」を希望すると述べた。中国の労働者代表団が、チリのCUTの招きでアジェンデ大統領の就任式に出席した。その後の中国は、チリの政治綱領や政策のなかで米国に反対したもの、チリの独立強化を計画したものについては、これを積極的に支持するけれども、チリの国内改革案についてはこれを無視する態度をとった。つまり中国は、アジェンデの勝利をラテン・アメリカにおけるナショナリズムの高揚、反米闘争のもりあがりの一つの実例として取り扱い、その水準を越える評価の対象としては扱おうとしなかったということができるわけである。

七一年一月六日、チリ社会党の中央委員を団長とする代表団が中国を訪問し、正式に両国間に外交関係が樹立された。それに伴い、中国側メディアのチリについての扱いは大きくなっていく。一月七日の人民日報は、両国の国交樹立を中国＝チリ関係における「新しい一章」の開始と述べ、五四年にアジェンデが訪中したことが想起された。彼は両国間の友好を推進するために一貫して多大な貢献を行なってきたと賞讃され、また両国人民の闘いは常に互いに支持しあってきたとも主張された。

要するに、中国筋は、チリにおける出来事によって米国がハリコの虎であることがまたもや証明されたとの評価は行なったが、ラテン・アメリカにおける革命戦略にとって何らかの固化した教訓をチリの情勢発展から抽き出すことは避けたといえる。しかし他面、中国の論評は、新政権およびその政策を急進化する必要についても、また極左諸グループの活動とそれらグループが励ましている農民の土地奪取についても、何も

言及しようとはしなかった。〔註52〕

右のような中国政府の態度は、文化大革命以後の内外路線と多分に関連があると思われる。一つの要素は、文革と中ソ論争の過程で次第に明らかになってきたことだが、北京は基本的生産関係ないし所有形態や名目的マルクス主義党の権力掌握でもって、ただちに国家の本質を規定する方法を採用していないことである。ソ連、東ヨーロッパの社会主義諸国に対する中国の論難は、経済と国家を組織し領導している集団のイデオロギーの質を問題にするという観点に貫かれてきた。その観点よりすれば、チリ人民連合の現在の党派的構成とその諸イデオロギーのなかに確たる社会主義への発展をはやばやと展望することはむずかしい。しかしまた、たとえばルーマニア等との中国の関係のもち方は、単にソ連のしめつけに対抗するという対外政策上の配慮によるだけではないであろう。そこには社会主義諸国に対する態度や評価の二重性がみてとれる。社会主義体制の内部になお継続的に政治的・イデオロギー的変革を追求するという永続革命の視点が基礎になければ、諸国家の権力的性格の差異をブルジョア国家まで含めて一色に塗りつぶすという過誤をおかすことになるからである。中国政府が、チリの前政権以上にアジェンデ政権に親密な態度をとり、その進歩的革命的性格を高く評価しながら、にもかかわらず社会主義権力としてチリの現政権を積極的に評価しようとしないことの基礎には、権力獲得からその後の建設諸段階までを通じての革命路線について考え方のうえで一致点が乏しいということ、およびチリにおける発展の深化がいまだ浅く権力構成も複雑で確たる判定が困難であるということ、が横たわっているとみなければならないであろう。そのことと、チリ現政権を反帝路線の一翼として位置づけ、関係を緊密にして行くことは必ずしも矛盾しないのである。

いま一つの要素は、文革後の中国外交の展開期とチリ新政権の登場が同時期であったことに関連しているであろう。七一年一月、チリとの国交樹立は、中国がラテン・アメリカ諸国と通商・外交関係を拡大するうえで重要な意義をもつものであった。七一年秋の国連で中国代表問題の表決にさいし中国に有利な投票態度に変わった国がアメリカ州のみで九ケ国に達したことは決して偶然ではなかった。続いて中国の喬国連代表の初演説は、インドシナ、朝鮮、中東、モザンビークの問題について、侵略戦争、大国支配、新植民地主義に反対する立場を明示したあと、〝真の独立は経済的独立なくしては不可能であり、中国は中南米諸国の領海二〇〇カイリの主張と石油輸出国の立場を支持する〟との見解を明らかにした。〔註53〕これは、一方でいまだ民族自決を遂げていない諸民族の闘争を支持しながら、他方で、経済的自立の道に苦悩する中小諸国の真の独立のための闘争を支援するという論理を内包していた。この論理よりすれば、路線の相違や政治体制の相違を超えて新しい国際戦線の輪を拡げようとする中国の新外交の構図がうかがい知れるのである。しかも、喬演説は、革命勢力、中小諸国への支持、激励とあわせ、〝中国はまだ依然として経済的には発展途上国で、第三世界に属する。その物理的な支援は限られており、援助できるのはおもに政治的・心理的な支援になろう〟と述べていた。アフリカのタンザン鉄道建設にみられるような注目すべきケースはあるにしても、ソ連がキューバに対して行なっているような丸抱え的援助は中国には当分望めまい。したがって、中国がチリに対して当面とりうる対応は、チリ社会主義がソ連の反中国戦線の環につなぎとめられて行かない限り、おそらく、国内路線の問題については介入を避け（中国はチリ共産党に対してよりもチリ社会党に対して影響力を強めていくように予想される）、経済的交流の増大（鉱産物の購入だけでなくクレジット供与等もありえよう）と反米闘争における相互支援の関係を深めて行くと思われる。

むすび

以上、チリにおける政権移行の経過、移行形態の特殊性とされるところの特徴、政治変動の背後の条件、および国際的条件について概観してきた。二次的資料を用いたことによる不正確さ、党派的文書の取り扱いについての難しさ、ラテン・アメリカ的政治風土に対する感覚的不馴れ、等の制約によって、おそらく的確さを欠くうらみが処々にあるであろう。一九七〇年代において最大の変動の地鳴りを聞かせつつあるラテン・アメリカは、今後さらに新たな政治的経験をわれわれの歴史の知的宝庫に加えるものと思われる。いっそう正確な資料と認識をと志すべきであろう。筆者のささやかな中間的整理と理論的認識が、訂正され、超克されることを希望したい。

最後に本稿の結びとして、チリ革命の分析から示唆されるいくつかの問題を提起しておきたい。統一戦線と多党制の問題、革命路線の国際的指導性と一国革命との関係、革命の国際的条件の主観的性格、の三点である。

従来、権力獲得を狙うであろう統一戦線について考える場合の通念は、戦線に参加している諸党派、諸集団が、それぞれ異なる諸階層の意識と利益を代表していて、より革命的なものと比較的穏健なもの、政治的指導性の高いものと低いもの、プロレタリア的なものと非プロレタリア的なもの、マルクス主義的なものと非マルクス主義的なもの、等々の識別でもって配置構成するものであった。そして社会主義における多党制の問題は、それら諸集団のなかのマルクス主義的プロレタリア的「前衛」政党が、革命の最も徹底し、最も長期的な展望の下に、権力の中枢的指導権を掌握し、その周囲に非プロレタリア的諸階層を代表して革命に参加した諸党派が、限られた形態をもって存続を許されるという風にイメージ化されていたようである。少なくとも、その場合、「前衛」は唯一であると疑問の余地なく考えられ、複数の前衛的集団が指導権を争うというようなことは夢想もされなかった。いうなれば、（革命的）統一戦線は、より広範囲な大衆と集団を変革過程にひき入れ、結集していく、唯一「前衛」党にとっての戦術であるとみなされがちであった。また、社会主義における多党制は、変革に結集した非プロレタリア的諸階層、諸集団の将来に対する安全保障であり、それはやがて階級・階層の死滅につれて平和的に消滅していくものと考えられてきたであろう。

このような旧い神話に疑義を始めて提起したのは、キューバ革命であった。ひと握りの小ブルジョア的な、学生あがりの、冒険主義的な、武装集団が、意外にも山岳地寄りの小ブルジョア的農民の心を掴み、その軍勢を拡張し、やがて都市の動きと呼応して、権力を獲得し、その指導権の下に社会主義への移行が推進されていった。この場合、前衛機能は公称の「前衛」党によっては担われなかったのであり、また、人民社会党が「七月二六日運動」を吸収したのだ、と確信できる人はいないであろう、後者の内部のイデオロギー的淘汰について語ることもおそらく可能であろうが、ここで肝心なことは、カストロ派が共産党との同盟を拒まず、のちに合併に賛成したのであって、その逆ではなかったことである。

チリの革命は、まだその可能性の間口も奥行きも十分に見せきってはいない段階ではあるが、キューバ革命に示唆されていた問題をいま一歩明るみに押し出した。チリにおいて、社会党と共産党のいずれが真の労働者党であるかとか、いずれが真にプロレタリア的であるか、マルクス主義的であるか、と問うことが果たしてどれほどの意味をもつであろうか。長く、困難な、そして今後にも挫折すら予想されうる変革のプロセスで、前衛的機能を一党派に認定することは容易でない。ＭＡＰＵが農業改革で果たしている役割や、人民連合外でＭＩＲの行なっている武装的路線も含めて、前衛的機能は、一面で競争的（または対立的）に担われ、他面で分有されているとみることができよう。

この競争(または闘争)で打ち勝った党派が前衛的機能を独占するという方向にむかうか、それとも、権力移行の第二段階、あるいはそれ以降においても、複数主義の原理を維持しつつ内部的に路線をめぐる闘争を複数政党間で担って行くのか、その行方は予測できないが、チリ革命の現段階が啓示している一つの問題は、革命の前衛性をめぐる競争(闘争)関係をも含む多党関係が、権力獲得に至るまでの段階から権力獲得後の移行過程をも通じて、持続しうる可能性が、社会主義的民主主義の内容として予想されうるということであろう。その場合、階級的統一が多党関係を自然消滅させるだろうと考えるのは非現実的で性急な楽観であろう。中国における路線をめぐる激闘は権力獲得後二〇年を経てなお熄むことがないし、東欧諸国の激動も、あるいはソ連の一九二〇年代以来の党内闘争や戦後のスターリン批判も、変形された形での路線をめぐる闘争ではなかったか。社会主義の建設過程、あるいはいまだ現実化したことのない社会主義から共産主義への気も遠くなるような長期間の移行過程において、路線をめぐる対立闘争は必然であり、それが一党の内部闘争としてのみ許されると考えなければならないいわれはないのである。

つぎに、そのような一国プロセスにおける革命路線をめぐる闘争が、しばしば国際的指導性と結合している点を無視することはできない。ラテン・アメリカ内では、三つのコミュニズムの系譜が競争関係にあることはすでに触れた。しかしそれらは、意識的に国際的指導中枢と連携をもっていることが多い。チリのように民主主義が保障されている国ではそれらの対立競争はよほど平和的であるが、国によっては相互の武力衝突、物理的抹殺にまで進む例が少なくない。(ロシア革命も中国革命も、革命的左翼の陣列内における血なまぐさい闘争をぬきにしては語ることのできない部分をもっている。)最近では、スリランカの内部闘争がチリとは極めて対照的な光景を見せた。

そこで、チリやスリランカの革命が啓示しているいま一つの問題は、ある一国の革命プロセスが複数前衛の競争関係として現われる可能性に加えて、それがしばしば国際的な路線闘争の反映でもあるということである。むしろ、両者は相互媒介的な現象だと言った方が適切かもしれない。中ソ対立が持続し、両者の武力衝突までが予想される今日において、国際共産主義運動内部の対立は、もはやイデオロギー闘争の段階をはるかに越えて、国際過程と一国過程が相互に媒介し、呼応しあう具体的な政治闘争の構造をそなえ初めているとみることができよう。そして、極めてリアルに思える現象は、各国際的指導中枢は、自己に近い党派への影響力を通じて各国への内部工作を精力的に行なうが、一国過程における勝利者が社会主義的権力を組織しえた場合、これを一応国家レッヴェルでは国際的に承認するということである。しかし、その承認は、建設過程の路線や国際路線をめぐる新たな闘争の開始にほかならない。人民連合の重要な一要素、チリ社会党へのモスクワ、北京、ハバナそれぞれの働きかけと、チリ社会党側のマスーヴァーは、おそらくそのことの一例証に過ぎないであろう。

最後に指摘しておきたい問題は、ある一国の革命の国際的条件と呼ばれることがらについての古くて新しい命題である。国際的条件とは、果たして単なる外的客観的条件に過ぎないのであろうか。かつてロシア革命は、その存続のための一条件を世界諸国プロレタリアートの支援闘争に求めた。だが、フルシチョフは第二〇回党大会において、ソ連の巨大な建設の成果を祖国とソ連国民の名において語っても、「ソ同盟擁護」のスローガンのもとに倒れた外国の無数のプロレタリアート、共産主義者の犠牲について語ろうとはしなかった。今日、インドシナ人民へのソ連の援助について、われわれは偉大さと不甲斐なさとを同時に語ることができる。キューバに対する、そして新たにチリに対するソ連、中国の対応についても、またわれわれはさまざまの語り方が可能である。

しかし、すでに掲げておいたように、ここに一つの数字がある。チリの対日輸出依存一四％（六九年）という数字である。この数字の高さは、ほかならぬチリ社会主義の成功の可能性が、日本の政府、財界の資源外交、対外援助と密接に関連していることを意味するであろう。輸出市場転換をもたらすであろう長期的資源確保の日本産業の要請が、いま一方でソ連、中国への接近の重要なインパクトとして働いている。もう一方では、日米の経済対立の激化にもかかわらず、ドル・円を基軸とするアジア・太平洋経済圏へのドライヴが進行しつつある。チリ政府は、この局面を最大限に活用することによって、対米依存の軽減、輸出市場の拡大、有利なクレジットの確保、等を達成しようと努めている。第三回UNCTAD総会がサンチアゴで開催され、日本代表への懸命の働きかけがあったことは記憶されてよい。もしプロレタリア国際主義の理念が我が国でどこかに健在であるとするならば、これを政府間、財界の交渉にゆだねきってよい筈はないだろうし、福祉型経済への転換要求が単に内向きのナショナリズムに終わることがゆるされる筈もないであろう。日中友好が大衆運動レヴェルで空洞化する危険とチリ革命が単なる参考的な路線論議の的になることとは、どこかで地下水脈がつながっているとみなければならないのである。

（一九七二年八月二十七日）

〔註1〕アジェンデのパーソナリティについては、Leon Gouré and Jaime Suchlicki, the Allende Regime: Actions and Relations,in Problems of communism, May-June 1971. を参照。

〔註2〕K・S・カロル『カストロの道――ゲリラから権力へ』(K.S.Karol,Les Guérilleros au Pouvoir,1966) 弥永康夫訳、読売新聞社、一九七二、一二九頁。

〔註3〕チリ社会党第二三回定期大会中央委員会報告（一九七一年一月）、『チリ人民連合』人民戦線史翻訳刊行委員会編訳、新日本出版社、一九七一年、二九八頁。

〔註4〕ラテン・アメリカの共産主義は、モスクワ派（正統派）、北京派、キューバ派の三つに分裂してき

た。モスクワ派の共産党は二一のラテン・アメリカ諸国のうち二〇に存在している。唯一の例外はキューバである。Robert J.Alexander,The Communist Parties of Latin America,in Proflems of Communism,July-Aug.1970. 参照。

〔註5〕チリ社会党第二三回定期大会中央委員会報告。

〔註6〕同右。

〔註7〕同右。

〔註8〕トミック（Tomic と書かれたものと Tomich と書かれたものとがある。）の立場については、Paul de Castro, Allende and in Chile.in Review of International Affairs",no.495. その他を参照。

〔註9〕S・アジェンデ「チリの民主主義を保障するものは人民である―キリスト教民主党への回答」（一九七〇・九・二九）前掲、『チリ人民連合』所収。保障条項は次の四項に要約できるといわれる。㈠個人的自由に関する政治制度上、憲法上の保障、㈡現存する法制度の保障、㈢政治に介入せず、民主的手続きを保障された軍隊、㈣労働組合、社会的諸団体、教育制度の独立性の保障。Leon Gouré and Jaime Suchlicki.op.cit. 参照。

〔註10〕この暗黙の合意については、Britannica Book of the Year 1970. 参照。

〔註11〕人民連合政権の閣僚構成は、社会党が大統領、内閣総務長官の他に内相、外相、住宅・都市計画相の三人、共産党が三人（蔵相、公共事業・運輸相、労働・社会保障相）、急進党三人（教育相、国防相、鉱業相）、ＭＡＰＵが農相一人（キューバの農業改革に参画したチョンチョル）、社会民主党二人（土地・開拓問題相、保健相）、ＡＰＩ一人（法相）、無所属一人であった。七二年一月末の改組では、左翼キリスト教組織一人が新入閣、急進党から分裂した左翼急進党も新たに二閣僚を送り込み、ＡＰＩが閣僚をもたなくなった。急進党と社民党がそれぞれ一を減じた。内相にはＣＵＴのデルカント書記長（社会党）が就任し、国防相も社会党が押さえた。七二年四月、左翼急進党が急進的な経済政策に

不満をいだいて連合を脱退したので、鉱業相に中立的な軍人出身者が任命された。六月一七日、三回目の大幅改造が行なわれ、社会党は内相、国防、蔵相の重要部門を掌握した。

〔註12〕ＣＵＴ議長ルイス・フィゲロア「労働者階級と人民連合政権」（インタビュー）一九七〇・一〇・三〇、前掲『チリ人民連合』所収。

〔註13〕Ｌ・コルバラン「チリ人民は政権を獲得した」前掲『チリ人民連合』所収。

〔註14〕谷口侑「ドブレとラテン・アメリカ革命」（レジス・ドブレ『革命の中の革命』晶文社、一九六七、所収）に引用。

〔註15〕ドブレの「三つの論文」とは、

①Latin America:The Long March,in New Left Review ,no.33,1955.

②Problems of Revolutionary Straregy in Latin America,in New Left Review,no 45,1967.

③Revolutions in the Revolutions,in Monthly Review,no.7-8,1967.（晶文社、前掲書。）

以上の三論文の紹介と批評については柳沢英二郎「レジス・ドブレのラテン・アメリカ革命研究」愛知大学国際問題研究所「紀要」第四三号、四五号、四八号を参照できる。

〔註16〕Ｌ・コルバラン、前掲論文。

〔註17〕ドブレ前掲『革命の中の革命』四〇頁。

〔註18〕同書、五二、五三頁。

〔註19〕山崎・高倉編訳『ラテン・アメリカの革命戦争』三一書房、一九七一、所収。

〔註20〕Claudio Véliz,The Chilean Experiment,in Foreign affairs, vol.49-no.3.

〔註21〕ibd.

〔註22〕「人民連合の基本綱領」は前掲『チリ人民連合』所収。

〔註23〕民間企業の国有化が進むにつれて、与党とキリスト教民主党保守派との対立が広がりはじめた。国

有化が銀行、繊維、セメントと進み、ビスケット会社までも含む業種の民間九一社の国有化法案が国会を通過したあと、キリスト教民主党はこれ以上の私企業の国有化を制約する法案を通過させた。七二年四月七日、大統領はこの制限法に対し拒否権を発動した。大統領権限は強大で、議会がこの大統領の拒否権をくつがえすには三分の二以上の多数をもって再度法案を可決しなければならない。

〔註24〕フレイ政権の業績については、Leon Gouré and Jaime Suchlicki,op.cit. Claudio Véliz,op cit. を参照。

〔註25〕キリスト教民主党の内部は三分の一が政府支持派、三分の一が保守派、残りの三分の一が中立派だと伝えられる。トミックは左派に属している。

〔註26〕Paul de Castro,op.cit.

〔註27〕Luis E. Aguilar, Political Traditions and Perspectives, "Problems of Communism",May-June 1971. Paul de Castro,op.cit. その他を参照。

〔註28〕アギラール教授の論文では、Socialist Worker´s Party の創立は一九一二年とあるが、Encyclopedia Britannica では Socialist Labor Party と書かれてある。Claudio Véliz の論文では Socialist Workerr´s Party の創立は一八九八年である。

〔註29〕諸政党創立の特殊性については、Claudio Véliz, op. cit. 参照。

〔註30〕L.E. Aguilar,op.cit.

〔註31〕Paul de Castro, The New Reality in Latin America, in Review of International Affairs,no.497. 参照。

〔註32〕Bora Mirkovic, The Andean Triangle at Work,in Review of international affairs,no.497. 参照。

〔註33〕Paul de Castro,The New Reality——.

〔註34〕一九世紀のチリ軍部については、Cladio Véliz, op. cit. 参照。

〔註35〕Bora Mirkovic,op.cit.

〔註36〕「武装闘争の路線をとるＭＩＲのメンバーと人民連合運動ないしアジェンデ政権との関係について考察するのは興味ぶかい。大統領選挙の期間中、前者は人民連合の勝利を妨げないために、その活動を停止した。その後彼らは、ごく最近まで待機の姿勢をとって、極右の陰謀に対抗する武装的支援を提供した。他方、政府は政治犯すべてに対する赦免を発し、革命的活動家に対するすべての裁判の取消しを命じた。レジス・ドブレがボリビア政府から釈放されたのちチリにおいて与えられた歓迎は注目に値する。タイムズ紙によれば、ドブレは現在、共和国大統領府のプレス・ビューローで働いているという。」L.S.Santesteban,Allende ＇s Government in Action,in Review of International Affairs〃no.500. また次のような記事も参考になる。「農村部ではアジェンデ政権に対する過度の期待から農民の過激な動きが目立っている。アジェンデ大統領は約束の土地改革法をいまだに国会に提出していない。この遅れにいらだった農民は農場主を追い出し、不法占拠行動に出た。この動きはまたたくまに全土に波及し、農民が占拠した農場はすでに三五〇をこえているといわれ、社会不安の要因となり始めている。この動きの背後には過激派のＭＩＲが動いているといわれ、アジェンデ政権をつよく突きあげている。」（『日本経済新聞』一九七一年三月七日）

〔註37〕R.Debray, Lima America:The Long March,in New Left Review〃no.33. 柳沢英二郎「紀要」第四三号参照。

〔註38〕Claudio Véliz, op. cit. 参照。

〔註39〕エルネスト・チェ・ゲバラ「キューバ・反植民地主義闘争における歴史的例外か前衛か」（一九六一年）世界革命運動情報編集部編訳『国境を超える革命』レボルト社、一九六八年、所収。

〔註40〕チリ農業に関しては、Ｊ・ボージゥ＝ガルニエ『ラテン・アメリカの経済』大原美範訳、白水社、

一九七一年改訂新版、および Encyclopedia　Britannica のチリの項を参照。

〔註41〕Claudio Véliz, op. cit.

〔註42〕エルネスト・チェ・ゲバラ、前掲論文。

〔註43〕一方的廃棄通告に対して予想される米国の反応についてアジェンデは、「極端な帝国主義のその政策にもかかわらず、ニクソン政権は対外的侵犯の支持権を失い始めている。……それに加えて、わが国は孤立したオアシスではない。国際的連帯は、今日、一つの事実なのである……」（七〇年二月）と述べた。（Leon Gouré and Jaime Suchlicki, op. cit.）

〔註44〕たとえば Newsweek,Oct.11,1971.

〔註45〕Claudio Véliz, op. cit.

〔註46〕ibid.

〔註47〕Britannica Book of the Year 1972.

〔註48〕『日本経済新聞』、一九七〇年一〇月三〇日。

〔註49〕『日本経済新聞』、一九七一年七月一四日。

〔註50〕ソ連はチリのＭＩＲを左からの挑発者とみなして危険視する態度をとっている。チリ共産党もほぼ同じ態度である。社会党の態度は複雑で死去したＭＩＲの指導者の通夜にアジェンデが出席したことを、中野綾子『獄中赤軍派の彼へ―キューバのさとうきび刈り、チリの医療列車からの手紙』（市民書房、一九七二）は伝えている。キューバに最も近いのはＭＩＲであるが、社会党はキューバへの同情者をかなり抱えていると思われる。ＭＩＲはアジェンデに対する反政府闘争は手控え続けている。ボリビアで釈放されてチリへ追放されたレジス・ドブレは、七一年一月八日、イギリス誌「ラテン・アメリカ」のインタヴューで、「多くの同志たちはチリにおけるクーデターの可能性を力説している」と述べたかたわら、彼自身は「現在、最大の危険はチリ政権の内部からのブルジョア化で

あろうと考える気持ちの方が強い」と言明した。（ドブレの発言は、Lois Gouré and Jaime Suchlichki, op.cit.）

〔**註51**〕ソ連のチリ革命への対応については、Leon Gouré and Jaime Suchicki, op. cit. に依拠した。

〔**註52**〕中国の対応についても同論文に依拠した。

〔**註53**〕『日本経済新聞』、一九七一年一一月一六日。

第三章　書評論文

現代革命の位相と統一戦線政府論

――景山日出弥著『国家イデオロギー論』を評す（一九七四年）

一　「現段階」国家へのかかわり

社会科学の研究は、ふつう、理論分析、歴史分析、現状分析の三領域に分類されよう。しかし政治学の研究においては、これは政治運動論（戦略・戦術論から工作方法論まで）が加わる。「理論化」の作業とは、理論史的研究や理論研究のみをさすのではなく、むしろ運動論に基本的視座をおき、それらの諸領域のすべてにまたがる全体的思考を意味する。いわゆる「原理論」的なものほど学問的であるとみなしたり、理論分析のみが「理論化」の作業であると考えがちな傾向は、歴史的なもの、現実的なもの、具体的なものを軽視するという意味で、認識論的な基礎の理解を欠いているといわねばならない。理論研究の内側で、認識作用の上向的発想とか下向的展開をどのように言ってみても、それは「概念から観念へ」の営みから一歩も出るものではない。実は理論・歴史・現状の分析は、当面する歴史の「現段階」の内容を特殊具体的に規定することに向けられ、運動論と結ばれることによって、積極的な実践的意義をもつのである。「現段階」規定を具体化することが戦略・戦術論を定立することの前提となってきたことはいまさらいうまでもないであろう。

いわゆる専門家とは、しばしば理論研究者であって他でなく、歴史研究者であって他でなく、現状分析者であって他ではないという意味で、あるいはまたさらにそれぞれの個別領域の細分化の意味でいわれる。そして個々の研究者はそれぞれの分野でそれぞれの分をつくすべきであり、それをどのように総合するか、運動論にどのように結合するかは、「客観的な」学問研究とは全く別の次元の問題であるとみなされている。運動論にいたってはもはや学的対象でないかのように扱われている。われわれは、まず、このような通俗な発想に、根本的な疑問を呈しておかなければならない。

いまわれわれの周辺で、科学的と「学問」的とは同義語でありえているだろうか。もしかすると後者は職能的ギルド制における一分野の代名詞と化しつつあるのではないか。「現段階」規定はいずれにせよ理論・歴史・現状分析の全体にわたる認識の総合がなければ不可能であり、たとえそれらの間に分業がありえても、総合を行うのが諸「個人」であることの違いはない。われわれはいずれかの領域に当面の分析の最重点をおくという意味で専門家であったのだ。ただし、現代の認識対象のグローバルなひろがりと複雑なからみあい、情報量の膨大化、科学分野の学際的な拡大と細分化、等々の状況のなかで、全体的認識が諸個人においてどこまで可能であるかという困難な問題はあくまでつきまとうであろう。

ちなみにマルクスは、一八四〇年代のいわゆる「初期マルクス」時代に、ヘーゲルおよびそこに集約された思想の批判的摂取とフランス大革命以来の歴史的諸経験の総括を基礎において、ブルジョア国家の本質を究明し、批判的ブルジョア国家論の端緒を開いたと考えられることが多い。しかしながら、彼の著作年表を開けば一目瞭然のごとく、全ヨーロッパの政治的現実に対してエネルギッシュな分析を行っており、現状分析的な世界認識が、いま一つの（もしくは最重要の）素材となり、インパクトにもなっていることに気づく筈である。それ以降、中期、後期のマルクスの理論的作業が多様な問題意識の間を移動しながらも、運動論の具体的展開を含めた諸領域のすべてに同時的にわたる全体認識の基本態度を崩していないこと、国家批判から市民社会批判へという重点移行にもかかわらず、その時々の政治変動に眼を向けた現実の国家分析、国家批判は、言語様式じたいを変化させながら（ヘーゲル的言語様式を克服しつつ）休みなく続いていること、国家論から市民社会分析までを含めて、それらは資本主義の原理的把握としての性格とともに、現実を変革するための「現段階」規定としての性格をも併せもっていることを、指摘しておきたい。

戦前日本のマルクス主義についてみれば、国家論論争にせよ資本主義論争にせよ、常に戦略論とのかかわりにおいて、「現段階」規定の問題として争われたということができる。論争の理論水準や思考方法の点で今日からみれば諸種の批判は成り立ちうるにしても、論争の意識性においては、きわめて高い実践的科学性をもつものであった。戦後日本においては、「マルクス主義」的な叙述がそれ自体として商品性をもち、需給のマーケット関係をもちうるという平和的柔軟構造社会のゆえであろうか、あるいは大学が「マルクス主義」に対して安定的に門戸を開くようになったせいであろうか、マルクス研究者（もしくはマルクス学研究者）とマルクス主義者とへの分岐がよほど進行したようである。

『国家イデオロギー論』（青木書店、一九七三年）の著者、影山氏は、アカデミズムの専門分類では憲法学者である。六七年出版の『現代憲法学の理論』、七一年出版の『憲法の原理と国家の論理』につづく第三作が本書であるが、前の二著をいまふりかえってみると（私の読みは決して深くも熱心でもなかったのだが）、底に一貫した流れというか、展開されたモティーフというか、右の学的認識論に関連して興味ぶかい諸要素が認められる。それは、第一に、憲法学の理論・方法論を論じても、憲法史や憲法現象の現状分析でも、あるいは比較憲法論的な叙述においても、特殊具体的に規定された「現段階」国家とのかかわりにおいて論理が展開されてきたことである。反動的国家権力「一般」でもなく、個々に現れる国家現象への経験主義的埋没でもなく、またロック的自由の延長上におかれた「市民社会」「市民国家」を前提とする近代主義的アプローチをも排し、「現代資本主義国家」を国家独占資本主義段階の国家として歴史的具体的に定立し、憲法現象をそのような現代国家の本質・機能とのかかわりで把握しようとする方法的立場が貫かれてきたと思われる。論争場裡に不遇で不毛な扱われ方の多かった「国家独占資本主義論」を、政治的配慮によって避けて通る人も少なくないなかで、真正面から学的必要（＝必然）に立ち向かったといってよいであろう。第二の共通要素はすでに第一作からイデオロギー批判の一貫した姿勢、課題がみられることである。その批判の対象となっているのは、支配的ブルジョア・イデオロギーであり、ラディカリズムであり、「構造改革派」の理論である。この姿勢は、研究の対象構造が「原理論」(私は宇野学派が生みだした「原理論」信仰を避けるため、この用語はあまり用いない)、イデオロギー分析、歴史的分析、現状分析の四つに分類、構築されていることにも読みとれよう。筆者はイデオロギー分析を主として「理論分析」の一分野という見方をとっているが、とくに「イデオロギー分析」を憲法学の一分野として独立せしめるところに影山氏の積極的な一意図をみてよいであろう。

二　イデオロギー論を媒介とする国家認識

本書『国家イデオロギー論』は、筆者がことわっているとおり、前二著とことなり、憲法学の直接的分野に属するものではない。著者によれば、〈しかし、憲法学は法学のうちでも、もっとも直接的に政治の領域と接近する分野であるから、本著はかならずしも憲法学の範囲と無関係の対象を扱っていることにはならない。むしろ本書の内容は憲法学の基礎的作業のひとつだといってもよいと思われる〉とある。それはたしかにそのとおりであろう。関連分野や基礎的分野について、広く関心を持つことは、学問のあり方としてはきわめて正常なことなのである。だが、これだけのエネルギーを費して「書く」ということは、それだけでの理由で説明しきれるものではない。それはやはり、叙述の内容に即してみれば、前二著に顕著であった「現段階」にますます深くかかわるところから学的テーマを組み上げようとする学風の帰結であろうし、また著者の内面について憶測すれば、「時務」感のようなものであろうか、トインビー風にいえば、「心の触角」の豊かさということの一種かもしれない。

本書の構成は、「現代日本の国家イデオロギー論」、「中教審構想における国家論」、「国家論における『疎外』範疇」、「政府形態の理論」の四篇に分かたれている。

第一篇においては、「国家イデオロギー論」の範疇が、イデオロギー論を媒介とする国家認識論として定立される。〈国家イデオロギー論は、一口でいえば、もろもろの国家意識の社会的存在形態をイデオロギーとして把握し、このイデオロギーを階級意識の形態＝階級イデオロギーとして把握する。国家意識を国家の階級イデオロギーとして処理する国家イデオロギー論は、国家に関する真理意識の自己主張でなければならない。〉この簡潔な著者の要約から、著者の国家イデオロギー論の二つの方法的シェーマが示されうる。その一は、ここにおける国家イデオロギー論を方法的に媒介しているイデオロギー論は基本的に階級意識論であるということである。その二は、そのような国家イデオロギー論は、歴史主体としての分析者（著者）の国家意識の自己主張によって成り立つということである。この二つのシェーマは、著者の国家イデオロギー論の方法を示すものであると同時にその方法のイデオロギー性をも明らかにするものである。

かかる〈国家に関する真理意識の自己主張〉という立場から、〈現在の日本における国家意識の諸形態〉が三つの基本型に分類される。その分類の仕方は、〈国家イデオロギーの、いわば型規定は、階級意識の型の規定であるから、階級構成に照応して把握される〉ものである。第一型は支配的な国家イデオロギーである。これには、独占の国家意識＝国家自身の国家イデオロギーから、補助的な右翼的国家観、諸ナショナリズム、民衆レヴェルの「くに」意識までが含まれる。第二型は、中間諸階層に根拠をもつ小ブルジョア的国家意識の諸形態である。第三型は、〈労働者階級の意識に対応する国家意識の諸形態をふくむ型〉であり、〈この型は、換言すれば、「マルクス主義」国家イデオロギーによって代表される。しかし、この「マルクス主義」は、さしあたり、ここでは、カッコつきである。〉（傍点著者）

第一の型である〈支配的国家意識の諸形態は、対外的には、他民族支配・侵略などのかたちであらわれ、対内的には民主主義一般に敵対するところの政治反動の思想＝反動思想の総体において、その、いわば円心の位置をしめる〉とされる。それは、日本における政治支配の戦略的課題に対応してたえず再編される政治反動の展開と質に制約される。すなわち、一九六〇年代前期では、そこに出現した支配的国家イデオロギーは、その時期の日本独占資本の国家意識の基本的特質をあらわすものとして、二つの系譜に集約される。㈠アメリカからもちこまれた「産業社会」論、「福祉国家」論などのいわゆる「近代化」理論、㈡天皇中心主義をはじめとする国家主義、反動的民族主義、の思想の二系譜がそれであった。しかも、これらの二つの系譜は並列的な関係にあるのではなく、後者が主流となって、現局面における新しいタイプの結合を示している点に特徴がみとめられる。その一つの典型は、六九年に経済同友会や日経連が発表した公教育に関する独占の政策・構想であり、いま一つは、国家の国家イデオロギーともいうべき中教審の諸教育改革構想であった。これらの諸構想に盛られた支配的国家イデオロギーは、政治支配の諸要求に従って、国家意識から「国家像」への形成をめざしていると指摘される。ここでは、現実国家批判の一ジャンルとしての「国家の国家イデオロギー」批判が展開されているわけである。

現在の日本における国家意識諸形態の第二型として掲げられた小ブルジョア的国家イデオロギーは、〈小ブルジョア階層がおかれている経済的・政治的等々の社会状態での具体的なあり方〉によって性格が規定される。すなわち、一九七〇年頃におけるその特質は、過去十数年間に日本資本主義が著しく構造変化をとげ、急激に階級構成が変わったこと、および、それに伴って、階級的諸矛盾が鋭くなり、支配的政治構造全体が政治反動として編成される過程が進んだことにもとづいて、多種多様な諸形態へ急激に分解し、急進主義的に転換したことであった。その結果、小ブルジョア急進主義の国家イデオロギーは、相互間に緊張し拮抗しあう状況を生みだした。ここで、芝田進午氏の方法にしたがって、現在日本の小ブルジョア急進主義を五つの現存潮流に分類するしかたが採用される。①トロツキズムの潮流、②マルクス主義の内部に生まれた現代修正主義・右翼日和見主義の系譜（「左翼」日和見主義に転化）、③べ平連等の「市民主義」の系譜、④諸コンミューン論にみられるアナーキズム、サンディカリズム、プルードン主義の系譜、⑤〈毛沢東主義への追随を特徴としている〉現代教条主義・極左冒険主義、の五つがそれである。そして、それらの諸潮流は、主流をなすものがトロツキズムであり、〈共通の反共主義の性格を有する点で、全体として、マルクス主義にたいする「左からの修正主義」の役割をはたす〉とみなされる。また、これらの第二型に属せしめられた国家イデオロギーの特質は、マルクス主義国家論に対する「修正」として、国家の本質を「幻想」に求める「幻想国家」論に表現されているとして、吉本隆明、三浦つとむ、津田道夫、黒田寛一、大沢正道、竹内芳郎氏等の諸イデオローグが批判的にとりあげられる。

三　規範的統合をめざす中教審構想

「中教審構想における国家論」は、支配的国家イデオロギーの最も現実的で最も体系的な表現として中教審構想をとりあげ、それを現実国家批判論として展開している小論である。中教審構想のような教育改革構想が、国家の側からイデオロギー支配の構成部分として提起されることの重要性は、それが独占の支配的価値選択と不可分の関係にあるという階級的性格にあるのみならず、さらにそれが体制的諸価値観の特殊な統合的機能をつかさどるはたらきをめざす「特殊性」にある。〈政治支配の安定性を保障する場合、社会観・国家観は、諸価値観の統合的契機のはたらきをする。この統合的契機に普遍性をあたえ、それを人々の行動と意識にたいする規範にさせるもっとも長期的で確実な社会過程こそ教育過程にほかならない〉からである。

権力側の教育改造プランは、体制強化に奉仕するという役割を脱しえない以上、人間疎外の克服の障害となり、ますます人間性否定を強めている現社会の諸矛盾への根本的批判や解決をもくろむという方向をとりうる筈がない。教育を歪め、人間性を圧し曲げている社会の改革へと「外向」するのでなく、人間の論理的改造によって矛盾の表出を回避しつづける障壁づくりへと「内向」する。そのような矛盾解決の方向において、中教審が経済同友会や日経連などの諸見解に追随して選択した価値観は、著者によれば、「高次福祉社会」に照応する「福祉国家」観であり、それを媒介する「国家・社会の形成者」としての道徳的・倫理的人間観である。六九年末から七〇年代はじめにかけて頭をもたげたこれらの価値観が、六〇年代なかば頃までの高度成長政策の生みだした巨大な人間疎外のメカニズム、それ自体が内包する破滅的矛盾から現体制構造を救おうとする——つまり、「在来型福祉社会・国家」観の支配イデオロギー破産の自己確認——新しい企図にほかならないとする著者の指摘には同意できる。

また、体制的諸価値の統合的契機としての特定の国家観を、中教審等が「福祉国家」観の基本パターンに呈示し、政治的・社会的情勢の変移に応じて、「福祉国家」を媒介すべき「人間」像をそのつど具体的内容的にどのように定式化してきたかを見ることによって、われわれは、かえって裏の論理、すなわち戦後日本の社会・国家の体質、戦後民主主義の擬制的「解放」の質をも見抜くことになろう。中教審会長「個人」に見いだされるような一貫した「民主主義」の旗手ぶりは、戦後民主主義の変質過程に対応する民主主義「防衛」の課題に合理性を認めさせると同時に、戦後民主主義の「制度」と「運動」が内包する「支配の論理」と「抵抗の論理」との拮抗を媒介としての民主主義「批判」の課題にも緊急性を認めさせるものである。「福祉国家」観を濃く色どりつつある日本的な「新国家主義」の色調に目を奪われ過ぎて、資本主義的先進国に共通な統合的国家観となりつつある「民主主義的福祉国家」観（対外的には「ナショナリズムを超えた」福祉世界観に照応）の機能性を軽視することはゆるされないであろう。以上が国家イデオロギーの展開に対する著者の批判である。

四　小ブルジョア意識は急進化したか

「国家イデオロギー論」は、以上のⅠ・Ⅱ篇にとどまり、Ⅲ・Ⅳ篇の叙述はやや異なった主題――著者自身の国家イデオロギーの直接的な展開――に向けられている。ここで以上の前半部について問題点を二つだけあげておきたい。

第一は、今日、体制安定のイデオロギー的基礎は何かという問題と、それに関連して小ブルジョア・イデオロギーのとらえ方の問題である。

前掲のとおり著者は、〈現在の局面で容易に指摘しうる、小ブルジョア的国家イデオロギーがもつもっとも顕著な特質は、多種多様の諸形態への、かなり急激な分解と急進主義への転換との現象にある〉とみている。そしてその物質的基礎を、労働者階級の急増（貧困化）と農民層のはげしい分解をふくむ、中間層の分解と没落に求めたのであった。

このような中間層の分解・没落＝急進化という定式は、戦前・戦後を通じてくりかえし述べられてきたし、事実その傾向性が強まるごとに体制の安定基盤をたえず脅かし、支配的イデオロギーの立て直しを迫られてきたことは否定できない。しかし、六〇年代を通じて、体制安定のイデオロギー的基盤は、なによりも中間層および労働者階級のかなり広範な層に支配的イデオロギーが直接、間接に浸透し、安定度の高い政治的効果を保持してきたことにあったのではなかったか。六〇年代の後半から七〇年代初期にかけて、資本の高度成長政策の破綻、世界資本主義の危機の深化につれ、小ブルジョア・中間層に分解と急進化の傾向が進んでいることは確かであろうが、依然として、市民層、中間層、労働者階級の間に最も広く行きわたっている小ブルジョア的意識・国家イデオロギーの主潮流は、決して急進主義的なものでも「幻想国家論」的なものでもなく、日常主義・消費主義・日和見主義的な意識と結合した近代主義的な「市民国家」論であろう。それと伝統的な「くに」意識や「近代的」天皇制意識が深く交錯していると思われる。それに対応する形で、近代的によそおった「国家主義」と結合した国家側の「福祉国家」主義、安保繁栄論が、衣裳を新にしつつ支配的イデオロギーの主潮流をなしてきたのである。現行憲法体制の大衆的定着とマイ・ホーム主義とが深くむすばれた現象であって、その癒着の固さが、資本の内外危機に対応する新国家主義的イデオロギー導入の障碍となり、また他面、社会主義的意識の浸透にとっても障壁となっているとする諸分析家の指摘は、いまだ無効と化していないと考える。

国際通貨危機、インフレ昂進、公害の爆発的蔓延等に表現された現代資本主義の危機およびそれに対する政府の諸政策は、国民大衆に負担を転嫁することによって、福祉国家・安保繁栄の幻想性を容赦なくばく露しはじめた。まず六〇年代前半の「経済主義的」福祉国家イデオロギーに終焉を告げさせ、ついで提出された六〇年代後半の「政治主義的」福祉国家イデオロギーも限界を露呈し、七〇年代前半の今日、支配階級は、資本のナショナリズムとインターナショナリズムの矛盾的統一を媒介する福祉国家イデオロギーの再編成を三たび迫られているといえよう。だが、その間における中間諸階層の大衆イデオロギーの基本的な質がほとんど変化していないことは、諸種の社会意識調査の示すところである。むしろ、危機にかり立てられた――体制側は、さらに七〇年代に入って、国際的諸力の構造変化への急激な対応、資源・エネルギー危機、議会的多数派からの転落の危機等のあらたな危機的要素に直面し、経済・政治外交の手直しと国内的政治統合の再編成に狂奔している――政府・独占の諸施策が、国民大衆の日常主義・消費主義的な安定希求に烈しく牴触し、市民運動にみられるような質において大衆を政治化することによって、池田内閣以来の「民主主義」的「福祉国家」主義を基調とする支配的国家イデオロギーを根底から揺るがすに至ったのである。ここ数年の革新諸政党、労働組合の政策や方針は、一面において労働者階級や小ブルジョア層の一部にみられる急進化傾向を反映してはいるが、むしろその主要な傾向は広汎な労働者・中間諸階層の民主主義的な生活安定要求に、即応し、沿う方向で整えられつつあるとみることができる。諸政党の示す各種の連合政権構想は、その象徴的なあらわれであって、急進主義的、ないし社会主義的な性格は努めて抑制され、当面する政治、経済情勢のなかで、民主主義の擁護と生活防衛に目的を限定する傾向が強い。これは、労働者階級、中間層の多数要求に順応することによる大衆統合を目ざすもので、それらの綱領的文書のイデオロギー自体が大衆イデオロギーの主潮流を反映するものだといえよう。

小ブルジョア層や労働者階級の一部およびそのイデオローグにおける急進主義的諸潮流は、単に中間層の階級分解、労働者階級の貧困化というような一般的物質的基礎からのみ説明されるべきものではなく、政府・独占の諸政策、国際的諸危機、諸政党・組合の指導とその質、大衆意識の一般的傾向、国際的諸思潮、等に対する意識的反応という、諸社会プロセスを媒介とした意識現象としてとらえられる必要がある。特に学生層の内部における急進主義的傾向を、中間層の分解という古典的規定から説明しつくせると考えるのは、テクネトロニック革命のもたらした社会的諸変化を全く顧慮しない立場を意味するであろう。（もともとマルクス主義的イデオロギーにおける「存在被拘束性」は、単純に、直接的な物質的階級的基礎から意識現象をとらえる方向を示しているものではない。）「民主主義ナンセンス」という急進主義的諸潮流の共通言語の示すところは政府・独占の「民主主義」的「福祉国家」主義に対する否定語であるだけでなく、六〇年代を支えてきた大衆のマイホーム主義ならびに政党・組合の「改良主義」諸傾向に対する性急な否定語でもあるとみられよう。この諸潮流のイデオロギー的パターンは、著者のいうごとく世界史的に先行する諸範例をもつものである。わが国においても思想としては明治以来系譜を保ってきたといえる。しかしながら、そのような範例的な思潮の型が、大衆のなかの極く一部とはいえ、一時は数万人の規模をもつに至った、日本における非範例性をも直視する努力を避けてはなるまい。著者の指摘するこれら諸潮流における「幻想国家」論の共有も、右の諸事情から主として説明されることがらであるだろう。

この思潮の〝民主主義の内側における民主主義否定〟という非政治性を真に克服する道は、彼らを大衆〈運動〉から遊離させ――もともと大衆化しえない思想的宿命をもっているのだ――、警察や司法の力にゆだねることではなくして、大衆の体制的意識に添いつつ、さらにそれを超えて社会主義へと進む戦略的全展望を、理論的にも実践的にも確立することでしかない。この戦略問題については、本書に触れるところで再び立ちかえらねばならない。

五　プロレタリア・イデオロギーの科学性

第二に提起したい問題点は、プロレタリア・イデオロギーが科学的イデオロギーたりえ、真理意識たりうる媒介的条件へのあまりにも楽観的な信頼の論調である。

著者はＫ・マルクス大学哲学研究集団の手になる『科学論』より、「歴史的主体としてのプロレタリア階級の新しい特質が、はじめて、無制限に自然と社会における真理認識に関心を抱くところの認識全体を条件づける。階級的諸個人の社会的行為を指導し規制する諸理念として、イデオロギーという形態をとって表明されるプロレタリアートの諸利益と諸要求が、科学の発展を促進する」という一文を引きながら、歴史的主体の階級イデオロギーが、科学とイデオロギーとを媒介し、真理意識として認識される、と述べる。この観点から、真理意識に関心をいだく歴史主体にとって、〈国家イデオロギー論は、国家に関する真理意識の自己主張でなければならない〉と主張される。また、同様の観点から、前述のごとく、現在日本における国家意識の諸形態の第三基本型として、〈労働者階級の意識に対応する国家意識の諸形態をふくむ型が識別され〉、そしてこの型は、〈「マルクス主義」国家イデオロギーによって代表される〉と述べられている。

著者は、この第三型について十分な方法も分析も提示していないのであるから、疑念を積極的に述べることは差しひかえなければならないが、しかし、支配的国家イデオロギー批判および小ブルジョア的国家イデオロギー批判において、すでにその方法の一端を示し、そこに間接的に著者自身の「マルクス主義」国家イデオロギーが「自己主張」されているのである。最初の疑念は、右のような単純で一般公式的なプロレタリア意識＝科学意識の必然論（ないしは可能性論）から、諸種の階級イデオロギーの具体的諸形態に対する批判が、はたして十分に可能なのであろうか、ということにある。このような公式的方法による批判的分析の困難性は、その対象が、同友会や経団連や中教審といった支配的国家イデオロギーに向けられている間は比較的かるいといえる。だが、対象が、「小ブルジョア的」諸意識形態から、さらに〈労働者階級の意識に対応する国家意識の諸形態〉におよぶにつれて、増大するであろう。それは、思想を思想として扱う作業と、歴史的主体としての階級を媒介する諸個人の真理認識における相対性、無限性との関連において生じる困難性にほかならない。かといって、マルクス主義の認識論は、もとより不可知論に立つものではない。認識のいとなみにおける実践的主体性の契機を最も重くみることによって、歴史的進歩を担う階級的イデオロギー性が科学とイデオロギーとを媒介すると考えるわけである。したがって、プロレタリア諸イデオロギーもまた一種の「虚偽意識」であり、それ自体が個々の歴史的主体による自己批判的な認識対象であることを免れない。

問題は、この自己批判の契機と「自己主張」の契機とを、どのように（矛盾的に）統一せしめるかであろう。なによりもその自己主張の拠りどころ、根底を、安易なイデオロギー的正統意識を去って、おのれの内部にむかって厳しく問いつめることが、「思想を思想として扱うこと」の前提でなければならないであろう。筆者が、芝田進午氏や田口富久治氏らの諸学説、諸イデオロギー批判に、内容的に一面の合理性を認めながらも、つねに一定の保留を置かざるをえないのは、対象を批判し裁断する「自己主張」的立場の拠りどころが、しばしば権威集団媒介的であることによる。いうまでもないことだが、階級的イデオロギーの科学性と権威集団的イデオロギー性とは、容易に合致しうるものではなく、常に鋭い緊張関係をはらむと考えるべきである。この点を方法的に媒介しないと、なぜイデオロギー的正統主義をほこる社会主義のソ連で科学や芸術の発展が停滞し、抑圧されることさえ生じうるのか、「真の」プロレタリア性をそれぞれ標榜する諸国の共産主義諸党間にかくも深い亀裂が生じるのか、総じて一般的公式性と現実との常在のかい離を説明する鍵を見失うこととなるだろう。科学としての国家イデオロギー論を方法化する場合、認識論ないしイデオロギー論上のかかる要素を、方法論的に、具体的に対象化することが必須であるだろう。思想に対する権威＝権力主義的司祭の再現をゆるさないためにも。

六　現代国家への疎外論の適用

本書の〈国家論における「疎外」範疇〉は、国家イデオロギーに関するイデオロギー論（批判論）ではなく、著者が国家イデオロギーの型規定の第三型に属すると自認する著者自身の国家論の部分的展開である。そこでは、著者は、丹念かつ精密にマルクスの疎外論をあとづけ、「疎外」概念が国家論においてどれだけの必然性をもつ範疇でありうるか、また、特に、現代資本主義国家＝国家独占資本主義国家において「疎外」が、いかに特殊な形態として現れているか、の解明に接近を試みている。さらに、「社会主義国家」論の主題として、「疎外」の消滅と国家の死滅とが不可分の関係にあるという論理を、問題指摘だけにとどめて行なっている。本篇の全体を通じての主たる意図は、国家論における「疎外」範疇の有効性の内容と限界を規定することによって、疎外論の流行的濫用にとどめを刺そうとするかのようである。

初期マルクスの「市民国家」批判は、エンゲルスの発生論的国家論と異なって、「市民社会」批判と不可分であり、「疎外」論を不可欠の要素として構築された。われわれが、今日、マルクス国家論を「解釈」するとき、「疎外」概念が、マルクスがヘーゲル、フォイエルバッハを克服する過渡期において用いた限定的なものであるのか、それとも、近代国家の全史、さらに現代国家にまで通用する唯物的史観的国家観の基礎的範疇たりうるのか、という問題が、必ずしも解決されていないことに、うすうす気づいている筈である。現在においてマルクスの徒たちがあまりにもヘーゲルの言葉で語りすぎる、との批判が出る場合、この「疎外」概念の氾濫にも鉾先は向けられていたのである。だが、近代国家から現代国家に至る資本主義国家の史的展開を、原理的に基礎づける基本的範疇が何か、という設問に解答が下されるまでは、「疎外」概念はくりかえし国家論の机上を賑わすことであろう。

初期マルクスの国家論は、中期、後期のマルクス国家論とどのように関連づけられるべきか。エンゲルス、レーニンの国家論との関連的位置づけはどうか。マルクスは「市民国家」と「市民社会」とを不可分の関係において方法化したが、その方法は、現代において、国家と社会のそれぞれのいかなる質的規定性において継承されうるのか。近代国家の論理は現代国家を全体として説明する諸規定性を内包しえているのか。もし近代国家の論理そのままで現代国家が規定されえないとするならば、いかなる新しい論理が現代国家に対して生みだされねばならないのか。——これらはマルクス主義国家論の内部で、いまだ必ずしも十分に解明されているとはいえない。

そのように国家論上の要求を前提としつつ本篇を読むとき、どうも著者の表現された分析意図とは別の――というよりそれを超えた理論化の野心が秘められているように思える。「国家批判」における「疎外」範疇の有効性を論証しつつ、しかもその有効性が「国家批判」においては完結しうるものではなく、「市民社会」批判における「疎外」範疇の確立へと進まざるをえないというのは、少し熱心な学究にとっては自明のことであるだろう。しかし、著者のここでの論理展開の面白さは、現代資本主義国家の分析において、「疎外」概念をきわめて具体的な現象形態の裏づけでもって登用し、「疎外」の論理の極限的な実現形態として現代国家の規定を試みたところにある。著者のいうところの〈第二次「疎外」体系〉は、第一次的「疎外」体系に対して、論理的に、原理と現象、抽象と具体というコントラストを示しているが、「第二次」の意味は十分に説明されていない。

筆者は、著者に対し、憲法学者としての著者が、現代における「人権」の論理的構造（第二次体系）を理論的に確定し、「人権」範疇を通して現代社会を質的に規定し、そこから現代国家の原理化へ上向するという理論化作業における役割をかねて期待してきた者であるが、ここでは、もし「疎外」範疇に拠れば、近代国家と現代国家とがそれぞれどのように規定され、さらに両者間の発展の継起性がどのように論理化されうるかを、試論的に提起されたことについて強い興味をおぼえる。それによって現代国家の一般的原理化が可能だとは必ずしも考えないが、本篇を読みながら、たとえば生態系破壊と再構築の問題を「疎外」や「階級」の概念を用いて脳裡に考え描くなど、刺戟されるところが多かった。ただ、この篇において特に、学究者にとっては自明で必要のない、そして大衆にはおそらく理解困難な「難解な」叙述が多かったことは、勤厳で精緻な文章を凝らすように見えて、案外たのしみ遊びつつ草したところがあるのかもしれないと思った次第である。

七　統一戦線政府論への時務的アプローチ

〈政府形態の理論〉は、国家論と不可分な、というよりその部分を成す、統一戦線政府論の理論史的考察を内容としている。この一篇は、本書の全三一八頁のほぼ半数を占める長い論文で、量的には著者が最も力を注いだところであろう。また著者の時務感は、ここでも行間に溢れ出ている。この論題への傾斜は、すでに著者の前著『憲法の原理と国家の論理』において、散見することができたものである。

ここで語られるところの「政府形態」とは、ブルジョア民主主義から社会主義的民主主義への移行の過渡期を担う「統一戦線政府」のことである。著者は、政府形態の歴史的発展史として、三段階をまず画する。すなわち、一九二〇年代の「労働者（＝農民）政府」、ついで三〇年代の「人民戦線政府」、第三に四〇年代の「反ファシズム統一戦線政府」であるとされる。そしてさらに、〈四〇年代の政府形態は、現代の、構想の段階にあるか実験中の段階であるかのちがいをもつ、政府形態論へ展開していく直接の起点でもある〉というふうに「識別」されている。

この「理論史的分析」の全体にわたって特筆すべき価値は、二つある。その一つは、先年イタリアのフェルトリネッリ社から大量に発行されたコミンテルン関係等のリプリント版が、本格的に読み通され、駆使されていることである。この貴重な新資料は、わが国におけるコミンテルン研究およびドイツ共産党史研究の欠落を埋め、おそらく本格的な研究水準を確立するに至るであろうとの期待を生んでいる。だが、実際にこの資料を研究に用いつつある人は、いまだ必ずしも多くないと思われる。著者は、わが国で初めてこの資料を大量使用した栄誉を担うであろう。

いま一つの価値は、コミンテルン内で二〇年代から三〇年代にかけて発展をみたファシズム認識を、丹念にあとづけ、新しいレヴェルをつくり出したと思われることである。本篇第五章に〈ファシズム論の展開〉という一節が設けられ、大恐慌までのファシズム認識とコミンテルン第六回大会以後のファシズム論の二項に分けて、詳細、克明な認識の発展史が分析的に述べられている。コミンテルンのファシズム認識が誤りを含み、それが「社会民主主義主要打撃論」とも結びついて、ファシズム阻止の課題に立ち遅れを生じたことは既知のことに属する。そのことから、ともすれば安易にコミンテルンのファシズム論の認識水準を低劣ときめつける傾向が出てきたり、またコミンテルンのファシズム論といえば、第七回大会とそれに関連する周辺の報告や論策に評価が限られがちである。これに対して著者は、一〇年代末から三〇年代初めにかけて、相当の理論水準が国際共産主義運動内で築かれつつあったことを論証してみせている。そこで用いられた個々の資料は、コミンテルン資料も、ディミトロフ、トリアッチ関係文書も、決して新しいものではないのだが、それらの全量を総括して認識の発展過程として整理されたことによって、新しい研究水準が生み出されていると評価できる。著者が本篇で用いた「理論史的方法」は、このファシズム論史の箇所で最も成功しているといってよい。コミンテルン内のファシズム認識過程が、とりもなおさず、民主主義観、統一戦線観にはねかえって行くのであるから、コミンテルンの運動史を考究する場合、このファシズム認識の関節の高水準の分析、整理は貴重である。

八　統一戦線の「純概念化」

右のような、対象へのアプローチにおける筆者の疑いもない誠実さ、その分析の精緻さにもかかわらず、筆者は、本篇で展開された政府形態論への「理論史的方法」の適用の有効性、ならびに統一戦線論や政府形態論の立論の方法については、残念ながら深い疑問をいだかずにはおれない。紙幅の許す範囲で、疑問点を整理して提起しておきたい。

まず、統一戦線の概念についての問題である。著者は、〈統一戦線とは、あたえられた歴史的課題を実現するために、一定の歴史的時期＝局面において、諸階級・社会諸層を、人民と民族という概念で把握される実態のレヴェルで組織することができる唯一の可能な形態である〉と概念規定する。また、統一戦線と民主主義との関連について、〈統一戦線は、民主主義のひとつの歴史的存在形態であるブルジョア民主主義と異なったあたらしい民主主義の発展形態〉であるとする。それは、帝国主義段階における「政治反動」に対置される、国家権力形態以外の、民主主義の組織形態であるとされる。それが国家権力次元で組織されるに至れば、政治的民主主義を現実化させる政治的基礎となる。そこに生み出される〈国家は、資本主義から社会主義へ移行する過渡期の国家として、人民民主主義の権力となるだろう。〉その運動と組織を発展させる基本原則は、民主主義であって、社会主義の原則ではない、とされる。

ここに述べられた「統一戦線」の概念は、きわめて包括的であり、したがってまた抽象的である。それは明らかに、〈統一戦線が具体的に日程にのぼっている現在の日本で要求されている統一戦線論を念頭において〉、コミンテルンの諸テーゼをもとに、理論史的に総括し、著者によって独自に一般化されたものに外ならない。

この一般化、抽象化の中身には、抽象的な純概念としては同意しうるものも多いのであるが、しかしそれが、第七回大会テーゼに引きつけ、さらに、より以上に、〈現在の日本で要求されている統一戦線論〉の課題に強引に引き寄せての「理論史的」一般概念化であるために、こんどはかえって、この一般化でもって現実の今世紀全体の「統一戦線（政府）」の諸経験を――その歴史過程を、はたして具体的に、有効に、解明する概念たりえているかどうかが危惧される。

　実際歴史上における、最初の「統一戦線」の戦術化＝概念化についても、その具体的契機の理解は、著者と私とはやや見解が異なるようである。「全プロレタリアを糾合させることができ、さらにそれだけではなく、資本主義社会において搾取の対象となっているすべての者を糾合することができ、そしてそれらの者たちを戦列に加えることのできるような機構」（ルカーチ）であったソヴェト（労働者評議会＝労農兵評議会）は、すでに階級・人民・民族を統括する「統一戦線」の一種ではなかったか。そうでなければ、そこに革命による国家的再統合はなかったことになる。著者の叙述の中では、「ソヴェト」と「統一戦線」とは運動論上の対立的範疇として扱われているようにみえる（統一戦線論と武装革命論との関係はぼかされている）が、「ソヴェト」もまた、〈諸階級・社会諸層を、人民と民族という概念で把握される実体のレヴェルで組織することができる〉いま一つの可能な形態ではなかったか。その「ソヴェト」方式は、東・中欧においても、当時、妥当性をもっていたと考えられている。一九一七年～八年の当時だけではない。権力移行過程における「ソヴェト」方式の有効性は、名目的「否定」にもかかわらず、ユーゴのパルチザン闘争、中国やインドシナの農村根拠地方式、キューバ革命およびそれ以後の中南米における「フォコ」理論、等の中に生きつづけているとみなすこともできよう。

　一九二〇年代のはじめ、レーニン、トロツキー等が精力的に「統一戦線」戦術にとりくみ始めた理由は何であったか。それははたして、「戦術」論にすぎず、「戦略」論的展望はなかったのか。社会民主主義諸党と中間層を対象としたこの段階の統一戦線戦術を、戦術的「戦術」としてしか理解できなかった――いまもってそのように歴史解釈されている――ところに、「社民主要打撃論」や、二〇年代後半以後の戦略戦術的停滞の一理由があったのではないか。二〇年のカップ一揆以後きわめて広範な労働者の階級的結集の可能性が展望され、その情勢を背景に「労働者政府論」が擡頭しはじめる。その当時の具体的な史的分析に照らして、著者の一般概念をみたさないものは、歴史的未熟として処理され、合致する要素のみが「原基的形態」として原基づけられるのであろうか。なによりも、その時期のドイツにおける権力移行の有効的戦略は何であったと考えるのか。「労働者(＝農民)政府」方式や後発の「人民戦線政府」方式で、すなわち、著者が一般化した「統一戦線(政府)」方式で、二〇〜二三年ドイツの革命は可能であったろうか。それとも、失敗した革命経験は単なる「理論史」研究の概念構成要素にとどまるべきなのであろうか。

九　政府形態と国家形態の区別

統一戦線(政府)を政治的に位置づけるということは、必ずしもそれらが権力移行を見込むということとはならないであろう。問題解決方法としての戦術は、歴史的に提起されている課題に応じて、また、主体構築の質的レヴェルと内外情勢を判断して、立てられるものである。したがって、統一戦線戦術が用いられる諸分野、諸レヴェルに応じて、さまざまな統一戦線がありうることになるし、統一戦線政府もまた限定的(時間的もしくは課題的に)にさまざまな形態やケースが存しうることになる。自覚的に一定の要求獲得、一定の政治改良をめざすが、体制移行の過度的形態たりえないものも、当然存在しうるわけである。確たる政治的展望と組織形態をそなえていないで、一定の政治改良を体制移行の過渡形態と誇大に呼称するものは、必ずや手ひどい政治的結果の反撃をこうむるであろう。だが、体制移行の直接的な過渡形態でありえないからといって、それが単に「戦術」であって「戦略」でないということになるわけでもない。この点については著者も異論のないところであろう。

しかしながら、戦略的でありうるかどうかは、それらの諸々のケースや可能性を、長期的な変革の展望のなかに柔軟・多様に位置づけ、また、移行の国家形態論の内部に位置づける能力の有無にかかわることである。レーニンは「革命とは何よりも権力問題である」と述べているが、国家形態、即政府形態では決してありえない。また現実の変革過程では、あれこれの統一戦線戦術が諸々の権力構造を含み、あるいは付随させて展開されるのであって、「統一戦線」一般があるわけでもない。もし、体制移行を直接に媒介するものとして統一戦線やその政府形態を考える場合には、そのための特殊な前衛的政党、特殊な統一戦線、特殊な統一戦線政府の形態の問題が必ず提起される筈で、おそらく移行の全過程においていくたびか形態と質の変化が必須となるものであろう。

すなわち著者は、政府形態論を社会構成体の移行（社会革命）と関連させるまえに、それを移行の権力形態論の「一部」として政治理論的に位置づけるべきではなかったか。著者のいうような「政府形態」は、人民の「権力」がはじめて発生したことを直接的に意味することで起こるかもしれない（厳密な意味ではまだ歴史上にない）が、逆に人民の「権力」が複合的に発生し、強大化していく途中で政府が形成されることがむしろ一般的であるだろう。歴史上、成功した革命でこの一般原則に対する例外はまだない。だとすれば、その人民「権力」の構成や質は、歴史的に、また現在的に、いったい何であろうか。それが「統一戦線」であるというだけでは、統一戦線を移行の権力形態の中に位置づけて論じることにはならないのである。

十　歴史分析を媒介とした理論史的方法

〈統一戦線運動の歴史的発展過程に即して歴史的に把握する方法〉が、——すなわち〈政府形態の問題を歴史的に把握すること〉が、どうしていきなり〈一口にいえば、統一戦線政府の理論的展開の把握を意味する〉のか。運動史の実際過程を克明に分析し、「場」の特殊性を明らかにするという歴史的方法を媒介とすることなくして、史的唯物論的な理論史的方法は成り立たない。

ここに一例として、著者が本書のなかで比較的詳細に歴史的叙述を行なった唯一の時期である二〇年代初期について、全く他の論者が統一戦線運動に関する分析論文のなかで述べた対照的な一文を紹介しておこう。「われわれは、これら現代の統一戦線運動を分析するなかから、統一戦線の理論を豊富化するとともに、実践の継承という観点からも、過去の統一戦線運動の経験のなかから、教訓や法則を導きだす必要がある。その場合、過去と現在の条件の差異を厳しく検討しなければならず、ある過去の経験の総括から導きだされた結論を安易に現代の統一戦線論に直結すべきではない。問題は、それら条件の相違を考慮に入れながら、その時期あるいはその国の特殊的条件のなかでつらぬかれている統一戦線の内在的論理や法則性を抽出することである。」（傍点論者）

この論者によれば、二〇年代初期のドイツの「労働者政府」運動、フランス人民戦線、スペイン人民戦線、東南ヨーロッパの民主主義革命、植民地従属国における民族解放民主革命などの諸経験によって、「高度に発達した資本主義国における統一戦線を基礎とする現代革命路線の正しさが論証されたと考えている」人びとが少なくない。これらの成功的な「歴史的経験からすれば、反独占あるいは反帝・反独占の民主主義的任務をもつ統一戦線の形成、それの成長転化したものとしての革命的任務を遂行する統一戦線の成立、そして、それぞれの統一戦線に基礎をおく資本主義体制の枠内での民主主義的政府から革命の政府への移行、現代革命の成功というコースが、疑問の余地なく当然の論理としてうけとめられるのも根拠のないことではない。」「しかし、その場合、人民民主主義革命が成功した諸国において、それぞれ特殊的な条件が存在していた点が、充分認識されず、ともすれば視野から欠落しているように思われる。」東南ヨーロッパの革命成功例では、「ファシズム（ナチス・ドイツ）が支配し、ブルジョア民主主義は存在しなかった。」そのような条件下では、「第一に、統一戦線がそれ自体として体制変革の展望を容易に提起しうる。」第二に、「統一戦線の構成要素の質にも大きな変化をもたらす。」統一戦線に参加した社会民主主義勢力は、その条件下では、労使協調主義と改良主義の基盤を失っている。第三に、「東南ヨーロッパの場合、第二次世界大戦直後の特殊的状況のなかにおいて、ソヴェト軍の軍事力に直接あるいは間接に依拠できた。」〔註〕

この論者の説にいくらか付加して述べれば、東南ヨーロッパで、「組織された政治的強力」としての統一戦線が曲りなりにも権力奪取の直接的担い手になったのは、ユーゴのみであろう。他の場合、権力移行のキメ手になった強力は、ソ連軍の力であった。ユーゴの場合でも、ソ連軍の圧力と武装パルチザン（統一戦線の武装的中核）が権力移行の真の力であった。ギリシャ内乱の悲劇は、ソ連軍の撤退とパルチザンの非武装合法戦術化が何をもたらしたか、を示している。

中国、ヴェトナム、キューバの例では、武装した農村根拠地や山岳ゲリラという拠「点」と民族戦線という「面」との複合力が、好都合に国際的諸力と結合したケースを示している。それらの場合、まず大衆的圧力を背景とした武装的中核戦線が権力を掌握し、その強力に支えられて統一戦線「政府」を樹立し、その「政府形態」を媒介として人民・民族を質的に再統合するにいたるのである。中国やヴェトナム（あるいはユーゴ）では、二つの軍隊、二つの政権が一時期併存する一種の「二重権力」状態が現出した。

フランス人民戦線（政府）は反ファシズム・民主主義防衛の課題では、一定の成功を収めたが、それは社会主義への移行という課題（平和的移行とは限らない）では失敗であった。否、むしろそのような課題を提起していなかったのである。スペインでは、反革命軍事クーデターに対抗して人民戦線は武装し、武装闘争のなかで急進化し、「社会主義」政権へと接近していったが、国際的諸力配置に恵まれず、敗退した。

右のようにみてくれれば、著者が「政府形態論」で定式化したような統一戦線（政府）戦術の革命での成功例はいまだ歴史上一つもないのである。以上のような個別性のなかの特殊性をいっさい捨象して、「統一戦線」論ないし「統一戦線政府」論を抽象的に規定し、それが比較革命史的に妥当性、適応性をもつというのであれば、ロシア革命以来、統一戦線に拠らない革命は存在しないのであるから、何もいわないに等しいことになろう。

発展の個別性、特殊性に沈潜する作業を媒介としないで、発展の論理的継承性、連続性に過度に目を向ける傾向は、決して新しいものではない。元来、革命経験は連続と切断の二面性をもつものであり、実のところ、同じ革命のケースが二度くりかえされることはない。だが、革命経験はしばしば権威づけられるものであり、権威づけられなくとも人びとの意識に多かれ少なかれ支配力をおよぼしがちである。キューバ革命の指導的担い手たちが、中国革命の農村根拠地方式をキューバ革命の中途で識ってその類似に驚いたと述べ、同時に出発点で識らなかったことが幸せであったと告白しているのは興味ぶかい例である。当面する革命は、つねに一回的に新しい相貌をもって出現する。新しさのなかには、反革命側も歴史に学んでいるということも当然ふくまれる。ボリビアでのゲバラの死の背景を注意ぶかく分析すれば、ゲバラ側にキューバ革命経験からの切断のあいまいさがあるのに対して、アメリカがキューバ革命にもインドシナ革命戦争にも実に深く学んでいることに気づくであろう。最近のチリ反革命における軍部の動きに、ドイツ十一月革命以後のドイツ国防軍の政治的知恵やスペイン内乱での軍部の内外情勢を利用した巧妙な経験との、ある種の符号を、歴史家は見抜く筈である。

変革主体にとって、変革の対象はまさに社会現象、政治現象なのである。過去に連続しつつ、しかもたえず過去との自己切断をはかるという「現在的な」内面的二重性の重い要請は、理論史家や歴史家に対して、個別の革命経験の特殊性により深く沈潜するという作業課題を要求するものであろう。

かくして、コミンテルン史の理論史的総括は、比較革命史的方法を媒介しなければ、陥穽におちいり易い。歴史における個別の特殊性を、コミンテルンとその支部の担い手たちの継承的認識の個別性をも含めて、批判的分析の対象にすえることを避けては、歴史的方法も理論史的方法も科学性を保障されえない。また、現代において（ある国で）「制度化」された路線テーゼを規範化して、それにひきつけて理論史的総括を行なうことが、十分に科学的方法として有効であるとも考えられない。ここでも、「虚偽意識」に対する「自己批判」的契機が科学方法的に媒介される必要があるわけである。

最後に、著者のコミンテルン論への回帰と最近のチリ反革命によって、またもや触発された問題点を、極く簡単にあげておきたい。

統一戦線（政府）方式とソヴェト方式とは、政治運動論上、または権力形態論上、背反的で二者択一的なのか。その相互関係はどうか。

統一戦線（政府）戦術は、平和的移行と不可分なのか。逆に、平和的移行を可能にする統一戦線の条件は何か。民主主義的諸課題を解決するための統一戦線（政府）と、社会主義へ移行するための統一戦線（政府）とは、組織論的にどのように異なるのか。

体制移行の統一戦線（政府）論は実践的にも理論的にも「確立」しているのか。それはいまだに、「平和的移行の統一戦線」をも含めて、未踏の野に道をきり拓こうとしているのではないか。

（一九七三年九月稿）

〔註〕石川捷治「ヴァイマル・デモクラシーの危機と統一戦線」『九大法学』、第二六号。フランス人民

戦線政治史については、鹿児島大学法学部『法学論集』等に掲載された平田好成氏の膨大な論考が最も参考になるであろう。（平田好成『フランス人民戦線論史序説』法律文化社、一九七七年、に集大成されている。）

付論(1)
野呂栄太郎の「基本的矛盾」論
——批判的分析(一九六四年)

一　野呂の二つの基本的方法――神田文人論文にふれて
二　野呂の「内在的矛盾」と「階級対立」の論理
三　野呂の日本資本主義の「内在的矛盾」
四　野呂の「本質的矛盾」
五　野呂の「基本的矛盾」――猪俣津南雄との対決
六　むすび――福冨正実・小野義彦両論文にふれて

一、野呂の二つの基本的方法—神田文人論文にふれて

野呂の経済分析・歴史分析に特徴的な方法は，(一)社会発展の内的必然のその自己運動の過程において対立物の斗争として認識する方法と、(二)社会発展の一般法則の貫徹をわが国の具体的な場の特殊性との結合においてとらえようとする方法と、二点においてみることができる。前者は、社会体制の本質に根ざす「内在的矛盾」をその歴史的表現形態において具体的に概念化し、さらに「階級対立」を「内在的矛盾」の発展にもとづく政治過程におけるその発現形態としてとらえることを主内容としている。野呂の意図としては、このような歴史分析の論理的展開によって崩壊＝革命の客観的ならびに主観的条件を析出しようとしたのである。後者は、矛盾の自己運動の論理を日本の現実に適用するしかたの問題であるが、この点、岩波新書『現代日本の思想』の著者によれば〈野呂の第一論文「日本資本主義発達史」は、日本の資本主義の中の矛盾の発展をあとづけることにより、日本の現実に対して適用された弁証法として、ここにはじめて「弁証法的唯物論」が日本に成立したことになる〉〈思索の方法は、本質—実体—現象の順序をとらず、現象に出発し、実体、本質にさかのぼるという順序をとっている〉と、高く評価されているところである。〔註1〕野呂の理論のなかでこの方法がとりわけ実践的な意味をもつのは、一九二九年ないし三〇年頃から野呂が「現段階」分析に着手して、日本資本主義の「本質的矛盾」ないし「基本的矛盾」の概念を提起したことに関連してである。これらの概念によって彼は、世界資本主義の全般的危機の「第三期」における日本帝国主義の戦争と崩壊への必然性を論証し、またプロレタリアートの戦略・戦術への直接的寄与を意図したのであった。

野呂の方法としての弁証法的思惟については，すでに一九六〇年、神田文人氏の論考がある。そこでは、野呂を思想史的に再検討するというすぐれた視角が提起されているのであるが、氏が野呂のいわゆる〈弁証

法的な認識と評価〉されるところのものは、〈内部矛盾の運動を社会発展の原動力とみること、激動期における矛盾の相関関係の転換、矛盾両側面の評価、社会の全構造的把握等の方法〉〔註2〕である。ことに、主要矛盾と副次矛盾との相関関係、および矛盾の主要側面と副次側面との相関関係の一般理論を尺度として、野呂の〈経済分析＝歴史分析〉の方法が、その長短について評価されている。だが、このような野呂吟味の手法は、思想史的方法として、形式的にも内容的にも有効性は十分であろうか。

まず形式面では、毛沢東の「矛盾論」の研究によって培われた今日の水準を野呂にひきあてることに性急で、野呂の「矛盾」論の独自の論理構造が掘りおこされていないのではないか。したがって野呂の個々の「矛盾」概念のもつ具体的な契機は捨象され、とくに「基本的矛盾」概念のもつ方法上の問題性はすてでかえりみられない。内容面では、野呂の「矛盾」論の構造が抽象的に単純化されてとらえられ、かつ一般性と特殊性との結合にもとづく「基本的矛盾」概念が検討されないために、野呂の戦略論に〈目標としてのプロレタリア革命の志向〉をみいだし、日本資本主義が〈急速な崩壊〉にむかっているとする野呂の「宿命論」を〈矛盾の均衡発展〉論によるものとみなす見解に傾いていられるようである。

野呂の戦略論については、本誌第四号で岡本論文が分析をおこなっており、ここに多くを述べる予定はないが、野呂における、文字どおり「プロレタリア革命の志向」は、コミンテルンの「二七年テーゼ」をさかいにその戦略論が転回してゆくにもかかわらず、前後一貫してみられる特徴である。それは、岡本論文も指摘するように、〈一方で資本主義の一般法則の貫徹性について強い確信をもち、その具体的分析のなかに、つねに社会主義の物質的条件の成熟をさぐり、他方で、日本の具体的場に貫徹していく場合の特質〈ブルジョア民主主義的課題の残存〉をあばきだし、一般と特殊の結合においてとらえようとするすぐれた方法を堅持したためである。〉〔註3〕野呂前期の「一般的な」プロレタリア革命論、および後期にみられるプロレタリア革命への「急速転化」論はともに、彼においてはいまだ現実化しない〈矛盾の先取り〉ではなく、都市のみならず農村にも、また権力構造のうちにも、現実に半封建的矛盾と不可分に存在する矛盾の認識にもとづくものであった。

プロレタリア革命への連結をたち切り、ブルジョア民主主義革命の〈それ独自の解決〉を支持する神田論文の立場こそ、かえって機械的な二段階革命論であり、独占疎外論であり、一般性の側面を見落とすこととなろう。野呂が〈生産関係における矛盾の関係〉を無媒介に〈政治的対抗関係〉に直結させたとする批判は、的をいたものであろうか。むしろ神田論文にあっては、野呂の戦略論を理解するカギともいうべき、冒頭にかかげた基本的方法の後者が全く見すごされていることに注目せざるをえない。

野呂の理論には、神田氏が〈革命情勢永久深化論〉と命名された、日本資本主義の〈急速な崩壊〉を予見し、その見通しに戦術的に対応しようとする傾向が濃く読みとれる。神田論文は、その基礎をなすものは〈矛盾の均衡発達論〉であると批判される。しかし筆者の理解では、弾圧の強化が相互媒介的に革命の主体勢力をも強化するという単純な矛盾の均衡発展論を野呂から抽出するのは、無理があると思う。具体的な引用ははぶくが、野呂の著述には、(一)客観的条件の進化が主体的条件を可能にしつつある必然性の強調がみられ、(二)主体的条件の立ち遅れが指摘されており、(三)民衆が抑圧下に革命に進む可能性とともに、ファシズムの支柱ともなりうる可能性も指摘し、指導主体の重要性を明白に意識している点が見いだされるからである。野呂の宿命論的な急速崩壊論の理由は、神田氏の理解とはことなり、後述するごとく、「基本的矛盾」の把握に含まれる野呂の致命的な誤謬に求められるべきであろう。

問題提起をかねて神田論文にふれたが、日本帝国主義の「現段階」規定ならびに戦略、戦術論の基礎をなした野呂の「基本的矛盾」概念の批判的検討に入るまえに、彼の「内在的矛盾」の方法およびそれの資本主義段階への適用について順に検討を加えていく。

二、野呂の「内在的矛盾」と「階級対立」の論理

すでにいくらか触れたように、野呂は、その社会の基本的な諸生産様式をそれぞれ生産力と生産関係との矛盾的統一としてとらえ、それらの諸矛盾を歴史的な発現形態において具体的に認識し、「内在的諸矛盾」の配置をえがきだす。最も基本的な「内在的矛盾」は支配的生産様式の本質に根ざすものである。

「日本資本主義発達史」（以降「発達史」と略す）における封建制の「内在的矛盾」の規定からながめてみよう。大化の改新にはじまるわが国の前期封建制について、〈農業がほとんど唯一の主要生産業たりし時代においては、その生産手段たる土地の所有があらゆる権力の源泉を形成する。〉〈封建制度は土地の所有に基礎を有し、その基礎の上に立つ農民の搾取によって維持され、したがってまた勢力の地方分権をその特色とする。しかしてかかる封建制度の本質は必然的に次の矛盾を包蔵する〉〔註4〕として三個の矛盾をかかげる。

〈第一の矛盾は、土地の所有権が最高所有権者から順次により下の占有者、すなわちより直接なる土地の占有者に移行するの必然性の中にある。〉

〈第二の矛盾は、搾取関係の複雑なること、すなわち同一土地の上にまた二重三重の搾取が存在したことに存する。〉このことは農民の負担を過重ならしめ、生産技術の進歩＝生産力の発達を阻止し、さらに新耕地開発を制限することによって封建制の基礎をよわめるとともに、他方、封建領主間の抗争を不可避的に激化させる。

〈第三の最も重要にしてかつ封建制度の崩壊と資本主義の発生とにたいして決定的な意義を有する矛盾は、

商工業の地方化すなわち普遍化である。〉〔註5〕

右の封建制の本質に根ざす三個の矛盾は、封建制の〈発達の―したがって崩壊の―過程において必然的に生成発展するもの〉とみなされ〈これらがその発展の過程においていかに交互に因果的に作用し、さらに外部的要因によって促進され、ついに矛盾の対立にまで発展せしめられたか〉〔註6〕が、徳川氏による封建制の再編成をよぎなくさせた対立の発展形態に至るまで分析されるのである。

この前期封建制にかんする野呂の「内在的矛盾」規定については、守屋典郎氏の批判がある。氏は、〈この内在的矛盾の説明は十分ではない〉として、〈封建的土地所有もまた初期においては生産力を代表した〉点の構造的把握において野呂の欠落をついておられる。〔註7〕指摘されるように、わが国の前期封建制の包括的な「内在的矛盾」の把握としては十分とはいえない。そこにおける野呂の矛盾規定は、資本主義への発達の前史を解き明かすと言う主題に強く導かれていたためか、封建制の崩壊の条件を明示するにことに急で、王朝的奴隷制社会が崩壊したのちに発展的なものとして現出した新たな社会体制の矛盾的構造を十分に解明しているとはいえない。生産力の発展が生産関係の基礎と抵触するいかなる矛盾の諸形態、諸関連を生み出すか、という基本的見地が必ずしも厳密に貫かれず、むしろ商工業の発達、普遍化という派生的要件から資本主義化へのモメントが析出されようとしている印象さえうける。支配的生産様式内における生産力の発展が封建制の「内在的矛盾」規定の基礎にすえられていないうらみがある。

「発達史」のなかでは、野呂は、徳川氏の支配した後期封建制の「内在的矛盾」について、前期封建制にもちいた三個の矛盾をそのまま適用している。しかしこれにくらべて、「日本資本主義発達の歴史的諸条件」（以降「歴史的諸条件」と略す）に展開された「内在的矛盾」の説明は、より明快である。

〈封建制度の下における支配的生産様式は、小規模農業と農村的ならびに小市民的手工業とであったが、就中、小規模農業は封建制度の支柱にして、その生産力の増進には、幕府はじめ各藩政府の最も努力せるところであった。だが搾取のムチをともなったこの勧農策による農耕労働の生産性の増進は、封建的生産関係の基礎と抵触する二個の矛盾を激化せしむることによってのみ可能であった。〉〔註8〕

（1）生産性の増進による農業人口の相対的過剰。それは農民の窮乏化をおしすすめ、かえって農村人口の相対的・絶対的減少を生じた。

（2）農村における貧富の差を拡大し、資本家的搾取の可能性を生みだした。

他方、農村的ならびに小市民的手工業生産の内部でも、ことに都市においても、ブルジョア的搾取の関係は発展した。〈資本関係発達の条件たる相異なる二種の商品所有者……の対立は都市においても発展した。〉〔註9〕

ついで野呂は、以上のような矛盾、すなわち〈生産力の発達と封建的生産関係—土地の封建的所有組織ならびに手工業の特権的組合制度等々—との矛盾〉の発展が漸次いかなる〈諸対立斗争を激化し、封建制度崩壊の客観的および主観的条件〉を、〈徳川氏制覇の封建制度の胎内に成長〉せしめたかを明らかにするため、現実に生みだされた〈四個の主要なる対立〉をかかげる。〔註10〕

（一）農民と封建的支配者との対立、（二）町人なかんずく大商人および高利貸と封建的支配者との対立、（三）封建的支配者の下層部分の上層部分に対する対立抗争、（四）「王朝的絶対勢力」と封建的支配勢力なかんずく幕府との対立。

これらの相互に関連しあう諸「対立」は、「矛盾」の深刻化によって激化せしめられるのであるが、さらにまた、この「矛盾」および「対立」の内的諸関係は、〈第三の、わが資本主義の発達に最も決定的意義を有するモメント〉、〈有産者諸国の開港要求、すなわち資本家的生産様式採用の強制〉という外的契機の作用をうける。それは一方で既存の物的生産関係のうえに破壊的作用をおよぼし、他方で諸階級（階層）の意識のうえに鋭く作用することによって、〈封建制度崩壊の客観的ならびに主観的条件の成熟を急速に激成し、明治維新の革命的変革の時期を促進した〉〔註11〕のである。

諸「対立」のうちの第一は、〈封建的生産関係の下における最も基本的な対立であって、矛盾の激化とともに抗争は二つの方向において展開された。第二の消極的反抗は、堕胎および棄児等による農村人口増加の絶対的抑止と、農村脱離による農村人口の相対的減退―浮浪民および都市における無資産者の増大―とに見られた。〔註12〕〉すなわち、この第一の「対立」は、今日でいう、政治的階級的矛盾の「主要矛盾」とみなされていることがわかる。第二の「対立」については、〈もっとも、商人および「高利貸があらゆる資本主義前の生産様式のうちにおいて革命的に作用するのは、ただ、彼が所有形態―その強固なる基礎と、同一形態におけるその不変なる再生産との上に政治的編制がもとづいている―を破壊しかつ分解することによってのみである」（資本論）〉としつつわが国における前期的資本の封建的所有に対する分解・破壊作用を具体的に叙述している。〔註13〕

第三の「対立」は、〈明治革命の主体〉を生みだしたところのものであった。なぜこの対立が指導主体を産出するに至ったか、その内的論理を野呂は、①その社会の「本質的諸矛盾」がどの階級（階層）の上に〈最も集中的に転嫁せられた〉か、②その結果、その階級（階層）が構成要素である「対立」は、他の〈諸対立の集中的表現として、漸次、政治的対立斗争にまで発展せざるをえなかった〉。③その階級（階層）の既存搾取関係における位置が、直接生産者と直接に対立せず、したがって既存の所有関係＝搾取関係の揚棄が当面の不利益と感じられなかった。④その階級（階層）は、外圧の認識により自己をナショナルな統一主体にまで高め、現制度打倒の権力斗争にまで進んだ、と説明する。〔註14〕前掲の神田論文が、〈体制の安定期における主要矛盾と副次矛盾とはその激動期には転換する。それは、副次矛盾が主要矛盾をのりこえ、かくして生じた政治的運動が、現存支配体制の転覆にまで結晶したことを示すものに他ならない。〉〔註15〕―その方法が野呂の維新運動分析（および民権運動分析）にみられると指摘しているのは、ここでの野呂の「対立」の論理をさしているものと解される。

第四の「対立」については、〈封建制度の内在的矛盾の必然的発展として〉の対立物でなく、〈それじたいとしては、反動的にして封建制度を揚棄すべきなんらの物質力たりえ〉ない「王朝的絶対勢力」が、現実には封建制倒壊の一つの物質力たりえた理由について、内在的矛盾の必然的発展である〈第一ないし第三の諸対立と直接間接に結合することによって〉〈反封建的、国民的統一要求の政治戦術的表現たりえた〉ためであると説明する。〔註16〕尊王論の政治革命的スローガンとしての意義も、この見地より説明されている。

三、野呂の日本資本主義の「内在的矛盾」

野呂の「内在的矛盾」および「階級対立」の方法を封建制（崩壊）の分析を通じてながめてきたが、それでは、資本主義段階の内在的矛盾はどのように説明されるであろうか。

「発達史」の末尾において、野呂は日本資本主義の〈生産過程における主要なる三個の矛盾〉を簡単にかかげている。

〈第一は、原始生産業―農業、林業、牧畜業、鉱業等々―と工業との間の生産力発達の不均衡が加速度的に発達しつつあることである。もちろん、かかる発達の不均衡は、多少とも資本主義一般に就中帝国主義的発達段階における資本主義に共通なる矛盾ではあるが、わが国においては、その地理的、ならびに人種的条件のゆえに、〔註17〕とりわけ決定的な重要性をもつに至ったのである。それは、わが資本主義の帝国主義への急速なる発展、成熟の主動因たりしとともに、また帝国主義的進出によっていよいよ致命的に拡張再生産せられつつあるところのものなのである。ここから支那ことに満州におけるいわゆるわが特殊利益の独占的維持拡張の断乎たる決意が生まれるのだ。さらに最近とくに、ブルジョア政党が一様に、人口、食料、農村、産業立国等々の諸問題とせざるべからざるゆえんもここにあるのだ。

第二の矛盾は、各種工業生産力および生産様式間の発達の不均衡の増大である。これまた帝国主義的資本主義一般にも共通の矛盾ではあるが、わが国においては、就中最近第一の不均衡増大の必然的結果として、またわが資本主義発達の歴史的諸条件の不可避的制約の下に決定的な意義を有するに至ったのである。

第三の矛盾は、第一および第二の不均衡を加速度的に激成せし同一の諸条件、ならびにその結果たる第一および第二の矛盾そのものの当然の帰結であるが、わが国においては、主要なる生産部門において、その資本の技術構成が先進帝国主義国に比して低度なるにもかかわらず、その価値構成はかえって高度であり、したがって資本の有機的構成は必ずしも生産力の発達とは比例することなしに―否、むしろしばしば逆比例的にさえ―高度化されつつある。この結果は、労働の破廉恥的搾取にもかかわらず、利潤率は加速度的に低下せざるをえない。これは、日本資本主義の死を意味する重大事だ！　ここにおいて、上のごとき諸矛盾をますます交互的に鋭化するような方法において、資本と生産との集中が、その集積とは比較にならないほどの速度をもって進展し、ついに独占資本主義に導かれざるをえなかった。

かつて、国家資本主義トラストの形成とともに金融寡頭支配ははじまり、ファシスト的独裁がブルジョア議会主義に代わる。いまや一切の矛盾を解決しうるものは、ただ革命だけである。〉〔註18〕

このあとの論旨との関係で、また野呂の正しい理解を期する上で、きわめて重要な箇所なので全文を引用したが、「二七年テーゼ」以前のこの記述は、「発達史」の基本的シェーマ―（二）明治維新によって日本の近代は開かれた（明治維新ブルジョア革命説に通ずるものがある＝筆者）、（二）封建的生産様式は農業に色濃く残存するが、地主はむしろ資本家的地主である、（三）専制政治形態は産業革命の進展の結果専制的絶対勢力の完全なブルジョア化によって内部変質をとげた、（四）基本的生産関係は資本主義的なものである、（五）矛盾打開の方向はプロレタリア革命であり、これによって封建的要素もまた一掃される、〔註19〕―と基本的に符合する矛盾の内容把握を示している。

それは、日本資本主義における一般法則の貫徹を特殊日本的な制約性との関連でみようとする彼の一般的方法と一致する。実際には、日本資本主義の発生と発展の特殊的条件にもとづく半封建的要素の残存を認め、その残存要素が日本資本主義の全構造に影響し、独占化を促進し、独占化に特殊性をあたえている点を強調している。すなわち、三個の矛盾の内的連関において農工業不均等発展を基本にすえたこの叙述は、世界的な資本の論理の規制下に、支配的な生産様式の規定性に代表される資本主義の一貫性の貫徹の態様のうちに日本資本主義の特質をみるというより、むしろどちらかといえば、日本の後進的特殊性の規制が日本資本主義の全構造にいかに支配力をおよぼしているかに、その特質をみようとするようである。

だが、それにもかかわらず、この支配的生産様式と副次的（ないしは残存的）生産様式との内的矛盾の相互浸透の観点より規定せられた〈主要なる三個の矛盾〉は、全体としてあくまで資本主義的生産様式の内在的矛盾であった。それゆえ、この全体としての内在的矛盾の配置は、農工不均等発展を基本にすえることには、たとえ論理的不合理性があるとしても、なお主要な「階級的対立」の配置としては資本主義社会に基本的なそれが予想されるのである。また、それらは、日本における独占資本主義発展の内的条件であり、金融寡頭支配を確立せしめ、ブルジョア議会主義を独占の専制的独裁であるファシズムへ促す動因であるとともに、反面、〈政治上、社会上、国際上の諸過程〉において諸対立を激発せしめるところの、ただ革命によってしか解決されえない矛盾なのであった。このように理解する脈絡のなかでは、これら諸矛盾が〈いまや資本主義国家そのものを揚棄することなしには揚棄することのできないガン種と化してしまった〉〔註20〕とする叙述への流れは、ごく自然であった。

しかるに、コミンテルンの「二七年テーゼ」の影響を受けたのち、野呂の農業理論を軸に変化が生まれる。全体的に封建制の強調が増すなかで、支配的生産様式と副次的生産様式との内的矛盾の相互浸透の内容把握についても変動が生じるのである。

四、野呂の「本質的矛盾」

一九三〇年『思想』一月号所載の野呂「日本資本主義現段階の諸矛盾」（以降「現段階の諸矛盾」と略す）は、彼が「現段階」分析に手をそめ、〈今後の私の研究は、プロレタリアの一般的戦略規定において役立つものであるばかりでなく、進んで個々の戦術規定において直ちに役立つものでなければならぬ〉〔註21〕と意図した論策である。

彼によれば、世界資本主義の全般的危機の「第三期」の根本的特徴をなす諸対立モメントは、帝国主義日本の諸関係のうちにも急速に醸成されている。〈かくして日本資本主義は、その安定化の全努力を、資本主義世界体制の全般的危機の急速なる激化への過程において、安定の動揺への転化の過程において続けねばならぬ。このことは、帝国主義日本の決定的な国際的ならびに国内的諸対立を二重の加速度をもって先鋭化せしめずにはおかぬであろう。〉〔註22〕

それでは、〈日本資本主義をかく運命づけたものは何であったか？　それは、まず、日本資本主義が資本主義世界体制のなかに占める特殊なる地位によって決定される。〉一つは帝国主義諸国間の斗争における日本の地位、ことに第一次大戦で巨大な利得をおさめたアメリカ帝国主義との〈就中支那における〉対立の激化、日本帝国主義の孤立化であり、いま一つは、日本帝国主義の植民地主義的侵略（中国侵略）がひきおこした抗日・反帝国民革命運動の激化である。これら二つの外的矛盾は、いわゆる「支那問題」において結節点を見いだし、〈日本資本主義の安定化を著しく困難にした。〉しかしながら、〈かかる国際的環境においてなお日本が金解禁を実行してその安定化政策を確立しえなかったのは、否、かえってその努力の過程において、かの一九二七年春の金融恐慌を惹起するに至ったのは……さらに、他方日本帝国主義発達の特質にもとづく内在的矛盾のあってしからしめたものと言わねばならぬ。否、日本資本主義の安定化が、就中、一方アメリカ合衆国との対立によるとともに、他方支那の資本主義化による支那国民革命運動の進展によって困難にせられたことそれ自体が、日本資本主義の特殊なる内在的矛盾を反映するものである。〉〔註23〕

大恐慌期に突入した日本帝国主義の危機分析を、野呂は右のように、外的条件と内的矛盾との統一的把握にもとづいて方法設定する。その基礎概念は、「日本資本主義発達の特質にもとづく本質的矛盾」であった。彼のこの論文の第二節は、「二七年テーゼ」後における最も整理された「内在的矛盾」＝「本質的矛盾」の論述であり、後期野呂の戦略論への配慮が色濃く現われている。すなわち、すでに野呂は、一九二九年中に、「二七年テーゼ」を擁護する立場から対猪俣論争を展開し、その戦略論の基礎であるべき経済的土台の分析において著しい転向を示しつつあったが、ここにおける「本質的矛盾」の内容のとらえ方はその変化の線に完全にそっている。

まず野呂は、「本質的矛盾」を発生論的に日本資本主義の成立期＝原蓄期の特殊事情、すなわち農民の収奪過程そのもののうちに、したがってその契機をなした維新の土地変革のうちにみようとする。その土地制度論については本誌第四号の丹野清秋論文〔註24〕が詳しいのでここで深く論及しないが、―〈明治維新の土地変革の特質は、一方、封建的土地領有権を……絶対専制君主の領土権に統一するとともに、他方、農民的土地占有者にその土地の……物権的処分権……を認めたという点にある。〉封建的土地領有権が〈絶対専制君主の領土権の中に統一せられるとともに、その特権、就中地代徴収権もまた絶対専制政府に継承せられた。〉封建的領有権の絶対主義的領土権への統一とともにおきた変化は、第一に、いずれも前資本主義的地代の枠内での物納地租から金納地租への変革、第二は、地租貢納義務者の直接生産者から名目的占有者への移転であった。土地処分権はこの変革のための前提条件であったが、実はここに土地改革の積極面と消極面とが胚胎する。〔註25〕―というのがこの時点での野呂の所論であった。いうまでもなく、維新のブルジョア革命としての不徹底性の強調が著しく増している。

土地改革―原始的蓄積は、その積極面としては、農業をも含めた資本主義発展のために農民のプロレタリア化を進めたとはいえ、他方消極面としては、農業資本の欠乏によって農業における資本主義の発達を困難にした。〈この本質的矛盾―それは、とくに農業生産関係において「封建的遺制がきわめて強い」（コミンテルン）ことにもとづく。〉〈工業における資本主義の急速にして高度の発達と農業におけるそれの局限的にして低度の発達―この不均衡の加速度的激化―ここに、日本資本主義の根本的にして致命的矛盾がある。〉資本主義と半封建的土地制度とによる二重の農民搾取は、農民の窮乏を避けがたくし、それがもたらす国内市場の狭隘は、日本資本主義の対外侵略の早発性の原因にほかならなかった。〈日本資本主義の金融資本主義的成熟とともに、これらの矛盾の激化はますます致命的となり、それだけまた植民地再分割のための促進は強くなる。金解禁の実施とともに加速度的に先鋭化せんとしつつある日本帝国主義の国際的対立は、ここに、その深奥なる矛盾と原因を包蔵している。それは、不可避的に帝国主義戦争に導く。〉〔註26〕こうして、野呂の基本的シェーマの第二点にかんして、農業における封建制の比重は蓄増し、農業の半封建的生産様式の存続にもとづく農工の不均等発展に日本資本主義の「本質的矛盾」の所在が求められる。

またつづけて野呂は、〈資本主義の支配的生産様式としての工業と、被支配的生産様式としての農業との発達の不均衡における如上の特質は、さらに、工業生産内部にも種々なる不均衡を生ずる〉〔註27〕とものべる。したがって、被支配的生産様式＝半封建的生産様式に内在する矛盾（土地制度の矛盾）は、農工不均等発展の特質を規定するのみならず、さらに媒介的に工業生産内部に諸不均等発展を激しくする規定要因でもあることとなる。そして、かかる半封建的矛盾によって規定された農工不均等発展こそ日本資本主義の全構造における決定的な「本質的矛盾」と考えられている。以上が野呂の論理と解される。

ついで、一九二九年以来の対猪俣論争の過程で天皇制国家の「専制政治形態」をほぼ明白に「絶対君主制国家」とみなし、その物質的基礎をも半封建地主説ならびに国家最高地主説によって理論化しつつあった野呂は、この「現段階の諸矛盾」のなかでは、〈最高の土地領有者として直接農民の上に君臨しているところの半封建的な絶対君主制機構の国家〉の金融資本にとっての存続理由、また〈絶対専制的勢力と帝国主義ブルジョアジーとの国家権力を媒介とする特殊なる融合の生まれる物質的基礎〉を、彼の「本質的矛盾」より説明しようとする。すなわち、〈農業における資本主義の発達が不充分であり、依然としてそれが封建的な伝統的生産関係に従属しているということは、大資本の支配が直接これらのものの上に及びえないことを意味する。〉金融資本にとって必要なこの支配を媒介し可能にしているもの、それは一方においては絶対君主制国家であり、他方においては地主、高利貸、商人、および中小産業資本家等々である、とのべる。〔註28〕特殊日本的な農工不均等発展―それは内容的には日本資本主義発生における農業の特殊停滞性＝封建的生産関係の存続にもとづくものであり、この特殊性が金融資本にとって封建的勢力との融合、絶対主義国家との抱合を必要ならしめているとみなすのである。

右のように展開された野呂の「本質的矛盾」論は、すでに明らかなように、「発達史」末尾の〈生産過程における主要なる三個の矛盾〉の論理形式を直接うけながら、内容において一定の変化をとげたものである。この継承と変化はさきで詳細に検討するが、野呂自身も「現段階の諸矛盾」の冒頭の編註で継承と変化のあった事実については認めている。〈読者諸氏は、すでに私が、本書第一編の「結語」の最後の部分において、本編第二節に「日本資本主義発達の特質にもとづくその本質的矛盾」として展開しているところのものが簡単に要約せられているのを見られるであろう。〉〈しかしながら、戦後資本主義が……第二期にあった当時と……現第三期とでは、日本資本主義の包蔵せる本質的矛盾発現の形態、性質にも重大なる差異を見いだされねばならぬ。したがって、私の「日本資本主義現段階の諸矛盾」の分析、展開は、私の過去数年間の研究によって、一応、再批判され、基礎づけられた見通しによってなされうる。〉〔註29〕かなり意識的に行なわれたらしいこの変化が、主として理論外的な実践上の要請からのものであったとは多くのひとが指摘するところである。

五、野呂の「基本的矛盾」―猪俣との対決

一九三一年『改造』三月号（一月一四日脱稿）掲載の野呂「日本資本主義現段階の矛盾と恐慌―猪俣津南雄氏の所論を評す」（以降「矛盾と恐慌」と略す）は、猪俣の用語にそのまま応じて「基本的矛盾」の概念をもちいた。この概念は「発達史」の「内在的矛盾」から「現段階の諸矛盾」の「本質的矛盾」への変化をさらに完成したものといえる。対猪俣批判の詳細はさけて、第三節の「日本資本主義現段階の基本的矛盾と恐慌」における野呂と

猪俣の対決をみよう。
猪俣は、一九三〇年『改造』六―七月号に連載された「没落への転向期に立つ日本資本主義」において、その「基本的矛盾」論をつぎのように展開した。
〈戦後金輸出禁止中における日本資本主義の発展の根底にあってその諸特質を決定したものは、戦時市場の急激・著大なる収縮とともに現実化したところの特殊の深大矛盾であり、その不可避的な展開であった……。いうまでもなく、この深大矛盾は、世界戦争を契機として没落期に入り込める世界資本主義の、その一環としての日本資本主義に生じたものである。〉〈ひとしく深大でも、なかんずく基本的な矛盾は、戦時においておそろしく発展した生産力と、戦後急激に収縮したる市場との間の矛盾である。〉〈基本的な深大矛盾の増大とともに、派生的な矛盾もまた先鋭化した。〉〈一方には基本的矛盾の激化による生産資本の利得能力の激減、他方には、その利得の予想の上に成立する擬制資本と信用の大膨張。この深大矛盾の爆発こそが、あの金融恐慌であったのである。〉金融恐慌とそのブルジョア的諸対策、さらに強大資本による企業の集中化や合理化。それらは〈新しき矛盾をつくりだしたのみでなく、その作用を通じてさらに古き矛盾をも拡大再生産した。〉広汎な中小資本家の倒産、小生産者層の大量的没落、労働者の賃金切り下げと失業者の激増、生産手段の独占価格と高利地代の圧迫の一段の強化による農民の極度の窮乏化等々。〈かくして、大衆の消費力・購買力はいまや格段におとろえてきた。しかるに、大衆の消費力・購買力のおとろえの大なるにもかかわらず、生産設備・生産力はむしろかえって増大した。……またもや、過剰資本の上に過剰資本が累加された。恐慌直後にもかかわらず、生産過剰の継続と漸増！〉〔註30〕
「基本的な矛盾」＝「生産力対市場の矛盾」の増大は「派生的な諸矛盾」を先鋭化させ、恐慌へと爆発させる。その爆発を抑止克服しようとする「ブルジョア的手段」は「新しき矛盾」＝「大衆の消費力・購買力のおとろえ」を促進し、その作用を通じてさらにもとの「古き矛盾」＝「基本的な矛盾」を拡大再生産する。「新しき矛盾」は広汎な大衆の窮乏化を意味するがゆえに、この矛盾の展開過程はまた階級的矛盾の拡大再生産をも意味する。以上が猪俣の論理であろう。

これにたいして野呂は、「生産力対市場の矛盾」は、資本主義の「基本的矛盾」であり、資本主義の発展につれてたえず拡大再生産されるにはちがいないが、しかしそれは、戦後金輸出禁止中における日本資本主義の発展の根底にあってその諸特質を決定した特殊の深大矛盾でもなければ、また、それを抑止し克服せんとするブルジョア的手段・方法の本質のゆえにかえってますます拡大再生産されてきたという性質のものでもない。〈資本主義の矛盾の拡大再生産はブルジョア的政策から説明さるべきではなくして、反対に、いかなる諸矛盾の先鋭化が一定の時における一定のブルジョア的政策を不可避にし、必然にしているかという観点から見られねばならぬ。〉〔註31〕と前おきしたうえで、さらに、〈戦後における日本資本主義の発展の根底にあってその諸特質を決定するに至った「特殊の深大矛盾」のうち、「なかんずく基本的な矛盾」は猪俣氏の理解するように、単に「戦時においておそろしく発展した生産力と、戦後急激に収縮したる市場との間の矛盾」にあるのではなくして、「戦時においておそろしく発展した生産力」が、漸く、わが国現存の資本主義的ならびに半封建的生産（財産）諸関係と矛盾するに至ったという点、すなわち、資本と土地所有との独占が資本主義的生産様式発展の桎梏と化してきたという点にあるのである〉〔註32〕と、かねての「本質的矛盾」概念を、ここでは「基本的矛盾」として展開する。

封建的絶対主義の残存を、主としてイデオロギーとしての残存にすぎないとみなし、いわゆる封建的絶対主義勢力はもはやそれ自身の階級的物質的基礎を失っていて、単に「遺制」とイデオロギーとを通じて作用しうるにすぎないとする立場をとる〔註33〕猪俣は、農業をも含めた日本資本主義における独占資本の支配の貫徹をみとめ、日本資本主義の全構造を規制する「基本的矛盾」を、一義的に、支配的生産様式に特徴的な「生産力と市場の矛盾」に見いだし、この「基本的矛盾」の激化とブルジョア的諸政策との関連を追究した。

これにたいして野呂は、農業における封建的生産関係の存続を絶対主義権力の物質的基礎として積極的に肯定する立場をとるに至っていたため、支配的生産様式と被支配的生産様式との内在矛盾の相互浸透の結果としての、ことに後者の規定性優位における相互浸透の結果としての、「基本的矛盾」を指定し、そのような「基本的矛盾」が日本資本主義の全構造を本質的に規制している点に、日本資本主義の「特質」を見たのであった。

この野呂の観点よりすれば、猪俣の方法は、資本主義的生産様式に内在する「一般的矛盾」をもって特殊段階的な日本資本主義発展の諸特質を規定するものとうつり、ブルジョア的諸手段の具体的契機、具体的内容も一般性のなかに没し去る性質のものであった。ブルジョア的諸政策は、その一定の時期、一定の内容において、ほかならぬ日本資本主義の内在的矛盾の具体的発現に規制された現象にすぎないと見なされたのである。

野呂における、この一般性と特殊性の結合の観点は論理形式としては方法的に別段間違いとはいえない。しかし、野呂のこの場合における一般性と特殊性の結合の方法は、その内的論理の点では、第一に、一般性の規定性優位における特殊性との相互浸透の把握ではなく、むしろ逆に特殊性の規定性優位における相互浸透の統一的把握であった。第二に、特殊性の内容は、単なる副次的(後進的)生産様式の内的矛盾ではなく、根づよい封建的生産様式のそれであった。つまり、野呂の「基本的矛盾」(＝「本質的矛盾」)の方法は、支配的生産様式として彼自身もみとめる、独占段階にまで到達した資本主義的生産様式の、内的矛盾にたいする被支配的な農業の半封建的生産様式の内的矛盾の規定性優位における、一般性と特殊性の内的統一の方法であった。

この致命的な方法上の非合理性は、その第一の点では、すでに「発達史」における「三個の矛盾」の展開方法に胚胎していたとみることができ、その第二の点は「現段階の諸矛盾」における「本質的矛盾」規定にはじめてあらわれたとみることができる。

日本資本主義の原蓄過程における土地改革の特殊性をもって農業における資本主義発達の困難性を基礎づけ、その農業の停滞性のがわから農工不均等発展の特殊日本的性格を論じ、そのような特殊的な農工不均等発展を日本資本主義に内在する「本質的諸矛盾」の最も基本的要素と見なすことから、これを「基本的矛盾」と概念する。独占的生産と非独占的生産との不均等発展、そしてさらに独占的生産部門の内部における資本の技術構成と価値構成との不均衡を内容とする特殊的な有機的構成の高度化＝利潤率の急速な低下（一方における独占化の急速な進展と他方における労働搾取の破廉恥的強化を結果する）という諸矛盾は、この「基本的矛盾」に従属する派生的矛盾として論理構成される。

かような、土地改革を起源とする一筋の糸をもって「基本的矛盾」と諸矛盾の全構造を特質規定するいわば発生論的方法は再検討されなければならぬ。発生の特殊性はたしかに諸生産様式の内部に（とくに後進的なそれに依拠して）強く作用するが、いったん新しい支配的生産様式が確立すると、内在的諸矛盾の配置は転換し、支配的生産様式の内的矛盾の規定性優位において副次的諸生産様式の内在的矛盾との相互浸透は行なわれ、前近代的な残存生産様式も急速に拡大する支配的生産様式との発展の不均衡のもとで、たえず部分的に自己を揚棄しつつ、ついには主要生産様式の内部矛盾の支配的運動の環に自己を完全に従属的につなぎとめることとなるのである。

このような内的諸矛盾の相互連関、量より質への転化の過程を通して、一般性は歴史的に自己を実現する。原蓄期にもとづく特殊性も、かつてはそれなりにその時期の一般性に導かれた所産であった。この各歴史段階に応じた一般性の貫徹の優位性をみとめなければ、対立斗争を通じて旧い事物がほろび、新しい事物が起こってくる歴史の論理は確かめられず、旧い事物は不均衡の拡大のもとで量的変化のみを永遠にくりかえすものと理解されるにとどまるであろう。

実際に、野呂の論述においては、資本主義的生産様式と半封建的生産様式との関係について、前者を支配的なもの、後者を被支配的なものとみなしておきながら、「基本的矛盾」概念ではその被支配的なものが支配されることを肯んぜず、かえって支配的なものへ支配をおよぼしていく暗黙の論理が働いている。これは彼の弁証法が、〈一の支配的勢力の発展を、対立物の統一として、不均衡の拡大〔註34〕〉再生産の過程としてのみ認識し、一つの勢力の成長による支配的影響力の他の勢力への浸透の側面を見ようとしないことによる。いいかえれば、それは、諸矛盾の相互浸透における主要矛盾との関連、あるいは対立物における主要側面と副次側面との関連が、いまだ論理確立していなかったことによるともいえるであろう。

さて、農工不均等発展の内部における半封建的生産関係の規定性優位をみとめることから、半封建的生産関係の規定性それ自身を「基本的矛盾」とみるに至るまでは、ほんのひとまたぎであった。『日本資本主義発達史講座』内容見本収載の「日本資本主義の基本的矛盾」（一九三二年六月）は、つぎのように述べるに至る。〈寄生地主的土地所有制の桎梏下に残存せる半封建的農業生産関係は日本資本主義の最も基本的な矛盾の一つである。しかもこの基本的矛盾は、日本資本主義が、かの帝国主義戦争の期間中にはじまる資本主義の一般的危機の基礎の上に、異常なる発展をとげたということのために、かえって全く致命的なものとなってしまった。それはもはや資本主義制度の下では克服しがたき矛盾、資本主義制度そのものの止揚によってのみ解決せらるべき矛盾となった。

日本資本主義自体の独占資本主義的成熟は、半封建的農業生産関係の残存によって必要にせられた日本資

本主義発展の異常なる不均等性をして、帝国主義的不均等発展の一般的影響の下に、致命的に深刻なものたらしめた。〉〔註35〕

全般的危機の下での日本資本主義の発展が、半封建的農業生産関係を資本主義体制内では克服できない致命的な矛盾＝基本的な矛盾たらしめ、この致命的な矛盾によってまた日本資本主義内部の不均等発展もまた致命的に深刻となる。これが、当時、コミンテルンの「三二年テーゼ」以前にすでにそれに近い立場に立つに至っていた野呂の、「基本的矛盾」論の完成である。そこではもはや、農工不均等発展およびそれに規制される諸矛盾が資本主義の体制内では揚棄できないガン種となった、とする「発達史」の域から、一歩すすんで、半封建的生産関係が資本主義の体制内では揚棄できない矛盾となったとする立場への完全な移行をみることができる。この移行に、ブルジョア民主主義革命の課題を、プロレタリア革命に随伴して解決しうるとする見地から、プロレタリア革命へ進むための必須の前段階を形成するものと見る立場への、戦略論的移行が対応している。

この「矛盾」論の基本的配置から、㈠日本独占資本の急激な発展が、半封建的生産関係内部の矛盾を致命的に激化せしめ、ブルジョア民主主義革命の客観的主体的条件が準備せられる、㈡「基本的矛盾」は、日本資本主義の全構造を特質規制し、さらに国家権力を媒介とする帝国主義的ブルジョアジーと封建絶対主義勢力との融合の基礎であるから、ブルジョア民主主義課題は、単に農村のみならず全人民的な主要戦略課題である、㈢しかし、資本主義制度の矛盾と封建的遺制の矛盾とは「対立物の統一」として、後者の規定性優位において不可分であるがゆえに、〈資本主義制度そのものの止揚〉は、当面、ブルジョア民主主義革命の任務に従属しつつも、なおそれと不可分である（プロレタリア革命の志向）、㈣日本資本主義の発展は、内的不均衡を拡大再生産しこそすれ、半封建的矛盾を克服しえないがゆえに、急激な崩壊もしくは戦争にむかって二重に加速せられる、等々—野呂の、「二段階革命論」、「プロレタリア革命の志向」、「急激な崩壊」説などの謎を解くいとぐちがほのみえてくるようである。

六、むすび—福冨正実・小野義彦両論文にふれて

一般性と特殊性との統一的認識の方法における、特殊性への傾斜が野呂に生じ、かつそれが強まったことは、内容的には、農業論、国家論において封建遺制の強固な存続の確信が増したことと対応するところが多い。一般性と特殊性との相互連関の矛盾論的把握は、したがって、封建的要素の規定性を全矛盾構造の基本におくこととなる。

彼の変化の経過を要約して追ってみれば、(一)「発達史」(一九二七年)において、農工の不均等発展、工業部門内における独占と非独占との発展の不均衡、主要独占部門における有機的構成の内的不均衡、の三個の矛盾をあげたが、その矛盾規定の方法はすでに、支配的生産様式と副次的生産様式との相互規定の主要方向を後者から前者への流れでとらえていた。実は第三の矛盾が一般性の自己貫徹として第一、第二の矛盾を支配しつつまた同時に反作用をうけるとみるのが正しかったのである。(二)「現段階の諸矛盾」(一九三〇年)では、「発達史」の矛盾原型の第一矛盾を「本質的矛盾」としてとりあげ、内容的には封建制の強調が確立する。原型の第三矛盾はほぼ完全に無視されている。(三)「矛盾と恐慌」(一九三一年)では、猪俣が支配的生産様式の単独の規定性で、一般性のみに依拠し特殊性を無視して資本主義の全構造を説明しようとするのに反発し、彼のかねての「本質的矛盾」を「基本的矛盾」として提出する。この二概念はここでは全く同義であった。(四)「日本資本主義の基本的矛盾」(一九三二年)には、さらに変化が生じる。ここで彼ははっきりと、〈寄生地主的

土地所有制の桎梏の下に残存せる半封建的農業生産関係は、日本資本主義の最も基本的な矛盾の一つである〉とのべる。矛盾原型の第一矛盾を「基本的矛盾」にまで高め、その内部で半封建的要素の規定性を優位においたことから、半封建的農業生産関係を最も基本的な矛盾とみることは必然の論理であったといわねばならない。

以上に概観した野呂の「内在的矛盾」論の内的配置の転換は、当然のことながら、彼の矛盾論よりすれば、「階級対立」における戦略配置に変化を生じざるをえなかった。「一義的な」プロレタリア革命論〈封建遺制の一掃の課題を従属せしめる〉から、ブルジョア民主主義革命の前段階を通ってプロレタリア革命への強行転化という革命論への移行は、彼の「矛盾」の論理におけるこのような転向に基礎づけを見ることができる。

前掲の福冨氏は、〈一九二九‐三〇年の猪俣との論争の当時には、「野呂の矛盾論」においては、すでに「主要矛盾」にあたるものと「副次矛盾」にあたるものが、半封建的諸制度にもとづく矛盾は「日本資本主義の根本的にして致命的なる矛盾」＝「本質的矛盾」であるという規定によって完全にいれかわり、封建遺制の残存の強調がより前面におしだされてくる。〉〈問題は、資本主義制度そのものにもとづく矛盾と半封建的諸関係にもとづく矛盾の「二つの矛盾」のうち、どちらが主要な矛盾であるかによって戦略目標がはっきりとかわってくるという点にある〉〈註36〉と、鋭い指摘をされているが、筆者の所論からは、これに若干の評釈を加えねばなるまい。たしかに、封建遺制の残存の強調が前面におしだされることで、それにもとづく矛盾が「主要矛盾」へ完全に入れかわるのであるが、農工不均等発展を矛盾原型の第一におき、それを主要生産様式の内部矛盾の発展に従属して拡大再生産される従属的矛盾とみないで、逆に副次的生産様式の内的矛盾にもとづくものとみなしていた点を考慮すれば「発達史」の矛盾原型の方法にすでに福冨氏の指摘される転換の萌芽がひそんでいたと考えられる。

いま一つ福冨論文の問題点は、野呂において「主要矛盾」にあたるものが変更されたにもかかわらず、なお「三二年テーゼ」までは「プロレタリア革命の一義的な志向」は続いているとしている点である。私見では、一九二九‐三〇年の対猪俣論争の時点には、やはり戦略論も転換しているとみる。「三一年テーゼ草案」の影響下に書かれた「社会ファシスト〈労働者派〉批判」（一九三一年九月）〔註37〕においても、岡本論文も指摘しているように〔註38〕、一面で農村の階級分化進行のなかにプロレタリア革命の客観的条件の成熟しつつあることを一段階革命論者以上に積極的に評価しているが、また一面では、ブルジョア民主主義革命未完了の立場を堅持し、二段階革命論を擁護しているのである。

すなわち、「二七年テーゼ」の影響で、プロレタリア革命の「一儀的な」志向は失われたが、なお「プロレタリア革命の志向」を現実の矛盾分析のなかに見失っていないと解すべきで、これは彼が著しく特殊性に傾きながらもなお一般性と特殊性との結合の立場を棄てなかったためと解される。「三一年テーゼ草案」あるいは「三二年テーゼ」の発表によって揺れと苦悩はあったが、それは一定の巾以上に出るものではなかった。彼が、「プロレタリア革命の志向」を一貫して堅持した点はのちの講座派革命論と区別されるところであろう。

福冨論文にも引用された小野義彦氏の論考「日本資本主義の基本矛盾をめぐる野呂・猪俣の論争」〔註39〕は、野呂の対猪俣批判には二つの論点、(一)日本資本主義の「特質」論、(二)日本資本主義の「基本的矛盾」論、が含まれていると指摘される。そして、第一の論点にかんするかぎり野呂の批判的指摘は争いがたいものであったとされる。だがこの点については、すでに述べたように、すくなくとも「没落への転向期に立つ日本資本主義」においては、猪俣は日本資本主義の特質を一般性と特殊性との結合によって把握しようとしなかった点で、また野呂は一般性と特殊性との結合を著しく特殊性への過大な傾入によって行なった点で、いずれも十分でなかったと考える。しかし、それでいて、それぞれの戦略論の論拠となっていた点は重要である。その意味では、いわゆる野呂の第一論点と第二論点とは不可分といえる。

つぎに、第二論点についてては、小野氏は、〈みずからはこの「諸特質」―基本矛盾発展の諸条件、日本の場合には基本矛盾の発展をとくに激化させた諸条件・半封建的生産関係の残存―をもって日本資本主義の「基本矛盾」とみなす見解に「飛躍」し、そのことによって無意識に、資本主義に一般的なものの否定に移り、猪俣論の全面的否定の立場につきすすんだのではなかろうか。そのことは野呂が、日本資本主義の基本的矛盾を……「戦時においておそろしく発展した生産力がようやくわが国現在の資本主義的ならびに半封建的生産諸関係と矛盾するに至ったという点、すなわち資本と土地所有との独占が資本主義的生産様式発展の桎梏と化してきたという点にある」という見解を対置していたことと重要な関係がある、とみなければならない。〉〔註40〕と、野呂を批判される。だが、小野氏の論旨には一面の不正確さがひそんでいるようである。野呂は、小野氏による引用の時点で、いきなり半封建的生産諸関係の残存をもって日本資本主義の「基本的矛盾」と論じているわけではない。しかし、半封建的生産関係の残存によって規制された農工の不均等発展をもって「基本的矛盾」とみなしている。

野呂の矛盾論によれば、半封建的生産様式は支配的生産様式の発展にともなってやがて解消するどころか逆にたえず再生産され、また農工の不均等発展は資本主義の体内では解決不能であった。換言すれば、わが国の独占に基礎をおく資本主義的生産関係と土地の寄生地主的所有に基礎をおく半封建的生産関係とは、生産力の発展にともなって「基本的矛盾」＝農工の不均等発展をますます激化させる基礎であるから、それらはまた資本主義的生産様式発展の桎梏にほかならないわけである。わが国における資本と土地の現実の所有形態が、生産力の発展との間にひきおこす矛盾について野呂は述べているのであり、（前述の「内在的矛盾」＝「生産力と生産関係の矛盾」とする野呂の方法を参照）論理的には不可解なものでない。ただ、農工の不均等発展を「基本的矛盾」とみなすのははたして正しいか、また半封建的生産関係の存否もしくは規制能力をどのように解すべきか、などが歴史実証と方法論の両面から野呂についてなお追求されなければならない点であろう。

（一九六四・一二・七）


〔註1〕久野 収、鶴見俊輔『現代日本の思想―その五つの渦』岩波新書、一九五六年、四八頁。

〔註2〕神田文人「野呂栄太郎論―その思想史的検討」『史学雑誌』第六九編第十一号、一九六〇年、九頁。

〔註3〕岡本 宏「野呂栄太郎の戦略・戦術論」九州近代史研究会編『歴史と現代』第四号、一九六四年、四八頁。

〔註4〕野呂栄太郎『日本資本主義発達史』岩波書店、一九五二年第十三版、一九頁、二三頁。

〔註5〕同書、二三・二五頁。

〔註6〕同書、二五頁。

〔註7〕『野呂栄太郎全集』、第一巻〈解説〉、岩波書店、一九四七年、三四六―七頁。

〔註8〕野呂「日本資本主義発達の歴史的諸条件」岩波書店「発達史」二〇六頁.

〔註9〕同書、二〇七・八頁。

〔註10〕同書、二一〇・一七頁。

〔註11〕同書、二一七頁。

〔註12〕同書、二一〇・一一頁。

〔註13〕同書、二一一・一二頁。

〔註14〕同書、二一三・一四頁。

〔註15〕神田文人、前掲書、四頁。

〔註16〕野呂「歴史的諸条件」前掲書、二一四頁。

〔註17〕この箇所は、野呂の平素の論述からみて、当然〈歴史的諸条件のゆえに〉と補われるべきであろう。

〔註18〕野呂「発達史」前掲書、一一四 - 一一六頁。

〔註19〕前掲の岡本論文、神田論文および福留正実「日本資本主義の分析方法と野呂栄太郎の農業理論」『東亜経済研究』第三七巻第二号、山口大学東亜経済学会、一九六三年七月を参照。神田氏の「基本的シェーマ」について、「二七年テーゼ」以前の野呂には妥当するがそれ以後には適さないとする福冨説には同意見である。

〔註20〕野呂「発達史」前掲書、一一四頁。

〔註21〕野呂「発達史」編註、四二二頁。

〔註22〕野呂「日本資本主義現段階の諸矛盾」『野呂栄太郎著作第二集』、三一書房、一九四九年、六八頁。

〔註23〕同書、六八 - 七三頁。

〔註24〕丹野清秋「野呂栄太郎の「地代論」について―その検討と問題点」『歴史と現代』第四号、一九六四年。

〔註25〕野呂「現段階の諸矛盾」前掲書、七五 - 七六頁。

〔註26〕同書、七七 - 七八頁。

〔註27〕同書、七八 - 七九頁。

〔註28〕同書、七九 - 八〇頁。

〔註29〕同書、六五 - 六六頁。

〔註30〕猪俣津南雄「没落への転向期に立つ日本資本主義」『改造』、改造社、一九三〇年六月号、七月号参照。

〔註31〕野呂「日本資本主義現段階の矛盾と恐慌」『野呂栄太郎著作第二集』、一六六頁。

〔註32〕同書、一六七 - 六八頁。

〔註33〕猪俣「ブルジョアジーの政治的地位」『現代日本研究』、改造社、一九二九年、一五七頁。

〔註34〕野呂「発達史」編註、三七二頁。

〔註35〕野呂「日本資本主義の基本的矛盾」、『野呂栄太郎著作第二集』、二一七頁。

〔註36〕福冨正実、前掲論文、三五―三六頁。

〔註37〕野呂「社会ファシスト「労働者派」批判」、『野呂栄太郎著作第三集』、「農業・戦略戦術問題」所収。

〔註38〕岡本 宏、前掲論文、五三 - 五五頁。

〔註39〕小野義彦『戦後日本資本主義論』、青木書店、一九六三年、第一篇第一章。

〔註40〕同書、二二一 - 二三頁。

付論(2)
野呂・猪俣論――国家論をめぐって(一九六七年)

序

近年、野呂栄太郎と山川 均の全集があいついで刊行された。しかし猪俣津南雄の全集はまだ見ないし、企画されているとの話も聞かない。これは、野呂が講座派の中心的理論家であり、日本共産党の指導者でもあったこと、そして山川が労農派の創始者の一人であり、戦後、日本社会党の育成に多大の貢献をなした人物であること、を考えあわせるとき、猪俣の党派的立場ないしは思想的立場の孤独性と無関係ではなかろう。だが、猪俣の理論的業績は、前二者と同じく、灌木の林中にうもれ去る性質のものではない。それはやはり、わが国のマルクス主義史のなかに銘してとどめるべき巨木の一つにちがいない。

最近の野呂研究に顕著な特徴は、野呂と同時代を生きた人びとの感懐をこめた扱いや、野呂の党派的実践性との関連でその遺業を見る立場とは別に、野呂の理論的業績それ自体を現段階の理論水準から批判的分析の対象にすえようとする思想史的研究の立場が拡大していることであろう。上山春平は、「神が死んだ」ことにこの変化のきっかけをみているが、(《野呂栄太郎》『思想の科学』三八号)表現の主体的方法はともあれ、事実認識としては、これは確かに、スターリン批判や「六全協」の後に生まれた著しい現象にちがいない。もとより、野呂の同時代人でコムニストである人びとが、野呂理論をいささかも科学的批判の対象としなかったとみるのは、事実に反するし不当にすぎるであろう。しかしながら、野呂の政治的な「立派さ」とそれを囲む政治的権威が、野呂理論の本格的な再検証を妨げてきたことも事実であろう。もっとも、その「妨げ」が、個々のマルクス主義者にとって「外なる権威」であるとともに「内なる権威」でもあったことが銘記されねばならないであろう。

野呂と猪俣の足跡の交錯は、それじたい歴史的な意義をもっている。わが国にマルクス主義が輸入され、それが思想として、また運動として定着していくプロセスにおいて、この両名に先立って役割を担った人びとはすくなくないが、単なる紹介や啓蒙の域を超えて、弁証法的唯物論とマルクス主義理論を、わが国の歴史分析ないし現状分析に具体的に適用し、戦略・戦術論をも定着せしめた栄誉はだれよりもこの両名におさるべきである。

猪俣は、一八八九（明治二二）年四月に生まれ、一九一五年早稲田大学研究科卒後、ウィスコンシン大学へ留学、在米中に片山潜らとともに非合法のうちにアメリカ共産党の結成に参加した。一九二一年帰朝して早大の教壇に立ったが、すぐにわが国の政治活動に関係するようになる。一九二二年七月に結成された第一次共産党に参加し、学生部を担当、最初から有力な活動メンバーであったといわれる。一九二三年五月、早稲田大学の軍事研究団事件で、大山郁夫、北沢新次郎、佐野学らと、いわゆる「四教授」に名をつらねた。同年六月、第一次共産党事件に連座して検挙され、一九二六年九月、実刑が確定して豊多摩刑務所に入所、四ヵ月の禁錮を受けた。

このように猪俣は、第一次大戦と十月革命の余波のなかで、社会生活の第一歩を実践的マルキストとしてかざった。しかし、第一次共産党事件から下獄にいたる三年余は、もっぱら書斎活動で占められ、一九三七年までの彼の精力的な理論活動の第一期にあたっている。この時期にJ・H・ロビンソン《新思想の普遍化》、S・ヴェブレン《特権階級論》、マルクス《経済学批判》の翻訳と、ヒルファーディングの《金融資本論》の要所を解説した著述を刊行した。玉城素は、この四冊のとりあわせに、当時の急進的インテリゲンチャの〈欧米の急進的理論を貪欲に吸収しつつマルクスの理論を原理的に把握しようとする態度〉〈すなわち、現実の進展に敏感であればあるほど、より進んだ欧米の理論に武器を見出そうとし、それを革命的な理論としてきたえようとする〉（《猪俣津南雄論》『思想の科学』五〇号）マルクス主義受容の態度をみることができるという。

それは一九二九年に『労農』を脱退した後にもみられるように、「行動」の場を失ったときに彼のとる選択的な活動の方法だったようである。

猪俣は、一九二六年末の再建共産党に参加しなかった。その理由は、玉城によれば、猪俣は留学中にアメリカ共産党の結成に協力し、非合法活動に習熟していたので、〈その彼の眼から見れば、同僚佐野学に典型的にみられた警戒心の欠如や徳田球一に典型的にみられた粗野な冒険主義は、とうてい信のおけぬものであったにちがいない〉(同前)としている。しかし、そのような人間的不信だけでなく、一九二四年末から一九二六年にかけて抬頭し、日本の共産主義運動を指導するようになったのが福本イズムであったことよりして、おそらく猪俣は福本イズムに対する反発のため、これに参加することを拒否したのではなかったか。一九二七年以後の彼の批判的な理論活動が、福本イズムおよびその流れを汲む(と彼が考えた)共産党派に主として向けられていることにより推測されることである。労農派に理論的基礎を与えたとされる『太陽』一九二七年十月号の《現代日本ブルジョアジーの政治的地位》(以下《政治的地位》と略す)は、まだ本格的な福本派・共産党派批判ではなかったが、天皇制国家を絶対主義と想定してブルジョア民主主義革命を当面の課題とする「二段階革命」説、および、日本帝国主義の「急速没落」説をとなえる福本派に自説を対置したものにほかならなかった。コミンテルンの「二七年テーゼ」が日本で発表されたのち、猪俣はテーゼの福本批判に力を得て、自説の「正しさ」をその中に読みとり、福本イズムおよび再建共産党指導部への公然とした批判へ踏み切ったのであった。

野呂(一九〇〇年生)の経歴や理論展開については紹介が多い。年代史的な説明は無用であろう。共産党派と労農派とに分れて対立するに至る以前の猪俣との接触は、〈かつて一九二五年中には、氏の懇篤なる指導のもとに、氏のもっとも忠実なる助手として、産業労働調査所の日本資本主義現段階の調査において氏と協力した〉と野呂自身が述べているところである。一九二六年の一月に警視庁の家宅捜索により、野呂は日本資本主義にかんする原稿を没収されているが、《日本資本主義発達史》（一九二六年十一月〜二七年三月に執筆・以下《発達史》と略す）がこの原稿を下地としていることは知られている。この没収原稿は、〈卒業論文をかね、産業労働調査所の日本資本主義の現勢調査に歴史的考察をあたえる目的で、一九二五年末に一応整理された〉ものであった。しかして当時、野呂が猪俣の助手として互いに影響を与えあう立場にあったことは、この《発達史》における明治維新と日本資本主義の把握が猪俣のそれと根本的な相違を含んでいないこと、あるいは、当時若いマルキストの間に強い影響力をふるいつつあった福本イズムから無縁であること、などとともに留意されてよい。

両者の宿命的な対立は、「二七年テーゼ」の受容の仕方に決定的に起因している。労農派と講座派の対立をいう場合、山川と野呂の対立が語られそうなものであるが、野呂が真に対決を意識しつづけたのは猪俣であった。野呂の一九二七年以降の思想的転回をあとづけるとき、猪俣との対決は、政治の場におけるのみでなく、また内面的世界における対決にもあったように思われる。

ふたりの理論的接点を、維新後の国家構造の理解にしぼってなぞってみよう。

一　猪俣の国家論

いわゆる「天皇制国家」の性格規定の問題は、戦前の講座派対労農派の論争で結着がついたものではなかったし、戦後の今日に至っても、国家論の方法論的未熟さの故もあって、納得ゆく結論が下されているわけではない。野呂＝猪俣論争に限ってみれば、やはり国家論の方法的不備は蔽いがたいが、「二七年テーゼ」の前後に行なわれたこの論争によって、日本国家の究明に発展の一時期が画されたと考えてよいだろう。

論争は、恐慌と戦争の前夜、わが国のプロレタリアートの戦略におけるブルジョア民主主義革命の課題の位置づけを確定するための前提として、独占ブルジョアジーの政治的地位といわゆる「封建的絶対主義勢力」との関係、ならびに階級構造と国家形態との関係、をめぐって行なわれたのであった。

《政治的地位》は、それが執筆された当時における国家論の最高水準を示すものであった。猪俣は〈現在の資本主義日本においていかなる階級が政治的支配の実権を有するか〉と設問し、〈日本がいかに「特殊国」であっても、すでに資本主義が支配的な生産関係となっており、しかも大資本が十分に発達している以上、生産支配の実権の所在はおのずから明白である。そしてこの少数大資本による全生産の支配こそは、彼らをして政治を左右し得しむる物質的基礎である〉と述べ、当時の日本国家がブルジョア国家であることをはっきり肯定した。ところが一部のマルキストの間には、わが無産階級の「当面の歴史的段階」における闘争を「絶対主義的勢力」に向けねばならぬとの主張が抬頭しつつある。したがって彼は、〈読者諸君とともに、日本ブルジョアジーの政治的支配を、その物質的基礎と「上部構造」について、とくに明白にしておかねばならぬ理由をもつ〉のである。これが問題提起であった。以下、彼の論証は、(1)維新後のブルジョアジーの政治的地位の発展、(2)地主階級の政治的地位の凋落の理由、(3)いわゆる「封建的絶対主義勢力」の存在形態、の順で展開され、日本無産階級の闘争目標を明らかにすることに注がれる。順を追って彼の論理をみてみよう。

(1)維新後におけるブルジョアジーの政治的地位の発展

〈封建的絶対主義を倒した明治維新の変革運動の先頭に立ったのはブルジョアジーでなく、武士階級の下層であった。後者によって組織された維新政府の歴史的使命は、資本制生産の移植および発展の極度の促進によって、急速に、後進国日本をば、競争に運命づけられた資本主義世界の一環たらしめることにあった。維新政府の土地政策は、この使命に忠実に、封建的絶対主義の基礎たる封建農業の土地制度を撤廃し、この制度に固有なる旧諸特権を実質的に破壊し、半封建的な大土地所有の成立発展を不可能ならしめた。〉（傍点筆者。以下ことわりがないのは同じ。）かくて、前時代からの残存物として資本主義発展に対立する根本的矛盾物が除去され、それとともに、「封建的絶対主義勢力」を強大な政治残存物たらしめる物質的基礎も除去された。わが国のブルジョアジーは、資本主義的使命を有する専制政府の極度の庇護の下に成長した。〈明治十年までの新政府は、反革命の鎮圧と、新形態の生産の組織と、統制と、助長とのために、絶対的権力を必要とした。〉専制政府に対する反抗としての自由民権運動に際しても、〈当時の代表的ブルジョアは、密接に専制政府と結びついており、かつ資本主義そのものがいまだ幼弱であった。〉

日清戦争はブルジョアジーの地位を一変せしめた。〈だが、政治的支配の実権を戦いとる力と必要とを、この紳士たちに与えたものは、日露戦争および爾後の発展であった。政党は著しくブルジョア化し、地主＝資本家の共同戦線を体現し始めた。〉〈ブルジョアジーの政治的支配の典型的な機関は議会である。議会政治は政党政治であり、議会政治における政府の中枢は政党内閣である。わが国の資本家階級は、明治二十年代に議会を得、その後三十余年間の闘争によって、ついに政党内閣主義の政治を確立し、それとともに政治的支配の実権を自階級の手に収めることができた。〉

猪俣の議論のこの部分については、いくつかの疑問が指摘できる。まず、維新から「現在」にいたるまでのブルジョアジーの政治的力量と地位の前進はわかるとして、ブルジョアジー自身の庇護を依頼した専制政府の階級的本質は何であったか。その専制政府の直接の担い手であった下層武士＝官僚の階級的性格は何であったか。資本主義そのものがいまだ幼弱であり資本家の力も弱かった時代における明治国家の性格は、必ずしも明瞭にされていない。ただ維新政府の歴史的使命、維新政府の土地改革、反革命の鎮圧と新しい生産様式への援助、等の説明より受ける印象としては、これをブルジョア国家とみなしていたと推察されよう。したがって、彼がここで用い、その後もしばしば用いた「絶対主義」とか「絶対的権力」とかの言葉は、国家の階級的本質を示す概念ではなく、国家の支配形態(統治形態)を意味するものであったと理解される。彼にとって重要だったのは、当面の打倒目標としての国家および支配階級が封建的なものであるかどうかであった。

また彼は、議会の獲得——政党のブルジョア化——政党内閣制の成立をもってブルジョアジーの政治的支配の実権の確立とみているが、もちろん彼の場合、国家本質が維新以来ブルジョア的であることを前提としているからであろうが、議会・政党・内閣の制圧でもって政治的実権の確立を論断するのは楽観にすぎるとの批判も出るであろう。さらに、維新以来の国家を本質面で封建的絶対主義とみなす立場よりすれば、議会主義の短命、軍部・官僚の再抬頭との関連づけが求められるであろう。そのような封建国家論から離れても、猪俣が「政党内閣主義の政治の確立」をもって単純に立憲議会主義の確立とみなしたのか、という疑問はのこるであろう。

(2) 地主階級の政治的地位の凋落

猪俣によれば、明治二三年以来の議会史の一面は、議会における地主階級の勢力が次第に資本家勢力にとって代られ、地主党が次第に資本家党に変質する過程であった。いったいなぜ、地主階級の政治的地位は、かくも容易に凋落したのか。彼は四つの理由をかかげる。

①日本には、ロシアやドイツにあったような大地主制がない。ロシアやドイツの大地主制にくらべて、農業生産、土地所有にみられる差異は、量的な差ではなく質的な差である。〈加うるに、日本の大地主は概して消極的に地代を収得するのみで、みずから大農場を経営するものは稀有である。この点では全くドイツのユンカーと同日の談ではない。かくして、わが国の大地主階級は、資本家階級と争う実力を欠いたのである。半封建的大土地所有者を基礎とせざる彼らはまた、婢僕法 Gesindeordnung や私領区 Gutsbezirk を維持し来たったドイツのユンカーや、農奴地主制を固執したロシアの地主貴族のように、一般的社会的発展——資本主義的発展——の対立物として、新興ブルジョアジーと抗争する必要もなかった。〉

②維新の変革以来、大地主階級は、かつて政治的支配の実権を握ったことがなかった。つまり、新興ブルジョアジーと抗争して死守せねばならぬほどの特権を既得していなかった。〈初期の政党には地主が優越した。だが、「藩閥」の政権は、地主階級に帰さずして「官僚軍閥」に移り、これと対立して憲法政治獲得のために闘争した政党は、次第にブルジョア化していった。〉

③わが国の主要農産物と世界市場との結びつきの特異性が、穀物輸入価格の低落を理由にブルジョアジーと抗争する事態をひきおこさなかった。のちに地主は、ブルジョアジーとのまさつを生じることなく、米穀関税と米価調節法案を得た。

④地主のブルジョア化。〈消極的に地代を収得するにすぎないわが地主の多くは資本主義の発展とともに次第に貨幣資本家に転化した。彼らは、小作人が貢入する剰余価値を、再び土地や農業に放下する代りに、銀行の定期預金と化し、公債、株券、社債に投じた。また大地主の少なからぬ者は、つとに事業会社の重役や銀行の頭取であり、一部の者は大じかけの高利貸である。かくして農業地主としての特質を失った彼らは、次第にブルジョア・イデオロギーにとけ込み、金融資本主義の旗の下に立つ。〉

周知のように、右の四つの理由のうち、とくに①と④の論点が、一年半後に野呂の批判にさらされたのであった。

第一の理由では、ドイツのユンカーやロシアの地主貴族が、没落しつつある封建的諸身分、旧封建領主層でありながら、婢僕法や私領区、あるいは農奴地主制を二十世紀まで持ち越すほど、資本主義発展に対する強力な相対的独自性の砦を構築していた点に着目した。それほどの所有制の基礎があってこそ、後進的資本主義国で時代遅れの封建的絶対主義の存命が可能であったと言いたいのであろう。野呂はこれを批判して、〈ロシア、ドイツなどの特殊なる土地所有形態の公式的類推〉であると非難したが、維新以来の日本国家の変質過程を見ようとするとき、寄生地主の性格規定が重要な論点であるだけに、土地所有形態に関する猪俣の指摘は頭から無視しきってよいものではなかろう。

しかし、ここでの猪俣の所論で、もっとも特徴的なのは、やはり地主のブルジョア化の考察である。ただ、これに関連すべき論点としては、地主がブルジョア化したとすれば、その変化の前身は何であったのか、したがってまた、それと関連して小作農民の性格はどうなのか、また野呂が範疇化したような農村の生産関係の特殊性はどう理解するのか、などが問題となりうるであろう。小作農の性格については、猪俣は、貧農とともにそれらが賃金労働をかねるところのセミ・プロレタリアであり、農業人口中、六〇～八〇％がこの層に属する、と述べている。もっとも、この「セミ・プロレタリア」化の意味は、兼業化をさすのか、それとも収入面からなのか、あるいはそれらの両面からなのか、おそらく地主・小作関係についての一定の解釈があってのことではあろうが、必ずしも明白にされていない。これらの論点については、一九三七年に刊行された猪俣の最後の著述《農村問題入門》(中央公論社)に、新しい着眼も加味して詳しい論述がみられる。農業問題に深入りするのは適任でも本意でもないのでひかえるが、徳川末期以来の高利貸的「地主」の発展上に維新後の高利貸的地主を位置づけたこと、「高利貸的地主的土地所有」制下における地主・小作の関係を、アジア的封建的な生産形態の遺物につよくまといつかれてはいるが、基本的には地主と零細農民の関係としてとらえていること、したがって地主・小作間の支配・従属関係に象徴される土地への緊縛は、「経済外的強制関係」の故ではなく、水田耕作、アジア的集約耕作、土地不足（土地独占と零細農化）等、アジア的生産形態の残物が特殊日本的に根づよいためであると、説かれている。

(3) いわゆる「封建的絶対主義勢力」の存在形態

猪俣は、いわゆる「封建的絶対主義勢力」の残存を認めている。すでに一九二七年四月に執筆された《金融恐慌直前の政変》において、〈わが国における封建的残物としての絶対主義は、問題の枢密院をはじめ、貴族院、参謀本部、「帷幄上奏」等の諸形態において最も典型的な制度的表現を見いだしている。一の社会群——しかも支配的な——としてのわが文武の国家官僚の存在は、まず、これらの制度物を外にして考えることはできない〉と述べた。すなわち、維新以降の日本国家を本質的にブルジョア国家と考え、ブルジョアジーの政治的実権の確立を認めながら、一方国家機構内に「封建的絶対主義」の残物としての制度的諸形態をみることができるというのであった。それでは、政治的実権を掌握するに至った独占ブルジョアジーおよびその政党が、なおこれら固有の、直接の物質的基礎を欠いたはずの絶対主義的諸要素に軟弱な態度をとっているのは何故か。それは第一に、資本主義が反動化を特徴とする世界史的な没落期にあるという事情であり、第二に、日本資本主義が、家長的専制的な政府の保護助長下にながらく発達し、しかも早期の発達段階において帝国主義的政策を追求しなければならないという事情があったことである。第三には、国家資本の役割が大きかったことである（この第三要因は《政治的地位》においては否定的に訂正され、とくにプロレタリアートの擡頭という要因が第一要因として掲げられた）。猪俣は右の諸要因をあげ、そうした諸事態のうちに〈制度化された封建的残物、文武の国家官僚のなお意外に大なる政治勢力の物質的基礎を認めずにはおられない〉という。これにつづけて、〈土地所有が同じ勢力の今一つの物質的基礎をなしていることはいうまでもない〉としている。すなわち、ここでは、地主階級の土地所有が国家における封建的残存物の物質的基礎の一つであることを認めているかのようである。〈が、わが国の土地所有者は、たとえば旧ロシアおよびドイツにみるような巨大地主を生ぜしめておらず、巨大農場に至ってはほとんど言うに足るものがない〉とつけ加えて、やはりこれに積極的な評価を与える風はない。《政治的地位》では、地主のブルジョア化を強調することによって、さらにこの点の評価は低減するのである。

《政治的地位》では、いまいちどこれら制度物の「物質的基礎」に言及するが、以前にまして、「形骸化した封建的遺制」であると強調することになる。

〈われわれは封建的絶対主義の強き残存を認める。がしかし、それは主として、右のごとき制度物表現として、しかもとくにイデオロギーとしての残存であることを忘れてはならぬ。そして封建的絶対主義的に動くところの政治的諸勢力は、もはやそれらの「遺制」とイデオロギーとを通じて作用しうるにすぎないこと、いいかえれば、それ自身の階級的物質的基礎を失っていることを忘れてはならぬ。かかる政治的勢力とみなしうるものには、貴族があり、軍閥、官僚があり、大地主階級がある（傍点猪俣）。〉

猪俣は、さらにこれらの政治的勢力、すなわち、〈いわゆる絶対主義的残存勢力を構成しうべき諸要素〉について、それらと支配的ブルジョアジーとの関係を検討している。

まず地主階級については、前掲のように、ブルジョア化の面を指摘する。しかし〈貴族院には、とくに大地主が代表されている。〉だが、彼らといえどもブルジョアジーに反対する根拠を失っている。〈彼らとブルジョアジーとの対立は、もはや本質的基本的なものではない。両者にあっては、対立関係よりも却って搾取者階級としての利害の一致がはるかに優越する。同時に一方、貴族、官僚、軍閥に対する大地主階級の関係は、主として保守的反動的イデオロギーの所有者としての「共鳴」にすぎない。わが国の貴族大官高級軍人の地位は、旧ロシアやドイツにおけるがごとく大地主階級の独占するところではないから。〉

貴族群については、〈また、社会的生産において特定の地位を占める特定の社会階級を代表してはおらない。彼らは必ずしも大地主階級を代表してはおらない。〉官僚軍閥もまた同様に、〈彼らの存在は大土地所有制に基礎づけられておらず、その政治的勢力は地主階級を代表しない。〉

このように、絶対主義的諸要素は、個別的に階級的基礎ないし本質を失っており、全体としても統一ある勢力を形成しえない。〈かかるものが、支配的ブルジョアジーと本質的に対立する独立の政治的勢力でありえようか?〉〈彼らの存在そのものが、帝国主義的資本主義に依存する。帝国主義ブルジョアジーこそが、彼らを存在せしめるのではないか。〉

猪俣の戦略論の基礎となった日本国家の理解は、以上のようなものであった。中途でも触れたように、猪俣の明治維新の理解は、単にブルジョア的変革であったという域を超えて、ブルジョア国家の成立を意味しているとみなければなるまい。内政面では、封建的農業の土地制度を基本的に撤廃し、反革命の鎮圧と新しい資本主義的生産の発展を庇護し、助長した。外政面では、幼弱な資本主義を擁して、後進国日本を急速に競争的な資本主義世界に列せしめることを課題とした。これが明治十年前後における専制国家の理解であった。その後、一九二七年当時に至るまでの階級関係の変化とそれに対応する国家の支配形態の変化についての猪俣の理解は、不十分ながら概観したとおりである。猪俣の理論にしたがって要約すれば、維新変革の結果、ブルジョア国家が成立したが、その国家の支配形態としては、当初、「封建的絶対主義的勢力」（とくに軍閥・官僚）が政治権力の直接の執行者として独自的な役割をはたした。その後、資本主義の急速な成長にともなって、立憲議会主義の成立とともに政治的実権は直接ブルジョアジーの手に移り、「絶対主義勢力」は地主階級とともにブルジョア化するに至った。この論理を思い切ってそのまま延長すれば、「封建的絶対主義勢力」とか「近代化した絶対主義勢力」とかの用語をさかんに用いてはいても、それは前近代的なイデオロギーをもった権力要素をさしているにすぎず、つまるところ、それは「ボナパルティズム」に似た初期資本主義の国家形態が最初に成立し、それが徐々に立憲君主制へ移行していった、という解釈に帰するように思われる。

猪俣の理論は、「二七年テーゼ」を読んだのちも変更されなかった。大綱においてテーゼを支持し、コミンテルンを信頼しながらも、〈だが、もしこの農民の極度の「窮乏化」をば、主として、「封建的遺制が極めて強い」ことの反映である——たとえば帝政ロシアにおけるごとく——とするのならば、コミンタンは、いまだ日本における客観的条件をその具体的特殊性において把握していないものである〉として、自説を変える必要を認めなかった（猪俣《日本無産階級運動の批判》）。日本に特殊的な「異例的な過小農制」の発展が、農民窮乏化の原因だとして譲らなかった。

二　野呂の国家論

猪俣の日本国家論に対する野呂の批判は、《猪俣津南雄著「現代日本ブルジョアジーの政治的地位」を評す》（一九二九年『思想』四月号）で開始され、《日本における土地所有関係について》（上）（下）（同右、五月号、九月号）

で続けられた。その批判の時点が、猪俣の《政治的地位》の発表から約一年半たっており、もちろんすでに「二七年テーゼ」が消化されていて、野呂が入党（一九三〇年一月頃といわれる）する直前にあたっていることは記憶されてよい。野呂は、右の第一論文の冒頭、猪俣論文が福本イズム批判に向けられていたことを認めたが、すでに福本イズムの誤謬は清算されたとして、猪俣の所論中、そのもっとも本質的な誤謬で、いまだマルキストによって十分に克服されていない部分を批判しなければならないとした。その部分とは、なかんずく、いわゆる「封建的絶対勢力」の階級的物質的基礎にかんする問題であった。この論争が、国家論、戦略論の論争の始点となるとともに、また広範な、いわゆる日本資本主義論争の序幕ともなったゆえんである。

野呂は、猪俣の所説を批判し、そこに二つの中心問題をみる。第一に、いわゆる「絶対主義的勢力」は、はたしてそれ自身の階級的物質的基礎を失っているのか。第二に、もし基礎を失っているのならば、その存在の基礎を失ったはずの「封建的絶対主義」のつよい残存はどうして可能なのか。

猪俣は、地主階級の政治的凋落について論じたが、まず野呂の批判はこの点に集中された。猪俣の見解は、「明治維新の変革運動」の、したがって「維新政府の土地政策」の、歴史的、具体的特質を理解しないものである。しかも氏は、外国の公式的類推によって、「大土地所有制」の存しない日本においては「封建的絶対主義勢力」はもはや階級的物質的基礎を失い、したがって、〈資本主義的発展と対立する根本的矛盾となるべきものが取り除かれた〉とする決定的誤謬に陥っている。〈問題は、大土地所有制か、小土地所有制かにあるのではない。要は、生産手段としての土地の所有者が直接的生産者に対して占むる直接的関係いかんにある。〉。だから、地主がはたして物質的基礎を失っているかどうかは、〈彼らに直接対立しているものが、資本家としての小作農業者であるか、それとも直接生産者としての小作小農民または農業労働者であるか〉によって判定されねばならない。現実には、わが地主は、直接的小生産者と直接の生産関係に入りこんでいる、直接の搾取者である。しかも地主は、直接生産者から合理的に剰余価値を搾取しうるいかなる経済的基礎の上にも立っていない。したがって、地主・小作の搾取関係は、自由な経済関係ではなく、封建的、伝統的な「経済外的強制」にもとづくものである。ここに、〈日本における絶対専制支配の半封建的専制国家形態の依然として根づよき物質的基礎を見いだすのである。〉

つぎに、明治維新の変革の性格であるが、それはたしかに、封建諸侯の土地領有を廃止し、土地占有者を所有権者として法的には確認した。しかし実質的には、封建諸侯の土地所有権は、〈「皇土」の名において、そのまま明治政府のもとに統一的に継承せられたにすぎなかった。〉したがって、維新の変革は、ただちに封建的絶対主義を廃絶したところのブルジョア革命ではない。地租改正は、単に封建的生産物地代が、封建的貨幣地代に転化せられたにすぎぬ。このことは、日本国家そのものにも一大地主としての性質を帯びさせるものである。すなわち、〈国家は最高の地主であり、主権は国民的範囲に集積せられたる土地所有である。〉〈わが封建的絶対主義的国家機構の依然たる残存の物質的基礎を、われわれは、また、ここに見いださねばならぬ。〉

野呂は、このように、地主・小作の関係が「経済外的強制」にもとづく半封建的生産関係であること、および、明治維新がブルジョア革命でなく、封建制の再編成にすぎず、領主的所有の国家的所有への移行にすぎなかったこと、の二点に、封建的絶対主義的国家の現実の物質的基礎が存するとみなした。彼のこの見解は、櫛田民蔵との論争――《櫛田氏地代論の反動性》『中央公論』一九三一年十一月号――においても強調された。

すでに、右のうち「国家最高地主」説については、今日、『資本論』の誤読であったことがひろく承認されているが、実はこれら二論拠の論証力には微妙な不整合がみてとれる。それは、たとえば維新政府の性格規定において現われている。野呂は、維新の当時において、地主の大部分は、いまだむしろブルジョア層（富農、商人、高利貸等々）であり、農村における必ずしも重要な社会層を形成せず、彼らの支配的発達は、むしろ維新の土地変革の結果であり、産業革命の進行過程を通してであったとする。それでは当時の専制政府は、猪俣のいうように地主階級の政府ではありえなかったのか。野呂は、〈といって、地主以外の政府でもありえなかった〉という。なぜなら、〈それは、「国民的範囲に集積せられたる土地所有」そのものたる主権の絶対的発動にもとづく政府であり、かかる意味において、最高の地主政府であった〉からである。この場合、維新の専制政府の封建性を説明する物質的基礎は、半封建的地主制ではなく、最高地主としての国家である。

また、のちに形成された地主制の半封建性という野呂の説についても批判がある。丹野清秋の《野呂栄太郎の「地代論」について》（『歴史と現代』第四号）によれば、野呂は小作農を地主に直接対立する直接的小生産者であるとみなすが、この規定から小作農＝「封建的農民（農奴）」というのは論理の飛躍であるとされる。さらに、地主と小作が直接に対立しているからといって、そこに直ちに「封建的関係」＝「経済外的強制」の存在をいうのは早計であり、誤りである、と批判されている。

しかし、ともあれ野呂は、これら二論拠にもとづき、〈猪俣氏が「物質的基礎なき」「近代的絶対主義勢力の余命を長らえしめた理由」とせらるるところは、そのまま、今なお独立の政治的勢力としてその物質的根拠を有する封建的勢力と新興ブルジョアジーとの融合を促進し、反動的ブロックを形成するに至らしめた要因である〉と論断したのであった。

もっとも、野呂は、すでに久しく資本制生産様式が支配的生産となっている今日において、「政治的支配のヘゲモニー」を握っている者が、ブルジョアジー、とくに金融ブルジョアジーであることを否定するものではない。しかし、地主の多くは、〝消極的な地代を収得するにすぎない副次的な搾取者階級〟ではなく、直接生産者から直接に余剰価値を搾取するところの、積極的な、直接的な搾取階級であるから、〈したがって、政治上においても、彼らは、今やブルジョアジーの指導のもとにはあるが、しかし全然それに「従位し、依存する」ものではない〉とする。だが、大土地所有制に代る国家最高地主制が、ブルジョアジーの政治的ヘゲモニーとどのように関りあうのか、論理的説明はさだかではない。また野呂は、「二七年テーゼ」より、〈ブルジョアジーと地主との融合過程がいかに進行していようとも、大土地所有は依然としてこの国の政治上ならびに経済上の生活におけるきわめて重要にして高度に独立的な要因である〉という部分を援用しているが、そこに述べる「大土地所有」がいかなる実体的概念なのか明らかでないし、「ブルジョアジーと地主との融合過程」が、支配的な資本制生産様式の強力によって、権力構造に変造を強制していく過程のダイナミックな論理――《発達史》にみられたような――はすっかり姿をひそめてしまう。

細かな点ではまだ他にも国家論上の疑問や不備は指摘できるが、ともあれ野呂の「封建的絶対主義国家」論はあらまし以上のようなものであった。彼は、この理論にもとづいて、当面の戦略的課題をブルジョア民主主義革命と規定した。これまでもしばしば指摘されてきたところでは、彼の革命論はのちの講座派に定着したような機械的二段階革命論とはかなり異質のものであった。「二七年テーゼ」の影響の下に、その四章、五章を稿を改めて発表したといわれる《日本資本主義発達の歴史的諸条件》（一九二九年三月稿了以下《歴史的諸条件》と略す）において、彼は、〈農村の、なかんずく、小作農としたがって地主の二重性をみいだし、今日の政治情勢のもとにおけるブルジョア民主主義革命運動の特殊なる歴史的重要性――そのプロレタリア革命への発展の必然性〉をみいだした。このプロレタリア革命への志向性は、猪俣批判のなかでも消えてはいない。しかし、野呂の文章に忠実なかぎり、ブルジョア民主主義革命とプロレタリア革命との接合の具合が、そこではよほどコミンテルンの「三二年テーゼ」的思考へ接近していることを見逃せないであろう。硬直化した講座派革命論を生みだす遠因は、やはり彼のなかにあった。この辺の、「二七年テーゼ草案」を境として、「三一年テーゼ草案」をへて、「三二年テーゼ」へ至る野呂の戦略論の転回については、岡本 宏の《野呂栄太郎の戦略・戦術論》(『歴史と現代』第四号)が解明している。

野呂の戦略論の転回には、もちろん、国家論の転回が対応している。猪俣批判以前の野呂の労作では、国家論はかなり不明な点が多く、定式化もみられないのであるが、羽仁五郎が「日本の資本論」と評した《発達史》においては、〈権力は、その統治形態が反動的絶対的ではあるが、絶対専制権力はすでにブルジョア化し、地主も産業資本としての利害を多く感ずるようになっており、それはもはや「もぬけのから」となった残骸を最後に金融寡頭政治の城砦」として提供している、というのであった。《発達史》によれば、権力の階級的性格は、ブルジョアと資本家的地主の独裁の権力であり、権力の「政治組織」は専制的絶対的と規定されているが、その物質的基礎を明らかにしようという志向はここではみられず、その根拠をもっぱら権力生成の時の指導の問題に求めている。〉(岡本論文)

明治維新についても、野呂は、それが広範にして徹底せる社会革命であり、決して単なる王政復古ではなく、「資本家と資本家的地主」とを支配者たる地位につかしむるための強力的社会変革であったとなしている。維新が、「反動的なる公家」と「封建意識を脱しえない武家」との協力の事業だったことは、日本の「反動的専制的絶対的性質」を揚棄しえない一理由だが、しかし、そのことは決して資本主義の発達を阻害しなかったばかりでなく、かえってその「専制的政治的権力」は、封建的生産方法の資本主義的生産方法への転化過程を温室的に助長し、資本主義国としてのおどろくべき飛躍発展を可能にした。維新とともに(資本家的)地主および資本家が新支配者として登場するための契機となったものは、封建的身分制の廃止と私有権の完全な立法的確認であった。このように述べている。それは明らかに維新ブルジョア革命説であり、ブルジョア国家説である。散見する「専制的政治的権力」の表現も、国家の本質的形態をさすものでなく、政府形態ないし統治形態を意味するものにすぎない。

このように、《発達史》にみられる野呂の国家論は、猪俣のそれにきわめて近似したものであり、野呂の方が歯切れがよいくらいである。彼の理論的転回が始まるのは、やはり「二七年テーゼ」およびそれをめぐる論争がきっかけであり、このテーゼに導かれて地主の封建的性格を析出する方向で研究を進め、それをもって国家権力の封建的絶対主義的性格を基礎づけるという途を辿ったのである。その最初の変化は、《歴史的諸条件》において表われ、対猪俣論争が「半封建国家論」を完成させる決定的な機会となった。対猪俣論争では、また、国家概念の規定にも変化を生じている。〈つまり、野呂は、ここで、支配形態における性格と、その階級的物質的基礎を統一して把握しようという正しい方向を示しながらも、……国家の階級的性格――毛沢東の「国体」と、その統治の方法――「政体」を一応分離して考察するという観点を失っている。〉(岡本論文)国家理論に活力を失わせた講座派型国家論の形成に、彼はやはり責任を負っているといわねばならない。

むすび

野呂の国家論の転回に対応して、彼自身の地代論に、「差額地代および絶対地代」説(《発達史》)――→「名目地代」説(《歴史的諸条件》)――→「封建的地代」説(対猪俣、櫛田論争)という変転がみられるという論証は、前掲の丹野論文で行なわれている。野呂の戦略・戦術論に対する猪俣の戦略・戦術論の対応を本稿で少し論じたかったが、紙幅の都合ではたせなかった。猪俣が、山川とともに労農派の代表的な理論的指導者とされながら、両者の異質性にあまり目がむけられていないことを指摘し、猪俣の「前衛」的思考の特異性に触れた論究として、岡本 宏《猪俣津南雄の戦略・戦術論》（九大『政治研究』第十五号）がある。野呂・猪俣の比較論は、これらの諸論点の他に、帝国主義論や「基本的矛盾」論等にまでおよぶことができようし、それらを総合的にながめることによって、わが国におけるマルクス主義受容の一時代を特徴づけることもできよう。いま、これらの遺産を読み返しながらまたもや思うことは、既成の権威づけられたカテゴリーを大胆に踏み越え、方法論じたいを常に新しい武器として磨きながら、対象としての素材に絶えず新鮮な眼でたちむかうことの必要である。先人を踏み越えることのみが、先人の尊い労にむくいる途でなければならない。

（一九六七・一一・二五）

あとがき

各論文の成り立ちの前後事情について概略を述べる。

〔第一部　帝国主義論〕

第一章　帝国主義研究への道（二〇一六年九月稿）

二〇一六年春頃、著作集の刊行をまだ決めかねたままに書き始めたもので、九月中旬になって漸く稿了した。かなり削ってスリム化することで完稿できた。己を語るというのは、存外に難しいものだと知った次第である。だが、それを書いたことによって著作集を出すはずみがついたようである。十一月、出版社も決めないままに、著作集の刊行プランを公表した。

時代の流れのなかで帝国主義（論）を研究する運命になったのであったが、このたび、巻頭の論文で藤村道生、村上勝彦両氏の労作に論及する機会を得たことを喜んでいる。カウツキーについて少々独自の解釈を出そうかと迷ったが、このテーマは先に残すことにした。ドイツとオーストリアの政治情勢のなかでのカウツキーの動きを注視すると、レーニンが何故あのようにいら立ったか解ると考える。レーニンの帝国主義論がロシアの政情と切り離せないように、カウツキーの超帝国主義論も当時のヨーロッパの具体的な政情と切り離せないようである。

第二章　帝国主義の理論―古典と現代―（日本国際政治学会編『国際政治』第２０号特集「国際政治の理論と思想」一九六二年十月刊）

日本国際政治学会で学会誌『国際政治』の編集を担当していたらしい旧友の木戸　蓊（しげる）君（のち神戸大学教授）が、当時の私の研究内容を知っていて、強引に執筆を迫ったのであった。初出のタイトルは「現代の帝国主義理論」である。一九六三年二月、大学院博士課程学位中間論文の提出に当たって、大幅に書き改め、さらに一九七二年五月、日本評論社より出版の『戦後帝国主義の政治構造』に収めるに際し、更に手を加えた。中ソ対立における中国の理論は、初出論文にはない。当時の中国の立場と二十一世紀に入った後の中国の路線とは、どうつながるのか、つながらないのか。興味あるところである。

第三章　帝国主義復活の概念―批判的考察（九州大学政治研究会編『政治研究』第十・十一合併号、一九六三年三月刊）

この論文をめぐるいきさつは、第一章にある程度詳しく述べた。苦い記憶も多々あった筈だが、歴史の荒々しい足取りが、かき消してしまった。

第四章　帝国主義復活と勢力圏の問題（現代の理論社『現代の理論』一九六六年三月号）

これは第一章に述べたように、私が東京経済大学の採用人事に応募した後に発生した一種の「政治状況」の中で、井汲卓一氏から連絡を受けた安東仁兵衛氏が、私を試そうとする原稿依頼だったかもしれない。私は「井汲・森田共同論文」の最大の弱点と思われた復活帝国主義の勢力圏の問題をあえてテーマに選んで執筆に応じたのであった。なお、「むすび――日本について」は初出論文にはなく、一九七二年に『戦後帝国主義の政治構造』(松隈徳仁著、日本評論社)を刊行する際に追加したものである。つたない論文だと思うが、そのテーマ意識は現在も生きていると考える。

第五章　帝国主義論の基本視角(一九七一年九月十一日、猪俣研究会にて報告)

晩年の髙野 実氏は、結核病棟に療養する身であったが、東京経済大学の事務部長であった高島喜久男氏を通じて当時学長だった井汲卓一氏に、「猪俣津南雄の研究者を知らないか」と質ねてきた。それがきっかけで、私は病院の髙野氏を二回訪ねる機会があった。二回目は岡本 宏氏を誘って対談してもらった。私は猪俣の理論に興味をもって研究し始めていたのだが、髙野氏と猪俣の関係を知って驚いた。髙野氏は早稲田の学生だった頃、猪俣と初めて会った時の思い出に始まり、実に多くのことを語ってくれた。それが縁で私は猪俣を知る人々に出会ったし、「猪俣研究会」にも参加して、多くの得難い知識を得た。日本の左翼政治の語られざる裏側もかいま見ることができた。今は伝説上の人物となっている人々の話を直接聞き、質問することもあった。戦前、戦時、戦後の歴史が人間史の形で見えてくるのがすばらしかった。その人間史が九州での人間史と結びつくことがある。日本も含めて歴史を研究するのが実に楽しくなった。一九七七年、私が足かけ三年のウィーン留学から帰国したとき、猪俣研究会は消えていた。実に惜しいと思う。

〔付論一〕野呂榮太郎の帝国主義論～批判的考察～(九州近代史研究会編『歴史と現代』第四号、一九六四年四月刊)

九州の若手の研究者たち(日本史学、経済史学、政治学など)がこの研究会に集っていた。毎月のように研究会を開いて熱心な討議を交わし、そのなかから生まれた革新的な論文が機関誌『歴史と現代』に発表された。研究会の寿命は長くはなかったが、著名であるか否かは別として、このグループからは幾人もの実力派が育っている。

〔第二部　国家論〕

第一章　現代資本主義国家論

（『講座マルクス主義』第九巻（勝部元編）『国家と革命』日本評論社、一九七〇年六月刊、所収）

この講座（全十巻）の編集代表は井汲卓一・長洲一二となっている。「刊行のことば」には、次のように述べた箇所がある。「いまや、過去三分の一世紀にもおよぶマルクス主義の久しい沈滞が決算を迫られているのである。今日、歴史の巨大な発展にたいして、思想と理論としてのマルクス主義は大きく立ちおくれ、歴史を先見する変革思想としての鮮烈な魅力を失いかけている。」「これからの仕事は、マルクス主義とはそもそも何であるかという、根源的な問いにまで進むことによって、マルクス主義の本来の生命力を回復することでなければならない。これまで……進められて来た仕事の原理的定着につとめて、それを全体系にまで展開しなければならない。マルクス主義の全体系の、われわれによる再構成と再提示を試みなければならない。これが本講座において、われわれがとりくもうとしたところの課題である。」（一九六九年六月）

正直に言って、「現マル派」と称されたリベラルな無党派マルクス主義者の壮大な講座編集趣意に私が気づいたのは、この「あとがき」を書くに際してであった。当時、マルクスの影響をつよく受けているという自覚はあったが、自分がマルクス主義者であるとの自負は懐いていなかった。それは「現代資本主義国家論」に非マルクス主義の理論をも自由に摂取していることからも見てとれよう。

私は大学二年の頃から、マルクス、エンゲルス、スターリン、毛沢東などいわゆるマルクス主義の文献にわけ入ったが、解説書にはあまり依拠せず、原典を直接読み込んでゆく方法をとった。スターリンを除いて、他の人々は、歴史と現在を把握するためには、実に広く文献を渉猟し、批判も奔放に行なっている。その自由性を私は次第に体得したように思う。狭いセクト主義がどうも性に合わなかったのは、そのこととも関係があるように思う。

ともあれ「現代資本主義国家論」は、わが国で独自に展開された類書がないため、自己客観化が困難な面があるのだが、第一に、そこに展開した論理じたいについて、第二に、二十一世紀に展開しつつある資本主義国家との関連について、みずから考えるところが、少なくない。それはさらに思索を重ねて発表する機会もあるであろう。

第二章　チリ革命と国家移行形態（論創社『国家論研究』第二号、一九七二年十一月刊）

この論文は、チリのアジェンデ政権が軍部のクーデターによって瓦解する一年前に書いたもので、内容から判るとおり、事態を予見したものだと評価され、バックナンバーが売れたというしろものである。具島先生が、ドイツを研究している筈の私に、ラテンアメリカとチリを何時、どんな方法で研究したのか、と質問されたのを想起する。

エピソードを一つ。軍事クーデターがまだ日本国内で報道される前に、日本社会党の川崎寛治国際局長から電話があって、「明日、マスコミに対して党として所見を述べなければなりません。何か参考のコメントをいただけませんか」というお話であった。クーデターの事実は私も初耳であったが、外電はアジェンデが自殺したと報じていた。そこで私は川崎氏に、「アジェンデは亡命も自殺もしない政治家です。殺害されたと思います。明日の記者会見でそう仰言いませんか」ともちかけたが、実行されなかったそうである。直後に『社会新報』から執筆依頼がきたが、そこに「やはりアジェンデの死は殺害であった」と書いたのは、そういった事情があったのである。

第三章（書評論文）現代革命の位相と統一戦線政府論～影山日出弥著『国家イデオロギー論』を評す
（論創社『国家論研究』第四号、一九七四年三月刊）

この書評論文は、実は『国家イデオロギー論』の評価が高かったので、それに疑問をもった編集者が、私に意見を求めたことから始まる。影山氏は憲法学者であり、政治学と国家論を本格的に学んでいないと思われる。最大の弱点は、政府形態論と国家形態論との区別が不明確な点で、そのため国家の移行形態論が欠落している、というのが私の批判であった。編集者は私に批判を書くことを求めた。おかげで私は影山氏の旧著も含めて三冊の大著を読むハメとなった。この書評を読んだある政治学の先輩が、「なんであの本を誉めるんだ」と私を批判された。私は「書評を書くときは、原則として一ヵ所批判するためには一ヵ所誉める箇所を探すのです。最後まで読んでください」と答えた。そういうわけで私は影山氏の憲法学者としての時務的な誠実さを高く評価したうえで、見解の相違を率直に述べたのであった。

ところが、不思議な縁で、その年の七月、私は静岡大学の法経短大の集中講義へ出かけたが、影山氏と同じ宿に泊まり、同じ期間講義することになったのであった。私は挨拶をして、お酒を飲みながら議論することを申し出たが、彼は全くの下戸であった。ではコーヒーをのみながらということで、一週間の議論が始まった。静岡大学の広大なキャンパスの丘を散歩しながら意見を交わした日もあった。影山氏は静かで謙虚であった。彼は私に移行形態論を書いてくださいと要請されたので、移行形態論を用いて書いた論文はありますと答えた。私は凡そ一ヵ月後に二年間（足かけ三年）のヨーロッパ留学を控えていたので、帰国後ゆっくり会って議論を発展させましょうと約束して別れた。それが永遠の別れになるとは、夢想だにしなかった。私はあのように自己をつきつめる真摯な学究を見たことがない。再会できなかったのが、今でも残念に思われる。あえてこの著作集にこの書評論文を収録したのは、影山氏に対する愛惜の思いからである。

〔付論Ⅰ〕野呂榮太郎の「基本的矛盾」論〜批判的考察
（九州近代史研究会編『歴史と現代』第六号、一九六四年十二月刊）

この論文は、神田文人氏の論考に刺激を受けて執筆する気になったと記憶する。神田文人氏とは直接お会いしたことはない。しかし、氏の論文からは、至近距離の問題意識をもっていると感じられるのだが、結果はどうしてこうもくい違うのであろうと不思議であった。私の論文中の批判は、たいてい歴史学者、経済学者が相手だが、結局、政治学、とくに国家論を深く学んでおられないと感じることが多かった。いま一つは外国研究の不足である。全く反論が返ってこないので、致し方ないが、伝わっていなかったのかもしれない。全く無視されたとは考えていない。ただ、誌上で論争するとなれば疲れるのは確かである。

〔付論Ⅱ〕野呂・猪俣論〜国家論をめぐって（現代の理論社『現代の理論』一九六八年一月号）

野呂について論じようとすると、必ず猪俣に突き当たる。私の猪俣研究は数十年、計画倒れだが、彼の全著作は私の書架にあって眠っている。しかし、「講座派」の歴史観は、今でも深く広く潜行していて、大学で学生の歴史観に接して驚いたことがある。講座派の歴史観では保守右派の国家主義的歴史観に対抗できない。合理的な批判力をもち得ないからである。科学的歴史観をいかに確立するかが基本的な問題なのである。最近では、皮肉にも発掘資料が左右の歴史観を是正しつつあるように思える。講座派史観を意識的か無意識的か権威づけている根源を問わなければならない。そういう情況のもとで、猪俣の評価は極めて大事なことだと考える。歴史観の問題を対外的な問題だと考えるのは問題の矮小化である。内なる歴史観の問題こそ重要であろう。

ところで「野呂・猪俣論争」をめぐって興味深いエピソードがある。晩年の猪俣に近かった木村禧八郎氏が、この論争の最中に猪俣家を訪ねたら、そこに野呂が座していたというのである。木村氏は不思議に思われたそうだが、猪俣と野呂の人間関係は立場が別れても続いていたのではないか、とも考えておられた。

【か】

【き】

【く】

【け】

【こ】

【さ】

【し】

【す】

中川原徳仁著作集 第一巻【人名索引】

〔著者紹介〕
中川原 徳仁（なかがわら のりひと）
旧姓、松隈
1932年3月1日　長崎県対馬厳原町（現・対馬市）出生
1940年　佐賀県鳥栖町（現・鳥栖市）に転居
九州大学法学部・同大学院にて政治学専攻
1966～1987年　東京経済大学助教授・教授
1970～1987年　同大学柔道部部長、現名誉部長
1976～1978年　ウィーン留学
1979年　松隈姓より中川原姓へ
1987～2002年　久留米大学法学部教授
法学部長、図書館長、大学院研究科長
2002～2007年　久留米大学特任教授
1995～2016年　西日本図書館学会会長
現在　久留米大学名誉教授
西日本図書館学会顧問
東アジア文化研究所代表

中川原徳仁 著作集
― 第一巻 帝国主義論・国家論 ―

2017年10月5日 第1刷発行

著　者　中川原 徳仁
発行者　宮下玄覇
発行所　ミヤオビパブリッシング
〒160-0017
東京都新宿区左門町21
電話(03)3355-5555㈹
発売元　株式会社宮帯出版社
〒602-8488
京都市上京区寺之内通下ル真倉町739-1
営業(075)441-7747　編集(075)441-7722
http://www.miyaobi.com/publishing/
振替口座 00960-7-279886
印刷所　モリモト印刷株式会社

定価はカバーに表示してあります。落丁・乱丁本はお取替えいたします。

ISBN978-4-8016-0125-3 C1031